ALEXANDRE, O GRANDE

PHILIP FREEMAN

ALEXANDRE, O GRANDE

Tradução de
Marília Chaves e Marcia Men

Copyright © 2011 by Philip Freeman

Amarilys é um selo editorial Manole.

Editor-gestor: Walter Luiz Coutinho
Editor: Enrico Giglio
Produção editorial: Luiz Pereira
Editoração eletrônica: Tkd Editoração
Capa: Axel Sande / Gabinete de Artes

Dados Internacionais de Catalogação na Publicação (CIP)
(Câmara Brasileira do Livro, SP, Brasil)

Freeman, Philip
    Alexandre, o Grande / Philip Freeman ; tradução de Marília Chaves e Marcia Men. -- Barueri, SP : Amarilys, 2014.

Título original: Alexandre, the Great
Bibliografia.
ISBN 978-85-204-3605-9

1. Alexandre, o Grande, 356-323 A.C 2. Generais - Grécia - Biografia 3. Grécia - Reis - Biografia 4. História antiga I. Título.

14-01274   CDD-938.07092

Índices para catálogo sistemático:
1. Alexandre : Rei da Grécia : Período da Supremacia Macedônia : Biografia 938.07092

Todos os direitos reservados.
Nenhuma parte deste livro poderá ser reproduzida, por qualquer processo, sem a permissão expressa dos editores.
É proibida a reprodução por fotocópia.

A Editora Manole é filiada à ABDR – Associação Brasileira de Direitos Reprográficos.

Este livro contempla as regras do Acordo Ortográfico da Língua Portuguesa de 1990, que entrou em vigor no Brasil em 2009.

1ª edição brasileira – 2014

Editora Manole Ltda.
Av. Ceci, 672 – Tamboré
06460-120 – Barueri – SP – Brasil
Tel. (11) 4196-6000 – Fax (11) 4196-6021
www.manole.com.br | www.amarilyseditora.com.br
info@amarilyseditora.com.br

Impresso no Brasil | *Printed in Brazil*

Para os meus alunos

SUMÁRIO

	Linha do tempo	9
	Reis macedônios	11
	Reis persas	13
	Mapas	15
	Nota do autor e agradecimentos	19
1	MACEDÔNIA	21
2	GRÉCIA	58
3	ÁSIA	87
4	ISSO	123
5	EGITO	157
6	MESOPOTÂMIA	176
7	PERSÉPOLIS	209
8	BÁCTRIA	231
9	ÍNDIA	270
10	BABILÔNIA	298
11	ATÉ OS CONFINS DA TERRA	326
	Glossário	337
	Notas	350
	Bibliografia	364
	Créditos das ilustrações	373
	Índice remissivo	374

LINHA DO TEMPO

Todas as datas neste livro são a.C. (antes da era Cristã), a não ser quando mencionado o contrário.

559   Ciro, o Grande, se torna rei da Pérsia
490   Primeira invasão persa na Grécia, batalha de Maratona
480   Segunda invasão persa na Grécia, batalha de Termópilas
431   Começa a Guerra do Peloponeso
404   Termina a Guerra do Peloponeso
359   Felipe II ascende ao trono da Macedônia
356   Nasce Alexandre (julho)
343   Aristóteles chega à Macedônia como tutor de Alexandre
338   Felipe II vence a batalha de Queroneia; Alexandre visita Atenas; Alexandre é exilado
337   A Liga de Corinto se reúne e autoriza a invasão do Império Persa
336   Dario III torna-se rei da Pérsia; Alexandre retorna do exílio; Felipe II é assassinado; Alexandre ascende ao trono da Macedônia
335   Campanhas de Alexandre no Danúbio; revolta e destruição de Tebas.
334   Alexandre chega à Ásia Menor; Batalha do Grânico; captura de Mileto e Halicarnasso
333   Episódio do Nó Górdio; batalha de Isso
332   Cerco de Tiro; tomada de Gaza; Alexandre entra no Egito
331   Alexandre visita o oráculo de Siuá; batalha de Gaugamela; Alexandre entra na Babilônia
330   Persépolis é capturada e incendiada; morte de Dario III; conspiração de Filotas
329   Alexandre cruza o Hindu Kush, alcança o rio Oxo, avança para Samarcanda; derrota de Bessos

328 Assassinato de Clito, o Negro
327 Casamento com Roxane; conspiração dos pajens; Alexandre invade a Índia
326 Batalha de Hidaspes; morte de Bucéfalo; motim no Hífasis
325 Alexandre chega ao mar; marcha pelo deserto da Gedrósia; viagem de Nearco e sua frota
324 Alexandre retorna à Pérsia; casamentos em massa em Susa; morte de Heféstion
323 Alexandre retorna à Babilônia e falece em junho

REIS MACEDÔNIOS

Amintas I	? – c. 498
Alexandre I	c. 498 – c. 454
Pérdicas II	c. 454 – 413
Arquelau	413 – 399
Orestes	399 – c. 398
Aéropo II	c. 398 – c. 395
Amintas II	395 – 394
Amintas III	393 – c. 370
Alexandre II	c. 370 – 367
Ptolomeu I	367 – 365
Pérdicas III	365 – 359
Felipe II	359 – 336
Alexandre, o Grande	336 – 323

REIS PERSAS

Ciro, o Grande	559 – 530
Cambises II	530 – 522
Bardiya	522
Dário I	522 – 486
Xerxes I	486 – 465
Artaxerxes I	465 – 424
Xerxes II	424
Dário II	424 – 404
Artaxerxes II	404 – 359
Artaxerxes III	359 – 338
Artaxerxes IV	338 – 336
Dário III	336 – 330

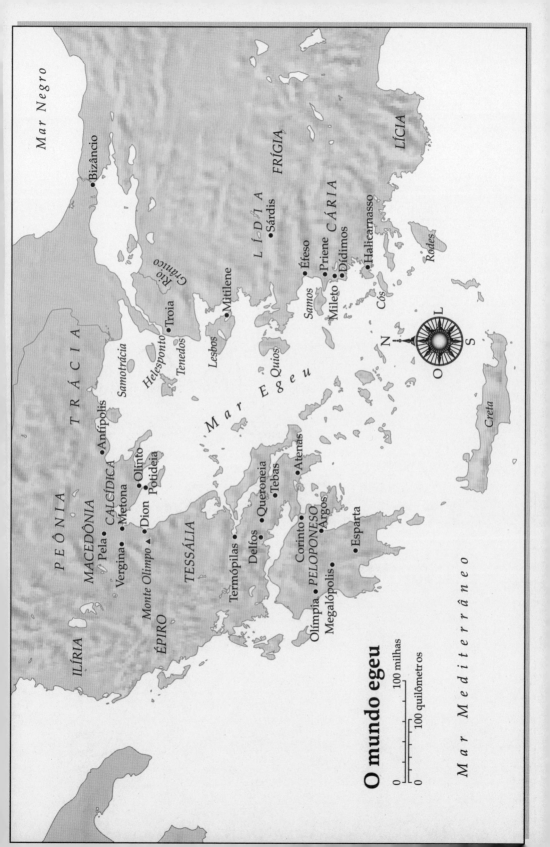

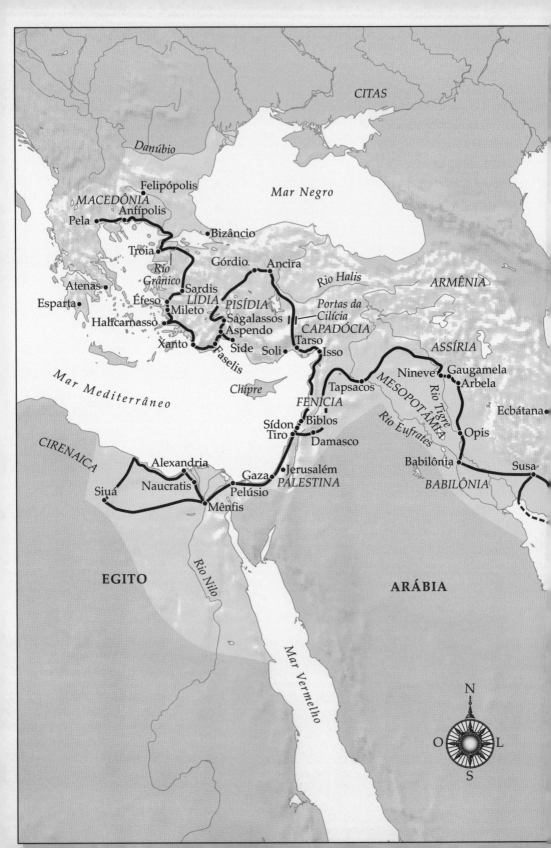

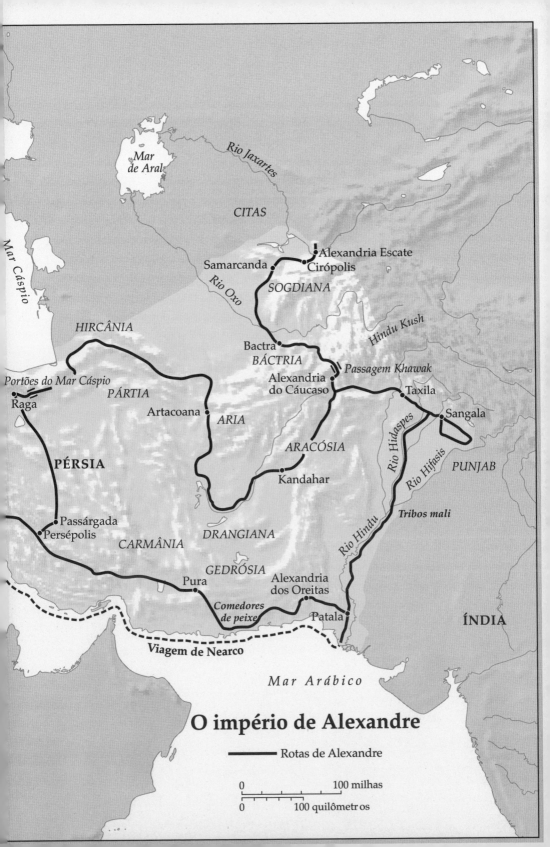

NOTA DO AUTOR E AGRADECIMENTOS

> Se alguém se surpreender pelo fato de eu ter escrito sobre este tema mesmo após tantos historiadores já o terem feito, eu pediria que olhassem primeiro para todos os outros trabalhos e só então lessem o meu.
>
> *Arriano*

O antigo historiador grego Arriano acreditava que a sua biografia de Alexandre, o Grande, era única e superava todos os trabalhos anteriores sobre a vida do rei macedônio. Não tenho tal pretensão quanto ao meu livro. Existem centenas de estudos excelentes sobre todos os aspectos da vida de Alexandre, bem como várias biografias acadêmicas abrangentes que superam o meu livro em detalhes e bibliografia técnica. Então, por que outro livro sobre Alexandre? A resposta é parcialmente egoísta. Cresci fascinado por este homem, por isso não pude resistir à oportunidade de mergulhar nas fontes antigas e modernas sobre a sua vida, visitar os locais de sua jornada e imaginá-lo cavalgando Bucéfalo pelas planícies da Macedônia ou cruzando os desertos e montanhas do Irã e do Afeganistão. Mas o mais importante: eu desejava escrever uma biografia de Alexandre que fosse, antes de tudo, uma história. A minha esperança é de que esta narrativa seja confiável e ao mesmo tempo acessível àqueles que amam história, mas talvez nunca tenham lido um livro sobre a vida de Alexandre, nem tenham ainda muita familiaridade com o mundo antigo.

A minha busca por Alexandre foi estimulada por muitos amigos e colaboradores. Meus colegas no Luther College foram incrivelmente encorajadores enquanto eu pesquisava e escrevia o livro. O aconselhamento paciente de Joëlle Delbourgo me guiou pelo mundo do mercado editorial, enquanto meu editor Bob Bender, sua assistente Johanna Li e Philip Metcalf na Simon & Schuster me salvaram de inúmeros erros. As bibliotecas do Luther College, do Bowdoin College, e da Harvard University graciosamente me ajudaram a encontrar as fontes das quais precisava. Meus guias locais foram extremamente generosos ao dividir seu conhecimento enquanto eu seguia os passos de Alexandre, especialmente Katikiotes Lazaros na Grécia, Osama Iskander no Egito, e Mine Karahan na Turquia. Minha esposa, Alison, foi como sempre minha maior ajudante e fotógrafa predileta. E, finalmente, aos meus estudantes, que aguentaram alegremente meus cursos de História Antiga e nunca reclamaram quando os fiz ler só mais um livro ou visitar só mais um museu, a minha gratidão eterna.

CAPÍTULO I

MACEDÔNIA

Alexandre nasceu no sexto dia do mês chamado Hécatombéon, apesar de os macedônios chamarem-no de Loös. No mesmo dia, o templo de Ártemis em Éfeso queimou por inteiro.

Plutarco

O mensageiro solitário cavalgou para o leste do santuário de Zeus em Olímpia pelo território de colinas ao longo do rio Alfeu. Atrás dele, multidões de todas as cidades da Grécia estavam saindo do estádio após assistirem ao inesperado término da corrida de cavalo nos jogos olímpicos. O cavaleiro seguiu o rio até a estrada se bifurcar em dois caminhos a diversos quilômetros da cidade. Um caminho levava ao sul para a terra dos espartanos, mas sua jornada o levava para as altas montanhas de Arcádia, ao norte. Trocando os cavalos por outros e tentando dormir por algumas horas sempre que podia, o jovem voou por vales íngremes e por baixo de picos elevados. O rei que esperava a sua mensagem não suportava atrasos.

Logo o cavaleiro desceu pelo exuberante vale de Argos, lar lendário de Hércules, e depois ao norte sob a cidade antiga de Micenas, onde Agamenon reinou antes de liderar os gregos na conquista de Troia. Ele correu avançando pela cidade portuária de Corinto, e daí pelo estreito istmo adentrando a terra dos megáricos. A estrada para a vizinha Atenas fazia a curva para o leste, mas o seu caminho o levaria sempre ao norte pela cidade de Tebas, e depois pela passagem estreita de Termópilas, onde mais de um século antes trezentos espartanos enfrentaram todo o exército persa. Quilômetro após quilômetro pelas pastagens de Tessália ele cavalgou até avistar afinal o imponente Monte Olimpo levantar-se à sua frente. Ele margeou o lado leste do pico pelo belo vale de Tempe e depois desceu pela costa do Egeu até entrar nas planícies férteis da Macedônia.

O cavaleiro manteve a costa à sua direita enquanto galopava, deixando para trás os templos em Díon e entrando nas amplas planícies macedônias cercadas por montanhas no horizonte distante. A estrada para as tumbas reais em Vergina dava para o oeste, mas ele virou a leste, circundando a capital em Pela e cruzando o rio Vardar, cavalgando por muitos quilômetros pela costa até a Península Calcídica. Finalmente, ele chegou ao acampamento do exército macedônio sob as muralhas da antiga colônia coríntia de Potideia. Nos últimos anos, os atenienses haviam tomado a cidade como parte de sua longa luta para controlar os ricos recursos madeireiros e minerais da Macedônia, mas a cidade não estava mais em suas mãos. Um pouco antes de o mensageiro chegar, o rei Felipe II da Macedônia tinha capturado a cidade.

O mensageiro, esgotado, desceu do cavalo e entrou na tenda de Felipe. O rei triunfante estava apenas chegando aos trinta anos, mas já conseguira transformar um reino ameaçado e fraco ao norte da civilização no estado mais poderoso do mundo grego. Felipe, contente por conta da sua conquista de Potideia, e sem sombra de dúvida tendo consumido uma quantidade copiosa de vinho, conforme os costumes macedônios, recebeu o cavaleiro, mas ordenou que ele aguardasse, pois outro mensageiro havia chegado antes dele. O primeiro homem anunciou ao rei que seu general favorito, Parmênio, havia derrotado as selvagens tribos ilirianas em uma grande batalha, assegurando as fronteiras a oeste do reino em rápida expansão de Felipe. Então, o cavaleiro de Olímpia se aproximou e saudou Felipe, proclamando que o cavalo que o rei havia patrocinado nos jogos olímpicos havia ganhado o primeiro prêmio. Foi apenas aí que Felipe notou que um terceiro mensageiro havia entrado na tenda. Este se curvou e declarou que Olímpia, a esposa do rei, havia acabado de dar à luz um menino, a quem Felipe daria o nome de Alexandre.

Naquela noite, os festejos na corte do rei devem ter sido sem precedentes mesmo para padrões macedônios. Mas logo Felipe emitiu um decreto para honrar a boa notícia que mais lhe importava: ele ordenou que fosse cunhada uma moeda de prata para celebrar a vitória de seu cavalo.

Alexandre, filho de Felipe, nasceu no ano dos 106º jogos olímpicos, durante a liderança de Elpines em Atenas, no terceiro ano do reinado de Artaxerxes III, Grande Rei da Pérsia – ou, pelos nossos registros, julho de 356 a.C. Cada estado grego possuía seu próprio calendário baseado nos festivais locais. Em Atenas, o ano novo mal havia começado com a ascensão da primeira lua nova após o solstício de verão e o sacrifício de centenas de animais para os deuses. Centenas de quilômetros ao norte da Macedônia, o mês possuía um nome diferente, mas as planícies costeiras ainda cozinhavam no calor do verão. No inverno, quando os atenienses gozavam de um clima mediterrâneo ameno, os macedônios tremiam com o vento norte.

A terra natal de Alexandre era separada da Grécia pela cadeia de montanhas do Olimpo e picos ao redor. De fato, a maioria dos gregos estava satisfeita com a separação, uma vez que consideravam os macedônios pouco melhores do que os bárbaros. As montanhas e planícies do norte macedônio eram tão estranhas para os gregos cultos do sul quanto as estepes de Scynthia ou as florestas negras dos celtas.

Vista de cima, a terra da Macedônia é um grande vale que encosta no mar Egeu. A sul, norte e oeste existem montanhas imponentes com rios que fluem pelos planos ricos em grãos e pastos. O Monte Olimpo, com mais de três mil metros de altura, domina a vista na direção sul. A oeste e norte existem montanhas quase tão altas quanto ele, estendendo-se como uma ferradura desde o Olimpo até além do rio Vardar. A leste, a grande Península Calcídica encontra o mar.

Mas a Macedônia da Antiguidade estava cercada por mais que montanhas difíceis. A sul, os famosos guerreiros cavaleiros de Tessália separavam o reino de Felipe da Grécia, enquanto a oeste as poderosas tribos de Ilíria eram uma ameaça constante. A norte, os peônios e os agrianes faziam ataques repentinos devastadores partindo das terras altas que dividiam com leões da montanha, ursos e manadas de bisões selvagens. A leste, ao longo da estrada de Bizâncio, além do rio Struma, estava a terra selvagem da Trácia, onde guerreiros tatuados faziam intricadas joias de ouro e consideravam a pilhagem o único meio honroso de sustento.

A própria Macedônia estava dividida em duas regiões vastamente diferentes. As montanhas do sul, oeste e norte eram o lar tradicional de pastores ferozmente independentes, cujas vidas giravam em torno das ovelhas e cabras que criavam para obter carne, leite e lã. Durante o verão, os macedônios de terras altas pastoreavam seus rebanhos de animais pelos campos montanhosos bem acima das planícies, mas nos meses frios de inverno eles eram forçados a trazer seus animais para as terras baixas da costa. Nesta área, viviam os fazendeiros macedônios, que cultivavam alimentos e mantinham vinhedos. Desta forma, os habitantes das terras altas aprenderam, por necessidade, a viver lado a lado com seus primos das terras baixas por um período do ano, dando a eles parte de seus rebanhos e fertilizando as suas terras com esterco animal como pagamento.

Mas eram os macedônios das montanhas – das regiões altas de Pelagônia, Lincéstide, Oréstide, Elimiotis e Pieria em volta do Monte Olimpo – que por incontáveis gerações lutaram contra lobos, ursos e predadores humanos que ameaçavam seus rebanhos. Toda a sua vida era uma luta constante para manter vivos os animais em uma terra severa e hostil. Para os habitantes das terras altas, a tribo era tudo e, por consequência, tudo dependia da coragem, astúcia e diplomacia de seus chefes. Se, durante a noite, invasores ilírios roubassem os melhores carneiros da tribo, o chefe imediatamente lideraria seus homens para um contra-ataque para recuperar os animais e impiedosamente matar os ladrões. Se os fazendeiros das terras baixas ameaçassem retirar os privilégios antigos do pastoreio durante o inverno, o chefe das terras altas deveria convidá-los para um esplêndido banquete, lisonjeá-los sem fim com contos da generosidade de seus avós, e subornar descaradamente seus líderes com promessas de ovelhas gordas e casacos quentes de lã. Os senhores das terras altas eram os reis do mundo macedônio. Os gregos no distante sul podiam falar de democracia e debater leis em suas assembleias, mas, nas montanhas frias do norte, os macedônios viveram e morreram por centenas de anos pelas palavras de seus chefes.

As planícies da Macedônia eram ricas em cevada e trigo, mas as terras altas possuíam os recursos mais cobiçados pelos gregos. Cidades como Atenas haviam há muito tempo esgotado a madeira de suas colinas conforme sua população crescia, mas as montanhas da Macedônia ainda estavam cobertas de florestas exuberantes de pinho e carvalho necessários para o comércio e a construção de navios. Sob essas florestas, especialmente nas montanhas da Macedônia do leste, havia ferro, prata e ouro.

Apesar de os pastores macedônios das montanhas serem muito diferentes dos fazendeiros das terras baixas, eles possuíam um mesmo idioma, que os definia como um único povo – e os separava dos gregos do sul. A língua macedônia era tão distante da dos gregos de Atenas ou Esparta que poderia ser considerada um idioma completamente diferente. Certa vez, quando se encontrava na Ásia Central, anos após seu nascimento, Alexandre ficou tão furioso em uma festa regada à bebida que, ao gritar com seus guardas, trocou seu idioma grego de costume pelo macedônio. Tempos depois, seus soldados zombaram de um oficial em julgamento por ter se dirigido a eles em grego em vez de no macedônio normal dos soldados. Os macedônios eram conhecidos por suas palavras estranhas e pronúncia peculiar – eles nunca conseguiam pronunciar os sons gregos adequadamente, mesmo quando se esforçavam. Apesar de seus reis carregarem nomes gregos antigos, o povo macedônio chamava Felipe de *Bilippos*, em vez do grego *Philippos*. Isso apenas servia para torná-los alvo de escárnio ainda maior por parte de seus críticos na assembleia ateniense. A linguagem, assim como a política, a cultura, e tantas outras coisas, reforçava a opinião dos gregos de que os macedônios eram um povo à parte, bárbaros que viviam para além do Olimpo, a despeito de quanto seus reis tentassem se comportar como gregos. E, para a maioria dos macedônios, estava tudo bem assim. Eles, por sua vez, viam os gregos como indivíduos fracos, afeminados, esnobes arrogantes que há muito haviam perdido qualquer traço da masculinidade e da coragem que possuíam quando expulsaram os invasores persas mais de um século antes. A nobreza macedônia podia até estudar filosofia grega e recitar a poesia de Homero, mas o soldado macedônio comum tinha orgulho de não ser grego.

Alexandre havia nascido em uma família que remontava suas raízes reais até o grande herói Hércules – pelo menos era essa a história contada por seus membros para aqueles que visitavam a sua corte. De acordo com o historiador grego Heródoto, que fez a jornada para a Macedônia um século antes da existência de Alexandre e coletou cada pedaço de fofoca que pôde encontrar no reino, a família real macedônia teve início quando um refugiado grego chamado Pérdicas chegou vindo de Argos, no sul da Grécia. Descendente de Temeno, da família de Hércules, Pérdicas foi banido de Argos com seus dois irmãos mais velhos. Os irmãos eventualmente abriram caminho ao norte, para a Macedônia. Eles encontraram refúgio nas montanhas do oeste com um chefe local e sua amável esposa. Os tempos eram difíceis para todos, portanto o jovem Pérdicas e seus irmãos trabalharam como simples lavradores para pagar sua estadia. Um dia, a esposa notou que os pães que ela fazia todos os dias para Pérdicas cresciam duas vezes mais do que os outros. Quando ela contou isso ao marido, o chefe temeu que isso fosse um mau agouro e ordenou aos irmãos que partissem. Eles exigiram seus salários, mas o chefe, perturbado, gritou que tudo o que receberiam era o raio de sol que brilhava dentro do cômodo onde estavam. Os dois irmãos mais velhos estava prontos para lutar, mas o jovem Pérdicas pegou a sua faca e traçou uma linha que seguia a luz do sol no chão de terra e disse que aceitaria a oferta do chefe. Ele então reuniu a luz do sol três vezes em suas roupas esfarrapadas e se foi com seus irmãos. O chefe logo chegou à conclusão de que Pérdicas havia feito algum tipo de feitiço que ameaçava o seu domínio e enviou guerreiros para matar os irmãos. Mas um rio próximo dali miraculosamente teve uma cheia, impedindo os soldados de avançar e permitindo que Pérdicas e seus irmãos escapassem para as colunas de Pieria ao norte do Monte Olimpo. Ali, em um lugar conhecido como os Jardins de Midas, onde um dia Alexandre viria a ser ensinado por Aristóteles, os irmãos vindos de Argos estabeleceram um reino que, com o tempo, espalhou-se das montanhas até as ricas terras lavráveis ao longo da costa.

Esta história foi contada para Heródoto seis gerações após Pérdicas pelo rei Alexandre I, ancestral direto de Alexandre, o Grande. O Alexandre mais velho começou seu reinado durante as Guerras Persas contra a Grécia no início do século V e, após as vitórias de Atenas e Esparta contra a Pérsia, estava ávido para conectar a sua família real ao lado vencedor. Assim, a história de fundação da Macedônia não deve ser levada muito a sério, embora seja possível vislumbrar um porção factual no conto de fadas. As origens gregas divinas da família real macedônia são extravagantes, mas a expansão gradual de uma tribo local das terras altas das colinas perto do Monte Olimpo até as planícies costeiras para depois da cidade de Vergina é bem plausível. A tomada das terras de pastagens invernais por uma tribo guerreira das terras altas teria proporcionado um núcleo forte para um futuro reino macedônio.

Qualquer que fosse a verdade no conto, Alexandre I não iria deixar Heródoto prosseguir em suas viagens sem outras histórias que provassem seu amor infinito pelos gregos. De acordo com Alexandre, quando os persas invadiram a vizinha Trácia, eles mandaram enviados para a corte de seu pai, Amintas, solicitando que se submetesse ao Grande Rei pelo ato simbólico de dar a ele terra e água. O velho Amintas estava apavorado e concordou, chegando até a convidá-los para um banquete naquela noite. Durante o jantar os embaixadores persas começaram a apalpar desavergonhadamente as esposas e filhas da família real presentes no recinto, mas o velho rei estava temeroso demais para se opor. O jovem Alexandre ficou furioso, mas manteve a compostura, apenas sugerindo a seu pai que se retirasse pelo resto da noite. Depois que o rei se foi, seu filho declarou aos persas que eles eram bem-vindos para desfrutar da companhia das mulheres macedônias para qualquer prazer que desejassem satisfazer. Mas, com uma piscada, sugeriu que fosse permitido que as mulheres se retirassem para se arrumar antes que a orgia começasse. Os ávidos persas logo consentiram, mas enquanto as mulheres estavam longe, Alexandre as substituiu por seus próprios guerreiros, vestindo-os com véus e roupas femininas, para sentarem ao lado dos visitantes. Ao seu sinal, assim que os persas começaram a desamarrar suas vestes, os guerreiros disfarçados revelaram adagas e cortaram as gargantas dos persas. Os homens macedônios talvez tratassem suas mulheres como objetos, mas ai de qualquer estrangeiro que ousasse tocá-las.

E mesmo assim, se essa história fosse verdade, é notável que poucos anos depois Alexandre, mais velho e agora rei, tenha oferecido sua própria irmã em casamento para um oficial persa de alto escalão e sido considerado um aliado leal do Grande Rei. Ele foi até escolhido como embaixador persa para ir a Atenas pedir a submissão da cidade, tendo liderado suas tropas macedônias contra os gregos durante a batalha final em Plateia em 479 – apesar de ele afirmar ter oferecido secretamente aos gregos o plano de ataque persa na véspera da batalha. Se os gregos depois mostraram-se dispostos a esquecer a dubiedade do Alexandre ancião e até a honrá-lo como um amigo da Grécia, pode ser simplesmente porque a necessidade de madeira e recursos minerais era maior do que a sede de vingança pela traição.

Alexandre I era o diplomata máximo, que jogava todos os lados um contra o outro para expandir seu reino. Ele era um súdito fiel do Império Persa quando lhe convinha e um patriota grego assim que o Grande Rei lhe dava as costas. Depois que Alexandre foi assassinado – um evento frequente na história real macedônia –, seu filho Pérdicas II continuou as políticas de intriga internacional de seu pai durante a guerra do Peloponeso entre Atenas e Esparta. Pérdicas mudou de lado tantas vezes durante o conflito que os próprios macedônios não conseguiam ter certeza de quem estavam apoiando num dado ano.

Pérdicas foi assassinado por Arquelau, seu filho ilegítimo que, em meio ao redemoinho de traição, violência e intensos triângulos amorosos – tanto hétero quanto homossexuais – que faziam parte da vida cotidiana da corte macedônia, tomou o trono e começou um programa intensivo de helenização. Reis anteriores haviam encorajado a cultura grega entre os nobres, mas Arquelau fez disso uma prioridade. Apesar de os cidadãos comuns fazerem piada disso e continuarem a viver como viviam há séculos, a corte macedônia sob o novo rei se tornou um centro para artistas e estudiosos gregos. Entre os muitos intelectuais que foram atraídos para o palácio com presentes luxuosos estava o dramaturgo Eurípides, que visitou durante seus anos finais e lá escreveu *As bacantes* – um conto selvagem de sexo, assassinato e insanidade que com certeza deve muito de sua inspiração à vida da nobreza macedônia.

Em 399, o mesmo ano em que Sócrates foi forçado a beber cicuta em Atenas, Arquelau foi assassinado por seu amigo e amante Crátero durante uma expedição de caça. A Macedônia logo mergulhou em sangrentas lutas dinásticas e debilitantes guerras de fronteiras. Reis ascendiam e caíam rapidamente, com frequência vários em um único ano, até que afinal Amintas III, avô de Alexandre, o Grande, conseguiu conquistar o trono à unha em 393. No entanto, o seu longo reinado trouxe pouca estabilidade ao reino e as intrigas palacianas borbulhavam sem controle, incluindo um golpe malsucedido orquestrado por sua esposa, Eurídice, e seu jovem amante para assassiná-lo. Quando Amintas morreu, surpreendentemente por idade, em 370, seu filho Alexandre II o sucedeu, apenas para ser morto por seu primo Ptolomeu no ano seguinte. Ptolomeu, por sua vez, foi assassinado por Pérdicas III dois anos mais tarde. E o próprio Pérdicas logo morreu lutando contra insurgentes ilírios, deixando para o último filho sobrevivente de Amintas um trono profundamente problemático. O jovem inexperiente enfrentava uma situação desesperadora. A Macedônia estava um caos, com a nobreza dividida em guerra civil, bárbaros invadindo por todos os lados, e os gregos, em especial os atenienses, trabalhando incessantemente para enfraquecer, dividir e dominar o reino sitiado. Ninguém acreditava que Felipe, o novo rei, tinha qualquer chance de salvar a Macedônia.

***

Certa noite, anos depois, na Ásia, Alexandre e seus homens estavam em um banquete após uma de suas batalhas duramente vencidas. Enquanto o vinho era servido livremente, alguns dos companheiros de refeição de Alexandre começaram a depreciar as conquistas de seu pai, Felipe. Alexandre juntou-se a eles, alardeando que suas vitórias desde o Danúbio até as fronteiras da Índia competiam com as do próprio deus Hércules e não deveriam ser comparadas com as conquistas mesquinhas de seu pai. E, nesse momento, um dos antigos generais de Felipe levantou-se e chamou o rei ébrio de tolo ingrato. "Você não seria nada", declarou ele, "sem as conquistas de seu pai – um homem muito mais grandioso do que você jamais será".

Alexandre usou as próprias mãos para atravessar o general com uma lança por sua insolência, mesmo sabendo que havia verdade nas palavras finais do soldado. A própria História sempre foi tão fascinada com Alexandre, o Grande, que acabou ignorando o gênio que foi seu pai. Felipe lançou as bases para tudo que o filho conquistou utilizando-se de sua suprema habilidade diplomática, sua maestria na arte da intriga e suas revolucionárias inovações bélicas.

Mas quando o jovem Felipe chegou ao trono macedônio após a morte de seu irmão, poucos teriam apostado que o novo governante ou mesmo seu reino sobreviveriam. À primeira vista, Felipe era o típico nobre da Macedônia: temperamento impetuoso, bebedeiras exageradas, amor excessivo pela guerra e por cavalos, lindas mulheres e belos rapazes. Mas ele possuía uma compreensão arguta dos corações dos homens e uma visão sem limites para a Macedônia.

Felipe também sabia exatamente como mudar o terrível destino macedônio. Quando tinha apenas quinze anos ele foi mandado como refém para a cidade grega de Tebas por seu irmão, o rei. A cidade antiga de Tebas não tinha a mesma influência de Atenas e Esparta, mas no início do século IV ela havia se aproveitado do vácuo de poder criado pela guerra do Peloponeso para fazer de seu próprio exército a força mais poderosa da Grécia. Em 371, os tebanos esmagaram os melhores guerreiros de Esparta na batalha de Leuctra e derrubaram o mito da invulnerabilidade espartana de uma vez por todas. Os macedônios imediatamente negociaram uma aliança com Tebas e mandaram reféns para garantir suas boas intenções. Se a Macedônia se comportasse, os reféns seriam tratados como convidados de honra. Caso contrário, seriam torturados e mortos.

Felipe teve a sorte de ser encaminhado para a casa do general Pamenes, que era grande amigo de Epaminondas, o conquistador de Leuctra. Enquanto os outros reféns macedônios banqueteavam-se e perseguiam garotas nativas, Felipe passava cada momento disponível aprendendo as últimas técnicas de batalha com os generais tebanos. O exército macedônio antes de Felipe era apenas uma infantaria de camponeses liderada por indisciplinados nobres a cavalo. Assim como seus equivalentes na Idade Média, estes cavaleiros macedônios viam-se como a personificação da guerra heroica e tratavam os lavradores e pastores das classes mais baixas da infantaria apenas como alvo para as lanças inimigas. Mas Felipe descobriu um exército de estilo muito diferente em Tebas.

Os tebanos aperfeiçoaram a arte da guerra hoplita. Cada hoplita era um cidadão orgulhoso capaz de bancar o próprio equipamento, que consistia em um capacete de bronze, um protetor peitoral grosso, caneleiras para proteger as pernas, e uma lança de ponta de ferro com cerca de três metros de comprimento utilizada para ataque, não lançamento à distância. Além disso, cada homem carregava uma espada de lâmina afiada e um escudo pesado (*hoplon*) de quase um metro de largura no braço esquerdo. Como cada hoplita estava sem escudo do lado direito, ele dependia do homem ao seu lado para se proteger, encorajando por necessidade um forte senso de unidade durante a batalha. Quando uma linha hoplita avançava ombro a ombro contra o inimigo era como uma muralha da morte.

Os hoplitas tebanos treinavam sem parar e, fossem soldados ou nobres cavaleiros, eram governados por uma disciplina férrea. Os melhores guerreiros tebanos eram escolhidos para serem membros do Bando Sagrado, um corpo de elite de infantaria formado por 150 casais de amantes financiados pelo Estado. Por serem amantes, os soldados lutavam ainda mais furiosamente para impressionar e proteger seus parceiros. Eles foram cruciais para a derrota dos espartanos em Leuctra, provando ser os melhores soldados que a Grécia já produziu.

Felipe também assistiu e aprendeu com a assembleia democrática de Tebas. Ele viu a grande fraqueza de um sistema onde cada homem podia dar a sua opinião e votar. Os debates na assembleia eram infinitos, enquanto os partidos políticos lutavam para destruir o poder de seus rivais. Felipe começou a notar como uma monarquia à moda antiga como a da Macedônia poderia agir de forma mais decisiva do que uma cidade grega e, assim, tornar-se imbatível no campo de batalha – se governada pelo rei certo.

Depois de três anos em Tebas, Felipe retornou à Macedônia quando seu irmão Pérdicas assassinou seu primo Ptolomeu e tomou o trono. Quando Pérdicas marchou contra os ilírios alguns anos mais tarde, Felipe foi deixado no comando como regente. Algumas semanas depois, Pérdicas e quatro mil soldados macedônios jaziam mortos no campo de batalha. Agora Bardilis, rei de Ilíria, estava pronto para atacar o coração da Macedônia enquanto os peônios na fronteira norte já tomavam vantagem do caos que dominava o reino, atacando-o em profundidade. Somado aos problemas externos, pelo menos cinco outros nobres macedônios competiam pelo trono. Os trácios apoiavam um destes candidatos, os atenienses apoiavam outro, enquanto cada um dos três meio-irmãos de Felipe também tramava para ser rei.

Felipe rapidamente prendeu e executou um dos irmãos, forçou os outros dois ao exílio e subornou os trácios para que assassinassem o candidato apoiado por eles. Finalmente, ele conseguiu um acordo secreto com os atenienses para que retirassem o apoio ao seu candidato, Argeu, que logo se viu marchando contra Felipe apenas com alguns mercenários que havia contratado com seus próprios fundos. O rei o derrotou com facilidade e fez um grande alarde ao mandar para casa sem ferimentos os mercenários que eram atenienses. No outono de 359, Felipe foi declarado rei da Macedônia, mas sua posse do trono, na melhor das hipóteses, era frágil. Ilírios, peônios, trácios, atenienses e especialmente nobres macedônios estavam esperando por uma chance de se livrar do jovem e inteligente governante.

Naquele inverno, Felipe começou a construir o exército com o qual havia sonhado em Tebas. A disciplina vinha antes de tudo. As tropas eram treinadas até conseguirem executar complexas manobras de batalha de olhos fechados. Felipe fazia com que marchassem incontáveis quilômetros pelas montanhas com bolsas cheias até que estivessem caindo de exaustão. Oficiais que previamente imaginavam-se além das insignificantes regras militares logo aprenderam o oposto. Um nobre perdeu seu comando por tomar um banho no acampamento, outro foi publicamente açoitado por beber uma caneca de água antes de ter sido dispensado. Mas durante aquele frio inverno as reformas de Felipe lentamente começaram a se estabelecer enquanto os homens se orgulhavam de suas habilidades recém-descobertas.

Felipe, no entanto, sabia que disciplina e *esprit de corps* não seriam suficientes para derrotar bárbaros selvagens ou hoplitas gregos. Ele precisaria de um tipo radicalmente novo de exército se pretendesse vencer hordas de ilírios esbravejantes ou a meticulosidade do Bando Sagrado. Ele sabia que suas tropas possuíam pouca chance de sucesso nas batalhas tradicionais, especialmente contra os hoplitas. A armadura pesada hoplita era cara demais para os lavradores e pastores macedônios – logo, Felipe decidiu mudar as regras. As tropas de seu novo exército praticamente não usavam armadura alguma e carregavam um escudo pequeno, de forma que até os jovens mais pobres das colinas da Macedônia poderiam se alistar no serviço militar. Isso aumentou a quantidade de soldados em potencial para além do número de qualquer cidade grega. Mas como esses soldados tão levemente protegidos poderiam lutar contra os temíveis hoplitas? A resposta estava em uma inovação brilhante pensada por Felipe: a *sarissa*. As lanças padrão dos hoplitas tinham em média três metros de comprimento, mas a sarissa tinha quase cinco metros e meio. Isso permitia que a infantaria macedônia marchasse em formação justa com as sarissas sobrepostas para atingir os hoplitas antes que as lanças inimigas conseguissem atingi-los. Claro, a eficácia da sarissa dependia da disciplina dos macedônios em agir como uma unidade. Mesmo se apenas um homem mexesse sua sarissa muito para a direita ou para a esquerda, toda a linha poderia se emaranhar desastrosamente. Mas o controle da sarissa foi possibilitado pela eliminação das armaduras e armas pesadas, o que fez com que os soldados macedônios a pé, ao contrário de seus oponentes gregos ou bárbaros, pudessem usar as duas mãos para segurá-las e apontá-las com efeitos mortais. Os macedônios treinavam com suas longas lanças a uma precisão tal que logo conseguiam virar juntos para qualquer direção, abrir e fechar suas linhas em um instante e atacar o inimigo com velocidade assustadora. A sarissa foi feita para destruir os hoplitas, mas a formação mortal funcionava igualmente bem contra guerreiros bárbaros que atacavam as linhas macedônias.

Além do desenvolvimento de um novo tipo de infantaria, Felipe reformou a cavalaria para agir em unidades coordenadas com os soldados a pé. Os nobres macedônios não mais cavalgavam adiante em sua busca pessoal de glória. No exército de Felipe, a cavalaria trabalhava junto à infantaria, esperando que as sarissas abrissem um buraco grande o suficiente nas linhas inimigas para que a cavalaria avançasse e atacasse a retaguarda desprotegida. Felipe também foi um dos primeiros generais na história a criar um corpo de engenheiros altamente qualificados. Com o tempo, esses homens foram capazes de cruzar rios amplos, abrir estradas pelo meio de montanhas e tomar qualquer cidade, sitiando-a com incríveis novos artefatos de guerra.

Mesmo sendo as inovações de Felipe tão impressionantes nos treinamentos, ninguém sabia se elas trariam vitória nas batalhas. O primeiro grande teste veio no ano seguinte, quando o jovem rei macedônio decidiu atacar os ilírios liderados por Bardilis, o mesmo homem responsável pela morte de seu irmão dois anos antes. Os detalhes da batalha são nebulosos, mas sabe-se que Felipe levou consigo pelo menos 10 mil soldados – quase todos os homens em idade de lutar na Macedônia. Felipe estava determinado a assegurar sua fronteira ocidental e provar seu valor como general. Foi uma grande aposta, pois se ele fosse derrotado perderia não apenas seu reinado, mas a própria Macedônia se enfraqueceria e seria desmantelada por seus vizinhos.

Mesmo tendo trazido quase a mesma quantidade de homens para o campo, Bardilis hesitou ao ver a força à sua frente e enviou para Felipe uma mensagem oferecendo uma trégua. O rei macedônio, entretanto, não deu ouvidos: liderou sua infantaria pessoalmente contra os ilírios, mas em vez de atacar a linha de frente inimiga de modo direto, empregou uma estratégia aparentemente estranha, atacando o inimigo com uma formação em ângulo. Isso significa que a linha de frente macedônia atacou os ilírios pela esquerda deles, enquanto o lado direito do exército inimigo assistia a tudo. Os comandantes ilírios tentaram manter seu lado direito em posição, mas os homens eram naturalmente atraídos para a esquerda para enfrentar o inimigo e se proteger. Era exatamente com isso que Felipe contava. Enquanto a direita ilíria lentamente adiantava-se, um buraco se abria no centro de sua linha, e foi nele que a cavalaria de Felipe penetrou. Os cavaleiros macedônios concentraram com sucesso todos os seus esforços em invadir a retaguarda ilíria e jogaram assim o inimigo ao caos. A batalha durou horas, mas por fim os ilírios foram completamente cercados e milhares deles abatidos no campo de batalha. Era uma estratégia inspirada e inovadora que Felipe refinaria e usaria com efeitos devastadores em batalhas futuras, assim como o faria seu filho Alexandre.

Bardilis clamou por paz e Felipe, tendo dado seu recado, graciosamente a concedeu. O líder ilírio concordou em retirar-se de todos os territórios que havia anteriormente ocupado a oeste. Para tornar o acordo mais atraente, ofereceu a Felipe sua filha Audata em casamento. Assim como em qualquer outro lugar no mundo antigo, o casamento era utilizado nos Bálcãs para garantir tratados e selar alianças. O amor era irrelevante nessas uniões políticas. O papel da mulher era o de unir dois reinos, gerar filhos e servir como refém para o bom comportamento de seu país de origem. A esposa não esperava qualquer afeto além do necessário para conceber uma criança, preferivelmente um menino. Se seu marido preferisse levar outras esposas, concubinas ou rapazes para a cama, isso não era problema dela. Tudo o que importava para a noiva em tais arranjos políticos era que seu *status* como rainha fosse respeitado e que qualquer filho que ela trouxesse ao mundo tivesse garantido seu lugar de direito na linha de sucessão ao trono.

Felipe aderiu às alianças de casamento com mais entusiasmo do que o normal, mesmo para um rei macedônio, e era conhecido por trazer uma nova esposa toda vez que voltava da guerra. Quando morreu, havia se casado sete vezes. Após Audata morrer dando à luz uma menina, ele se casa com Phila, da região montanhosa da Elimeia, como parte de sua estratégia para trazer as tribos das terras altas da Macedônia para mais perto de si. Ela também morreu logo depois, deixando Felipe com 25 anos, sem rainha e, o mais importante, sem um herdeiro homem. Ele rapidamente se casa com duas tessálias para fortalecer as relações com o reino da fronteira sul. A primeira noiva tessália viria a lhe dar outra filha, Tessalônica, que emprestaria seu nome a uma grande cidade. A segunda finalmente deu a Felipe um filho no ano de 357. O pai, orgulhoso, chamou-o de Arrideu – mas logo ficou evidente que o menino havia nascido mentalmente deficiente e era inadequado para herdar o trono. O filho mais velho de Felipe foi discretamente colocado de lado e raras vezes apareceu em público pelos trinta anos seguintes.

Foi então que o rei virou-se para o reino de Épiro (que seria na região do que hoje é a Albânia), na costa adriática a sul de Ilíria, norte da Grécia. Épiro havia sofrido ataques ilírios – logo, uma aliança com a Macedônia para conter um inimigo comum seria benéfica para ambos. A segurança da fronteira sudoeste de Felipe também era primordial, assim como manter as rotas de comércio entre o Adriático e a Macedônia. O chefe da casa real de Épiro, Arribas, não possuía filhas disponíveis e havia se casado com a própria sobrinha mais velha, mas a mais nova ainda estava solteira. Seu nome era Olímpia.

Como contou Plutarco, Felipe e Olímpia haviam se conhecido muitos anos antes na ilha da Samotrácia: "Diz-se que, ainda enquanto jovem, Felipe havia sido iniciado nos ritos sagrados da Samotrácia ao mesmo tempo que Olímpia, que era órfã. Eles se apaixonaram e juraram se casar, com o consentimento do seu tio Arribas".

A ocasião e as condições de tal encontro são tão estranhas que talvez seja verdade, mas o relato de Plutarco de um encontro aleatório de dois amantes jovens é provavelmente baseado mais em política do que em romance.

A Samotrácia é uma pequena e montanhosa ilha ao norte do Egeu, estando entre Troia e a Macedônia. Seu único motivo de fama era um centro religioso na costa norte dedicado a dois deuses gêmeos conhecidos como os Cabiri, que, junto às poderosas deusas adoradas no local, protegiam viajantes, promoviam a fertilidade e prometiam a imortalidade aos iniciados. Os macedônios haviam desenvolvido pouco tempo antes um interesse pela Samotrácia e contribuíram generosamente com o templo, talvez com motivação religiosa genuína ou, mais provavelmente, pelo desejo de fazer parte de um antigo culto grego. Não é surpresa que o jovem Felipe escolhesse ser iniciado na religião local, dado seu uso astucioso da diplomacia – tanto na área espiritual quanto em outras – como forma de fortalecer seus laços com o mundo grego. Mas por que uma princesa epiriota e seu tio, o rei, estariam por acaso em uma ilha remota durante o mesmo festival de verão que um príncipe macedônio? O que parece é que Arribas estava deliberadamente arranjando um encontro entre sua sobrinha e o príncipe com a esperança de montar uma futura aliança entre os reinos. O próprio Felipe podia estar ciente do plano antes mesmo de chegar à ilha, e é provável que ele estivesse mais interessado em discutir questões práticas com Arribas sobre como conter a ameaça ilíria do que em mirar os olhos da Olímpia adolescente. Mesmo assim, ele pode ter gostado do que viu na jovem – beleza, inteligência, paixão –, qualidades atraentes para um príncipe em ascensão com esperanças de produzir um herdeiro para o seu trono. Além disso, a família de Olímpia descendia de Aquiles, o maior dos gregos a lutar em Troia. Misturar o sangue de seu ancestral Hércules com o de Aquiles deve ter sido um incentivo poderoso para a união.

Olímpia não tinha mais de dezoito anos quando se casou com Felipe, mas já possuía experiência com intrigas e rivalidades palacianas. Em Épiro, no entanto, ao menos ela estava entre amigos e família; na capital macedônia de Pela ela estava sozinha. Na noite de seu casamento, ela foi levada vestindo um véu para a câmara nupcial, e logo depois Felipe entrou e fechou a porta. Enquanto ela cumpria pela primeira vez seu dever mais importante como esposa, um coro de donzelas estava à porta cantando hinos à deusa da fertilidade.

Outras histórias dizem que na véspera do casamento, enquanto Olímpia dormia, um estrondo de trovão foi ouvido em volta do palácio e um raio adentrou seu quarto, atingindo seu útero sem machucá-la. As lendas também contavam que Felipe sonhou que colocava um selo com a figura de um leão no útero da esposa, o que o profeta Aristandro de Telmessos interpretou como sinal de que Olímpia já estava grávida com um filho que seria corajoso e leonino. Tais histórias de concepções miraculosas e paternidades divinas eram comuns para heróis do mundo antigo, mas se Felipe tivesse qualquer dúvida de que Olímpia era virgem quando a levou para a cama na primeira noite, ela seria mandada de volta para o tio em desgraça.

Durante as primeiras semanas de vida de casado, Felipe deve ter se devotado totalmente a gerar um filho com Olímpia. Ele logo estaria longe em campanha por longos períodos, sem oportunidade alguma para visitas conjugais. Felipe era um jovem vigoroso e conhecido por seus apetites sexuais; assim, sua jovem noiva de Épiro recebia sua atenção frequente. Mas, segundo Plutarco, em uma das noites durante essas primeiras semanas de casamento, Felipe chegou ao quarto de Olímpia totalmente disposto para a tarefa que tinha pela frente quando viu a esposa dormindo ao lado de uma cobra enorme. Ele sabia que Olímpia era especialmente devota à formas exóticas de adoração comuns entre as mulheres de sua terra natal montanhosa. Ele não se opunha a essas práticas sagradas, muitas das quais envolviam cobras, contanto que fossem levadas com discrição, mas ficou profundamente perturbado por ela ter trazido serpentes para a cama para rituais privados de êxtase. Com medo de que ela pudesse jogar um feitiço sobre ele, ou de ofender alguma divindade, ele se retirou silenciosamente e passou a fazer apenas visitas esporádicas aos aposentos da esposa.

Podemos ter certeza de que, seja por Felipe ou por um dos deuses – como Olímpia afirmou depois –, o serviço tinha sido feito: ela logo estava grávida. Nove meses depois, durante o quente verão macedônio de 356, enquanto Felipe conquistava a cidade de Potideia e esperava por notícias de seu cavalo nos jogos olímpicos, sua esposa deu à luz um filho homem. Novamente, como muitos heróis antigos, as histórias contadas posteriormente dão conta de eventos extraordinários cercando o nascimento de Alexandre. Foi dito que o grande templo da deusa Ártemis em Éfeso, na costa oeste da Ásia Menor, queimou completamente enquanto a deusa, preocupada, estava na Macedônia, presenciando o nascimento do novo príncipe. Há relatos de que os sacerdotes persas conhecidos como magos residentes em Éfeso correram enlouquecidos pelas ruínas do templo batendo nas próprias faces e declarando que aquele que traria a calamidade para a Ásia havia nascido naquele dia. Outros escritores apontam de forma mais sóbria que o templo altamente inflamável já havia pegado fogo outras vezes e naquela ocasião foi posto em chamas por um homem mentalmente perturbado.

A infância de Alexandre em Pela foi normal pelos padrões de qualquer nobre macedônio. Ele viveu na ala de sua mãe no palácio e, com Felipe frequentemente lutando nas fronteiras ao longo dos anos, raramente via seu pai. Como era de costume nas casas reais, Olímpia entregava os cuidados diários com a criança a uma matrona de uma família distinta. A ama de Alexandre era uma mulher chamada Lanice, cujo irmão, conhecido como Clito, o Negro, um dia salvaria a vida de Alexandre. Mas durante seus primeiros anos sua mãe nunca esteve longe dele, e tinha um interesse apaixonado pelo bem-estar de seu filho. Ela estava determinada em garantir que ele mantivesse a qualquer custo seu lugar de direito como o herdeiro de Felipe, e trabalhava incansavelmente para isso. Mãe e filho eram próximos desde o início e assim permaneceram durante toda a vida de Alexandre, às vezes para o desespero dele.

No entanto, Alexandre não cresceu como um príncipe mimado e engomado. Quase desde que aprendeu a andar, ele passou a ser treinado na arte da guerra. Os veteranos mais habilidosos de Felipe o treinavam em arco e flecha, luta de espadas e, especialmente, cavalaria. Poucos dias se passavam sem que Alexandre montasse seu cavalo preferido e disparasse pelas planícies macedônias. Seu primeiro tutor foi um tirano velho e rabugento chamado Leônidas, que possuía todo o charme e sutileza de seu homônimo, o invencível rei espartano que lutou contra os persas em Termópilas. Leônidas era um parente de Olímpia vindo de Épiro, mas não demonstrava nenhuma predileção pelo jovem. Como Alexandre descreveria depois, a ideia que Leônidas tinha de café da manhã consistia em uma marcha forçada durante a noite, e de ceia, um leve café da manhã. Seu tutor também costumava fuçar nos baús de Alexandre para ter certeza de que a mãe dele não havia escondido ali nenhum luxo. Ele era tão parcimonioso que, um dia, quando Alexandre pegou um punhado de incenso para jogar na fogueira do altar, Leônidas repreendeu o menino, dizendo que só quando conquistasse os mercados de temperos da Ásia poderia desperdiçar bom incenso, não antes. (Anos depois, quando Alexandre havia tomado todo o Oriente Próximo, ele enviou para seu tutor já idoso um enorme carregamento de incenso e mirra com um bilhete dizendo que agora ele podia parar de ser tão miserável com os deuses.) Mesmo assim, Alexandre amava seu professor de personalidade difícil e pensava nele como um segundo pai.

Outros tutores ensinavam ao precoce Alexandre as artes da leitura e da escrita, e desde muito cedo ele aprendeu a amar a literatura grega, sobretudo a poesia de Homero. Um dos jogos de infância de Alexandre provavelmente foi lutar com seus amigos como gregos e troianos sob as muralhas de uma Troia imaginária. O príncipe também mostrava um talento fora do comum para a música e tocava lira muito bem. Seu outro tutor preferido nos primeiros anos era um grego grosseiro, mas de bom coração, chamado Lisímaco, mais conhecido por seu senso de humor do que pela higiene pessoal. Ele apelidou Alexandre de Aquiles e se dizia Fênix, imitando o nome do tutor do herói antigo. Lisímaco mais tarde acompanharia Alexandre à Ásia e provocaria um dos episódios mais dramáticos na vida do jovem rei.

Uma das primeiras histórias sobre Alexandre conta como, em uma das temporadas em que Felipe estava na guerra, o jovem príncipe, talvez com sete ou oito anos, encontrou-se com embaixadores do Grande Rei da Pérsia que haviam chegado à corte macedônia. Alexandre foi gracioso e encantador com os convidados, ganhando o seu respeito por não perguntar por assuntos triviais, mas querendo saber sobre o comprimento e as condições das estradas persas, o quão longe elas eram da capital, que tipo de homem o Grande Rei era e que tipo de exército ele possuía.

Não há como ter certeza, mas é provável que estes enviados tenham chegado a Pela para convidar três ilustres exilados persas para retornar ao lar em segurança. Um desses homens era Artabazo, um importante líder persa que esteve envolvido em uma revolta de sátrapas contra o rei alguns anos antes. Seu genro Memnon, um grego da ilha de Rodes, era um dos outros exilados, assim como o egípcio Menápis. Eles vieram à Macedônia buscando refúgio longe da atribulada corte persa. Estes homens teriam sido um tesouro de informações sobre a Pérsia para o jovem Alexandre, e não é difícil imaginar o menino aprendendo tudo o que era possível sobre o grande império do oriente com eles durante o seu tempo em Pela. Mesmo tão jovem, ele já sonhava com reinados para derrotar. Ele frequentemente reclamava a seus amigos que o sucesso de Felipe na guerra pesava sobre ele: "Meninos, meu pai está me derrotando em tudo! Ele não me deixa nenhum mundo para conquistar!".

A rápida expansão que Felipe trouxe ao reino macedônio não era nada de impressionante. No ano anterior ao nascimento de Alexandre, ele havia tomado o velho posto ateniense de Anfípolis do outro lado do rio Struma, na fronteira com a Trácia. Com a cidade praticamente ilesa e seus habitantes sãos, salvos e gratos, essa passagem estratégica para o leste tornou-se uma cidade-guarnição e um centro comercial cruciais, controlando a madeira e os recursos minerais de todo o vale do Struma. No mesmo ano, Felipe tomou a fortaleza ateniense em Pidna na costa macedônia, a apenas alguns dias de marcha de Vergina, apesar de o posto próximo em Methone ainda permanecer em mãos atenienses. No ano seguinte, seu exército atacou novamente o leste, capturando a cidade trácia de Crênides, perto de Anfípolis. O rei trácio Cetríporis estava furioso com a perda da cidade, especialmente quando as vastas riquezas das minas de ouro da região caíram nas mãos de Felipe. Como nunca foi modesto, Felipe fez algo sem precedentes no mundo grego: deu seu próprio nome para a cidade. Daquele dia em diante até São Paulo visitá-la em tempos romanos e fundar ali a primeira igreja cristã europeia, a velha cidade trácia ficou conhecida como *Filipos*.

Com os rendimentos das minas sobre Anfípolis e Filipos, o jovem rei macedônio conseguiu aumentar seu exército e equipá-lo com as melhores armas e cavalos. Com os novos recursos Felipe armou um cerco a Methone em 354 em uma tentativa final de tirar os atenienses das terras macedônias. A luta foi furiosa, mas no fim Felipe conseguiu tomar a cidade. O preço que ele pagou por isso foi a perda de um olho. Fosse por um golpe de azar ou castigo divino por ter olhado para Olímpia quando esta estava na cama com seu amante-serpente – como se espalhou depois –, Felipe ficou cego de um olho pelo resto da vida.

Sem se abalar por sua enfermidade, Felipe começou a estender sua influência ao sul para a Tessália, primeiro com alianças, depois tomando o porto de Págasas. A incorporação de grandes números da cavalaria tessália ao seu exército tornou-se um componente central de seu poderio militar, assim como o seria para Alexandre. Depois disso, Felipe invadiu novamente a Península Calcídica em 349 e atacou a cidade de Olinto. Esse assentamento há muito tempo bem protegido era o centro da atividade comercial na área e serviu como a capital da Confederação Calcídica contra Esparta, e depois contra Atenas. A cidade estava em termos amigáveis com a Macedônia, mas quando Felipe tomou Anfípolis os cidadãos entenderam suas intenções e se aliaram com Atenas por proteção. Os atenienses prometeram assistência, mas de algum jeito a assembleia ateniense não conseguia concordar a respeito do que fazer. Com o cerco se fechando sobre Olinto, os atenienses debateram e procrastinaram até Felipe finalmente ter a cidade sitiada. O rei bateu nas paredes e fez chover flechas sobre os que tentavam defender a cidade, muitas com pontas de bronze com o nome de Felipe gravado. Quando finalmente tomou a cidade, Felipe foi muito mais duro do que o normal. Ele saqueou a cidade, demoliu as construções e vendeu os sobreviventes como escravos. Com a devastação de Olinto, Felipe estava mandando uma mensagem aos gregos – que ele podia ser misericordioso, mas se encontrasse oposição também sabia ser implacável.

O famoso orador ateniense Demóstenes – que, de acordo com a lenda, havia superado um impedimento de fala na infância por falar em voz alta com pedrinhas na boca – foi um dos primeiros gregos a perceber que Felipe representava uma ameaça mortal às antigas cidades da Grécia. Ele viu as conquistas de Felipe no norte como os degraus para chegar a Atenas. Ele tentou com todas as forças fazer seus companheiros atenienses enfrentarem o rei macedônio antes que fosse tarde demais:

Vocês já prestaram atenção ao progresso de Felipe? Já viram como ele se levantou da fraqueza para a força? Primeiro toma Anfípolis, depois Pidna, isso para não falar de Potideia. Depois disso vem Methone e Tessália... Aí ele invade a Trácia, removendo seus chefes e substituindo-os com seus próprios homens... Finalmente ele devasta Olinto – e nem mencionarei suas campanhas de Ilíria e Peônia!

Apesar de suas habilidades de oratória serem invencíveis, Demóstenes não conseguiu motivar os apáticos atenienses a oferecer mais do que uma resistência simbólica a Felipe e seu exército macedônio. A maioria dos gregos simplesmente não estava disposta a acreditar que bárbaros de além do Monte Olimpo poderiam ser uma séria ameaça à sua forma de vida. A delegação que Atenas mandou a Pela foi facilmente encantada pela lira tocada por um Alexandre de dez anos de idade, e depois subornada por Felipe a aceitar a paz enquanto fingiam não vê-lo engolir cada vez mais território grego.

Mas a maior oportunidade de legitimação para Felipe, tanto aos olhos dos gregos quanto para a expansão de sua influência no sul, ainda estava por vir. O santuário de Delfos, lar do maior oráculo do deus Apolo, há muito era um lugar sagrado de reunião para toda a Grécia. Reis, guerreiros, comerciantes e camponeses podiam viajar livremente ao templo e lá pedir conselhos ao deus – deveriam ir à guerra? Abrir um novo negócio? Ou casar com a garota de sua vila? Delfos ficava na parte de cima das encostas do monte Parnaso, na região da Fócida na Grécia central. Em 356, o mesmo ano em que Alexandre nasceu, uma disputa irrompera entre os habitantes locais ao redor de Delfos e as cidades do Conselho Anfictiônico, uma organização regional de cidades dedicadas a proteger o oráculo. Logo a disputa explodiu em um conflito amargo conhecido como a Guerra Sagrada entre o povo da Fócida, com seus aliados de outros lugares da Grécia – inclusive Atenas – e os membros do conselho, mais notavelmente Tebas. A guerra se estendeu por anos, e nenhum lado conseguia ganhar vantagem.

Em 348, os tebanos já exaustos chamaram Felipe para se aliar a eles e esmagar os rebeldes fócios de uma vez por todas. O rei macedônio hesitou, pois queria evitar uma guerra direta com Atenas, mas os atenienses, constantemente perturbados por Demóstenes, estavam finalmente começando a levar a sério a ameaça representada por Felipe. Embaixadores viajaram entre Atenas e Pela na tentativa de resolver o conflito pacificamente. Promessas foram feitas e juramentos trocados, mas a nuvem negra da guerra pairava sobre o território. Por fim, Felipe ousadamente arriscou e marchou para Termópilas, a passagem para a Grécia. Ali, onde os persas haviam esmagado os espartanos em seu caminho para destruir Atenas, Felipe, apoiado por seu exército, finalmente forçou o Conselho Anfictiônico para tomar uma ação decisiva contra os rebeldes fócios e terminar o impasse. Frente às tropas macedônias em sua fronteira, os fócios capitularam e foi concedido a Felipe um lugar de honra no conselho. Atenas não estava feliz com a situação, mas não se dispunha a enfrentá-la. Felipe, por meio de uma combinação habilidosa de diplomacia e ameaças militares, era agora o membro dominante da aliança política mais poderosa da Grécia.

Quando Alexandre tinha cerca de doze anos de idade, ele fez um amigo que o seguiria até a Índia. Que este amigo fosse um cavalo chamado Bucéfalo é o detalhe mais encantador da história que foi uma das mais famosas e reveladoras sobre a extraordinária vida de Alexandre.

O próprio Felipe estava presente naquele dia, um evento raro, quando um criador de cavalos da Tessália chamado Filoneico chegou à pequena cidade de Díon, ao pé do Monte Olimpo, e perguntou se poderia mostrar suas mercadorias ao rei. Felipe, que estava à procura de um novo garanhão para cavalgar durante as batalhas, concordou de bom grado e, junto a Alexandre, acompanhou o mercador até as planícies gramadas do lado de fora da cidade. Filoneico então desfilou Bucéfalo, para a surpresa da multidão. O animal era de fato magnífico, alto e poderoso, preto com uma mancha branca na testa e uma marca no formato de cabeça de boi do rancho do seu criador (daí o nome *Bu-cephalas* – "Cabeça de boi"). Filoneico sabia que Felipe havia se interessado, assim como todos os nobres macedônios que amavam cavalos, então ele casualmente mencionou que não poderia se separar de tal animal por menos de treze talentos. Este preço absurdo era o suficiente para sustentar um homem por toda a vida, mas Felipe apenas deu de ombros. Por mais deslumbrante que fosse o cavalo, Felipe pôde ver desde o primeiro momento que ele era incontrolável e arisco, e que nenhum de seus experientes cuidadores poderia lidar com tal animal. Mesmo um cavalo tão esplêndido quanto Bucéfalo era inútil para o rei se não pudesse ser montado.

Felipe ordenou que o cavalo fosse dispensado, mas Alexandre confrontou o pai e proclamou que ele estava perdendo um garanhão inestimável por não ter coragem nem habilidade para controlá-lo. O rei não estava acostumado a ser desafiado em frente a seus homens, especialmente por seu jovem filho, mas Alexandre estava fora de si de frustração e repetiu a afronta. Felipe ficou furioso, olhou para seu filho com seu único olho e disse:

"Você é tolo a ponto de criticar os mais velhos? Acha mesmo que conhece mais sobre cavalos do que nós?"

"Este cavalo, ao menos. Posso lidar com ele melhor do que qualquer homem vivo!"

"Ah, é mesmo? E se não puder, qual é a penalidade que você está disposto a pagar pela sua aspereza?"

"Pago o preço total do cavalo".

O próprio Felipe não podia deixar de admirar a coragem do filho e riu com seus nobres pela sua jovem arrogância. Mas concordou com a barganha e disse a seus cuidadores que levassem o cavalo para Alexandre.

Alexandre era ousado, não tolo. Enquanto os guerreiros da corte haviam visto apenas o lado selvagem de Bucéfalo, o jovem notara algo mais – o cavalo se tornava incontrolável apenas quando o sol estava atrás dele. Era a visão da própria sombra no chão que estava assustando Bucéfalo. Alexandre, com inteligência, pegou as guias e gentilmente virou o garanhão para a direção do sol para que ele não visse a própria sombra. Então afagou o cavalo e falou suavemente com ele por vários minutos, até que o animal se acalmasse. Para o espanto de seu pai e da multidão que assistia, Alexandre tirou seu manto e montou no cavalo em um único movimento. Bucéfalo estava pronto para lutar, mas o menino o segurou com rédeas curtas e começaram a trotar pela planície. Aos poucos, Alexandre conseguiu controlar o animal e a soltar as rédeas para permitir que o poderoso garanhão galopasse pelos gramados a toda velocidade. Todos ficaram aterrorizados achando que o príncipe poderia morrer, mas Alexandre e Bucéfalo cavalgaram para longe da multidão e depois voltaram para a frente de seu pai. Uma grande comemoração foi ouvida e Felipe, explodindo de orgulho, derramou lágrimas de alegria e beijou o filho quando ele desceu do cavalo. Ele então abraçou Alexandre e profeticamente declarou: "Meu filho, você deve buscar um reino do seu tamanho – a Macedônia é pequena demais para você!".

Felipe sabia que Alexandre atingira uma idade em que seu espírito e intelecto já haviam ultrapassado os limites dos tutores de infância. Se ele fosse se tornar rei algum dia e tomar seu lugar como líder da potência ascendente no mundo grego, precisaria do tipo de treinamento que somente a maior mente da época poderia oferecer. Para Felipe, esta só poderia ser a de um homem: Aristóteles. A escolha era incomum, uma vez que nessa época Aristóteles era um refugiado desconhecido que vivia em exílio, mas o homem que um dia se tornaria um dos mais famosos filósofos na história conhecia Felipe desde que os dois eram meninos. Aristóteles era da cidade próxima de Estagira na Península Calcídica, mas fora criado na corte macedônia do pai de Felipe, Amintas, onde seu próprio pai era o médico da corte. Felipe era apenas um ou dois anos mais novo que Aristóteles, então os garotos haviam crescido juntos. Aos dezessete anos, Aristóteles deixou a Macedônia para viajar a Atenas, onde passou os vinte anos seguintes como estudante de Platão na famosa Academia. Quando Platão morreu, Aristóteles esperava tomar a liderança da escola, mas em vez disso foi expulso da cidade por Demóstenes e o partido anti-macedônio por causa de suas conexões com Felipe. No mesmo ano, sua rebelde cidade natal, Estagira, foi destruída pelo exército de Felipe, por isso Aristóteles fugiu para uma cidade próxima a Troia, onde o tirano Hérmias governava em nome da Pérsia. Ele permaneceu lá por três anos e até casou com a filha adotiva do tirano. Mas quando Hérmias foi assassinado, ele se retirou para a ilha de Lesbos para ensinar e estudar a fauna e a flora locais. Três anos depois, quando Felipe o convidou para retornar a Pela como tutor de Alexandre, Aristóteles agarrou a oportunidade.

 Aristóteles era um professor inspirado. Assim como Sócrates ensinou Platão e Platão havia instruído Aristóteles, agora o filósofo de Estagira mostraria a Alexandre as maravilhas do universo. Com suas pernas magras, olhos pequenos, ceceio persistente, roupas escandalosas e anéis espalhafatosos, Aristóteles deve ter parecido risível para o príncipe macedônio; mas quando ele começou a falar, Alexandre soube que estava na presença de um gênio. Ao contrário de Platão, que valorizava a teoria e a especulação acima de tudo, Aristóteles era um homem prático. Ele era apaixonadamente curioso sobre como as coisas funcionavam e era provável que fosse encontrado tanto no meio de um pântano coletando girinos para dissecá-los quanto numa biblioteca para estudar a arte da Poética. Em uma era anterior às especializações, Aristóteles estudou e escreveu sobre tudo. Ele praticamente inventou a lógica e deduziu que o universo teria sido criado por um movimentador primordial todo-poderoso que, no entanto, não demonstrava nenhum interesse por seu próprio trabalho. Aristóteles foi o primeiro grande cientista experimental, com Física, Astronomia, Biologia, Embriologia, Meteorologia e muito mais figurando entre suas especialidades. Ele sabia a partir da observação e da experimentação que a Terra era uma esfera e que as baleias eram mamíferos, e não peixes. Ele foi pioneiro no estudo da Ética e argumentava que as maiores virtudes vinham da moderação. Ele declarou que o homem era um animal político – ou seja, uma criatura que encontra seu verdadeiro lar na *pólis*, a cidade. Pessoa alguma poderia viver uma vida significativa longe de outras, ele declarou, pois uma vida sem amigos não valeria a pena ser vivida. Mas ele também acreditava, assim como quase todo mundo naquele tempo, que a escravidão era um estado natural das coisas e que os homens por natureza eram superiores às mulheres. Ele também nutria a crença de que as nações bárbaras eram inferiores aos gregos e deveriam ser tratadas como tal.

Alexandre deve ter estudado todas essas ideias sob a tutoria de Aristóteles, mas os assuntos que mais parecem tê-lo interessado foram medicina, ciência e poesia. Aristóteles havia aprendido as artes da cura com seu pai e passou o conhecimento para Alexandre. Como general no campo de batalha nos anos seguintes, Alexandre ficou conhecido por tratar ferimentos pessoalmente e prescrever remédios para seus homens. Ele também coletou espécimes de plantas para mandar ao seu professor e mapeou o mundo com uma precisão desconhecida até então. Ele amava a leitura, especialmente a *Ilíada* de Homero, que ele reverenciava como um manual para a guerra. Aristóteles editou para ele um volume do poema, que carregava em suas campanhas em uma caixa especial. À noite, Alexandre o colocava com reverência sob seu travesseiro – junto a uma adaga bem afiada.

Em Mieza, a oeste de Pela, onde as planícies da Macedônia encontravam picos crescentes, Aristóteles ensinava Alexandre e outros jovens nobres da corte, muitos dos quais se tornaram os seguidores mais leais do príncipe. Isso incluía o seu amigo Ptolomeu, um membro distante da família real das terras altas da Macedônia que viria a se tornar faraó do Egito. Havia também um jovem chamado Cassandro, filho do companheiro de confiança de Felipe, Antípatro. A saúde de Cassandro foi débil durante toda sua vida, mas ele conseguiu se tornar um rei poderoso após a morte de Alexandre. Um pouco mais velho, Laomedon, da ilha egeia de Lesbos, mostrar-se-ia de valor imensurável para Alexandre por ser fluente em persa, enquanto seu camarada macedônio Mársias seria um dos primeiros biógrafos de Alexandre. O príncipe também fez amizade com Nearco, originário da ilha de Creta, que usaria suas capacidades de navegação para que atravessassem o Oceano Índico. Mas de todos os companheiros de Alexandre que estudavam com Aristóteles, era Hefesto de Pela que se tornaria seu amigo mais próximo.

Plutarco descreve Alexandre como belo de aparência, com um rosto corado e olhos penetrantes. Ele era mais baixo do que a média dos homens macedônios, mas nunca deixou que isso o atrapalhasse nas brincadeiras de infância ou no campo de batalha. Sua imagem está preservada em bustos de mármore feitos quando ainda estava vivo por artistas contratados por Felipe. Esses objetos seguem as convenções artísticas gregas de muitas formas, mostrando um jovem barbeado com bochechas magras, um maxilar quadrado e um olhar de feroz determinação. Uma escultura de marfim com notável detalhamento de Alexandre pouco acima da tumba de Felipe em Vergina mostra traços similares somados a um pescoço musculoso e olhos profundos voltados para o céu. Plutarco também dizia que um perfume muito agradável vinha de sua pele. Seja ou não verdade, perfumes doces eram associados com deuses no mundo antigo, assim como com santos cristãos na Europa Medieval.

Em uma corte de excessos sexuais disponíveis em uma variedade desconcertante de formas, talvez fosse de se esperar que o adolescente Alexandre se satisfizesse sem o menor traço de vergonha. Mas ele mostrava uma surpreendente falta de interesse nos prazeres da carne, apesar de ser impetuoso e ousado em todos os outros assuntos. Ele valorizava muito o autocontrole e tinha um ar de seriedade muito além da própria idade. Desde a infância, suas relações com as mulheres eram incomumente respeitosas em um mundo onde escravas, concubinas e até esposas eram tratadas como propriedades. Sua mãe, Olímpia, preocupou-se tanto com a aparente falta de interesse de Alexandre pelas garotas que contratou para ele os serviços da bela prostituta trácia Calixeina na esperança de despertar o interesse do filho, mas não obteve resultados. Parece que a paixão irrestrita e a exaustão do ato sexual perturbavam o jovem príncipe. Como o próprio Alexandre confessaria anos mais tarde, tanto o sexo quanto o sono, mais do que qualquer outra coisa, serviam para lembrá-lo de que não passava de um mortal.

Um dia, quando perguntaram a Alexandre se ele estaria disposto a competir na corrida dos jogos olímpicos, o príncipe respondeu que correria, mas apenas se pudesse competir contra reis. Se alguém ainda duvidava de seu desejo de governar e buscar a glória no campo de batalha, ele baniu estas dúvidas quando tinha apenas dezesseis anos. Enquanto estava ocupado liderando um expedição contra seu aliado rebelde Bizâncio, Felipe deixou seu filho em Pela como regente do reino macedônio. Quando Felipe entregou a Alexandre o anel com o selo real, garantindo-lhe poder para reinar em seu lugar, com certeza deu conselhos paternos para que não fosse feito nada drástico. O anel era como um teste. Se Alexandre conseguisse resistir às tentações de tal poder por alguns meses, sua posição como herdeiro seria assegurada.

Mas nas fronteiras de um reino como a Macedônia sempre havia inimigos prontos para atacar. Os selvagens trácios Maedi nas montanhas do norte haviam sido mantidos sob controle por anos pelo exército de Felipe. Quando receberam a notícia de que as tropas estavam na distante Bizâncio com apenas um menino deixado no trono, eles farejaram uma oportunidade. Os homens da tribo deixaram seus esconderijos nas montanhas e começaram a se mover pelo vale do Struma acima de Anfípolis com seus corações resolutos para pilhagem e vingança.

Assim que a notícia chegou a Pela, Alexandre reuniu todas as forças que seu pai deixou e seguiu a norte para sua primeira experiência de batalha. Temos poucos detalhes, mas sabemos que nas semanas seguintes, Alexandre destruiu os Maedi e tomou a sua terra. Apesar de ser um território pobre, onde se podia apenas criar cabras, as montanhas eram ricas em ferro, necessário para forjar armas. Em uma ação ousada que previa a futura colonização da Ásia, Alexandre assentou ali uma mistura de macedônios e estrangeiros na fortaleza Maedi e renomeou o assentamento como Alexandrópolis – a cidade de Alexandre. Plutarco conta que Felipe ficou satisfeito quando ouviu a notícia da vitória de Alexandre, mas qualquer adolescente que desse o próprio nome a uma cidade merecia atenção.

Alexandre logo teve uma oportunidade ainda maior de provar o seu valor. Felipe tinha atingido o limite de sua paciência com os atenienses e suas conspirações sem fim contra ele. Demóstenes estava há anos avisando que a maior ameaça à cidade era a Macedônia – e não Esparta, Tebas ou mesmo a Pérsia. Com os piratas atenienses assediando a costa e as forças conjuntas de Atenas e da Pérsia tentando esmagar o seu reino, Felipe decidiu atacar primeiro. Ele tomou a frota ateniense de grãos que vinha do Mar Negro quando esta passava pela Macedônia, tirando da cidade sua fonte mais importante de comida. Ele então marchou para o sul com seu exército antes que alguém soubesse o que estava acontecendo e ocupou a cidade de Elateia ao norte de Tebas. Felipe esperava provocar os atenienses a tomar alguma atitude impensada – e não se desapontou. Atenas ainda era um importante poder marítimo, mas não havia participado em uma luta relevante em terra por décadas. Todavia, Demóstenes jogou os atenienses em um frenesi guerreiro, adulando-os como os herdeiros dos vitoriosos de Maratona, que certamente esmagariam o inimigo bárbaro no campo de batalha. Os atenienses também formaram uma aliança com Tebas, avisando ao seu vizinho do norte que Felipe os destruiria no caminho para atacar Atenas. Assim, em um dia quente no começo de agosto de 338, os atenienses e seus aliados, incluindo a elite do Bando Sagrado de Tebas, chegaram ao acampamento de Felipe em um vale estreito da Grécia central, próximo à vila de Queroneia.

Os exércitos que se reuniram na planície pantanosa com um pouco mais de um quilômetro e meio eram enormes, chegando talvez a sessenta mil homens, com números próximos dos dois lados. Mas enquanto os atenienses eram em sua maioria comerciantes e lavradores, os macedônios eram soldados profissionais, que há anos lutavam contra hoplitas gregos e todo tipo de guerreiros selvagens das montanhas do norte. Mesmo assim, eram os trezentos amantes de rosto sombrio do Bando que mais preocupavam Felipe. Ele tinha que destruí-los se quisesse vencer essa batalha. Assim, foi surpreendente que Felipe tenha posicionado seu filho de dezoito anos, Alexandre, no ponto crucial ao fim da linha macedônia, diretamente oposto ao Bando Sagrado.

A estratégia de Felipe era essencialmente a mesma que foi usada durante os primeiros anos contra os ilírios. Enquanto os atenienses e seus aliados formavam uma linha reta através do vale, os macedônios se posicionavam em uma formação angulosa pressionando a linha ateniense apenas na extrema esquerda. Felipe então ordenou que seus homens avançassem, fazendo com que os atenienses à esquerda sentissem a força total do ataque macedônio enquanto os da direita permaneciam intocados. De início, os atenienses seguraram o inimigo e até mesmo o forçaram a recuar. Mas aqueles que estavam mais distantes na linha, posicionados à direita, viram os macedônios recuando e quebraram a formação para se juntar ao ataque – exatamente como Felipe havia previsto. Enquanto os tebanos mais disciplinados liderados pelo Bando Sagrado mantinham a sua linha, um buraco se abriu no centro ateniense, por onde a cavalaria de Alexandre penetrou. Ele rapidamente cercou os tebanos, enquanto o pai se movia contra os atenienses. Os filhos de Maratona entraram em colapso e fugiram, com pelo menos mil mortos e o dobro de capturados. Muitos dos melhores generais atenienses resistiram e foram assassinados, mas entre aqueles que correram do campo de batalha aterrorizados estava o orador Demóstenes. Os soldados comuns de Tebas não se saíram muito melhor, mas os homens do Bando Sagrado formaram um círculo e encararam Alexandre e seus macedônios, preparados para lutar até a morte. Os seus corpos logo jaziam empilhados até que finalmente não sobrou mais ninguém para lutar. Apenas aqueles feridos demais para resistir foram levados vivos, enquanto o resto tombou ali mesmo. Felipe honrou os mortos do Bando Sagrado enterrando-os no campo de batalha e celebrando a sua coragem com uma grandiosa estátua de um leão, que está até hoje no tranquilo vale da Queroneia.

Felipe foi cortês em sua vitória, apesar de ter relutado em dar a Alexandre o devido crédito por seu papel decisivo na batalha. O rei poderia ter marchado para o sul e destruído tanto Tebas quanto Atenas, mas em vez disso enviou uma missão diplomática liderada por Alexandre para a assembleia ateniense em busca de paz. A magnanimidade de Felipe baseava-se no simples cálculo de que Atenas, e especialmente sua marinha, era mais valiosa para ele intacta. Todas as propriedades e pessoas de Atenas seriam respeitadas, enquanto ele também devolveria os prisioneiros atenienses capturados em Queroneia ilesos e sem pedido de resgate. Ele permitiu aos atenienses manter o controle das ilhas egeias e prometeu não estacionar guarnições macedônias na cidade. Tudo o que ele pedia em troca era que Atenas se tornasse sua aliada. A assembleia ficou tão grata por não ter de enfrentar tropas macedônias na cidade que concedeu tudo o que Felipe pediu e ainda conferiu a ele e ao filho cidadania ateniense. Os atenienses logo ergueram uma estátua de Felipe no mercado da cidade.

Para Alexandre, a missão diplomática para Atenas deve ter sido um grande evento, a única ocasião que ele visitaria a grande cidade grega. Ali ele viu a Acrópole altiva sobre a cidade, com o Partenon, que exibia no topo a estátua dourada da deusa virgem Atena. Assim como todos os prédios e esculturas gregos antigos, aqueles da Acrópole eram pintados em cores brilhantes – nenhum grego teria suportado mármore branco e simples. Alexandre certamente visitou o teatro de Dionísio nas encostas logo abaixo do Partenon, o local onde *Édipo rei*, de Sófocles, foi encenado pela primeira vez. Na colina de Pnix, do outro lado da Acrópole, estava o local de encontro da assembleia, onde Péricles declarou que as futuras gerações se maravilhariam com tudo que Atenas tinha conseguido. Perto dali estava a Academia, onde seu professor Aristóteles estudou, e a ágora, onde Sócrates acuara infelizes cidadãos, exigindo que questionassem suas crenças mais sólidas. Toda Atenas se estendia diante dele naquele verão glorioso, o coração da história e cultura gregas cuja imagem ele estimaria pelo resto da vida.

Enquanto isso, Felipe não perdeu tempo para consolidar seu poder na Grécia. Naquele inverno, ele convocou uma assembleia geral de todas as cidades gregas em Corinto. Depois de Queroneia, ninguém ousou recusar o seu pedido, exceto pelo eterno estado beligerante de Esparta. Felipe poderia ter tirado os espartanos do mapa, mas eles não representavam uma ameaça real, e ele deve ter calculado também que a ausência deles faria o comparecimento parecer quase voluntário. Os termos propostos pelo rei em Corinto eram simples: os estados gregos deveriam viver em paz uns com os outros, defender-se mutuamente em caso de ataque e se submeter às decisões do conselho representativo (o sinédrio), além de formar uma aliança com a Macedônia, jurando defender Felipe e seus descendentes como líderes de uma força militar unificada. Apesar de a Liga de Corinto ter sido moldada de forma democrática, nunca houve dúvida de que Felipe era agora o governante incontestável de toda a Grécia.

Em sua primeira decisão como líder militar da Liga, Felipe propôs um plano ousado que vinha alimentando há anos: a invasão do Império Persa. Não era algo quixotesco, dada a situação política da Pérsia no momento. O orador ateniense Isócrates, na casa dos noventa anos, havia de fato advogado em nome de tal cruzada pan-helênica por décadas, embora principalmente na esperança de dar aos gregos alguém contra quem lutar que não eles mesmos. Mas o velho Isócrates viu enfim em Felipe um líder com a força e autoridade militares para unir os gregos em uma grande campanha contra a Pérsia para vingança das atrocidades cometidas no passado e libertação das cidades gregas na costa egeia da Ásia da dominação persa. Felipe se importava com ideais de pan-helenismo tanto quanto ligava para democracia – quase nada –, mas o respeitado orador lhe ofereceu uma propaganda conveniente para suas ambições militares. Não que ele possuísse sonhos de conquistar todo o território persa, mas suas ricas cidades gregas próximas à Ásia Menor estavam longe do coração do território persa. O império estava enfraquecido por anos de rebeliões no Egito e outras províncias, enquanto o palácio em Susa afundava no caos com o assassinato recente do Grande Rei Artaxerxes III pelo eunuco grão-vizir Bagoas. A liderança persa havia passado para Arses, o jovem e inexperiente filho de Artaxerxes III, que como Artaxerxes IV era firmemente dominado pelo assassino de seu pai. O momento não poderia ter sido melhor para Felipe. Com a Grécia unificada sob seu comando e a liderança persa em crise, as cidades gregas do outro lado do Egeu estavam deliciosamente vulneráveis. A Liga de Corinto não tinha escolha a não ser eleger Felipe como líder da cruzada greco-macedônia contra o Império Persa.

Enquanto fazia planos para a invasão, Felipe dedicou algum tempo para firmar sua imagem como patrono de toda a cultura grega ao comissionar a construção de um grande edifício nomeado como Philippeum no santuário de Zeus em Olímpia. A estrutura era circular e cercada por colunas, e continha suntuosas estátuas de marfim e ouro de Felipe e sua família, inclusive Olímpia e Alexandre. Alguns acreditavam que Felipe estava agora buscando estabelecer a si mesmo e a casa real macedônia como figuras semi-divinas. Houve casos anteriores de heróis mortais que receberam honrarias especiais beirando a adoração, mas construir um santuário para um governante vivo era algo sem precedentes na história grega. Os faraós egípcios eram vistos como intermediários divinos entre os deuses e os humanos, mas nem o Grande Rei da Pérsia era adorado como um deus. Entre a nobreza macedônia, o rei governante era visto como o primeiro entre um grupo de iguais – abençoado pelos deuses, certamente –, mas não um deles. Quaisquer que fossem as intenções de Felipe – uma proclamação de seu poder após a vitória de Queroneia ou algo mais –, o fato de Olímpia e seu filho terem sido incluídos no Philippeum tornou claro que Felipe considerava Alexandre o herdeiro indisputável ao trono macedônio.

E foi nesse momento que os eventos mais estranhos na turbulenta história da corte macedônia aconteceram. Felipe mal havia retornado a Pela e anunciou que se divorciaria de Olímpia por suspeita de adultério e tomaria uma nova esposa, dessa vez de uma antiga família macedônia com linhagem impecável. Pior, ele passou a espalhar boatos de que Alexandre não era seu filho. Por que Felipe lançaria a corte em turbilhão justamente durante um período crucial dos seus planos de expansão? Felipe estava pronto para mandar seus generais Átalo, Parmênio e Amintas cruzarem o Egeu e prepararem a invasão da Pérsia. Milhares de soldados e toneladas de suprimentos haviam sido requisitados a aliados gregos e bárbaros. Parecia franca insanidade arriscar sua conquista das cidades persas da Ásia Menor por conta de uma disputa doméstica.

No entanto, Felipe deve ter tido um motivo muito forte para rejeitar Olímpia e Alexandre tão abruptamente. A resposta parece estar nas manobras políticas das principais famílias da Macedônia. Olímpia sempre foi uma intrusa para tais famílias, uma estrangeira meio selvagem das montanhas de Épiro que adorava serpentes e só se importava em assegurar a posição de seu filho como herdeiro de Felipe. Se o rei tomasse uma noiva macedônia de sangue azul e ela lhe desse um filho, esta criança seria uma herdeira digna para o trono. Felipe estava nos seus quarenta anos, ainda capaz de gerar um filho que estaria crescido o suficiente quando ele envelhecesse. Por coincidência, Parmênio possuía uma sobrinha chamada Cleópatra que era jovem, bonita e, esperava ele, fértil. Átalo era casado com a filha de Parmênio, e assim, qualquer criança que viesse de Cleópatra estaria ligada a quase todas as famílias poderosas de Pela. Em suas mentes, qualquer herdeiro futuro de puro sangue macedônio era preferível em comparação a um príncipe meio epiriota, como Alexandre.

Felipe concordou que rejeitar Olímpia e seu filho seria vantajoso para seus interesses. Ele raramente dormira com Olímpia durante os vinte anos desde o nascimento de Alexandre e jamais esqueceu a arrepiante visão da serpente em sua cama. Seu filho Alexandre era um bom moço, ele admitia, habilidoso na batalha, mas talentoso e ambicioso demais para seu próprio bem. Seria uma pena perdê-lo, mas Felipe estava confiante de que poderia gerar outros filhos para tomar o seu lugar.

Felipe queria mostrar que não havia ressentimentos, então convidou Alexandre para o banquete de casamento. Assim como em todas as festas macedônias, servia-se vinho a vontade, com Felipe consumindo-o mais do que qualquer convidado. Foi tarde da noite quando Átalo se levantou propondo um brinde à sua sobrinha, a noiva, e a um Felipe fortemente embriagado. Ele pediu a todos os macedônios para que oferecessem preces aos deuses a fim de que logo se gerasse um herdeiro legítimo ao trono. Alexandre ficou furioso com o insulto nada sutil, jogando sua taça em Átalo e exigindo saber se estava sendo chamado de bastardo. Felipe então pulou, desembainhando a espada para atacar o filho, mas tropeçou e caiu no chão. Alexandre olhou para o pai e, enojado, proclamou: "Olhem todos! O homem que quer cruzar da Europa à Ásia não consegue sequer sair de um sofá para o outro". Alexandre então saiu do recinto. Ao amanhecer, ele e sua mãe já haviam fugido para a família dela nas montanhas de Épiro.

Meses se passaram enquanto Felipe remoía sua raiva em Pela e Alexandre refletia em Épiro, mudando-se depois para ficar com amigos em Ilíria. No verão seguinte Cleópatra deu à luz uma menina chamada Europa, não o filho que Felipe e a nobreza macedônia esperavam. O tempo agora era curto antes do início da invasão à Pérsia. As tropas e os suprimentos estavam prontos. A corte persa estava mais caótica do que nunca com o oportuno assassinato de Artaxerxes IV – novamente pelo eunuco Bagoas – e sua substituição pelo novo Grande Rei, Dário III (Darayavaush, na língua persa). Felipe havia até ido ao oráculo de Apolo para pedir a aprovação do deus para a sua nova expedição. Depois de as oferendas de praxe serem feitas, a sacerdotisa respondeu em verso: "O touro está pronto para o abate, o fim está próximo, e o sacrificador está presente".

Era a típica resposta ambígua de Delfos, mas Felipe escolheu interpretá-la a seu favor, vendo o touro como a Pérsia e ele mesmo como o sacrificador. Logo outros veriam a questão de outra maneira.

Para um rei, começar uma guerra longa e distante sem um herdeiro era uma empreitada de risco. Até algumas das velhas famílias macedônias começaram a temer que o reino caísse em caos se Felipe fosse morto na Ásia. Foi a chegada de um velho amigo, Demarato de Corinto, que finalmente trouxe o rei de volta à razão. Quando se encontrou com Felipe, os dois trocaram as gentilezas de sempre, e o rei lhe perguntou se as cidades gregas ainda estavam brigando. Demarato balançou a cabeça e depois disse a Felipe, como apenas um velho amigo poderia dizer, que ele tinha muita coragem em perguntar sobre o estado de coisas na Grécia quando não podia sequer gerenciar a própria família. Ele alertou Felipe para o fato de o próprio rei ter gerado a amargura e a discórdia recentes. Estava na hora de dar fim à briga com o filho e restabelecê-lo como herdeiro antes de viajar para a Ásia. Felipe ficou abalado, mas viu a sabedoria nas palavras de Demarato e, relutantemente, concordou. Logo havia mensageiros a caminho das montanhas da Ilíria para trazer Alexandre de volta para casa.

Felipe recebeu seu filho em Pela, mas logo em seguida se arrependeu da própria clemência. Não muito depois do retorno de Alexandre, um embaixador chegou à Macedônia vindo de Pixodaro, o sátrapa persa em Caria, no sudoeste da Ásia Menor. O sátrapa havia recentemente tomado o trono da irmã, Ada, e queria agora garantir sua posição caso Felipe chegasse a Halicarnasso. Sua mensagem a Pela propunha casamento entre sua filha e o filho mais velho de Felipe e meio-irmão de Alexandre, o deficiente mental Arrideu. Felipe ganharia o apoio de uma cidade grega essencial na costa do Egeu e Pixodaro se beneficiaria dos laços com a família real macedônia, mesmo sem nunca ter rompido oficialmente com a Pérsia. Felipe não se impressionou com a proposta, mas levou adiante as negociações enquanto finalizava os planos de campanha. No entanto, quando Alexandre e seus amigos próximos ficaram sabendo de tais negociações, o príncipe logo mandou seu próprio embaixador para Caria: Téssalo, um ator famoso por seu papel em tragédias. Téssalo perguntou a Pixodaro por que ele desejaria um meio-cérebro como genro quando poderia ter Alexandre em seu lugar? Pixodaro agarrou a chance de casar a filha com o herdeiro de Felipe e prontamente concordou.

Quando chegaram a Pela as notícias dos trâmites de bastidores de Alexandre, Felipe ficou furioso. Ele invadiu o quarto de Alexandre e exigiu saber por que ele estava trabalhando pelas costas do pai para entrar para a família de um maquinador cariano que não passava de um vergonhoso escravo do Grande Rei. Felipe declarou que Alexandre demonstrava pouca esperança de ser um rei digno algum dia, se seu comportamento era tão tolo. Como ele ousava ouvir os conselhos traidores de seus amigos e usurpar a prerrogativa real! Alexandre, pego em flagrante e pouco disposto a desafiar o pai depois de retornar do exílio, admitiu que se comportou imprudentemente. Felipe ainda estava furioso, mas em vez de expulsar o filho da Macedônia novamente, ordenou que o ator Téssalo fosse mandado para casa acorrentado e baniu quatro dos amigos mais próximos de Alexandre: Ptolomeu, Nearco, Hárpalo e Erígio.

O momento da invasão finalmente havia chegado, mas ainda havia uma tarefa final a ser completada antes de Felipe deixar a Macedônia. Os aborrecimentos recentes com Olímpia e Alexandre haviam escandalizado os aliados de Felipe em Épiro. O rei daquele país, também chamado Alexandre, era irmão de Olímpia e um homem que poderia causar problemas a Felipe uma vez que houvesse cruzado o Egeu se sua indignação pelo tratamento dispensado à irmã não fosse apaziguada. Felipe então decidiu dar a própria filha para Alexandre de Épiro em casamento. Esta filha, também chamada Cleópatra, como a esposa mais recente de Felipe, era filha de Olímpia e, por consequência, irmã de sangue de Alexandre. Para quem via de fora, a confusão de nomes similares e as relações familiares sobrepostas podiam parecer uma enorme bagunça, mas para os macedônios ficou claro que Felipe estava concedendo uma grande honra a Alexandre de Épiro por permitir que ele se casasse com a própria sobrinha.

Felipe também logo percebeu que este casamento podia ser muito mais do que uma forma de cimentar os laços entre a Macedônia e Épiro. Como ele logo partiria para a Ásia, essa seria a última oportunidade, em talvez muitos anos, de entreter visitantes no grande estilo macedônio. Sendo assim, decidiu convidar amigos, dignatários e embaixadores de toda a Grécia e além para comparecerem às luxuosas festividades em Vergina. Pela era a capital administrativa do reino, mas a antiga Vergina era o coração da Macedônia e o local de enterro de seus reis.

Felipe ordenou que fossem providenciados jogos atléticos, sacrifícios aos deuses e estonteantes banquetes. Os visitantes gregos renovaram suas juras de lealdade a ele como líder da Liga de Corinto. O embaixador ateniense até trouxe uma coroa de ouro para o rei e declarou que se qualquer pessoa ousasse conspirar contra Felipe e fugisse para Atenas procurando refúgio, ela seria mandada de volta à Macedônia por justiça. O famoso ator Neoptólemo ofereceu uma canção ao rei durante o banquete estadual e proclamou:

> Seus sonhos vão mais alto que o céu,
> De grandes campos para semear,
> De palácios maiores do que os homens jamais conheceram...
> Mas a morte está vindo, repentina, escondida,
> Que nos rouba de nossas esperanças distantes.

Felipe estava encantado pelos versos, que falavam, obviamente, da queda próxima do rei persa.

Os jogos estavam planejados para começar ao nascer do sol com cerimônias de abertura no teatro da colina de Vergina. Multidões se reuniram para garantir um lugar enquanto ainda estava escuro e, quando o céu do leste começou a clarear naquela manhã de verão, uma turba já aguardava o rei. Felipe construíra uma esplêndida entrada para o teatro ladeada por estátuas soberbas dos doze deuses do Olimpo decoradas com ouro. Apenas o convidado mais distraído deixaria de notar uma imagem adicional entre os deuses, uma estátua do próprio Felipe, entronado como o décimo terceiro membro do panteão divino.

Por fim, o rei entrou no teatro vestindo um traje em branco brilhante. Ele havia dispensado seus guarda-costas naquela manhã, confiando na benevolência de seus súditos adoradores. A multidão se levantou de seus lugares e saudou o rei com todo o entusiasmo. De um lado de Felipe estava seu novo genro, Alexandre de Épiro, e do outro estava seu filho e herdeiro, Alexandre. Deve ter sido um momento glorioso para Felipe. Depois de todos os anos de luta e brigas para assegurar seu trono e expandir o império macedônio, os maiores homens da Grécia estavam reunidos a gritar seu nome. As riquezas da Pérsia estavam apenas esperando para serem tomadas pelo melhor exército que o mundo já havia conhecido. E ali estava seu filho, Alexandre, um jovem teimoso, mas promissor que algum dia continuaria seu legado como governante de seu reino.

Foi então que outro jovem se aproximou do rei. Ele era um guarda-costas real e familiar aos membros da corte, então ninguém estranhou sua entrada no teatro. Ninguém notou a linda adaga celta entalhada que ele puxou de seu manto enquanto se adiantava na direção do rei e mergulhava a faca no coração de Felipe.

O jovem assassino fugiu enquanto os gritos preenchiam o ar. O rei caiu, seu sangue esparramou-se no chão à sua volta. Enquanto dava seu último suspiro, a última visão que teve do mundo mortal foram os olhos do filho, Alexandre, do alto, olhando para ele.

CAPÍTULO 2

GRÉCIA

*Assim, aos vinte anos de idade, Alexandre herdou o reino
da Macedônia, atormentado como estava por grandes ciúmes,
ódio amargo e perigos por todos os lados.*

Plutarco

O homem que assassinou Felipe se chamava Pausânias e vinha de uma nobre família do distrito macedônio montanhoso de Orestis. Ele havia sido recebido na corte de Felipe como pajem real e logo caiu nas graças do rei por sua beleza. Mas conforme a adolescência dava espaço à vida adulta, Felipe perdeu o interesse em seu jovem amante e voltou sua atenção para outro belo membro da corte, também chamado Pausânias. O primeiro Pausânias ficou louco de ciúmes e lançou uma campanha contra seu rival, sussurrando para quem quisesse ouvir que o novo amante do rei era um hermafrodita afeminado, um vadio sem vergonha que dava seu corpo para qualquer um. O segundo Pausânias, entretanto, era um corajoso soldado e um homem honrado, que não suportaria tal calúnia sem reagir. Por isso, quando estava mais tarde com Felipe nas linhas de frente em uma das incontáveis batalhas contra os ilírios, o jovem Pausânias deliberadamente se jogou no meio da luta sangrenta para provar sua coragem e virilidade ao custo da própria vida.

Infelizmente para o primeiro Pausânias, seu rival morto era amigo de Átalo, um dos melhores generais de Felipe e líder da força de avanço designada para cruzar a Ásia Menor e preparar o caminho para a invasão da Pérsia. Átalo, como mencionado, também era tio da nova noiva de Felipe, Cleópatra, e um poderoso aliado do rei entre a nobreza macedônia. Quando Átalo soube que seu jovem amigo Pausânias sacrificara a própria vida para provar sua honra por causa dos rumores espalhados pelo primeiro Pausânias, ele pensou em uma vingança macedônia à altura para punir o caluniador.

Átalo convidou o Pausânias sobrevivente para jantar, entretendo-o com comida e bebida. Os macedônios em geral adicionavam água ao vinho em seus banquetes, mas Átalo continuou servindo a Pausânias vinho puro até que este desmaiasse no sofá. Átalo então sodomizou o jovem e convidou a todos os presentes no banquete para que fizessem o mesmo. Quando terminaram, ele entregou Pausânias a seus tropeiros para que fosse estuprado nos estábulos pelos servos mais baixos de sua casa.

Quando Pausânias recobrou os sentidos no dia seguinte, ele descobriu que era agora objeto de escárnio na corte. Ele correu para Felipe exigindo justiça contra Átalo, mas o rei hesitou. O rei estava genuinamente enojado pelo comportamento desavergonhado de seu general, mas tinha de considerar o quadro mais amplo. Átalo era crucial para seus planos de invasão na Pérsia e um apoio essencial, cuja família e amigos na Macedônia poderiam se voltar contra o rei se este decidisse punir o general. Sendo assim, Felipe despachou o irado Pausânias com promessas de justiça futura. Enquanto isso, tentou apaziguar a raiva do jovem com presentes esplêndidos e um posto de honra em sua guarda pessoal.

Mas Pausânias não seria tão facilmente apaziguado. Ele cumpria seus deveres e tentava ignorar as risadas pelas suas costas enquanto via Átalo receber os favores do rei e ser mandado para cruzar o Egeu. O novo guarda-costas buscou consolo assistindo a palestras do sofista grego visitante Hermócrates. Um dia, quando Hermócrates discutia fama, Pausânias perguntou ao filósofo como alguém poderia atingir glória imortal. Hermócrates respondeu que a forma mais garantida era matar um homem famoso. Era tudo o que Pausânias precisava. Seu afligidor Átalo estava fora de alcance na Ásia, mas Felipe, seu antigo amante e o homem que lhe negara justiça, estava ao alcance de suas mãos.

Na manhã do casamento real de Alexandre de Épiro e Cleópatra, filha de Felipe, Pausânias estava pronto. Ele havia planejado sua fuga com três amigos simpatizantes que também eram membros da guarda pessoal do rei. Um cavalo estaria esperando por ele na porta do teatro. Assim, quando Pausânias enfiou sua adaga entre as costelas de Felipe e assistiu ao rei cair no chão, tinha todas as razões para esperar que escaparia em segurança. Os atenienses, apesar de suas promessas, com certeza apreciariam o homem que havia matado seu odiado inimigo. Toda a Grécia se levantaria e declamaria seu nome, altares seriam construídos, talvez até dedicassem uma estátua dourada em sua honra em Delfos. Ele viveria eternamente, de fato, na memória de todos que amavam a liberdade e a justiça.

Dessa forma, Pausânias se surpreendeu quando, de imediato, as coisas começaram a dar horrivelmente errado. Seus três amigos, em vez de ajudá-lo a escapar, avançaram contra ele com espadas enquanto ele fugia do teatro. Ele havia quase chegado a seu cavalo quando seu pé se prendeu em uma videira e ele caiu no chão. Seus perseguidores o alcançaram em um instante e rapidamente mataram o perplexo Pausânias. Ele morreu sob as árvores de Vergina antes que pudesse dizer uma só palavra. Seu corpo foi pendurado em uma cruz como o de um escravo, para que todos pudessem olhar para ele em sua vergonha.

Não é surpresa que os historiadores desde a idade antiga até o presente vejam o assassinato de Felipe e imaginem conspirações muito maiores do que a simples vingança de um amante desprezado. As suspeitas recaíram primordialmente sobre Olímpia, a mãe de Alexandre, em vez de sobre o próprio Alexandre, apesar de muitos pensarem que o filho do rei tinha amplos motivos e oportunidades para tal. Felipe logo partiria para sua campanha contra a Pérsia e não tinha planos de incluir seu filho na glória que a expedição certamente traria. Alexandre serviria em casa como regente, talvez por anos, enquanto Felipe aumentava seu poder e coletava as riquezas da Ásia com sua espada.

Os relatos das ações de Olímpia antes e depois do assassinato serviram para dar credibilidade à ideia de que ela estava envolvida na morte de Felipe. Ela já havia implorado a seu irmão para declarar guerra a Felipe desde que se divorciaram, apenas para ver sua desgraça ignorada quando Felipe ofereceu ao rei de Épiro uma princesa real como noiva. Alguns dizem que ela deu ouvidos às reclamações do jovem Pausânias sobre os brutos maus tratos que havia sofrido nas mãos de Átalo. Era absolutamente impensável, ela lhe garantiu, que tamanha injustiça se perpetuasse sem punição. Quando Pausânias lhe revelou seus planos, diz a história, ela o encorajou e até forneceu o cavalo para a sua fuga. Depois da morte dele, circularam histórias de que Olímpia colocou uma coroa de ouro em sua cabeça enquanto ele ainda estava na cruz. Quando seu corpo foi retirado alguns dias depois, ela supostamente o cremou sobre os restos de seu marido e depois mandou erguer uma tumba para Pausânias perto da de Felipe.

Se qualquer um desses registros é verdadeiro não se sabe, mas pode-se ter certeza de que, nos meses após a morte de Felipe, Olímpia atacou seus inimigos como uma víbora. Enquanto Alexandre estava distante, ela forçou a jovem noiva de Felipe, Cleópatra, a cometer suicídio depois de obrigá-la a assistir sua filha ainda bebê sendo queimada viva. Foi registrado que Alexandre ficou chocado com o comportamento da mãe, mas não a puniu.

Quanto a Alexandre, jamais será possível saber se ele estava envolvido no assassinato de Felipe, ou se tinha ciência da conspiração e não fez nada a respeito para impedi-la. Plutarco registrou uma história contando que Pausânias o procurou após seu vil abuso pelas mãos de Átalo buscando apoio e aconselhamento. Alexandre ouviu as suas queixas, mas em vez de oferecer ajuda, apenas citou uma passagem de Eurípides: "Aquele que oferece a noiva, o noivo, e a noiva".

Esta frase enigmática de Medeia, onde uma esposa lesada conspira contra o marido, sua nova noiva e o pai da noiva, foi tomada por Pausânias como uma sugestão para eliminar Átalo, Felipe e Cleópatra. No entanto, este episódio, assim como muitos após a morte de Felipe, pode apenas ter sido inventado depois do fato. O que se pode ter certeza é que, culpado ou não, Alexandre tinha tudo a ganhar com o assassinato do pai.

Alexandre cumpriu seus deveres de filho fiel e enterrou Felipe com honras reais em uma grande tumba em Vergina. O corpo de Felipe foi colocado em uma pira, depois cremado de acordo com o costume, em frente a todo o exército macedônio. Quando o fogo se extinguiu, os presentes reuniram os ossos de Felipe, banharam-nos em vinho e depois os embrulharam em um manto real roxo. Os restos foram colocados em um baú dourado deslumbrante, decorado em cima com uma estrela de dezesseis pontas, com rosetas de vidro azul nas laterais, e no fundo os pés esculpidos de um leão. O baú foi colocado dentro de um sarcófago de pedra, em uma magnífica tumba com taças de prata, armaduras, armas, uma coroa de ouro que agradaria ao próprio Zeus e muitos outros objetos de valor inestimável, dignos de um rei macedônio. Acima da entrada da tumba estava uma pintura colorida de uma cena de caça, uma das atividades favoritas de Felipe. Por fim,

Alexandre ordenou a construção de um pequeno santuário, em frente à tumba, para cultuar seu pai como um herói divino. Ao menos Felipe conseguiu atingir na morte o que buscara em vida: um lugar entre os deuses.

Logo após Felipe ser enterrado, Alexandre começou a lutar para assegurar seu trono. Um de seus primeiros apoiadores foi outro Alexandre, de Lincéstide, nas montanhas a oeste da Macedônia. Ele saudou calorosamente Alexandre como rei antes mesmo de o corpo de Felipe esfriar e acompanhou o príncipe até o palácio, apesar de sua ação ter sido mais motivada por autopreservação do que afeição genuína. Os dois irmãos de Alexandre de Lincéstide logo foram executados por suspeita de envolvimento na morte de Felipe e é bem possível que ele quisesse se distanciar de suas ações de forma bastante pública.

Mas o mais importante aliado recente do novo rei era o velho astuto Antípatro, um dos generais mais importantes de Felipe. Ele havia servido fielmente o irmão de Felipe, Pérdicas, e depois Felipe e agora via que seu futuro dependia de assegurar o reinado de Alexandre. Ele sabia que a chave para o poder macedônio era o exército, então acompanhou o jovem para uma assembleia das tropas. Se Alexandre conseguisse o apoio delas para o trono, ele o manteria, mas não seria fácil. Muitos dos soldados estavam exaustos de servir nas intermináveis guerras de Felipe, longe de suas casas e famílias. Muitos viram o assassinato de Felipe como uma desculpa conveniente para cancelar a campanha persa e retornar a suas fazendas. Todos sabiam que Alexandre logo seria desafiado pelos gregos ao sul ou pelos bárbaros do norte, o que significaria meses, senão anos, de lutas, caso lhe dessem sua lealdade. Mas neste momento crucial, Alexandre esteve à altura do desafio. Seus anos de estudo em retórica sob um dos melhores mestres gregos e sua habilidade quase sobrenatural de inspirar os homens brilharam enquanto ele chorou com eles a morte de seu general inigualável, seu amado pai. Alexandre lhes pediu para deixar o medo de lado e lembrar quem realmente eram – o melhor exército que o mundo havia conhecido. Nada era impossível para eles. Se eles o seguissem, isso os levaria a riquezas e glórias para além de seus sonhos. Deve ter sido um discurso incrível. Os veteranos endurecidos, que não queriam nada além de um lar e uma lareira, saudaram o jovem rei com todo o coração e prometeram segui-lo aonde quer que fosse. Claro, o fato de Alexandre ter prometido anular os impostos para os macedônios também ajudou.

Agora que possuía o apoio do exército, seu próximo passo era ganhar ou eliminar qualquer rival em potencial entre a nobreza macedônia. O chefe entre eles era Átalo que, junto a Parmênio, ainda estava na Ásia Menor preparando o caminho para a invasão da Pérsia. Os dois generais haviam cruzado para a Ásia na primavera, apenas alguns meses antes do assassinato de Felipe, e avançaram com dez mil soldados ao longo da costa até Éfeso antes de serem repelidos por Memnon, o general persa que havia uma vez sido um refugiado na corte macedônia. Quando ouviram a notícia da morte de Felipe, os dois velhos guerreiros se deram conta de que Alexandre não poderia manter o trono sem o seu apoio. Átalo, que havia recentemente se casado com a filha de Parmênio, tinha nas mãos a lealdade de muitas famílias nobres macedônias, sendo superado apenas por Parmênio. Apesar de Parmênio ser cauteloso, Átalo imediatamente iniciou planos para derrubar Alexandre. Ele até chegou a contatar Demóstenes e seu partido de Atenas para medir sua lealdade ao novo rei e não se surpreendeu ao descobrir que estavam ansiosos para escapar do jugo macedônio.

Mas Alexandre não era novo em política. Tendo sido criado no duro e cruel mundo do palácio macedônio, ele sabia como forjar alianças inesperadas e silenciosamente se livrar de inimigos. Alexandre percebeu que precisaria do apoio e da experiência da maioria dos velhos generais de Felipe se quisesse governar o império de seu pai e mover-se contra a Pérsia. Era simplesmente uma questão de discernir quem estava disposto a trair quem e a que preço. Como Átalo havia insultado Alexandre publicamente apenas alguns meses antes no banquete de casamento de Felipe, e era o tio da noiva que tinha substituído a sua mãe e o forçado ao exílio, nunca houve questão sobre qual general estava com a cabeça a prêmio. Alexandre mandou seu leal amigo Hecateo para o acampamento macedônio do outro lado do Egeu com ordens de entrar em entendimento com Parmênio e garantir que Átalo nunca retornasse para casa.

Parmênio, que não era tolo, percebeu que para ele e sua grande família a vantagem residia no apoio a Alexandre. Se isso significava que Átalo teria de ser sacrificado, oras, um genro sempre poderia ser substituído. Em pouco tempo Átalo estava morto, mas Parmênio cobrou caro por isso. Em retribuição a seu apoio, ele exigiria ficar abaixo apenas do próprio Alexandre na campanha contra a Pérsia. E mais: seus parentes preencheriam quase todos os postos-chave no exército de Alexandre. Era uma pílula amarga de engolir para um jovem que ansiava em extirpar os comparsas de seu pai do exército macedônio. Ele queria desesperadamente sair da sombra de Felipe e ser independente, mas, ao menos por ora, precisava de Parmênio.

Alexandre não se esquecera de seus companheiros de infância, exilados por Felipe após o incidente com Pixodaro. Ele mandou chamar Ptolomeu, Nearco, Hárpalo e Erígio para se juntarem a ele para enfrentar as lutas que o aguardavam. O rei sabia que precisaria deles nos dias e anos que viriam. E à exceção de um deles, todos o serviriam lealmente em sua guerra contra a Pérsia.

A tarefa seguinte de Alexandre era subjugar a rebelião crescente entre as cidades gregas. Apesar de terem jurado apoiar Felipe e seus herdeiros, os gregos agarraram a chance de reconquistar a própria independência. As guarnições macedônias foram expulsas, alianças foram forjadas e mensagens secretas foram enviadas aos persas buscando ouro para financiar a insurreição. Ninguém estava disposto a reconhecer Alexandre como o líder da liga helênica que seu pai havia fundado. Os tessálios e tebanos deram as costas a Alexandre, os espartanos viram ali a sua chance de recuperar a hegemonia no sul da Grécia, e os atenienses, liderados por Demóstenes, declararam um dia público de ação de graças, concedendo uma coroa póstuma ao assassino de Felipe. Demóstenes até interrompeu o luto por sua amada filha que morrera poucos dias antes. Ele não perdeu tempo em retratar Alexandre para a assembleia como um jovem tolo que brincava de rei no trono de seu pai.

Com assuntos ainda pendentes na Macedônia, um novo dirigente teria preferencialmente permanecido em casa e consolidado o domínio sobre sua terra natal em vez de decidir pelo ataque contra inimigos poderosos além de suas fronteiras. Mas Alexandre não era um rei típico. Ele imediatamente deixou Pela com seu exército e seguiu para o sul em direção à Tessália. Os rebeldes tessálios haviam bloqueado a única estrada que passava pelo vale de Tempe, ao sul do Monte Olimpo, e forçado um impasse sobre os macedônios. Em vez de um ataque suicida contra uma posição bem protegida, Alexandre colocou seu corpo de engenheiros para trabalhar na construção de uma estrada sinuosa no lado mais distante do Monte Ossa que dava para o mar. Antes que os tessálios percebessem o que estava acontecendo, haviam sido rodeados por Alexandre e suas tropas. Com espadas macedônias em suas gargantas, as cidades da Tessália rapidamente reconheceram Alexandre como líder no lugar de seu pai. Elas também concordaram em pagar impostos ao rei e, ainda mais importante, em juntar sua soberba cavalaria ao exército macedônio como auxiliares.

Antes mesmo que a tinta do tratado com Tessália secasse, Alexandre já estava se movendo para o sul rumo às Termópilas, onde convocou o Concílio Anfictiônico e aceitou a lealdade das cidades da região central da Grécia. A próxima parada era Tebas, que era cercada por muralhas que haviam repelido os invasores durante séculos. Os tebanos haviam se desgastado sob o governo de Felipe e, mais do que qualquer outra cidade grega, tinham tanto a determinação quanto o potencial humano para impedir que o filho insolente assumisse o manto do pai. Os homens da cidade estavam se preparando para a batalha há meses, após Alexandre garantir a sua posição ao norte – mas ficaram chocados, alguns dias depois, quando acordaram diante de milhares de soldados macedônios em plena formação de batalha ao redor de sua cidade.

Os tebanos agora percebiam que esse rei menino não era um príncipe mimado, mas um guerreiro ambicioso e estrategista inteligente que fez suas tropas marcharem mais rápido e mais forte do que qualquer um acreditava ser possível. Alexandre os encarou do outro lado de suas linhas e os tebanos hesitaram. Eles sabiam que não estavam prontos, pelo menos não ainda, para se rebelar contra os macedônios, então decidiram se render e aceitar Alexandre como seu soberano. A guarnição macedônia foi restaurada na fortaleza na borda da cidade, enquanto Alexandre continuou sua marcha para o sul.

Quando um cavaleiro entrou em Ática, no dia seguinte, proclamando a submissão de Tebas, os atenienses entraram em pânico. Cidadãos do campo correram para a cidade em busca de proteção, para longe de suas fazendas isoladas. Ninguém havia previsto um ataque macedônio tão cedo; sendo assim, os atenienses tinham deixado de reparar os muros da cidade. Enquanto os homens tentavam reforçar as muralhas, foi enviada uma missão diplomática a Alexandre para ganhar tempo. Entre os enviados estava um tímido Demóstenes, que tinha todos os motivos para acreditar que o jovem rei não gostava das duras palavras proferidas por ele recentemente, nem de suas negociações secretas com o rei persa. Ele estava em tal pânico que desistiu e voltou para a barra das saias de Atenas, indo para casa para se esconder. Mas, assim como seu pai, Alexandre desejava mais a marinha ateniense intacta para a invasão da Pérsia que ver a Acrópole em chamas. Assim, ele recebeu os enviados com gentileza e garantiu aos atenienses que não havia nada a temer.

Atenas suspirou aliviada quando Alexandre e seu exército contornaram sua cidade e seguiram para o sul pelo istmo da Península do Peloponeso. Lá, Alexandre convocou a Liga de Corinto para se encontrar com ele sob o olhar atento do exército macedônio. Os representantes, nervosos, rapidamente o declararam líder vitalício de todos os gregos. Em seguida, em uma brilhante manobra digna do teatro ateniense, Alexandre trouxe perante os delegados um mensageiro que afirmava ser da cidade grega de Éfeso, na costa ocidental da Ásia Menor. Este ator arrebatador pediu aos representantes da Grécia livre para libertar sua cidade sitiada sob o jugo do tirânico rei persa. Seguindo a deixa, os membros da liga se levantaram em aplausos e prometeram ajudar seus compatriotas oprimidos do outro lado do mar. Eles então nomearam Alexandre general plenipotenciário no comando da renovada expedição pan-helênica contra a Pérsia.

Alexandre imediatamente apresentou aos representantes uma lista completa de quantos homens, dinheiro e suprimentos eles deveriam prover para contribuir para a próxima campanha. Os atenienses foram obrigados a disponibilizar sua frota para Alexandre, bem como os marinheiros e provisões. Outras cidades tiveram de fornecer soldados e bens de acordo com a necessidade que o rei estabeleceu. Notáveis em sua ausência foram os espartanos, que, como de costume, ficaram em casa e se recusaram a participar da guerra. Alexandre, com uma tolerância da qual se arrependeria mais tarde, contentou-se com a nomeação de regimes pró-macedônios nas cidades ao redor das fronteiras montanhosas de Esparta. Como seu pai, ele pensou que os teimosos espartanos eram úteis como prova do caráter voluntário da sua aliança. Se causassem problemas, ele acreditava poder lidar facilmente com eles.

Com as formalidades da reunião terminadas, estadistas e estudiosos aglomeraram-se em torno de Alexandre competindo uns com os outros para oferecer os parabéns para o jovem rei. Ele aceitou os entusiasmados – ainda que falsos – elogios com a boa vontade de um político nato, mas procurou em vão na multidão o homem que mais esperava encontrar. Diógenes, o cínico, um filósofo em exílio na colônia grega de Sinope, às margens do Mar Negro. Ele fora banido de sua casa por ter desfigurado a face da moeda e passou a maior parte de sua vida no exterior, em Atenas e Corinto. Diógenes acreditava em viver suas crenças filosóficas, geralmente para a diversão e aversão dos outros. Ele e seu grupo de seguidores desalinhados entendiam que a vida deveria ser conduzida de acordo com a natureza, a ponto de realizar as funções corporais em público, como cães (daí o termo cínico, originado da palavra grega para cachorro). No entanto, seu ascetismo era sincero, e ele trabalhou ativamente para atrair pessoas a rejeitar as convenções da sociedade. Na época, ele morava em uma jarra grande, nos arredores de Corinto. Alexandre foi procurá-lo e o encontrou apreciando o belo dia vestindo apenas uma tanga. O rei parou ao lado à espera de reconhecimento, mas o filósofo só olhou para ele com um leve desprezo. Alexandre, desconfortável, finalmente perguntou se havia alguma coisa que poderia fazer pelo filósofo. Diógenes respondeu que sim, de fato; ele podia sair do caminho, uma vez que o rei estava bloqueando o sol. Os amigos de Alexandre zombaram do velho filósofo como um tolo e louco, mas o jovem rei melancolicamente respondeu: "Se eu não fosse Alexandre, eu gostaria de ser Diógenes."

No caminho para casa, Alexandre fez um desvio pelas montanhas da região central da Grécia para passar no templo sagrado de Delfos sob o Monte Parnaso. Como tantos reis antes dele, queria consultar o oráculo a respeito de sua próxima campanha militar. Infelizmente, foi informado que a sacerdotisa que falava por Apolo estava reclusa por uma questão de princípios religiosos e não estava disponível naquele dia, mesmo para o soberano de toda a Grécia. Alexandre prontamente marchou até os alojamentos dela e começou a arrastá-la à força para o santuário. Este ato grosseiramente sacrílego teve o efeito pretendido quando a sacerdotisa gritou: "Você é invencível!". Era tudo que Alexandre queria ouvir. Ele doou uma quantia modesta para a manutenção do templo e, em seguida, reuniu suas tropas e marchou ao norte rumo à Macedônia.

Não houve tempo para Alexandre descansar quando chegou a Pela. Já era final da primavera e os bárbaros em suas fronteiras já faziam incursões profundas em território macedônio. Os gregos ao sul tinham sido subjugados por ora, mas as tribos ao norte de sua terra natal ameaçavam destruir seu reino, bem como os sonhos de uma invasão persa. Se ele não estabelecesse o controle sobre os Bálcãs, nunca poderia ter a esperança de cruzar para a Ásia. Ele teria de ensinar às tribos rebeldes uma lição exemplar. Seu pai, Felipe, havia participado de muitos conflitos ao norte, mas Alexandre planejava uma invasão em larga escala das terras ao longo do rio Danúbio.

O jovem rei empreendeu uma campanha tão ousada por duas razões. Em primeiro lugar, suas fronteiras tinham de ser protegidas antes que ele pudesse se mover contra a Pérsia. Ele não fazia ideia de quanto tempo a expedição ao oriente poderia durar, anos talvez, e ele não conseguiria retornar à Macedônia antes de concluí-la. Alexandre teria de causar tal impressão sobre as tribos dos Bálcãs que garantiria que elas não incomodariam seu reino no futuro, mesmo que ele estivesse longe. O segundo motivo para fazer uma campanha ao norte era que seria um ótimo treino para a guerra persa. Ele e seu exército escalariam montanhas, cruzariam rios, encarariam perigos desconhecidos e superariam todo tipo de temíveis inimigos juntos. Seus homens aprenderiam assim que podiam confiar nele com suas vidas.

Alexandre e suas tropas deixaram Anfípolis e marcharam para o leste rumo à Trácia ao longo da costa do Mar Egeu. Ele cruzou o rio Nestos a oeste da cidade grega de Abdera, que tinha sido a casa do filósofo Demócrito, o primeiro a propor que toda a matéria era composta de partículas indestrutíveis chamadas átomos. Alexandre conhecia bem suas teorias, mas não teve tempo para visitar a cidade enquanto guiava seu exército para o norte, adentrando as altas montanhas, e abria caminho através de vales alpinos para a cidade-guarnição de Felipópolis na margem do rio Hebros. Seu pai havia estabelecido o posto há vários anos como um posto de fronteira para defender as passagens do norte para o seu reino. Ela era habitada por dois mil gregos, macedônios e colonos trácios, que eram tão rudes e selvagens como a terra ao redor deles. Visitantes tinham dado ao local o apelido de Ponerópolis ("Cidade Bandida") e consideravam-se com sorte de escapar dali com vida.

Alexandre quase certamente recrutou alguns desses bandidos para as suas fileiras enquanto se dirigia para a grande muralha do Monte Hemus, que se estendia em todo o horizonte norte. Por mais perigosos que os habitantes de Felipópolis fossem, ali ainda era território macedônio. Mas entre os picos do Monte Hemus havia os tribálios, alguns dos guerreiros mais bravos da Europa. Em algum lugar do estreito entre aqueles picos, talvez no moderno Passo Shipka, os batedores de Alexandre encontraram os guerreiros tribálios. Eles tinham ocupado o único ponto de travessia entre as montanhas por uma centena de quilômetros e o bloquearam com carros de mão. Alexandre se aproximou e estudou a situação. O caminho para se aproximar da passagem era íngreme e largo o bastante para apenas algumas dúzias de homens lado a lado. Os tribálios tinham uma tremenda vantagem, pois dominavam o terreno elevado, mas Alexandre viu um perigo ainda maior. As tribos da montanha tinham posicionado os carros de modo que eles pudessem ser empurrados pelo caminho, esmagando seus homens e rompendo a sua linha de frente. Foi o grande primeiro teste de comando de Alexandre e ele o enfrentou com uma engenhosidade ousada que se tornaria a marca registrada de seu generalato.

Ele ordenou a seus homens que avançassem até a trilha na formação padrão, mas que estivessem prontos a qualquer momento para abrir a linha e deixar passar quaisquer carros que viessem em sua direção. Se isso não fosse possível, eles deveriam se jogar no chão e juntar os escudos para formar uma rampa, de forma a fazer os carros em alta velocidade rolar sobre os escudos e voar sobre eles. Os homens ficaram aterrorizados com a perspectiva de se tornarem uma maçaroca sob os carros, mas mesmo assim avançaram. Conforme os primeiros veículos foram arremessados para o caminho, alguns dos macedônios bem-treinados se moveram para o lado para permitir que passassem, enquanto outros juntaram os escudos e prepararam-se para o impacto. Os carros que chegaram à linha bateram na parede de escudos com uma força tremenda, mas navegaram sobre os homens e se espatifaram com o impacto. Alexandre, enquanto isso, moveu-se para a esquerda com seus melhores homens e avançou para a passagem, enquanto seus arqueiros lançavam uma saraivada nos atônitos, mas implacáveis tribálios. Os guerreiros eram corajosos, mas estavam mal armados e mal organizados. Quando Alexandre e seus homens atingiram a frente da passagem, os tribálios deixaram de lado suas armas e correram para baixo no lado norte da montanha o mais rápido que puderam. Mais de mil guerreiros foram massacrados e grandes quantidades de tesouro apreendidas, enquanto muitas de suas mulheres e crianças foram capturadas para o mercado de escravos. Elas, mais o espólio, foram enviadas de volta para a costa do mar Egeu como um sinal para todos de que aquele era um rei que podia levar seu exército à vitória.

Do alto da passagem, Alexandre olhou para as florestas e colinas que formavam o vale do Danúbio logo abaixo. Seu exército desceu as montanhas e logo chegou em um riacho chamado Lyginus, a três dias de distância do Danúbio. O rei tribálio Sirmo tinha ouvido falar do avanço de Alexandre e enviou muitas das mulheres e crianças de sua tribo para ficarem em segurança em uma grande ilha chamada Peuce ("pinheiro") no meio do Danúbio. Tribos aliadas já haviam se reunido ali e logo o próprio Sirmo se juntaria a elas, argumentando que a sua pessoa era valiosa demais para arriscar no campo de batalha. Mas a massa de guerreiros tribálios habilmente se moveu por trás de Alexandre enquanto ele deixava o Lyginus e assumiu uma posição defensiva em um bosque densamente arborizado. Em tal localidade, eles estavam a salvo de um ataque pesado da infantaria ou da cavalaria de Alexandre. A intenção deles era forçar o rei macedônio a abandonar a sua vantagem militar de uma linha de tropas disciplinadas e lutar contra eles corpo a corpo entre as pedras e árvores, ao estilo bárbaro.

Quando os batedores de Alexandre informaram que a maior parte dos tribálios agora estava atrás dele, o rei não hesitou em mandar seu exército dar a volta e retornar ao Lyginus. Ao chegar, viu imediatamente o que os tribálios pretendiam, mas não tinha a intenção de cair na armadilha. Ele alinhou sua infantaria em formação profunda, com suas lanças longas sarissa apontadas para o bosque à frente. Então ordenou a Filotas, filho de Parmênio, que liderasse a ala de cavalaria do lado direito, enquanto o resto dos cavaleiros entrava em formação à esquerda. O próprio Alexandre tomou posição nas fileiras da frente, no centro da infantaria. Os tribálios esperavam um ataque, mas, em vez disso, o rei enviou seus arqueiros e lançadores para frente para provocá-los a deixar seu abrigo arborizado. Logo os guerreiros tribálios estavam tão indignados por serem atacados por auxiliares que deixaram a fúria tomar conta e correram para o terreno aberto na frente das linhas de Alexandre gritando por sangue. Foi quando o rei colocou seu plano em ação e mandou tanto a sua infantaria quanto a cavalaria adiante. Os lanceiros atacaram os tribálios de perto, enquanto os cavaleiros se moveram pelos flancos. Os tribálios, como um rebanho de ovelhas, foram levados para uma concentração tão apertada que a cavalaria macedônia passou a usar seus cavalos como armas tanto quanto seus dardos, derrubando os homens da tribo e passando por cima deles. Os corajosos, porém tolos, tribálios finalmente cederam e correram de volta para a floresta, mas apenas um punhado escapou enquanto a escuridão se aproximava. Três mil guerreiros bárbaros morreram defendendo sua pátria naquele dia, enquanto os relatos de Ptolomeu apontaram que apenas cerca de cinquenta macedônios morreram na batalha.

Três dias depois, Alexandre estava nas margens do rio Danúbio. Desde o poeta grego Hesíodo, no século VIII, o mundo mediterrâneo sabia sobre o Danúbio distante – que os gregos chamavam pelo nome trácio de Ister –, um dos grandes rios do mundo. Para os gregos, ele era uma via fluvial misteriosa vinda de algum lugar nos Alpes e descendo pelas florestas negras e as terras de tribos selvagens até o Mar Negro. Entre as nações que viviam à sua margem, estavam os celtas, os alemães, os dácios, citas, e trácios, incluindo os getas, na margem norte oposta a Alexandre. Como um estudioso aplicado do historiador grego Heródoto, Alexandre sabia que os getas eram diferentes no mundo antigo, por causa de sua crença em um único deus e na feliz imortalidade da alma. Para essas tribos, um guerreiro morto não descia a um submundo sombrio grego como uma sombra pálida, mas ia viver com o *Salmoxis* divino, mestre de trovões e relâmpagos. A cada cinco anos eles atiravam uma vítima escolhida por sorteio para as pontas de lança de seus soldados para levar mensagens ao seu deus. Se o homem morresse rapidamente, o sacrifício era considerado um sucesso, mas se ele não perecesse em tempo hábil, outra vítima era posta em seu lugar.

Os gregos há muito negociavam com as tribos do vale do Danúbio para obter grãos, peles e escravos. Mais de um século antes, os bárbaros destas terras do norte tinham visto um poderoso exército do sul em suas fronteiras. Dário, o Grande Rei da Pérsia, liderou essas forças para o Danúbio e atravessou o rio em uma longa ponte flutuante para lutar contra os citas acima do Mar Negro. Agora, o jovem Alexandre estava na margem do mesmo rio e analisou a cena diante de si. Os tribálios e seus aliados ocupavam a ilha fortificada com margens íngremes no meio do largo rio. Nas margens do norte estavam os guerreiros geta, fortes e aos milhares, provocando os soldados macedônios que, sabiam, nunca poderiam alcançá-los. Alguns dos navios de abastecimento de Alexandre haviam chegado ao seu acampamento após navegarem a partir da costa do Mar Negro, mas não eram suficientes para levar um exército. Parecia que Alexandre não poderia prosseguir.

Foi então que Alexandre foi tomado por um anseio, um *pothos*, em grego, de atravessar o rio para terras onde macedônio algum jamais havia pisado. Dário tinha levado um exército persa ao norte do Danúbio, então por que não Alexandre? Atravessar o rio era algo que até mesmo seu pai, Felipe, nunca tinha sonhado. Tal aventura ousada inspiraria o seu exército para a campanha contra a Pérsia e causaria uma impressão adequadamente forte nos gregos problemáticos. Mas como ele poderia levar seu exército para o outro lado? Não havia barcos suficientes para transportá-los ou tempo para construir uma ponte, e a distância era longa demais para nadar.

Felizmente para o rei, ele havia lido a história de Xenofonte e os dez mil mercenários gregos que lutaram na Mesopotâmia setenta anos antes. Diante da mesma situação no rio Eufrates, Xenofonte avistou uma solução engenhosa: "Os soldados pegaram a cobertura de suas tendas e as encheram com feno, então uniram as pontas e as costuraram para que a água não entrasse. E sobre elas conseguiram cruzar o rio."

Os homens de Alexandre estavam hesitantes, mas confiavam em seu rei e começaram a costurar. Com a adição dos poucos navios vindos da Macedônia e o confisco de cada canoa que puderam encontrar, mais de cinco mil soldados de infantaria e cavalaria saíram para atravessar o rio naquela noite.

O exército macedônio chegou à margem norte do rio com segurança e descansou em um campo de trigo alto até o dia amanhecer. Alexandre, em seguida, ordenou a seus homens para avançarem silenciosamente em direção ao acampamento geta. Ele colocou sua infantaria na frente com suas lanças viradas de lado para alisar o campo para aqueles que vinham atrás. Quando emergiram em terreno não arado em frente ao acampamento geta, Alexandre liderou a cavalaria na ala direita, enquanto Nicanor, outro filho de Parmênio, comandou a infantaria. Os getas foram apanhados completamente de surpresa. Surpreenderam-se por Alexandre ter cruzado o Danúbio em uma noite, sem sequer ter construído uma ponte – como seus ancestrais diziam que o Grande Rei da Pérsia fizera antes. Eles agora enfrentavam uma parede sólida de lanças macedônias avançando em sua direção, enquanto a cavalaria inimiga atacava pelo flanco. Os getas logo debandaram e correram para a sua cidade mais próxima, a uma curta distância subindo o rio, mas Alexandre estava em seus calcanhares o tempo todo. Os getas então pegaram quantas mulheres e crianças puderam transportar em cavalos e cavalgaram para as pastagens infinitas ao norte. Alexandre chegou à vila e saqueou tudo de valor – certamente incluindo muito ouro trácio finamente trabalhado – e incendiou a cidade até não sobrar mais nada.

Após o envio dos espólios para o outro lado do rio, Alexandre realizou o que seria um ritual comum em sua expedição persa. Ele prestou sacrifício a Zeus, o *Soter* ("salvador", a mesma palavra grega que os cristãos usariam mais tarde para Cristo), a seu ancestral Hércules, e ao deus local que personificava o Danúbio, que lhe permitira passagem segura através de suas águas. Ele não desejava perseguir os refugiados getas, pois já havia dado o seu recado. A notícia de que o novo rei macedônio não deveria ser provocado rapidamente se espalhou desde os Alpes até a Crimeia. Com a sua fronteira norte em segurança, Alexandre voltou no mesmo dia para o acampamento na margem sul do Danúbio.

Assim que ele voltou ao acampamento, Sirmo, rei dos tribálios, enviou uma missão diplomática para tentar negociar a paz. Não se sabe exatamente quais foram os termos, mas provavelmente foi incluído um contingente de soldados para o exército de Alexandre, uma vez que fontes antigas indicam que tropas tribálias marcharam com ele para a Ásia. Os registros mostram que pelo menos um desses guerreiros trácios do Danúbio se assentou permanentemente em uma cidade que o governo macedônio estabeleceria nas margens do rio Oxos na Ásia Central. Outras missões diplomáticas chegaram nessa época vindas de tribos locais para buscar a paz, mas a visita mais memorável foi de uma tribo de celtas. Ao longo dos anos, Alexandre receberia muitas delegações notáveis, mas esse encontro no Danúbio provou ser um dos mais marcantes na carreira do rei.

Os celtas há muito tempo viviam na Gália e na Alemanha, perto dos Alpes, onde criavam gado, recolhiam as cabeças dos inimigos derrotados, e ganharam a reputação impressionante de estarem entre os guerreiros mais resistentes do mundo. Apenas algumas gerações antes de Alexandre, eles tinham começado a sair da floresta de sua terra natal para a Grã-Bretanha, Irlanda, o norte da Itália e o alto vale do Danúbio. Ptolomeu, amigo de Alexandre que estava presente na reunião, registrou que este grupo de celtas chegou após uma longa jornada, vindo de um assentamento próximo ao Mar Adriático. Ele ficou muito impressionado com a altura dos celtas, já que ficavam pelo menos uma cabeça acima dos macedônios, mas também diz que eles se pavonearam pelo acampamento, como se Alexandre devesse se sentir honrado por sua visita. Eles vieram buscando a amizade com o rei e para trocar promessas de paz. O rei macedônio os recebeu calorosamente e com grande curiosidade, uma vez que seu mestre Aristóteles os mencionava com frequência em suas aulas sobre a virtude. Aristóteles ensinou que a coragem em um homem era uma qualidade admirável, mas que o excesso de ousadia era indesejável. Como exemplo de tal comportamento, ele apresentou os celtas, que supostamente atacavam até as ondas do oceano. Enquanto Alexandre compartilhava uma bebida com seus visitantes, perguntou a eles do que mais tinham medo, esperando ouvir que era dele. Mas o líder da embaixada celta olhou diretamente nos olhos do rei e respondeu que não temia nada, exceto, disse ele com uma risada, que o céu caísse sobre as suas cabeças. Porém, por uma questão de diplomacia, ele acrescentou que valorizavam a amizade de um homem como Alexandre mais do que qualquer coisa. Após os celtas deixarem seu acampamento para iniciar sua longa marcha para casa, Alexandre virou-se para Ptolomeu e declarou que os celtas eram fanfarrões inacreditáveis.

Saindo do Danúbio, Alexandre partiu para o sudoeste pelas montanhas em direção às terras altas governadas por Langaro, rei dos agrianos. Alexandre tinha conhecido Langaro por anos e planejava deixar seus homens descansarem no território do seu velho amigo antes de voltar para a Macedônia. Seu exército marchou centenas de quilômetros e lutou várias batalhas difíceis em apenas algumas semanas, então o seu general, orgulhoso, teve o prazer de conceder a seus soldados uma trégua. Ele passou os primeiros dias renovando os laços com Langaro e recrutando alguns dos melhores guerreiros dele para o seu exército, fortes tropas montanhesas que viriam a se tornar um elemento essencial na Ásia. Foi um dos primeiros casos de Alexandre integrando soldados não gregos e não macedônios em sua fileiras, uma política previdente que, no entanto, causaria atritos intermináveis entre o rei e seus oficiais durante a campanha persa.

    Mas não haveria descanso. Um mensageiro logo entrou no acampamento com a notícia de que os ilírios estavam em revolta, liderados por Clito, filho de Bardílis, o antigo adversário de Felipe. Gláucias, rei dos taulantos na costa do Adriático, juntou-se a Clitus assim como a tribo Autariatae ao norte. A notícia foi devastadora para Alexandre, uma vez que uma aliança entre tribos ilírias hostis poderia atrasar a invasão da Ásia e até mesmo ameaçar a sobrevivência de seu reino. Os ilírios não eram tão bem organizados quanto os macedônios, mas eram corajosos e numerosos.

Alexandre sabia que tinha de agir naquele instante, mesmo que os seus homens estivessem exaustos. Ele rapidamente reuniu informações sobre o levante e descobriu que os autariatas, que até então desconhecia, eram a menor de suas ameaças. Langaro os descreveu como uma tribo menor e ofereceu liderar alguns de seus próprios agrianos para enfrentá-los enquanto Alexandre lidava com Clito. O rei macedônio ficou tão grato que prometeu a Langaro sua meia-irmã Cyna em casamento quando retornasse. Esta filha famosa de seu pai e sua primeira esposa Audata tinha sido casada com um dos supostos conspiradores contra Felipe, mas com o primeiro marido agora morto, Cyna foi mais uma vez um peão no jogo interminável das alianças matrimoniais reais.

Langaro morreria antes de poder reclamar a sua noiva, mas ficou tão grato com a possibilidade de se juntar à família real macedônia que seguiu as ordens de Alexandre com entusiasmo e devastou os Autariatae. Nesse momento Alexandre já havia adentrado profundamente o território ilírio, perto da cidade murada de Pellium, sede do quartel de Clito. Alexandre tinha corrido até a cidade para evitar que Gláucias e seus taulânticos se juntassem a Clito. Os macedônios chegaram tão de repente que interromperam um sacrifício pavoroso em andamento fora dos muros. Os homens de Alexandre não eram estranhos a sangue e vísceras, mas ficaram enojados ao se deparar com os restos de três carneiros pretos, três rapazes e três garotas nos altares do deus local. O sacrifício humano era raro no mundo mediterrâneo, mas ainda era praticado nas montanhas e florestas da Europa.

Mais perturbador para Alexandre era a perigosa situação em que ele se encontrava. Pellium era extremamente fortificada e só poderia ser tomada com um grande cerco, enquanto as colinas ao redor da cidade eram guardadas pelos ilírios. Para piorar a situação, ele recebeu a notícia de que o exército de Gláucias tinha acabado de chegar ao vale. Os macedônios tinham conseguido prender Clito dentro dos muros da cidade, mas se fizessem qualquer movimento contra os soldados que os cercavam no vale, os homens da cidade certamente correriam para atacá-los por trás. Por outro lado, se invadissem as paredes de Pellium, Gláucias se lançaria sobre eles. Alexandre já tinha enviado Filotas com um contingente de cavalaria para pilhar suprimentos em fazendas próximas, mas fora forçado a resgatá-los pessoalmente quando eles foram pegos ao anoitecer. Era uma situação impossível para Alexandre. Ele não podia tomar a cidade, nem atacar o inimigo ao seu redor. Sua fuga agora estava impossibilitada e sua comida, chegando ao fim. Clito e Gláucias deveriam estar deliciados em prender o jovem rei macedônio em posição tão perigosa. Tudo que precisavam fazer era fechar o cerco para arrasar Alexandre de uma vez por todas.

Mas então Alexandre mostrava mais uma vez sua genialidade para a guerra não convencional. O rei sabia que estava em desvantagem e não tinha chance de escapar ou tomar a cidade. Diante dessa situação desesperadora, ele decidiu montar um desfile militar.

No início da manhã, os ilírios nas colinas em torno viram o rei coordenar sua infantaria em formação cerrada, com mais de cem linhas de profundidade. Cada soldado macedônio segurava a sua sarissa de mais de cinco metros diante de si. Eles haviam recebido a ordem de mover-se em completo silêncio, de modo que a cada sinal levantavam a lança para o céu sem fazer som algum. Para aqueles que assistiam, era como se a floresta de repente surgisse do campo para a frente da cidade. Com uma precisão incrível vinda da prática interminável, a infantaria movia suas sarissas para a frente em unidade perfeita, então para a direita, depois à esquerda. Ao comando de Alexandre eles marcharam adiante sem dizer uma palavra e, em seguida, para cada lado, em perfeita formação.

O ilírios ficaram fascinados com esta apresentação. Eles próprios lutavam à moda antiga, tendo a bravura imprudente como sua única regra. Mas estes macedônios moviam-se juntos como uma máquina, com tanta beleza que era uma maravilha de se ver. O inimigo praticamente aplaudiu quando os homens de Alexandre se moveram rapidamente para as suas linhas, então praticaram intrincados padrões, concluindo com uma falange em forma de cunha mirada para a frente. Foi nesse momento que os macedônios, ao sinal de Alexandre, batendo em seus escudos com as lanças, levantaram-se em um grito de guerra que teria despertado os mortos. Os ilírios foram apanhados tão completamente de surpresa por aquela brilhante amostra de guerra psicológica que fugiram em pânico, abrindo caminho para o exército de Alexandre escapar.

Mesmo assim, a marcha para sair do vale foi árdua. Os ilírios rapidamente recuperaram os sentidos e revidaram, bloqueando os macedônios em uma pequena colina ao longo da estrada até Alexandre enviar sua cavalaria para rechaçá-los. Os macedônios haviam acabado de chegar à passagem do rio no final do vale quando viram milhares de guerreiros ilírios descendo das colinas em direção à parte rasa. Alexandre alinhou seus arqueiros no meio do rio para dar cobertura aos homens em retirada da melhor forma que pôde, e então ordenou que sua artilharia se estabelecesse rapidamente no outro lado do rio e mirasse as catapultas em máxima distância na direção dos cavaleiros que se aproximavam. Os projéteis atingiram o primeiro dos cavaleiros de tal distância que Gláucias e sua cavalaria vacilaram. Eles tinham ouvido falar do uso de catapultas em guerra de cerco, mas, antes de Alexandre, poucos haviam ousado utilizá-las contra o inimigo no campo de batalha. Essa manobra não convencional, surgida da imaginação do jovem rei em um momento de desespero, comprou tempo suficiente para o resto do exército macedônio atravessar o rio em segurança, sem perder um único homem.

Se Alexandre fosse qualquer outro general, teria agradecido aos deuses por sua fuga milagrosa e recuado para a Macedônia o mais rapidamente possível. Mas o rei não era de se retirar de uma luta sem vitória. Três dias depois, quando Clito e Gláucias estavam confiantes de que os macedônios estavam muito longe, Alexandre silenciosamente passou para o outro lado do rio sob a escuridão. Um olheiro dissera a ele que o inimigo estava mobilizado, assim como ele suspeitava, sem muros defensores, sem trincheiras e sem sentinelas, acreditando que havia visto os macedônios pela última vez. Alexandre e seus homens entraram no acampamento ilírio e mataram os primeiros inimigos enquanto dormiam; em seguida, atacaram os bárbaros em pânico com tanta rapidez que eles jogaram de lado as armas e fugiram da cidade, os sobreviventes escapando para as montanhas. Clito incendiou a cidade e fugiu com Gláucias e seus taulânticos, e nunca mais se ouviu falar dele.

Quando Alexandre se atreveu a acreditar que poderia finalmente começar a invasão da Ásia, chegou a notícia do sul de que os estados gregos mais uma vez haviam se levantado contra ele. Uma vez que o rei estava em campanha há semanas para além das fronteiras da civilização, parecia a oportunidade perfeita para as cidades descontentes da Grécia se rebelarem. Como argumentavam, um garoto inexperiente, pouco antes de seu vigésimo primeiro aniversário, não poderia prevalecer contra as tribos bárbaras do norte. Mesmo que Alexandre ainda estivesse vivo, sua longa ausência tinha dado a muitos gregos tempo para fermentar seu descontentamento. E, como de costume, os persas estavam logo ali, com uma abundância de ouro para pagar os gregos e frustrar os planos macedônios para uma campanha asiática.

O orador ateniense Demóstenes estava mais uma vez na linha de frente para causar problemas para Alexandre. Naquele verão, ele subiu à plataforma de oradores na assembleia ateniense e declarou que Alexandre e todo o exército macedônio tinha sido aniquilado pelos tribálios no Danúbio. Ele mesmo arranjou um suposto veterano da batalha envolto em curativos sangrentos que declarou ter visto pessoalmente a queda de Alexandre. Os atenienses levantaram-se para comemorar o renascimento da independência grega. A notícia de que o jovem tirano estava morto se espalhou rapidamente por todo o território, pois, como sabiamente observou Arriano, "como muitas vezes acontece nestes casos, quando não há fatos concretos, as pessoas acreditam que a verdade seja tudo aquilo que elas mais desejam".

Nenhuma cidade grega estava mais ansiosa para se rebelar do que Tebas. Apenas três anos antes, os tebanos tinham assistindo com horror enquanto o seu exército era esmagado por Felipe e Alexandre em Queroneia. Em seguida, eles tinham suportado a humilhação dupla da rendição e do estabelecimento de uma guarnição macedônia na cidadela de Cadmeia, que dava para a sua cidade. Tebas, a cidade lendária de Édipo, conquistadora de Esparta, tinha sido reduzida a um posto provincial do império macedônio. Era demais para seus cidadãos suportarem. Apesar de terem perdido muitos de seus melhores homens em Queroneia, ainda eram um povo orgulhoso com antiga tradição militar. De acordo com mitos passados por seus ancestrais, eles haviam surgido a partir de dentes de dragão semeados na terra. Estavam agora determinados a provar que ainda podiam reagir.

A faísca que acendeu as chamas da rebelião veio quando um pequeno grupo de exilados tebanos, expulsos há vários anos por Felipe, escapou de volta para a cidade com o objetivo de incitar uma insurreição. A guarnição macedônia em Tebas tornou-se tão confiante em sua invulnerabilidade que o homens tinham se habituado a vagar regularmente pelas ruas de Tebas, além dos muros protegidos da Cadmeia, sem dúvida em busca de vinho e mulheres. Certa noite, os exilados emboscaram dois desses soldados, Amintas e Timolau, e mataram-nos descaradamente. Os assassinos então foram diante da assembleia tebana e se vangloriaram de sua ação, incitando os habitantes de sua cidade a se juntarem a eles, evocando que havia de mais querido dos ideais gregos: *eleutheria* – liberdade.

Os tebanos responderam entusiasticamente ao chamado e correram para a Cadmeia. A fortaleza era uma colina de formato oval no extremo sul, junto ao muro da cidade. Não havia forma de os cidadãos invadirem a fortaleza, mas eles podiam isolar os defensores macedônios. Rapidamente cavaram trincheiras e construíram paliçadas para bloquear o acesso dos ocupantes a suprimentos e reforços, e então a assembleia enviou mensagens para cidades gregas amigas pedindo ajuda. Cavaleiros correram para Arcádia, Argos e Elis, todas no Peloponeso distante. Infelizmente para os tebanos, a sua história de beligerância havia criado amargos inimigos nos estados vizinhos. Mesmo os peloponeses não estavam ansiosos para sair em seu auxílio. Somente Arcádia enviou reforços, mas esses montaram acampamento a quase cinquenta quilômetros de distância, perto de Corinto, para esperar pelos acontecimentos. Os mensageiros não tiveram melhor sorte em Atenas, onde Demóstenes, como seria de se esperar, liderou uma votação a favor dos corajosos rebeldes tebanos, e então não fez mais nada.

Enquanto isso, em Tebas, o comandante da guarnição macedônia assistiu da Cadmeia enquanto os habitantes da cidade construíam paredes duplas de cerco em torno dele. Chegaram até a construir paliçadas para além dos muros ao sul da cidade para impedir a fuga. O comandante ordenou a seus soldados que fizessem os preparativos possíveis, mas, sem reforços, havia pouco que pudesse ser feito, exceto esperar.

Alexandre, contudo, não estivera ocioso. Assim que ouviu falar da revolta de Tebas, ele chegou ao acampamento na Ilíria e começou a correr para o sul. Por si só os tebanos já eram uma força poderosa, mas se fossem autorizados a juntar-se com a infantaria do Peloponeso e com a marinha ateniense, ambos apoiados pela Pérsia, poderia ser criada uma aliança formidável. Portanto, sem tempo a perder, ele fez seus homens marcharem de Pellium dia e noite, com pouco descanso ao longo das trilhas impossíveis das montanhas da Grécia central, até que finalmente emergiram nas planícies da Tessália Ocidental. De lá, eles avançaram para o sul através da passagem em Termópilas e cruzaram a Beócia para chegar à periferia de Tebas. Cobrir quase 32 quilômetros por dia, através de alguns dos terrenos mais fatigantes da Europa, foi uma conquista singular. E, como em tempos antigos um exército rápido era capaz de ultrapassar a notícia de sua chegada, os macedônios chegaram às portas de Tebas antes de os rebeldes sequer saberem que eles estavam a caminho.

O que aconteceu a seguir depende de em qual historiador grego se escolha acreditar. Nossas duas fontes primárias para o ataque a Tebas, Arriano e Diodoro, pintam duas imagens igualmente imperiosas das ações de Alexandre na cidade. Eles concordam com os fatos básicos, mas os motivos que levaram o rei ao ponto de sancionar o que viria a ser um divisor de águas na história grega não poderiam ser mais diferentes em suas opiniões.

Ambos descrevem como Alexandre acampou perto da extremidade norte das muralhas da cidade para dar tempo aos tebanos de reconsiderar a sua revolta. O rei não queria uma guerra se esta pudesse ser evitada, e não porque amasse Tebas, mas porque cada dia passado na Grécia só diminuía as suas chances de sucesso na Ásia. Se possível, Alexandre preferiria que os tebanos se entregassem e fossem perdoados. Se tivessem feito isso, ele provavelmente teria se contentado com a execução ou o exílio de alguns líderes e promessas do resto dos rebeldes de um melhor comportamento no futuro. Mas os tebanos não queriam saber disso. A sua assembleia aprovou por unanimidade uma resolução declarando que iriam lutar.

Alexandre tinha milhares de soldados macedônios e aliados cercando Tebas, incluindo, como Arriano enfatiza, contingentes de Plateia, Orcômeno e Téspia, cidades próximas que sofreram severamente nas mãos do exército tebano no passado. Esses soldados haviam crescido com as histórias de suas cidades incendiadas, seu território confiscado, e suas mães violentadas por cruéis soldados tebanos. Alexandre pode ter desejado a paz, mas muitos que se juntaram a ele em Tebas ansiavam por vingança.

À medida que as horas passavam, Alexandre esperou por um sinal de rendição de Tebas. Em vez disso, os cidadãos correram para fora dos portões com sua cavalaria e uma força considerável de soldados mal armados para surpreender os macedônios. A ação foi bem sucedida, porque Alexandre não esperava que os tebanos, estando em menor número, atacassem-no primeiro. Eles conseguiram matar alguns de seus guardas de reconhecimento antes de fugirem de volta para trás das muralhas da cidade. Com sua frustração crescente, no dia seguinte Alexandre moveu seu acampamento para o sul da cidade, perto da estrada para Atenas. Este local também estava mais próximo de suas tropas presas dentro de Cadmeia. Ele mandou outro mensageiro aos muros para anunciar que ainda estava disposto a perdoar os tebanos, mesmo eles tendo matado alguns de seus homens. Sem dúvida, fazia isso na esperança de dividi-los; proclamou que qualquer cidadão da cidade que desejasse poderia render-se a ele e juntar-se à paz que era o seu presente para todos os gregos. Em vez de fazer isso, os tebanos começaram a gritar de suas torres que qualquer um no exército de Alexandre que quisesse se juntar a eles e ao Grande Rei para fugir da tirania de Alexandre era bem-vindo no interior da cidade.

Arriano omite esse episódio e culpa um dos oficiais de Alexandre pelo que aconteceu depois, mas Diodoro registra uma versão que em muitos aspectos é mais crível. Ele diz que algo dentro de Alexandre se partiu quando ouviu os tebanos chamarem-no de tirano, especialmente enquanto invocavam o Grande Rei da Pérsia como o libertador da Grécia. Alexandre sabia por ter lido *A República* de Platão que a tirania era a forma mais vil de governo, ainda mais desacreditada aos olhos do filósofo aristocrata do que a democracia. O rei foi tomado por uma raiva imponente e declarou que faria de Tebas um exemplo. Conforme Diodoro relata: "Ele decidiu destruir completamente a cidade. Por este ato deliberado de terror ele esperava tomar o coração de qualquer um que pudesse se levantar contra ele no futuro". Com o seu objetivo firme na mente, Alexandre chamou seus engenheiros para preparar máquinas de cerco e colocou seus planos para limpar Tebas do mapa da Grécia.

Mas, de acordo com Arriano, o que aconteceu foi culpa de um capitão da guarda chamado Pérdicas. Este oficial era um dos partidários mais fiéis de Alexandre e vinha de uma família nobre da Macedônia no planalto de Orestis. Ele lutou bravamente com Alexandre na Ilíria e no futuro se tornaria um dos mais importantes líderes macedônios, mas naquele momento era simplesmente um jovem soldado ansioso, querendo impressionar seu rei. Pérdicas estava acampado perto das paliçadas inimigas no sudeste da cidade. Ele viu uma oportunidade para invadir o portão com suas tropas e assim fez, sem consultar Alexandre. Antes que alguém soubesse o que estava acontecendo, Pérdicas e seus homens já estavam dentro dos muros com outro batalhão macedônio logo atrás deles. Nesse ponto, Alexandre não teve escolha a não ser comprometer seu exército com um ataque que já havia começado.

Qualquer que seja a versão verdadeira, a luta por Tebas foi brutal. O rei ordenou aos agrianos e aos arqueiros de Creta que invadissem a paliçada, mas manteve sua infantaria na reserva. O impetuoso Pérdicas, entretanto, havia adentrado muito na cidade e fora gravemente ferido. Suas tropas arrastaram-no para a segurança e os médicos lhe salvaram a vida com dificuldade, mas seus homens continuaram o ataque perto do templo de Hércules, logo abaixo de Cadmeia. Lá, eles cercaram um grande contingente de tebanos, acreditando que tinham os cidadãos encurralados – mas com um grito os soldados de Tebas atacaram os invasores. Os homens de Alexandre foram pegos de surpresa e entraram em pânico nas ruas desconhecidas, de modo que quase setenta de seus arqueiros foram mortos dentro de minutos.

Alexandre observou enquanto os auxiliares apavorados corriam para fora da cidade. Ele sabia que tinha de fazer algo, e rápido. Assim, alinhou seus veteranos macedônios e, com sua formação mortal de sarissas, atacou os tebanos que os perseguiam. Agora era a vez dos tebanos entrarem em pânico, enfrentando as temíveis lanças. Eles correram de volta para dentro dos portões da cidade em uma multidão tão desorganizada que os últimos esqueceram de fechar os portões. Alexandre invadiu Tebas e seus homens se espalharam por toda a cidade.

Como acontece na queda de qualquer cidade em guerra, o resultado foi uma bravura incomum misturada à carnificina e ao horror. Nas ruas estreitas de Tebas, os sons de gritos e choques de metal encheram o ar. Alguns dos homens de Alexandre chegaram à Cadmeia e libertaram os soldados macedônios presos em seu interior, mas a maioria deles lutou casa a casa pela cidade. Os tebanos pediam uns aos outros para resistirem com todas as forças, lembrando o destino que aguardava suas famílias se falhassem. Alexandre maravilhou-se com o ânimo dos habitantes e pela sua firmeza, mas ainda estava determinado a fazê-los pagar caro pela sua traição. Arriano relata que foram os companheiros gregos de cidades próximas a Tebas que mataram as mulheres e crianças sem piedade, mas os macedônios certamente mataram a sua parcela. As casas foram saqueadas, esposas e filhas estupradas, homens de idade foram mortos em suas camas, e até mesmo os cidadãos que buscavam refúgio nos templos foram cortados enquanto se agarravam aos altares dos deuses.

Mais de seis mil tebanos pereceram naquele dia, enquanto pelo menos trinta mil foram capturados. Foi um holocausto como o mundo grego jamais havia visto. Outras cidades já tinham sido saqueadas na guerra, mas nunca antes uma das grandes cidades gregas caíra de maneira tão repentina e fulminante. Era como se as velhas histórias do saque de Troia tivessem tomado vida.

Alexandre alegou que deixaria a Liga de Corinto decidir o que deveria ser feito com as ruínas de Tebas, mas era apenas uma encenação. A declaração de que a cidade seria destruída, as terras que a cercavam seriam distribuídas aos aliados, e os sobreviventes tebanos vendidos como escravos era uma conclusão inevitável. A grande quantidade de dinheiro gerada nos leilões de escravos foi diretamente para a tesouraria macedônia. Os únicos cidadãos que Alexandre poupou foram os sacerdotes e sacerdotisas, aqueles que tinham mostrado amizade inabalável à Macedônia, e, uma vez que Alexandre tinha um apreço especial pelo verso grego, descendentes do poeta tebano Píndaro.

Uma história da misericórdia de Alexandre no meio de tal horror pode ter uma base factual, dado como ele era propenso a atos de bondade com as mulheres. De acordo com Plutarco, quando um bando de saqueadores trácios invadiu uma grande casa tebana durante a batalha, eles encontraram uma jovem viúva chamada Timocleia, conhecida em toda a cidade por sua piedade. Enquanto seus soldados saquearam a propriedade, o seu líder a estuprou e depois perguntou se ela tinha algum tesouro escondido. Ela confessou que sim, tinha riquezas escondidas em seu jardim. O capitão trácio a seguiu até um poço no qual ela lhe disse que tinha lançado os seus objetos de valor no início do cerco. Conforme o homem ganancioso se inclinou sobre o poço aberto, Timocleia veio por trás dele e empurrou-o para dentro. Ela então lançou pedras pesadas no homem encurralado até que fosse esmagado. Quando o resto dos trácios descobriu o que tinha acontecido, eles a amarraram e levaram-na a Alexandre para ser punida. A mulher cativa apareceu diante do rei com uma postura calma e uma dignidade surpreendente. Alexandre perguntou quem ela era e ela corajosamente respondeu que era a esposa do comandante tebano que lutou contra seu pai na batalha de Queroneia. Alexandre ficou tão impressionado com Timocleia que a deixou sair da cidade em liberdade com seus filhos.

Quando a notícia da destruição de Tebas se espalhou por toda a Grécia, as cidades que se haviam levantado contra Alexandre correram para explicar que tinham sempre, na verdade, estado do seu lado. O povo de Arcádia, que enviara um contingente de soldados até Corinto, votou para executar os líderes que haviam instigado a ação. Outras cidades enviaram missões diplomáticas para Alexandre implorando seu perdão e assegurando-lhe sua lealdade eterna à Macedônia. Toda a Grécia de repente se lembrou de que realmente nunca gostara de Tebas. De fato, não foram os tebanos que apoiaram os odiados persas durante a grande guerra pela sobrevivência grega no século anterior? Certamente mereciam os males que caíram sobre eles.

Assim como Felipe, Alexandre já tinha ouvido tudo isso antes e sabia como desempenhar seu papel neste drama cansativo. Graciosamente perdoou os gregos e prometeu que não se vingaria deles, com exceção de Atenas. Quando os primeiros mensageiros de Tebas chegaram a Ática, os atenienses estavam celebrando os mistérios da deusa Deméter na cidade vizinha de Elêusis. A deusa havia garantido que o calor do sol e os frutos da terra retornariam mais uma vez após a chegada do inverno, mas aos atenienses deve ter parecido como se a escuridão estivesse prestes a cair sobre eles para sempre. Os atenienses na verdade não tinham enviados tropas para apoiar Tebas, mas quantas vezes poderiam esperar que Alexandre os perdoasse por tramar contra ele? Abandonaram o festival religioso e retornaram para dentro dos muros de Atenas, carregando todos os pertences que puderam. Agora certamente o rei soltaria seus macedônios sobre eles e destruiria a sua cidade de uma vez por todas.

O estadista idoso ateniense Dêmades propôs que enviassem uma missão a Alexandre para parabenizá-lo por seu retorno seguro das terras bárbaras do norte e por sua magnífica vitória sobre Tebas. A assembleia o fez imediatamente, mas Alexandre os mandou de volta a Atenas com a mensagem de que ele estava disposto a ignorar sua deslealdade se fossem enviados a seu acampamento dez de seus inimigos de longa data, inclusive o encrenqueiro-mor, Demóstenes. Para o líder do partido conservador, Fócion, isso parecia perfeitamente razoável. Ele era um respeitado veterano de guerra que havia sido aluno de Platão. Também detestava Demóstenes e ficaria encantado em ver seu adversário de longa data crucificado pelos macedônios. Ele se levantou diante da assembleia e pediu a seus concidadãos para lembrarem da história dos heróis atenienses Leos e Jacinto, que sacrificaram suas próprias filhas para salvar o Estado quando este se deparou com a destruição. Virando-se para Demóstenes, ele declarou que essas meras meninas tinham ido com prazer para a morte para salvar sua cidade – um verdadeiro patriota ateniense não faria o mesmo?

Apesar de Fócion, os partidários de Demóstenes ainda controlavam a assembleia e afastaram o velho general da plataforma. Demóstenes então subiu os degraus de pedra e dirigiu-se a seus concidadãos em um discurso cuidadosamente preparado. Não era sem razão que ele foi considerado o melhor orador da época. Ao final de sua fala, tinha ganhado o apoio da multidão. Dêmades, fortemente subornado pelo partido de Demóstenes, propôs, então, que eles enviassem uma segunda delegação até Alexandre implorando-lhe para reconsiderar e poupar os líderes atenienses. Uma vez que o rei ainda precisava da marinha ateniense para a invasão persa, desta vez Alexandre cedeu com a condição de que eles entregassem apenas o general Carídemo. Esta foi uma manobra inteligente, uma vez que ele não era um ateniense nativo e podia ser sacrificado com segurança por todos os partidos. Carídemo sabia para que lado o vento estava soprando e imediatamente partiu para se juntar aos persas. Com a honra satisfeita, Alexandre concordou em deixar os atenienses em paz.

De Tebas, Alexandre e seus homens marcharam de volta a Macedônia. Era agora final de outono e não havia muito a ser feito antes que seu exército pudesse atravessar a Ásia na primavera. O rei relutantemente convocou Parmênio para voltar da Ásia Menor para ser o segundo no comando da expedição como pagamento pelo apoio do velho general. Outro estadista mais velho de Felipe, Antípatro, foi feito regente da Macedônia para governar no lugar do rei e manter os gregos na linha enquanto ele estava em guerra no Mar Egeu. Ambos os homens aconselharam Alexandre a se casar e produzir um herdeiro antes de partir para o que poderia ser uma campanha muito longa e perigosa. Foi um bom conselho e coerente com a tradição macedônia, mas o rei não tinha interesse na vida doméstica. Ele tinha apenas vinte e um anos, e com a confiança típica dos jovens, acreditava que tinha tempo mais do que suficiente para se preocupar com questões familiares no futuro. Ele também não tinha paciência para esperar que a esposa ficasse grávida e carregasse seu filho. Um casamento significaria atrasar a expedição a Ásia por pelo menos mais um ano, algo impensável para Alexandre.

Para entreter as suas tropas e prepará-las para a próxima guerra, o rei sediou competições atléticas e festivais em Díon sob as neves do Monte Olimpo. Uma década antes, Alexandre tinha domado Bucéfalo neste local sagrado. Agora, com o poderoso garanhão ainda a seu lado, ele organizou jogos de todos os tipos para seus homens e entregou prêmios esplêndidos para os vencedores. Durante nove dias, ele prestou sacrifícios generosos a Zeus, o pai dos deuses, e às nove musas que iriam inspirar os bardos a cantar sobre os grandes feitos que viriam. Uma enorme tenda foi erguida para manter cem sofás de jantar para os hóspedes de Alexandre. Todo o exército jantou como rei por vários dias e bebeu vinho todas as noites como verdadeiros guerreiros macedônios na véspera da batalha. Eles precisariam de toda a coragem que conseguissem reunir, pois o que lhes esperava era o incrível poder do Império Persa.

CAPÍTULO 3

ÁSIA

Assim diz o Senhor ao seu ungido, Ciro, a quem tomo pela mão direita, para submeter as nações diante dele, e destituir os reis de seus trajes; para abrir diante dele as portas das cidades, e os portões não se fecharão.

Profeta Isaías

Houve um rei chamado Astiages, que governava em Média, nas montanhas à leste da Mesopotâmia. Uma noite ele teve um sonho no qual sua filha Mandane daria à luz um filho que governaria toda a Ásia. Temendo perder seu trono, ele a entregou em casamento a um homem da insignificante província da Pérsia, ao sul. Mas após Mandane estar casada por um ano, e grávida, Astiages teve um outro sonho, em que viu vinhas se espalhando do útero dela para cobrir todas as terras de seu império e além. Ele consultou os sábios Magos, que interpretaram o sonho e previram que o bebê um dia se tornaria um rei poderoso e ocuparia o lugar dele. Ao saber disso, Astiages decidiu matar a criança assim que ela nascesse. Quando o bebê, chamado Ciro, nasceu, o rei o deu a um serviçal, com ordens de levar a criança embora e matá-la. Em vez disso, o servo deu o bebê a um bondoso pastor, que o criou em segredo como se fosse seu próprio filho. Embora seu meio fosse humilde, o jovem Ciro mostrou as qualidades da realeza desde cedo e foi rapidamente trazido à presença do desconfiado rei. Após descobrir a verdade, Astiages consultou novamente os Magos, que então afirmaram que ele não tinha nada a temer de Ciro. Não obstante, quando o príncipe atingiu a idade adulta, ele liderou uma revolta do povo de seu pai contra seu avô de Média e se tornou o primeiro Grande Rei do Império Persa.

Essa é a lenda heroica contada por Heródoto, mas a verdadeira história de Ciro e a criação do Império Persa é ainda mais impressionante. Começando pelas terras persas perto de Persépolis, onde hoje em dia fica o sul do Irã, Ciro conquistou a Média por volta de 549 a.C., depois veio o reino da Lídia, na Ásia Menor, três anos depois, quando seu abastado rei, Creso, subestimou o governante da Pérsia. O Império da Babilônia foi o próximo, em 539 a.C., seguido pela maior parte da Ásia Central.

Cambisses, o filho mais velho de Ciro, ascendeu ao trono em 530 a.C., após a morte de seu pai, e rapidamente anexou o Egito a seu Império. Depois da morte prematura de Cambisses, em 522 a.C., Dário I tomou o trono em um embate sangrento. Ele conquistou o vale do Indo para a Pérsia, mas suas aventuras na Europa não tiveram tanta sorte. Ele cruzou o Danúbio e invadiu a Cítia, mas essas foram batalhas apenas nominalmente vitoriosas, enquanto a destruição de seu exército em Maratona, próximo a Atenas, em 490 a.C., foi claramente uma derrota. Embora os gregos recordem Maratona como a maior batalha que o mundo já viu, para os persas ela foi apenas um pequeno revés. Xerxes, o filho de Dário e neto de Ciro, invadiu a Grécia novamente em 480 a.C. A celebrada defesa espartana em Termópilas sequer mereceu menção nos registros persas, tampouco a destruição de Atenas, no mesmo ano. Entretanto, a derrota persa em Plateia, próximo a Tebas, no ano seguinte acabou com os sonhos de conquista da Grécia. Após a morte de Xerxes em 465 a.C., as fronteiras do Império Persa permaneceram inalteradas, embora existissem frequentes revoltas internas sufocadas pelos reis até que Dário III subiu ao trono em 336 a.C., mesmo ano em que Alexandre se tornou rei da Macedônia.

As políticas do Império Persa iniciadas sob o governo de Ciro continuaram por quase dois séculos. Habitantes locais eram deixados em paz para viver e cultuar como quisessem, contanto que pagassem seus impostos e não causassem problemas. Porém, se houvesse uma rebelião contra o domínio do rei, o castigo era rápido e severo. Egito e Babilônia, em particular, sofreram depois que seus povos se levantaram contra os persas. Cidades foram queimadas, rebeldes massacrados e impostos ficaram ainda mais pesados. E embora os persas não tivessem interesse em disseminar suas crenças religiosas entre as províncias, a maioria dos seus governantes tinha pouca consideração genuína ou compreensão com as práticas espirituais dos povos subjugados. Repetidas vezes os grandes reis puniram rebeliões destruindo templos locais e profanando símbolos sagrados, aumentando o amargo ressentimento dos nativos.

Os persas eram politeístas, como quase todas as culturas do mundo antigo, com exceção dos judeus. Assim como os gregos, celtas e povos do norte da Índia – cujas língua e cultura eram bastante semelhantes às dos persas –, os conterrâneos do Grande Rei acreditavam que o mundo fosse governado por muitas forças divinas. Mas os persas também viam o cosmos como um campo de batalha entre as forças da luz e das trevas. No topo do seu panteão estava Ahura Mazda, conhecido como o Senhor Sábio, que havia criado o mundo e personificava toda a bondade. O seu oposto era Arimã, um poderoso espírito empenhado em fazer o mal e levar os humanos à perdição. Zoroastro, o grande mestre religioso persa que viveu séculos antes de Alexandre, filosofou que todos deveriam escolher a quem seguir, mas que no fim dos tempos, Arimã seria derrotado pelo Senhor Sábio. Existiram outras divindades, como Anaíta, a deusa mãe, Mitra, protetor da justiça e Atar, filho de Ahura Mazda e guardião do fogo sagrado. O culto a todos esses deuses e muitos outros era realizado por uma casta conhecida como os Magos. Eles faziam sacrifícios, cantavam hinos para os deuses e também previam o futuro, lendo nas estrelas os sinais de coisas que ainda estavam por vir. Onde quer que os persas fossem em suas conquistas, os Magos os seguiam – não como missionários, mas sim como sacerdotes para a elite. Que os egípcios venerassem divindades com cabeça de chacal e os gregos rezassem para Atena; era Ahura Mazda e seus companheiros divinos que tinham dado aos persas o domínio sobre a terra.

Esse vasto Império Persa – com mais de 3.200 quilômetros de uma ponta a outra – fora dividido em províncias, cada uma governada por um sátrapa, um governante que respondia diretamente ao Grande Rei. As comunicações eram mantidas por um eficiente sistema de estradas cruzado por mensageiros reais, a quem, segundo Heródoto, "Nem neve, nem chuva, nem calor, nem a escuridão da noite impediam a rápida conclusão do seu percurso definido". Como os macedônios, os persas eram uma raça guerreira das montanhas que aprendeu a arte da civilização para os reinos antigos que eles conquistaram. Embora se orgulhassem de sua educação simples – "cavalgar, atirar com o arco, dizer a verdade" –, eles eram, de fato, bem receptivos a influências estrangeiras e adaptaram muitos elementos culturais de seus novos súditos. Embora a escrita persa tenha sido usada primordialmente em esculturas e monumentos, a partir de Dário I, todos os dias os registros da corte eram documentados por escribas em elamita, babilônico ou aramaico. Dos impérios anteriores da Mesopotâmia, os persas aprenderam arte, engenharia e a magnífica arquitetura de seus palácios. Mas sua contribuição própria para a história foi a união de dúzias de nações sob o primeiro império legitimamente internacional. Das cataratas do Nilo e costas do Egeu, passando pelas estepes da Ásia Central e o vale do Indo, o Grande Rei governava o maior e mais poderoso reino que o mundo já vira.

No início da primavera de 334 a.C., Alexandre começou sua guerra contra o Império Persa. Ele deixou o general Antípatro como regente da Macedônia e da Grécia. Sua mãe, Olímpia, certamente estava em Pela nesse dia para se despedir do filho. Ela tramou e se sacrificou por anos para que ele pudesse perseguir seu destino. Naquele momento, cavalgando pelas planícies da Macedônia com a neve ainda cobrindo o Monte Olimpo ao sul, Alexandre não poderia saber que ele não voltaria a ver sua mãe ou seu lar.

Alexandre tinha pouco dinheiro para pagar suas tropas. O tesouro da Macedônia estava quase acabado e os gregos, parcimoniosos mesmo nos bons tempos, estavam relutantes em contribuir financeiramente para o que acreditavam ser uma besteira de Alexandre. A única coisa boa que os cidadãos de Atenas e do resto da Grécia viam nessa invasão era a iminente destruição do exército macedônio pelos persas. Eles não se preocupavam com os seus conterrâneos, pois havia poucos soldados gregos entre as fileiras de Alexandre. De fato, existiam muito mais gregos servindo como mercenários no exército persa do que marchando sob a bandeira de Alexandre. Mas gregos ou macedônios, o rei não seria capaz de alimentar seus soldados por muito tempo, a não ser que pudesse fazer sua expedição ficar rapidamente lucrativa.

Fontes antigas dizem que o exército macedônio possuía mais de cinquenta mil homens, incluindo alguns poucos milhares que Parmênio já tinha na Ásia esperando por Alexandre. Qualquer que seja a quantidade, as forças macedônias estavam em menor número do que as persas. No cerne do exército de Alexandre, estavam os endurecidos soldados de infantaria macedônios que lutaram por anos ao lado de Felipe e seguiram seu filho até o Danúbio e de volta de lá. Além deles, havia tropas auxiliares de tribos aliadas dos Bálcãs, especialmente os destemidos guerreiros da Trácia. O resto era cavalaria da Macedônia e Tessália, batedores montados e arqueiros da Trácia, e os poucos soldados profissionais da Grécia que Alexandre podia pagar. Uma esquadra de relutantes marinheiros gregos seguia a tropa pela costa. Somavam-se a isso o excelente corpo de engenheiros de Felipe, um time de secretários que lidavam com a correspondência do rei, médicos, cartógrafos, cientistas e o historiador oficial da campanha, Calístenes, sobrinho de Aristóteles e oficial de propaganda da expedição.

Alexandres marchou de Pela, passando por Anfípolis e sobre o rio Struma pelo norte da costa do Egeu. Foi o mesmo caminho que ele seguiu no ano anterior em direção ao Danúbio. Mas agora, em vez de se virar para o norte, Alexandre foi em direção ao leste, marchando pela embocadura do rio Maritsa e descendo pela Península de Galípoli, do outro lado do estreito de Helesponto, na Ásia. Na cidade de Eleo, oposta a Troia, Alexandre ofereceu um sacrifício pela última vez na Europa, no túmulo do herói Protesilau, o primeiro grego a pisar em solo asiático – e o primeiro a morrer – no começo da Guerra de Troia. Ao pé dos olmos do bosque sagrado, Alexandre rezou para que os deuses o favorecessem. Ele tinha bons motivos para se preocupar: uma grande frota persa estava no Egeu e sabia dos seus planos. Se eles quisessem, poderiam facilmente impedir a travessia de Alexandre. Mas os persas decidiram deixar o rei e seus macedônios aportarem livremente na Ásia antes de entrarem em ação. Em vez de bloquear o avanço da marinha deles, os persas pretendiam atrair seus inimigos para o interior, onde poderiam destruí-los facilmente com sua força superior.

Quando o Grande Rei Xerxes cruzou o Helesponto (atualmente, estreito de Dardanelos) em seu caminho para invadir a Grécia no século anterior, ele ordenou a construção de pontes flutuantes através do estreito para acelerar a passagem de seu enorme exército – mas uma tempestade as destruiu antes que ele pudesse cruzar. O rei persa ordenou então que o Helesponto fosse açoitado com trezentos chicotes e que um par de grilhões fossem jogados dentro da água antes de começar a construção de novas pontes. Alexandre conhecia essa história e estava determinado a garantir que sua passagem fosse mais bem-sucedida. Enquanto Parmênio supervisionava o transporte das tropas macedônias usando navios de guerra e de carga, Alexandre decidiu deixar para trás a maior parte do seu exército e cruzar sozinho o Eleo, dirigindo ele mesmo o transporte em direção ao meio do Helesponto. Lá, sacrificou um touro para o deus dos mares, Poseidon, e ofertou uma bebida de uma taça de ouro dentro da água. Então ele guiou o navio até Troia, para o lugar onde Homero disse que os gregos tinham desembarcado mil anos antes. À medida que se aproximava da costa, Alexandre pegou sua lança e a arremessou com toda a força na praia, reivindicando a Ásia para si mesmo, como um despojo dos deuses. Então ele saltou para a costa antes do barco chegar em terra e entrou no território persa andando por entre as ondas.

O primeiro ato de Alexandre na Ásia foi fazer um sacrifício a Zeus, o patrono das chegadas tranquilas, bem como a Atena e a seu próprio ancestral Hércules. Ele era sempre escrupuloso com cerimônias religiosas, e agora ainda mais, por estar cercado por uma paisagem mitológica saída diretamente das histórias da sua infância. Ali, naquela mesma praia, os gregos tinham montado acampamento. Logo além estava o vasto campo de batalha onde Heitor e seus troianos enfrentaram os invasores na guerra de dez anos pela honra de Helena, cuja beleza lançou mil naves para trazê-la de volta para casa. E logo adiante, acima da planície, estava a própria cidadela de Troia – não mais a cidade de outrora, claro, mas ainda imponente na imaginação de Alexandre. Seu herói Aquiles, o maior guerreiro grego, lutou e morreu diante destas muralhas, preferindo uma vida curta de glória imortal a uma velhice tranquila, cercado pela família e pelos amigos.

A Troia que Alexandre visitou era apenas a mais recente em uma série de cidades construídas no mesmo local há três mil anos. Ao longo dos séculos, o lugar tinha sido saqueado e queimado diversas vezes, apenas para ser sempre reconstruído, cada vez mais alto, sobre as ruínas. A cidade em que Alexandre entrou não passava de uma pequena vila com um templo à Atena frequentado por alguns poucos sacerdotes ansiosos pelos ocasionais turistas. O general espartano Míndaro tinha visitado o lugar muitos anos antes, assim como Xerxes quando estava a caminho da Grécia, mas a chegada do líder macedônio e de sua comitiva foi o mais memorável evento que Troia presenciava em décadas.

O primeiro sacrifício de Alexandre foi no templo de Atena, dedicando sua própria armadura ao altar da deusa. No lugar da sua placa peitoral e do escudo, ele pegou armas que supostamente estavam lá desde a Guerra de Troia. Seus soldados preferidos usariam orgulhosamente essas armas em batalhas por toda a Ásia, incluindo um escudo que um dia salvaria sua vida na Índia. Em seguida, Alexandre visitou as tumbas dos guerreiros que morreram lutando para capturar ou salvar a cidade. O momento mais marcante foi quando ele colocou oferendas no túmulo do seu ancestral e herói de infância, Aquiles. Então, com seus companheiros, incluindo Heféstion, Alexandre tirou suas roupas e se besuntou de óleo, como um atleta. Em homenagem a Aquiles, Alexandre e seus amigos apostaram uma corrida ao redor do túmulo e enfeitaram o lugar com guirlandas. Para finalizar, ele fez uma oferenda ao espírito do rei troiano Príamo, que foi massacrado buscando refúgio no altar de Zeus, contrariando todos os costumes sagrados. O filho de Aquiles, Neoptólemo, executou essa ação vergonhosa, o que incitou o jovem rei a implorar que a sombra do líder de Troia não descarregasse sua ira contra seu descendente macedônio.

Quando os sacerdotes o levaram para uma visita final às ruínas da cidade, eles perguntaram se ele desejava ver a lira de Páris antes de partir. O jovem rei, entretanto, desdenhou do príncipe troiano Páris, um covarde mais interessado em belas mulheres do que na glória da batalha: "Eu não dou a mínima para essa harpa", disse, "mas veria com prazer a lira de Aquiles, na qual ele cantou os feitos gloriosos de homens memoráveis". A maior tristeza de Alexandre, lamentou ele, era não ter nenhum Homero para celebrar sua glória.

De Troia, Alexandre foi 32 quilômetros para o norte seguindo o Helesponto até a pequena cidade de Arisbe, onde suas forças principais estavam esperando por ele após cruzar o estreito. No dia seguinte, eles marcharam uma curta distância até a vila de Percote, há uns poucos quilômetro da grande e próspera cidade de Lampsaco, que guardara a entrada norte do Helesponto. Lampsaco fora uma abastada aliada de Atenas durante a Guerra do Peloponeso no século anterior e era famosa por suas moedas de ouro. Deseperadamente sem dinheiro, Alexandre precisava das riquezas dessa cidade e do prestígio de libertá-la do controle persa. Infelizmente para o líder macedônio, os cidadãos de Lampsaco não desejavam ser libertados. Como muitas das cidades gregas sob jugo persa, ela desfrutava de liberdade e prosperidade relativas com uma interferência mínima do Grande Rei. O bom povo de Lampsaco certamente tinha ouvido falar do modo como Alexandre lidou com as cidades na Grécia e, especialmente, da destruição de Tebas. Tinham poucos motivos para acreditar nele e menos razões ainda para trocar a vida fácil com a Pérsia pelo fardo potencialmente pesado do domínio macedônio. Alexandre se irritou, mas não tinha tempo a perder sitiando uma cidade. Mais do que dinheiro, Alexandre precisava de uma vitória. Ele tinha de derrotar os persas em batalha rapidamente para estabelecer sua credibilidade como general. Uma vez que tivesse feito isso, as cidades gregas da Ásia Menor começariam a abrir seus portões – e seus tesouros – para ele, fosse por medo ou interesse próprio. Relatos contam que o filósofo Anaxímenes, um erudito na comitiva de Alexandre que por acaso era de Lampsaco, implorou ao general que ele poupasse sua cidade natal, mesmo ela sendo favorável aos persas. Isso serviu para aumentar a reputação de misericordioso de Alexandre, mas ele certamente teria queimado a cidade até os alicerces se tivesse tempo.

Alexandre era um mestre de propaganda na guerra. Ele ordenava que seus soldados não pilhassem fazendas e vilarejos próximos – isso seria estúpido, já que em breve tudo seria deles. Isso era uma política que comprovadamente nutria a boa-vontade entre os habitantes de territórios hostis, mas Alexandre espertamente acrescentava que eles deveriam tomar um cuidado especial para não danificar as propriedades do general persa de origem grega Memnon, de Rodes. O rei sabia que rapidamente se espalharia entre os sátrapas persas a notícia de que as propriedades de Memnon estavam sendo tratadas com respeito – como se o general estivesse apoiando os macedônios em segredo. Isso foi uma inspirada estratégia psicológica que em breve daria frutos.

Perto de Lampsaco, Alexandre moveu suas forças em uma marcha de dois dias em direção ao leste para Hermoton, em seguida para a pequena cidade de Príapo, nome dado em homenagem ao filho excepcionalmente libidinoso do deus Dionísio. Batedores relataram a Alexandre que os cidadãos de Príapo estavam dispostos a se render a ele, permitindo ao agradecido rei sua primeira oportunidade de libertar uma cidade grega, por mais insignificante que ela fosse.

Mas por mais que Alexandre estivesse contente em finalmente poder se retratar nos comunicados que atravessavam o Egeu como um libertador dos gregos, sua preocupação primordial era mais pragmática: onde estavam os persas? Naquele momento, eles estavam muito mais próximos do que ele pensava. Os governantes persas e os generais da Ásia Menor estavam acampados a apenas 36 quilômetros de distância, do outro lado do rio Grânico, na cidade de Zeleia. Com eles estavam milhares de soldados, incluindo a cavalaria da distante Báctria e milhares de mercenários gregos. Enquanto o exército macedônio se movia pelo rio Grânico, os persas faziam um conselho de guerra para decidir o que fazer com Alexandre.

Arsites, o sátrapa da região do Helesponto, presidia o encontro ao lado de Espitrídates, que governava a região da Lídia e as cidades gregas da costa do Egeu. O satrápia Arsames estava lá pela Cilícia, na região costeira meridional da Ásia Menor. Esses líderes e seus generais tinha prometido defender o Grande Reino com suas vidas. E se a honra não fosse motivação suficiente, eles sabiam que sua riqueza vinha do solo da área que detinham sob seu governo. Se Alexandre vencesse, eles perderiam tudo.

Também estava presente Memnon de Rodes, talvez o melhor general do exército persa. Ele tinha derrotado as tropas avançadas de Parmênio no ano anterior e as empurrara de volta ao Helesponto para esperar por seu rei. Quando chegou a vez dele de falar no conselho, Memnon se levantou e declarou que a melhor maneira de derrotar os macedônios era destruir todas as plantações da região, esvaziar as cidades e lançar expedições para levar a guerra à própria Macedônia. Sem forragem para seus cavalos ou comida para seus homens, Alexandre seria forçado a se retirar da Ásia, derrotado, para defender sua própria terra. Para completar, Memnon avisou que a infantaria macedônia era muito superior em habilidades e talvez em números comparada às suas contrapartes persas. Se os soldados a pé da Macedônia enfrentassem os persas com suas longas lanças do tipo sarissa, o Grande Rei iria perder. Como o general grego certamente os relembrou, ele passou um tempo em exílio na corte de Felipe e conhecia em primeira mão o poder do exército macedônio.

O conselho de Memnon era bom e, se tivesse sido aceito, teria quase garantido que o mundo nunca ouvisse falar de Alexandre, o Grande – mas os líderes persas não fizeram nada disso. Quem Memnon pensava que era para aconselhar os nobres da Pérsia a fugir de um inexperiente rei-menino que estava invadindo o território deles? Eles nunca permitiriam que seus próprios campos e lares fossem queimados ante as tropas da Macedônia como se fossem meros camponeses, tremendo de medo. Eles suspeitaram que Memnon queria atrasar a guerra para que o Grande Rei, que favorecia o general, o apontasse como comandante no lugar deles. Também deve ter havido muitas questões a respeito de Alexandre ter ordenado a seus homens que não mexessem nas terras de Memnon. Mas, no fim, foi o senso de honra e dignidade deles que não lhes permitiu aceitar o conselho de Memnon. Eles eram guerreiros das terras altas da Pérsia, os herdeiros de Ciro, conquistador do mundo – ou assim eles pensavam.

O rio Grânico nasce atrás das montanhas de Troia e flui para o norte, cruzando a planície costeira até o mar. É um rio pequeno, alimentado pelas chuvas de primavera, mas suas encostas são íngremes e difíceis de escalar. Foi nessa antiga encruzilhada que Alexandre finalmente viu os persas, no fim de maio. Seus batedores reportaram que a cavalaria inimiga estava reunida do outro lado do rio, com a infantaria logo atrás, em um posicionamento de forças bem incomum, mas eficaz, dada a situação. Se os homens de Alexandre entrassem em combate com os persas ali, teriam de cruzar o rio desprotegidos, depois lutar para subir as encostas onde os inimigos a cavalo os atingiriam de um terreno elevado. A mortal formação de sarissas dos macedônios seria inútil durante a tentativa de escalada às margens do rio até chegarem ao terreno aberto à frente. Os persas tinham deliberadamente escolhido um campo de batalha que não forneceria nenhuma vantagem para a força da infantaria macedônia, mas que daria aos persas todos os benefícios. Eles criaram uma armadilha para Alexandre e o desafiavam a entrar nela.

    Alexandre estudou a situação com sua visão aguçada para terrenos e não pôde evitar a admiração pelo plano persa. Um general mais cauteloso teria buscado uma localização melhor para cruzar o rio ou recuaria pelo sul, ao longo da costa do Egeu. Mas Alexandre se orgulhava de sua rapidez e ousadia – e era exatamente com isso que os persas contavam. Eles estavam apostando que o impetuoso jovem rei não resistiria à isca.

    Como no cerco de Tebas, há duas versões do que aconteceu em seguida. Uma linha vinda do historiador Diodoro diz que Alexandre acampou à noite e se preparou para um ataque na manhã seguinte. Mas outra, vinda de Arriano, diz que ele lançou suas tropas para encarar o rio mesmo com apenas poucas horas de luz do sol. Nesta versão, o velho general Parmênio alertou Alexandre para permanecer na margem mais próxima do rio até o dia seguinte, quando as tropas poderiam ser organizadas de modo mais eficiente para o que seria uma batalha excruciante. Um revés militar nesse ponto da expedição, avisou ele, seria um desastre. Segundo este relato, Alexandre desprezou a hesitação do general dizendo que ele ficaria envergonhado se, após cruzar o Helesponto, um pequeno curso d'água o parasse. Um atraso, declarou, apenas faria os persas pensarem que estava com medo deles. Arriano descreve um diálogo similar entre Parmênio e Alexandre em outras quatro oportunidades durante a expedição, sempre na véspera da batalha, de modo que o leitor começa a suspeitar que o veterano comandante estava sendo usado como um contraste para salientar a ousadia de Alexandre. Mas não faz muita diferença se os macedônios acamparam ou começaram a atacar naquela noite. Alexandre tinha decidido enfrentar os persas ali no Grânico e arriscar tudo em apenas uma jogada.

Encarando milhares de cavaleiros persas e pelo menos a mesma quantidade de soldados de infantaria do outro lado do rio, Alexandre arrumou suas tropas em uma formação padrão, com cavaleiros nos flancos e soldados a pé no centro. Ele colocou Parmênio no comando das cavalarias trácia e tessália à esquerda, enquanto ele mesmo montou seu cavalo de batalha e cavalgou para a direita. Filotas e suas unidades de cavalaria ficaram estacionados perto dos arqueiros e selvagens lanceiros agrinianos da Trácia. Entre os muitos oficiais na linha de batalha estavam Nicanor, outro filho de Parmênio; Crátero, que se tornou um dos comandantes mais confiáveis de Alexandre e Clito, o Negro, amigo de seu pai, Felipe, e irmão da sua ama de leite. O próprio rei da Macedônia estava inconfundível em sua esplêndida armadura enquanto caminhava ao lado de seu cavalo por entre seus homens, bajulando-os e os encorajando. Os persas também tinham percebido a movimentação de Alexandre e moveram seus melhores esquadrões de cavalaria para a posição oposta para acabar com ele.

Após os dois lados estarem preparados, eles ficaram se encarando, imóveis e em silêncio, por muitos minutos, como se estivessem respirando fundo antes da batalha começar. Nenhum dos lados queria ser o primeiro a se mover, mas finalmente Alexandre pulou no seu cavalo e moveu a falange direita adiante para dentro do rio, com o som de trombetas e gritos de batalha evocando Ares, o deus da guerra.

Alexandre atravessou o rio e subiu as encostas tão rapidamente que os cavaleiros persas não puderam acertá-lo, mas muitos dos seus companheiros foram alvejados pelas flechas que vinham de cima e foram lançados na água. Parmênio veio da esquerda e a infantaria moveu-se para a frente, entrando no Grânico e segurando suas longas lanças o melhor que podiam.

A estratégia macedônia era flanquear a cavalaria persa pelos dois lados, mas esses planos logo desmoronaram em um caos sangrento enquanto cavalos e homens de ambos os lados ficavam presos em um espaço tão apertado que mal podiam se mover. Os primeiros macedônios a chegar até os persas no outro lado do rio estavam em muito menor número e foram esmagados. Memnon e seus filhos adultos estavam na vanguarda das linhas persas, massacrando tantos homens de Alexandre quanto pudessem. Conforme mais soldados foram escalando os corpos para chegar ao outro lado, eles se envolviam em uma luta feroz cercados pela cavalaria persa, que os espetava com azagaias. Alexandre viu o que estava acontecendo e, em um frenesi, liderou seus homens mais próximos para onde a batalha estava mais encarniçada. Pouco a pouco, os macedônios ganharam terreno na margem oposta do rio e a cavalaria de Alexandre usou suas lanças contra as curtas azagaias dos persas, empurrando-os para trás.

Uma feroz luta acontecia ao redor de Alexandre, pois os persas tentavam acabar com ele e com a guerra em um único golpe. A lança do rei foi quebrada durante a luta, mas quando ele chamou seu escudeiro pedindo por outra, foi-lhe dito que a arma do jovem tinha sido partida em duas. Cercado e desarmado, seu velho companheiro Demarato, de Corinto, veterano nas guerras da distante Sicília e um homem que anos antes comprara Bucéfalo para o impetuoso príncipe, adiantou-se rapidamente e lhe deu sua própria arma. Alexandre inspirou-se na coragem de seu amigo e correu de volta à luta, arremetendo contra um nobre persa chamado Mitrídates e o espetando na cara. A morte do genro do Grande Rei distraiu Alexandre da aproximação de outro nobre persa, Resaces, que cavalgou até ele e o atingiu na cabeça com a espada com tanta força que seu elmo se partiu em dois.

O rei ficou tonto com o golpe, mas conseguiu derrubar Resaces e espetá-lo em sua lança. Enquanto ele fazia isso, o sátrapa Espitrídates o atacou pelas costas, levantando sua espada para dar um golpe mortal, quando, repentinamente, Clito, o Negro, lançou-se contra o nobre persa e cortou fora seu braço na altura do ombro. Alexandre talvez tenha ficado frustrado pelo número de antigos oficiais de Felipe em suas fileiras, mas, naquele dia, ele deveu sua vida à coragem e à perícia de Clito.

Em todas as batalhas há um ponto crucial no qual ambos os lados chegam a um consenso não declarado de que um dos lados será o vitorioso e o outro tem sorte de escapar com suas vidas. Isso ocorreu no momento que os persas souberam que não podiam mais conter os macedônios e iniciaram o recuo. O centro de suas tropas então desmoronou e eles começaram a fugir do Grânico em pavor. Mais de mil cavaleiros persas foram massacrados, entre eles nobres, sátrapas e parentes do Grande Rei.

Mas Alexandre ainda não tinha terminado, e rapidamente cercou os mercenários gregos que tinham sido colocados na retaguarda da batalha pelos persas, como uma reserva. Esses homens sabiam que tinha perdido, mas como soldados profissionais e pela prática aceita na época, eles esperavam pagar um resgate e receber permissão para partir. Em vez disso, Alexandre ordenou que seus homens os massacrassem, poupando apenas alguns poucos para que trabalhassem o resto de suas vidas como escravos nas minas da Macedônia. Eles serviriam de lição para outros gregos que ousassem tomar o lado dos persas contra ele.

Alexandre visitou seus feridos e examinou pessoalmente seus machucados, oferecendo conselhos para os médicos do campo, baseado em seus estudos com Aristóteles.

Para os soldados macedônios que haviam expirado, ele ordenou enterros com honra no campo de batalha, e garantiu a suas famílias na Macedônia privilégios especiais. Para os nobres mortos, ele mandou que estátuas fossem erguidas em Díon, aos pés do Monte Olimpo, por Lísipo, o maior escultor da época. Ele também foi generoso com os inimigos mortos, permitindo que os mercenários gregos fossem enterrados para que assim pudessem seguir sua jornada com o barqueiro Caronte pelo rio da morte. Enviou todas as boas taças, robes púrpura e outros produtos luxuosos que capturou dos persas para sua mãe. Finalmente, ele mandou trezentos conjuntos de armaduras persas para Atenas para serem exibidas como troféus na Acrópole. Ordenou que uma inscrição fosse gravada ao lado delas para que todos os visitantes pudessem ler:

Alexandre, filho de Felipe e todos os gregos – exceto os espartanos – mandaram esses espólios dos bárbaros da Ásia.

Alexandre não era totalmente desprovido de senso de humor. Ele queria que todos na Grécia soubessem que sua cruzada pan-helênica contra os persas estava indo esplendidamente bem com o suporte de todos os gregos, exceto os espartanos.

***

O júbilo que Alexandre sentiu após sua primeira vitória logo seria substituído pela necessidade mundana de governar seu mais novo território. Ele designou seu comandante da cavalaria, Calas, como sátrapa da região do Helesponto no lugar do persa Arsites, que cometera suicídio, envergonhado pela sua derrota na batalha de Grânico. Essa aparentemente pequena decisão administrativa de Alexandre na verdade teria monumentais consequências no futuro. Ao apontar Calas como sátrapa, o rei estava usando um título persa e mantendo a estrutura persa de governo. Esse continuísmo ficou ainda mais claro quando Alexandre anunciou que as cidades a noroeste da Ásia Menor continuariam a pagar impostos da mesma maneira e com os mesmos valores que pagavam para o Grande Rei.

Nobres locais que tinham fugido para as montanhas com a aproximação de Alexandre agora retornavam para suas terras e eram perdoados. Aparentemente, levantaram-se acusações contra a cidade de Zeleia, que abrigara a malfadada conferência persa alguns dias antes e servira de quartel militar contra os macedônios. Entretanto, Alexandre perdoou a cidade em um ato calculista de misericórdia. Sua campanha ainda estava no início e ele queria que as cidades à frente soubessem que ele era um homem generoso – um movimento prudente, já que encorajaria cidadãos a se render sabendo que não seriam condenados por sua prévia simpatia aos persas. Alexandre mandou Parmênio para capturar Dascílio, a capital persa da área. Tratava-se de uma próspera cidade grega há muito acostumada a servir a seus habitantes persas. Agora, com os macedônios no comando, os mecanismos de governo – e presumivelmente os numerosos escribas, coletores de impostos e outros servidores – permaneceriam no mesmo lugar, sob Alexandre. O novo rei sabia muito bem que era melhor não alterar uma administração azeitada. Ele precisava de dinheiro para financiar sua campanha, fosse ele levantado por meio de impostos e tributos, e os velhos empregados do palácio do sátrapa eram altamente hábeis em espoliar os cordeiros locais.

A vida em campanha, apesar das brutalidades da guerra, deve ter sido muito apreciada pelo jovem rei. Ele se levantava todas as manhãs e começava o dia fazendo sacrifícios aos deuses. Essa era sua obrigação religiosa como rei da Macedônia, mas Alexandre parecia bem sincero em sua devoção, especialmente a Atena e seus ancestrais distantes, Zeus e Hércules. Após seus deveres no altar, ele se sentava para tomar o café da manhã. Se a tropa não estivesse levantando acampamento, ele passava o dia organizando questões militares, respondendo cartas, executando justiça ou, se tivesse tempo, caçando com seus amigos. Ele amava ler e roubava alguns momentos do dia para a leitura de trabalhos de historiadores gregos como Heródoto e Xenofonte, os dramaturgos Sófocles e Eurípides, ou poetas, especialmente seu amado Homero.

Durante as marchas ele com frequência parava para praticar arquearia ou subida e descida de uma biga em movimento. Fosse na estrada ou parado em uma cidade, ele terminaria o dia com um banho ou se ungindo com óleo e raspando-o depois, à maneira grega. Enquanto removia a poeira do dia, ele perguntava o que os cozinheiros e padeiros tinham preparado para o jantar. Adorava frutas exóticas e peixe fresco, de modo que aquela viagem pela costa era um deleite. Suas refeições eram sempre magníficas, com Alexandre e seus amigos se reclinando em poltronas para comer como qualquer pessoa civilizada faria. Ele sempre fazia questão que seus companheiros recebessem o bastante e oferecia pessoalmente acepipes para todos na mesa, ficando com frequência sem nada.

Ele gostava de beber vinho em quantidades abundantes, no estilo macedônio, mas, ao menos nessa fase da vida, não era dado a farras alcoólicas. Alexandre tinha muitas virtudes, mas, como a maioria dos governantes, adorava lisonja e constantemente se vangloriava de suas habilidades, como um soldado comum. Seus companheiros, vez por outra, competiam uns com os outros para elogiar o rei, causando desconforto nos mais tímidos, que ficavam para trás na quantidade de elogios. Para Alexandre era uma falha trágica, ou *hamartia,* uma palavra em grego que significa errar o alvo ao atirar uma flecha (cristãos mais tarde usariam a mesma palavra com o significado de "pecado"). Amar elogios era um defeito perdoável de Alexandre, que depois cresceria a ponto de ser um problema sério.

Do rio Grânico, Alexandre marchou para o sul, usando caminhos antigos por entre as montanhas até a cidade de Sárdis. Essa capital no interior da próspera terra da Lídia era uma cidade fundamental do Império Persa e o ponto final da estrada real que se estendia por mais de 1500 quilômetros desde Susa, na Mesopotâmia. Sua cidadela fortificada erguia-se muitos metros acima do vale do rio Hermo (atualmente, rio Gediz), o qual corria a norte da cidade até o Mar Egeu. A fortaleza era considerada inexpugnável por todos que a tinham visitado e certamente era uma grande preocupação de Alexandre à medida que ele se aproximava da cidade.

Os lídios não eram gregos, mas descendentes dos primeiros povos da Ásia Menor. Eles ainda falavam uma língua próxima à dos hititas, que tinham governado aquela terra mil anos antes, mas o povo de Sárdis estava habituado aos costumes dos visitantes gregos. O território deles era rico em ouro e cavalos, uma região poderosa e há muito tempo desejada por muitos conquistadores. Os lídios eram tão abastados e criativos que tinham sido a primeira nação a cunhar moedas. No século VI a.C., o último rei nativo, Creso, acumulara tanto poder que desejou expandir o governo lídio para além de suas fronteiras. Ele era um grande seguidor dos oráculos gregos; por isso, quando contemplou atacar o ascendente reino da Pérsia sob o governo de Ciro, mandou mensageiros para Delfos para ouvir os conselhos de Apolo. Após fazer pródigas doações ao oráculo, perguntou se deveria invadir a Pérsia. A sacerdotisa, possuída pelo deus, proferiu uma típica resposta dúbia: "Se Creso mandar uma grande armada contra os persas, um poderoso império irá cair".

Creso estava animado com essa proclamação e se preparou para a guerra. O que ele não percebeu é que seria seu próprio império o que cairia. Com o uso criativo de camelos para assustar a cavalaria lídia, Ciro tomou Sárdis e se tornou o governante da Ásia Menor. Após quase ser queimado como sacrifício em uma grande pira para os deuses, Creso passou a ser um confiável conselheiro para Ciro e Sárdis se tornou a mais importante cidade persa no oeste.

Alexandre não tinha camelos nem ideias de como tomar Sárdis, exceto a de um longo cerco que ele mal poderia bancar. Cada dia gasto fazendo a cidade passar fome para subjugá-la era uma draga para os seus já limitados recursos, além de dar mais tempo para Dário juntar um poderoso exército contra ele. Assim, foi um grande alívio para Alexandre quando Mitrenes, o comandante persa da cidadela, encontrou-se com ele a vários quilômetros de distância de Sárdis e entregou-lhe a cidade sem lutar. Por que Mitrenes faria isso é um mistério. Ele podia não ser capaz de manter as terras em torno da cidade contra as tropas de Alexandre, mas conseguiria resistir aos macedônios tranquilamente da segurança de sua fortaleza por meses. Qualquer que tenha sido o motivo, Alexandre recebeu calorosamente Mitrenes e permitiu que ele mantivesse sua posição. O comandante persa seguiu o rei durante toda a campanha na Ásia Menor, mas mais do que uma honra, isso pode ter sido um sinal da desconfiança de Alexandre em relação a um homem que traiu seu senhor tão facilmente.

A cidade de Sárdis agora pertencia a Alexandre, inclusive, para seu deleite, um tesouro cheio de ouro lídio. O dinheiro não duraria para sempre, mas permitiria ao rei prosseguir com a guerra sabendo que finalmente poderia pagar seus homens. Oficiais e soldados estavam igualmente emocionados por ter algum dinheiro após semanas de marcha. De seu acampamento do lado de fora da cidade, Alexandre declarou que os lídios agora estavam livres e podiam voltar a seguir seus antigos costumes. Isso era um gesto simpático, mas vazio, já que os persas sempre tinham permitido que os habitantes do seu império seguissem costumes ancestrais. Quanto à liberdade, só era real no sentido de que os lídios agora estavam livres dos persas para entrar para o Império Macedônio. Enquanto os cidadãos de Sárdis pagassem seus impostos e fizessem o que lhes fosse ordenado, poderiam se considerar tão livres quanto quisessem. Alexandre então entrou na cidade como um conquistador e subiu ao topo da cidadela, onde a vista do vale selvagem do Hermo era magnífica. O rei examinou as defesas da colina e outra vez agradeceu aos deuses por não ter precisado sitiar tão imponente fortaleza. Nesse momento, uma tempestade de verão repentinamente surgiu nos céus com raios, trovões e nuvens carregadas. O rei estivera cogitando a ideia de construir um templo para o seu ancestral Zeus no topo da cidadela, e agora tinha certeza de que deveria fazê-lo.

Alexandre nomeou um macedônio chamado Pausânias como o novo comandante da cidadela e encarregou Nícias, um grego, da coleta dos impostos da região. Asandro, que talvez tenha sido irmão de Parmênio, foi escolhido como sátrapa da Lídia e manteve consigo cavalaria e infantaria leve o suficiente para manter a ordem. O rei mandou a maioria dos soldados gregos que o seguiam desde a Macedônia de volta à Troia para guarnecer a região, e alocou os gregos da cidade aliada de Argos na cidadela de Sárdis com Pausânias.

Essas decisões aparentemente menores dão um importante vislumbre da mente de Alexandre nesse estágio da expedição. Ele tinha triunfado em sua primeira batalha e agora tinha uma cidade essencial do Império Persa. A essa altura, sentiu que podia dispensar a maioria de seus soldados gregos e deixar de lado a fachada de que sua campanha era uma cruzada de libertação pan-helênica. De agora em diante, era uma guerra macedônia de conquista. Os gregos ainda seriam úteis, claro, mas Alexandre não mais queria dividir suas glórias com eles. Alexandre também estava ansioso para começar a podar de seu comando tantos parentes e partidários de Parmênio quanto fosse possível, começando com Asandro. Ele continuava precisando do apoio de Parmênio, mas aos poucos começaria a desgastar o poder do velho, conforme o seu próprio crescia. Finalmente, o número de diferentes oficiais que deixou para trás para governar seu crescente império mostra um aguçado conhecimento dos perigos de se concentrar o poder. Como os persas antes dele, o rei sabia que a competição entre os oficiais era uma restrição garantida à ambição pura. Asandro seria sátrapa, mas Nícias controlaria o tesouro, enquanto Pausânias comandaria o nível superior. Nenhum desses homens tinha motivos para confiar um no outro – e era essa exatamente a ideia. Alexandre podia continuar sua marcha, sabendo que não haveria apenas um homem a controlar a rica província da Lídia.

A próxima parada de Alexandre foi na cidade costeira de Éfeso, a quatro dias de distância de Sárdis. A cidade tinha sido fundada por gregos jônios séculos antes, mas tinha sido conquistada por Creso, da Lídia, e depois caído sob controle persa. Os jônios eram do mesmo ramo grego que os atenienses, embora os efésios nem sempre apoiassem seus irmãos em guerras. Para os persas, que viam pouca diferença entre as várias tribos e línguas helênicas, todos os gregos sem distinção, eram considerados jônios, ou *yauna*, na língua persa. A cidade de Éfeso era mais conhecida pelo seu famoso templo de Ártemis, a deusa virgem da caça, que teria sido queimado na noite em que Alexandre nasceu e ainda estava sendo reconstruído. "Grande é Ártemis dos efésios", cantariam as gerações posteriores, e os cidadãos da época de Alexandre não poderiam estar mais de acordo.

Os democratas de Éfeso tinham aberto os portões para Parmênio dois anos antes, chegando mesmo a fazer uma estátua de Felipe no templo. Mas Memnon tinha retomado a cidade e restaurado a aristocracia que apoiava a Pérsia. Agora os democratas retornavam do exílio em busca de vingança. Fizeram um massacre contra os aristocratas e assassinaram todos aqueles que não dividiam suas visões e convicções políticas em que conseguiram pôr as mãos, inclusive os que derrubaram a estátua de Felipe. Um oligarca chamado Sirfax foi arrastado para fora do templo com seus sobrinhos e apedrejado até a morte. Alexandre não tinha pena da aristocracia e permitiu que o banho de sangue continuasse por mais alguns dias, mas, no fim das contas, mesmo ele julgou que as coisas haviam ido longe demais. O rei sabia que em breve a violência descambaria para caos generalizado e rancores pessoais que não tinham nada a ver com política. Ele interrompeu a *vendetta* e, para ajudar a distrair os efésios de suas contendas, ofereceu fazer doações do próprio bolso para a reconstrução do templo de Ártemis e restaurar o lucrativo turismo da cidade. Surpreendentemente, os cidadãos não aceitaram, embora essa recusa talvez tenha sido orquestrada pelo próprio Alexandre para lhe poupar uma grande despesa. Ainda assim, o rei ordenou que todos os impostos da cidade previamente pagos para os persas seriam doravante direcionados para reconstruir o grande templo. Para entreter e intimidar os inquietos cidadãos, Alexandre encenou uma grande parada com simulação de combates e batalhas pelas ruas da cidade, com seus soldados equipados com armaduras completas.

Representantes das cidades vizinhas de Magnésia e Trália logo apareceram para render suas cidades a Alexandre. O rei aceitou graciosamente e mandou Parmênio com grandes tropas de cavalaria e infantaria para ter certeza de que eles eram sinceros. Também despachou tropas para outras cidades gregas na costa para expulsar guarnições persas, derrubar governantes aristocráticos e proclamar democracia e liberdade para todos. Agora que eram cidades livres, eles não estavam mais submetidos aos pesados impostos que tinham de pagar para o Grande Rei na longínqua Persépolis. Em vez disso, como gregos libertos, seria-lhes permitido fazer robustas contribuições à causa macedônia.

O famoso pintor Apeles vivia em Éfeso quando Alexandre chegou e o rei não resistiu a encomendar um retrato de si mesmo montado em Bucéfalo. Ele já tinha visto o trabalho de Apeles antes, inclusive a pintura de seu pai, Felipe, e tinha expectativas de que seria um trabalho ímpar. Entretanto, quando a pintura foi terminada, Alexandre não gostou do que viu. Apeles então levou a pintura para mostrar a Bucéfalo, que relinchou em aparente aprovação. O bravo artista então contou a Alexandre que seu cavalo tinha um gosto melhor que o dele. Mas o rei, que tinha estudado teoria da arte com Aristóteles e se vangloriava de ser um *connoisseur* de pinturas, mandou que Apeles tentasse de novo. Dessa vez, Apeles jogou com a vaidade de Alexandre e mostrou a ele Zeus empunhando um raio. Ele chegou mesmo a usar uma fórmula secreta de verniz que dava ao retrato um tom brilhante. O rei gostou do estilo de pintura, muito diferente do grego, e deu a Apeles uma grande bolsa cheia de ouro como pagamento.

Enquanto Parmênio estava longe, Alexandre pegou o resto do seu exército e deixou Éfeso para ir até a cidade de Mileto, a cerca de cinquenta quilômetros ao sul. No caminho, ele parou na pequena cidade jônia de Priene, na embocadura do rio Meandro. O rio era famoso pelo seu curso sinuoso (que originou o termo *meandro*) e com o passar do tempo viria a sedimentar toda a baía entre Priene e Mileto. Alexandre queria visitar o recém-completado templo de Atena em Priene, desenhado pelo próprio Píteo, arquiteto do Mausoléu de Halicarnasso, uma das sete maravilhas do mundo clássico. Em Priene, Alexandre doou dinheiro o bastante para que, diferentemente de Éfeso, ele fosse nomeado patrono do novo templo. A dedicatória inscrita em grego, que sobrevive até hoje, é uma das poucas evidências contemporâneas que exibe o nome do rei macedônio:

ΒΑΣΙΛΕΥΣ ΑΛΕΞΑΝΔΡΟΣ ΑΝΕΘΗΚΕ ΤΟΝ
ΝΑΟΝ ΑΘΗΝΑΙΗΙ ΠΟΛΙΑΔΙ
*O rei Alexandre dedica este templo a Atena,
protetora da cidade*

Alexandre raramente perdia a chance de combinar sua devoção genuína aos deuses com propaganda útil.

Parmênio e suas forças se reuniram a Alexandre em Mileto. Este era um assentamento antigo, datando da época da Guerra de Troia, e tinha sido um centro naval por séculos. Era a capacidade de a cidade abrigar a frota persa o que mais preocupava Alexandre agora. O Grande Rei tinha quatrocentos navios, majoritariamente do Chipre e Egito, operando no leste do Mediterrâneo; sua própria frota era inexperiente, tinha menos da metade do tamanho, e a tripulação, vinda de várias cidades gregas, apresentava lealdade questionável. Se fosse permitido aos persas o uso de Mileto como base naval, eles poderiam impedir seu avanço e atacá-lo de qualquer lugar do Egeu.

O comandante da guarnição de Mileto tinha mandado uma mensagem para Alexandre oferecendo a rendição, mas, quando soube que a frota persa estava próxima, ele renegou sua oferta e fechou a cidade para os macedônios. Alexandre então ordenou que sua pequena frota fosse rapidamente até Mileto para prevenir que os persas tomassem o porto e as ilhas próximas. A marinha grega chegou a tempo para fazer uma base na ilha de Lade, próxima à costa, enquanto os atrasados persas eram forçados a ancorar em uma posição desfavorável, dezesseis quilômetros ao norte. Alexandre transportou milhares de trácios e outros mercenários de Lade para ajudar a proteger a ilha contra os ataques persas.

Agora era Parmênio que insistia em mais ousadia contra a frota persa. Ele aconselhou o rei que um ataque naval grego poderia ser bem-sucedido, especialmente porque ele tinha visto uma águia, o pássaro favorito de Zeus, empoleirando-se na quilha de um dos navios. Seria uma grande vitória se eles pudessem vencer, clamava o general, e apenas uma derrota menor se perdessem. Alexandre, entretanto, estava excepcionalmente cauteloso. Ele tinha pouca experiência em batalhas navais e pouquíssima confiança nos marinheiros gregos. Disse que era besteira enfrentar uma frota muito maior com sua armada inexperiente. Ele teria de colocar marinheiros macedônios em cada um dos navios para lutar contra os persas no mar, um cenário assustador para os montanheses de sua terra natal. Além disso, uma derrota seria, sim, séria, e daria às cidades gregas a coragem para se levantarem contra ele. Finalmente, a águia que Parmênio viu estava voltada para a terra, não para o mar, o que claramente queria dizer que Zeus queria que ele vencesse sua guerra em terra firme.

Quando os engenheiros de Alexandre chegaram em Mileto, o rei colocou-os para trabalhar derrubando as muralhas da cidade. Foi a primeira oportunidade que seus engenheiros tiveram na campanha para provar que podiam operar milagres. Em pouco tempo, havia um buraco grande o bastante para permitir que os macedônios entrassem na cidade. O homens de Alexandre invadiram a cidade, matando todos os defensores que podiam encontrar e dirigindo-se ao porto em seguida. Lá, a frota grega tinha bloqueado a passagem, impedindo que os persas desembarcassem reforços. O exército persa na cidade, composto basicamente por centenas de mercenários gregos contratados por Memnon, foi empurrado em direção ao mar, onde muitos subiram em seus escudos côncavos e remaram para uma pequena ilha no porto para ali montar uma última resistência. Eles tinham ouvido falar do destino de seus camaradas em Grânico e estavam determinados a vender caro suas vidas. Mas Alexandre velejou até a ilha e disse aos mercenários que admirava sua bravura e sua lealdade. Ele lhes ofereceu perdão, sob a condição de que eles se juntassem a seu exército. Dadas as circunstâncias, eles não tinham opção senão aceitar. Os cidadãos que sobreviveram ao ataque também foram poupados dos horrores da escravidão e receberam permissão para ficar na cidade, sem dúvida após pagar uma bela indenização por sua resistência.

A marinha persa continuou a ameaçar os macedônios mesmo após a queda de Mileto. Todos os dias eles velejavam da sua base e paravam em frente ao porto, tentando convencer Alexandre a engajar-se em uma batalha naval. Mas por mais que ficasse encolerizado, o rei manteve-se firme em seu plano de evitar um conflito na água. Em vez disso, ele mandou o filho de Parmênio, Filotas, para a costa, próximo de onde os persas estavam ancorados, para evitar que eles coletassem água fresca. Frustrados, eles velejaram até a ilha de Samos em busca de suprimentos e atacaram Mileto outra vez. Cinco navios persas conseguiram entrar no porto mais próximo, esperando pegar Alexandre despreparado, mas o rei rapidamente reuniu os soldados que estavam mais à mão e lançou dez navios para contra-atacar. Os persas tinham se convencido de que os macedônios temiam enfrentá-los na água, então se surpreenderam ao ver Alexandre vindo em sua direção com uma força duas vezes maior do que a deles. Eles se viraram e remaram por suas vidas, mas não antes que Alexandre capturasse um dos seus navios.

Apesar de sua modesta vitória naval, Alexandre tomou naquele instante uma séria decisão, que determinaria seu curso até o fim da guerra: ele ordenou que a frota debandasse. Historiadores antigos e modernos discutiram muito sobre o motivo dessa decisão, mas as razões dadas pelo historiador Arriano parecem plausíveis: ele não tinha dinheiro o bastante para manter sua marinha e, mesmo que tivesse, ela não era páreo para a dos persas. Pode-se acrescentar que ele não achava os marinheiros gregos confiáveis e que eram muito problemáticos. Mas dispersar sua marinha significava que ele não tinha escolha senão derrotar os persas em terra. E o único jeito de fazer isso era negando a eles qualquer porto no Mediterrâneo. De fato, Alexandre estava se comprometendo e a todo o exército macedônio a confiscar toda a costa, de Troia ao Egito. Até que pudesse alcançar isso, ele estaria vulnerável aos ataques navais dos persas contra a Ásia Menor, a Grécia e até mesmo a Macedônia. Mas conquistar todo o leste do Mediterrâneo era um plano espantosamente ambicioso. A maioria dos oficiais e soldados deve ter presumido que sua campanha se limitaria à costa do Mar Egeu, mas é de se suspeitar que o jovem rei planejava desde o começo liderar suas tropas até as pirâmides, senão até o coração da Pérsia, e além.

Alexandre logo recebeu a notícia de que o Grande Rei tinha ignorado as objeções de seus nobres e apontado Memnon como comandante das tropas e frotas persas na guerra contra os macedônios. O preço dessa indicação foi que Memnon teve de mandar sua esposa, Barsine, e seus filhos à corte de Dário como reféns. O novo comandante então moveu suas forças para a cidade costeira de Halicarnasso, no sul de Mileto. Era uma decisão astuta da parte de Memnon, já que a mais meridional das cidades gregas na Ásia Menor tinha um dos melhores portos na costa do Egeu e era cercada por muralhas formidáveis.

Halicarnasso ficava na montanhosa terra de Cária, habitada por pessoas de origem não grega, com uma língua relacionada à dos lídios. Os dórios, parentes dos espartanos, tinham se acomodado ao longo da costa séculos antes e fundado postos avançados como Halicarnasso. Tempos depois, os gregos da Cária se tornaram jônios na cultura e produziram figuras famosas como o historiador Heródoto, nativo de Halicarnasso. Gregos e cários conviviam amigavelmente, mas os governantes eram uma dinastia nativa conhecida como os hecatomnidios. Como na Macedônia, os nobres abraçaram a cultura grega, enquanto a maioria do povo dava continuidade aos costumes de seus ancestrais, mesmo nas cidades helenizadas. Os orgulhosos cários usavam a palavra *ted* para pai e *en* para mãe, não *patĕr* e *mĕtĕr*, como os gregos. O ancestral pastoreio era o alicerce da economia, praticado largamente desde os isolados vilarejos até as terras abertas. Apesar das iniciativas da realeza para promover a cultura helênica, os cários permaneceram leais a seus reis e rainhas, ignorando as tentativas destes de espalhar a cultura grega.

A Cária tinha caído sob o controle persa no fim do século VI, assim como o restante da Ásia Menor, mas a família real continuava governando em nome do Grande Rei. O mais famoso desses monarcas foi Mausolo que, seguindo um costume que a realeza cária tinha em comum com os faraós do Egito e os reis persas, casara-se com sua irmã. Ele então mudou a capital cária, trocando a continental Milasa por Halicarnasso. Mausolo havia se juntado à revolta sátrapa na Ásia Menor na década de 360 a.C. por um curto período, mas rapidamente foi perdoado e passou o resto de seu reinado aumentando o poder cário na região, permanecendo fiel à Pérsia. O grande feito de seu reinado foi a construção do famoso Mausoléu, batizado com seu próprio nome, que serviria como seu túmulo e um monumento em homenagem ao seu governo. Era de fato uma maravilha do mundo, alcançando mais de 45 metros de altura e encimado por uma pirâmide. Tinha uma decoração elaborada com esplêndidas colunas jônicas e esculturas de leões, amazonas e centauros.

Quando Mausolo morreu e foi enterrado como um cultuado herói em sua magnífica tumba, o poder passou para Pixodaro, com quem o impulsivo Alexandre tinha tentado arranjar uma aliança por casamento vários anos antes. Pixodaro tomara o poder de sua irmã, Ada, e rapidamente casou sua filha com um nobre persa chamado Orontobates, que assumiu o controle da Cária após a morte de Pixodaro. A engenhosa Ada, entretanto, ainda manteve a fortaleza montanhosa de Alinda, a apenas oitenta quilômetros de distância. Os cários se irritavam com o governo de um nobre estrangeiro e ansiavam por Ada no poder novamente. Esta era uma situação de que Alexandre poderia se aproveitar.

Na marcha de Mileto até Halicarnasso, os macedônios capturaram diversas cidadezinhas pelo caminho, o que, presume-se, incluía o sagrado oráculo de Apolo em Dídimos. É improvável que Alexandre tenha resistido à oportunidade de visitar este local no topo do monte e com vista para o mar, já que este tinha sido um dos maiores centros proféticos de toda a Grécia antes que o rei persa Dário I o destruísse, no começo do século V a.C. Dário deportou os sacerdotes governantes – conhecidos como brânquidas – para a Ásia Central mesmo eles tendo colaborado com os persas, protegendo-os da vingança de seus vizinhos gregos. Alexandre devia conhecer o destino deles e os rituais que eram conduzidos no templo. Assim como em Delfos, uma profetisa consagrada transmitia a vontade dos deuses para os mortais. Em Dídimos, primeiro ela se banhava, depois entrava no santuário para ouvir as questões postas pelos peticionários. Ele se acomodava em um banco suspenso sobre uma nascente sagrada, resvalando seu pé na água antes de responder. Deve ter entristecido o rei que a voz de Apolo tenha silenciado nesse lugar sagrado, e ele provavelmente deu ordens de reestabelecer o oráculo.

Na cidade litorânea de Iasos, Alexandre encontrou uma delegação de oficiais que lhe deram as boas-vindas e ansiosamente pediram que ele restaurasse os direitos de pesca que haviam perdido sob o governo persa. Um assunto tão prosaico parecia não ser digno das preocupações de um rei, mas Alexandre sabia que apoiar os líderes locais era crucial para sua empreitada, e concedeu-lhes seu desejo com muita satisfação. Lá ele encontrou também um menino que tinha domesticado um simpático golfinho. O rei ficou tão impressionado com o talento do rapaz que mais tarde o nomeou sacerdote-chefe do templo de Poseidon na Babilônia.

Quando se aproximou da fronteira da Cária, Alexandre foi recebido na estrada pela antiga rainha, Ada. O governante macedônio nunca tinha demonstrado muito interesse em membros do sexo oposto de sua idade, mas sempre se deu bem com mulheres mais velhas. Ada deu boas-vindas a Alexandre e começou a negociar um acordo com ele. Alexandre precisava de alguém em quem pudesse confiar para governar o local depois que ele tivesse tomado o Halicarnasso e seguido em frente. Ada era amada e respeitada por seu povo, que a via como a legítima soberana da Cária, melhor que Orontobates, o usurpador persa. Ela daria o seu apoio a Alexandre em troca de seu retorno ao trono. Para completar, adotaria Alexandre formalmente como seu filho, o que daria a ele legitimidade para governar os cários. Ele não estaria invadindo a pátria deles como apenas mais um conquistador estrangeiro, mas como um libertador restaurando o trono de sua mãe, a amada rainha deles, lugar que era dela por direito. Alexandre estava encantado por Ada, mas também viu os benefícios práticos da proposta dela e concordou rapidamente. A reação dos cários foi de fato favorável, de modo que delegações de várias cidades do país começaram a chegar no acampamento de Alexandre trazendo coroas de ouro e promessas de cooperação. A própria Ada estava mandando quitutes de sua cozinha para seu novo filho.

Mas não importa o quando Ada e o povo da Cária fossem favoráveis à causa de Alexandre, Halicarnasso seria difícil de ser conquistada. Quando os macedônios chegaram na cidade, Alexandre, desanimado, avistou lá embaixo as montanhas que cercavam as fortificações persas. O quartel-general da frota, na entrada do porto, era isolado de ataques por terra, enquanto largas muralhas circulavam toda a cidade, incluindo duas fortalezas em lados opostos da cidade. Como Alexandre dispensara sua frota, não podia receber suprimentos e reforços em Halicarnasso por mar. O único jeito de tomar a cidade era encontrando um caminho pelas muralhas.

No primeiro dia do cerco, alguns homens de Memnon irromperam pelo portão norte e atacaram de surpresa as tropas de Alexandre. Eles foram facilmente empurrados de volta para dentro das muralhas, mas esse era apenas o começo do que seria uma longa série de ataques rápidos dos persas tentando desestabilizar as forças macedônias. Alexandre então ordenou que suas tropas começassem a encher as trincheiras que os defensores tinham cavado ao redor da cidade. Dias se passaram com os macedônios tentando garantir os fossos, mas sendo constantemente empurrados para trás pelos soldados nas muralhas. Alexandre tentou abrigar seus homens com galpões móveis para livrá-los de flechas e pedras, mas a chuva de projéteis ainda era forte demais. Frustrado, ele liderou um ataque à cidade de Mindo, controlada pelos persas, a dezesseis quilômetros a oeste, esperando que isso afastasse algumas tropas de Memnon para longe de Halicarnasso. Ali ele encarou dificuldades semelhantes, mesmo após seus engenheiros cavarem um túnel sob a muralha para forçar seu colapso. Quando os reforços de Memnon chegaram, conseguiram se unir aos defensores de Mindo e mandar os macedônios embora derrotados.

Voltando a Halicarnasso, Alexandre redobrou seus esforços em derrubar a muralha trazendo uma grande torre sobre rodas para derramar sobre os defensores aríetes que derrubavam uma chuva de pedras. Em resposta, soldados persas saíram em uma excursão noturna para queimar a torre, mas foram pegos pelos guardas macedônios, que trouxeram seus colegas para a ação. Nessa noite, os persas perderam quase duzentos homens enquanto apenas dezesseis homens de Alexandre tombaram, mas trezentos macedônios ficaram feridos durante a caótica batalha noturna.

O beco sem saída em que estavam metidos se arrastou pelo verão e chegou no outono, e o calor feroz que atacava a costa da Cária começou a ceder. Ainda assim, Alexandre não estava mais próximo de tomar Halicarnasso do que quando chegara. Seus homens também estavam frustrados. Em uma noite, dois macedônios bêbados em serviço de guarda decidiram que já bastava. Com o vinho lhes dando coragem e insultos à masculinidade um do outro, eles se armaram e atacaram os portões da cidade em um movimento estúpido em busca de glória. Alguns poucos defensores os combateram e foram massacrados pelos macedônios. Isso atraiu mais soldados de ambos os lados, até que houvesse uma batalha completa diante dos portões. Dúzias morreram de ambos os lados enquanto os macedônios quase conquistaram os portões, mas ao amanhecer, tanto atacantes quanto defensores foram obrigados a recuar.

Alexandre decidiu que tinha de tomar a cidade ou retroceder antes da chegada do inverno. Ao longo dos dias seguintes, o próprio rei liderou uma série de ataques contra as muralhas, causando um grande dano, apenas para encontrar defensores igualmente determinados a mandar os macedônios de volta para trás. Alexandre estava perdendo muitos oficiais e soldados a cada assalto, mas os persas estavam perdendo mais. Por fim, Memnon decidiu que suas tropas não suportavam mais defender toda a cidade. Ordenou que seus homens colocassem fogo nos prédios. Deixando guarnições nas fortalezas, Memnon e a frota velejaram para a ilha de Cos, fora do alcance de Alexandre.

O rei macedônio finalmente saiu vitorioso na sua mais extenuante batalha até então. Agora ele controlava toda a costa do Egeu na Ásia Menor, de Helesponto até a Cária. Ele poupou a vida do povo de Halicarnasso, mas terminou o que os persas haviam começado e incendiou a cidade. Sobre o destino de milhares de homens, mulheres e crianças deixados sem teto com o inverno às portas, as fontes se calam. Alexandre colocou Ada no trono da Cária como sua sátrapa nas ruínas fumegantes da cidade e estacionou soldados suficientes ao lado da última das cidadelas para se livrar dos últimos persas. Mas mesmo no meio da celebração, o rei sabia que do outro lado do estreito, na ilha de Cos, os persas estavam esperando. A marinha deles estava intacta e eles tinham milhares de soldados ao seu dispor. Memnono perdera Halicarnasso, mas o inimigo mais capaz de Alexandre estava longe de ser derrotado.

Muitos dos soldados de Alexandre eram recém-casados e tinham deixado suas jovens esposas para trás quando partiram da Macedônia na primavera anterior. Agora que a temporada de batalhas terminara e toda a costa da Grécia na Ásia Menor estava nas mãos de Alexandre, o rei mandou esses maridos para casa, para que passassem o inverno com suas esposas e plantassem as sementes para uma nova geração de guerreiros macedônios. Na primavera, eles se reuniriam ao exército para continuar a guerra contra Pérsia. Esta foi uma decisão popular entre os homens e proporcionou um grande aumento do moral. A licença era também uma propaganda inteligente, já que os homens poderiam dar relatos em primeira mão das vitórias de Alexandre contra os persas e aumentar o apoio a ele no país natal. Para liderar os homens, Alexandre mandou Ceno e Meleagro, ambos também recém-casados. Meleagro era um oficial leal das terras altas da Macedônia que tinha servido Alexandre no Danúbio e no Grânico. Ceno também havia lutado bravamente por seu rei, mas sua noiva era a irmã de Filotas, tornando-o genro de Parmênio. Não era surpresa que Alexandre quisesse se livrar de quantos membros da família de Parmênio fosse possível, ao menos durante o inverno. Simultaneamente, ele enviou Cleandro, irmão de Ceno, para o Peloponeso, no sul da Grécia, para recrutar mercenários das vizinhanças de Esparta. Apesar dos seus deveres maritais, Meleagro e Ceno receberam ordens de recrutar soldados na Macedônia durante sua curta estadia e trazê-los de volta à Ásia na primavera. O próprio Parmênio foi despachado com a maioria da sua cavalaria para o norte, até Sárdis, com ordens de reencontrar as tropas em Górdio, nos planaltos da Frígia, região central da Ásia Menor, em alguns meses. Dividir o exército não só livrou Alexandre dos indesejados conselhos de Parmênio, como ainda reduziu a quantidade de comida e forragem necessárias.

A sabedoria convencional do mundo antigo ditava que as guerras nunca eram lutadas no inverno. Alexandre, entretanto, não era dado a seguir tradições. Com seu exército enxuto e endurecido, ele saiu de Halicarnasso em direção aos selvagens planaltos da Lícia ao longo da costa sul da Ásia Menor assim que as folhas começaram a cair das árvores. Foi um movimento corajoso, mas sem Parmênio por perto para lhe dizer que ele estava sendo um tolo, Alexandre estava finalmente livre para fazer o que quisesse. Seu objetivo era conquistar a região, especialmente algumas bases navais essenciais na costa, enquanto os persas estavam desprevenidos. Além de seus objetivos militares, Alexandre buscava a glória que viria ao assumir um risco inesperado – e vencer.

Encapotado contra o frio crescente, o exército de Alexandre marchou mais de 150 quilômetros pelas montanhas e a costa até o porto de Telmessos, terra do vidente favorito do rei, Aristandro. De acordo com um relato,

Nearco, companheiro de infância de Alexandre, tinha um amigo na cidade controlada pelos persas que sugeriu um ardil para tomar a cidadela sem lutar. Com a ajuda do seu amigo, Nearco teria contrabandeado um bando de dançarinas para um banquete dos soldados do Grande Rei. Após o jantar, quando todos os soldados estavam bêbados, as garotas puxaram adagas de suas cestas e massacraram a guarnição. Sendo essa história verdadeira ou não, o fato é que Alexandre conseguiu tomar a cidadela de Telmessos sem luta, ganhando o controle de um dos principais portos da costa sul.

De Telmessos o exército marchou até as montanhas escarpadas próximas ao rio Xanto e a cidade de mesmo nome, na costa. Ali, representantes de mais de trinta cidades da Lícia, incluindo o importante porto de Faselis, encontraram-se com o rei e ofereceram sua rendição. Próximo de Xanto, Alexandre encontrou uma nascente sagrada que convenientemente esguichou uma tábua de bronze gravada com letras antigas. Foi provavelmente o vidente Aristandro que leu as inscrições e declarou que elas previam que um dia o Império Persa seria destruído pelos gregos. Essa profecia encorajou Alexandre enquanto ele lutava pelas passagens nevadas da Lícia.

Alexandre e seus homens finalmente chegaram ao porto de Faselis, fundado pelos gregos três séculos antes. O caminho a norte da cidade era mais adequado a pastores de cabras do que a um exército de milhares, por isso o rei mandou os soldados trácios entalharem uma estrada descendo pelo passo até as planícies da Panfília. Ele permitiu ao restante de seu exército alguns dias de descanso, e desfrutou o vinho local. Uma noite, após uma festa macedônia tipicamente barulhenta, ele levou seus amigos até a praça da cidade, onde eles encontraram uma estátua do poeta local Teodectes, amigo de Aristóteles durante os anos que o filósofo viveu em Atenas. Alexandre deve ter ouvido seu professor falar favoravelmente sobre o homem, pois o rei e seus amigos coroaram a estátua com muitas guirlandas.

Enquanto estava em Faselis, Alexandre recebeu um relato preocupante de Parmênio. A mensagem dizia que o líder da sua cavalaria tessália, Alexandre de Lincéstide, conspirava com o Grande Rei para matar Alexandre. Parmênio tinha capturado Sisines, um agente persa, a caminho da Frígia e ele, sob tortura, confessara que Dário estava oferecendo ao suposto conspirador um alto valor em ouro, além de seu apoio para tomar o trono da Macedônia, em troca dessa cooperação. Alexandre de Lincéstide já era um personagem suspeito, considerando-se que alguns dos seus irmãos haviam sido executados por tramar o assassinato de Felipe. Apenas o fato de ele ter sido o primeiro a aceitar Alexandre como rei e acompanhá-lo até o palácio como seu guarda salvara sua vida. Some-se a isso o fato de que mãe de Alexandre, Olímpia, vinha alertando o filho há meses para que tomasse cuidado com Alexandre de Lincéstide, talvez por receber seus próprios relatórios questionando a lealdade dele, talvez porque ela simplesmente não gostava do sujeito. O filho dela, entretanto, estava acostumado aos frequentes e não requisitados conselhos de sua mãe. Mais tarde, ele chegaria a reclamar que ela cobrava um aluguel muito alto pelos nove meses em que o carregara em sua barriga.

Essas acusações colocavam o rei em uma posição difícil. Ele sabia que o outro Alexandre era um oficial bravo e capaz, tendo-o nomeado comandante da importante cavalaria tessália após o líder anterior, Calas, tornar-se sátrapa da região de Helesponto. Alexandre de Lincéstide era também o genro de Antípatro, que o rei deixara como regente da Macedônia durante sua expedição. Ele imediatamente convocou uma reunião de seus amigos mais próximos à procura de conselhos, mas eles concordavam com Parmênio que um homem assim deveria ser eliminado. Eles também lembraram Alexandre de que, quando ele sitiava Halicarnasso, uma andorinha voara em torno de sua cabeça durante um cochilo, cantando até que ele acordasse. Aristandro havia interpretado isso como um sinal de que em breve alguém próximo do rei iria tramar sua morte. Mas Alexandre tinha sérias suspeitas das acusações. Parmênio adoraria remover de seu pessoal um indicado do rei e substituí-lo por alguém de sua própria escolha. Que melhor jeito para conseguir isso do que acusar um homem vindo de uma família de conspiradores? Para completar, Alexandre conhecera Sisines alguns anos antes, quando ele tinha chegado em Pela com uma mensagem secreta do Egito tentando convencer seu pai a apoiar uma rebelião contra a Pérsia. Ele era um personagem suspeito, de integridade dúbia, movendo-se entre reis e reinos, servindo a quem pagasse mais. Sobre Aristandro e o pássaro, mesmo Alexandre não acreditava em tudo que ele profetizava.

Apesar disso, não seria prudente arriscar uma facada nas costas ao chegar na Frígia, portanto Alexandre mandou alguém confiável até Parmênio disfarçado como um homem das montanhas. A missão era tão delicada que o rei não escreveu suas ordens, instruindo o seu arauto a memorizá-las como precaução contra uma possível captura por agentes persas. O arauto instruiu Parmênio a deter Alexandre de Lincéstide, mas não o executar. O próprio rei investigaria as acusações de conspiração sem alarde e no seu devido tempo. Alexandre então designou seu velho amigo Erígio para preencher a posição como chefe da cavalaria tessália, de modo a impedir que Parmênio selecionasse algum de seus parentes para o posto.

Quando os construtores trácios terminaram a estrada, Alexandre reuniu o resto da sua tropa e marchou para norte de Faselis, subindo o desfiladeiro para o monte Clímax, então descendo pela estreita trilha ao longo do mar. Era um caminho traiçoeiro durante as tempestades de inverno, com o vento meridional frequentemente fazendo as ondas subirem pela beira-mar. O historiador Arriano relata, baseando-se no original de Calístenes, que o vento norte começara a baixar a maré justamente quando Alexandre estava chegando. Posteriormente, alegou-se que os deuses haviam, em um milagre, vencido as ondas para permitir aos macedônios uma passagem segura. Diodoro, entretanto, usa uma fonte mais sóbria – talvez um cansado soldado das fileiras – e diz que o exército marchou um dia inteiro com água congelante batendo à altura de suas cinturas.

Em algum lugar na região, enquanto seus homens estavam formados em uma longa coluna, Alexandre foi atacado por uma tribo local conhecida como os marmares. Eles mataram muitos da retaguarda do rei e aprisionaram outros, capturando também muitos animais de carga com suprimentos cruciais. Os marmares recuaram até uma fortaleza no alto de uma montanha chamada a Rocha, confiantes de que estavam a salvo de ataques. O que os nativos não notaram é que Alexandre era diferente de qualquer inimigo que já haviam enfrentado – e ficava especialmente perigoso quando enraivecido. Como um prelúdio dos ataques que faria contra fortalezas imponentes no Hindu Kush, Alexandre lançou um ataque em larga escala na montanha. Em dois dias, ficou claro para os nativos que não havia esperança de resistir aos macedônios, mas eles também não entregariam suas famílias e sua liberdade para os invasores. Os anciões da tribo instaram os guerreiros a matarem suas esposas e seus próprios filhos, em vez de permitir que sofressem a escravidão e o abuso nas mãos do inimigo. Os jovens concordaram e voltaram para suas casas para um último banquete antes da matança começar. Quando chegou o momento, entretanto, alguns deles não conseguiram levar a cabo o acordo pelas próprias mãos; em vez disso, atearam fogo nas casas, queimando suas famílias ainda vivas. Livres de mulheres e crianças, os guerreiros marmares deslizaram pelas linhas macedônias naquela noite e fugiram para as montanhas.

Deixando aquela cena horrível para trás, Alexandre e seu exército finalmente marcharam até Panfília, uma bela planície que se estendia por cerca de oitenta quilômetros ao longo da costa, cercada por montanhas. A maior cidade na área era Perge, famosa por seu templo a Ártemis, em cujo centro havia um objeto de culto que provavelmente era um grande meteorito. Os cidadãos falavam uma forma arcaica de grego que soava muito estranho a Alexandre, e renderam-se pacificamente. À distância de um dia de marcha ficava a colina da cidade de Aspendo, supostamente fundada por colonizadores vindos de Argos, na Grécia, mas leal aos persas, que há muito tempo utilizavam-na como base. A cidade era famosa pela riqueza que construíra por meio do comércio de sal e azeite de oliva. Uma delegação de anciões da cidade se encontrou com o rei e fez uma oferta para se submeter a sua autoridade, desde que ele não deixasse uma guarnição de suas tropas na cidade deles. Alexandre concordou, com a condição de que lhe dessem todos os cavalos que eles criavam para o Grande Rei em seus prados verdejantes e que fosse doada uma quantia exorbitante para seu exército. Isso era chantagem, mas os cidadãos de Aspendo tinham poucas opções a não ser concordar.

Alexandre então foi para Side, a cidade mais a leste de Panfília, postando ali uma guarnição antes de dar meia volta para Aspendo para receber o dinheiro e os cavalos prometidos. Mas no tempo que ele esteve longe, o povo de Aspendo havia encontrado sua coragem e agora fechava as portas da cidade na cara do rei, fugindo para sua Acrópole. A torre da cidade estava cercada por uma pequena muralha que os macedônios tomaram com facilidade, mas a cidade de cima, além de fortificada, ficava sobre um monte, ao lado de um rio. O exército se instalou nas casas da parte inferior da cidade e esperou, já que Alexandre precisava muito do dinheiro e dos cavalos. Perspicaz juiz da natureza humana, ele estava apostando que as pessoas de Aspendo cederiam quando vissem suas casas ocupadas e sua cidade isolada. Logo ficou provado que ele estava certo quando uma delegação apareceu implorando o rei a aceitar sua rendição nos termos que eles haviam combinado antes. Alexandre deve ter rido quando balançou a cabeça em negação e respondeu que agora eles não só precisavam lhe dar os cavalos, mas também o dobro do valor em dinheiro que tinha sido combinado. Para completar, ele deixaria uma grande guarnição na cidade, pegaria os principais cidadãos como reféns, estabeleceria uma taxa anual extra e, aliás, investigaria com cuidado as reclamações de que eles haviam anexado, sem justificativa alguma, terras dos vizinhos mais cooperativos ao longo da costa. Os cidadãos de Aspendo aprenderam da maneira mais difícil que ninguém enganava Alexandre.

Com cavalos descansados e ouro de Aspendo nos alforges de seus animais, Alexandre se estabeleceu em Górdio para reencontrar o resto de seu exército. O único problema era que ele não tinha ideia de como chegar lá. Ele partiu na direção errada, indo para o oeste até chegar na fortaleza de Termessos, que comandava a passagem para dentro das montanhas. A cidadela, cercada por desfiladeiros e penhascos, estava ocupada por gente do interior que nunca tinha se submetido aos persas. Por alguns dias, os macedônios tiveram escaramuças com esse bando, mas com poucos resultados. Se tivesse tempo, Alexandre poderia ter tomado Termessos, mas o rei não quis se enfiar em um cerco prolongado. Foi neste ponto que os mensageiros da vizinha Selge chegaram a seu acampamento oferecendo um tratado de amizade. Eles também avisaram que Alexandre estava indo para o lado errado. Havia um caminho muito mais fácil que passava perto da aldeia deles e levava diretamente através do montanhas até Górdio. Engolindo seu orgulho, o rei deixou Termessos intocada e marchou com seu exército para o norte, para o coração da Ásia Menor.

A primeira parada de Alexandre no caminho para Górdio foi na cidade de Sagalassos, na montanhosa terra da Pisídia. Os habitantes eram beligerantes e a cidade era fortificada, mas este era um local que o rei não poderia deixar de conquistar, pois controlava uma importante passagem para o sul. Por outro lado, era o pior cenário possível para uma batalha. Os macedônios teriam de lutar morro acima o tempo todo e sem contar com o apoio da cavalaria, pois o terreno era acidentado demais para os cavalos.

O exército espalhou-se e atacou o inimigo com a infantaria, os arqueiros e com lanceiros da Trácia. Foi uma batalha feroz no frio do inverno, mas, finalmente, os pisídios começaram a ceder, pois não tinham armadura e estavam sofrendo graves ferimentos. A maioria dos guerreiros de Sagalassos escapou, pois o exército macedônio estava exausto demais para persegui-los, mas cerca de quinhentos deles morreram defendendo sua terra.

O gelo estava começando a ceder nos rios do platô da Anatólia quando os macedônios chegaram a Celenas, na metade do caminho até Górdio. Os habitantes da área eram conhecidos por seu comércio de sal que cristalizava naturalmente nos salgados lagos das regiões. Eles também ficavam bem no meio da estrada principal ligando a Pérsia até a costa do Mar Egeu. Era uma cidade que definitivamente Alexandre tinha de conquistar se quisesse controlar a comunicação entre a Macedônia e todos os pontos no leste. A cidadela era formidável, especialmente estando ocupada por mais de mil cários e mercenários gregos – mas soldados da fortuna são, acima de tudo, pragmáticos. Mandaram uma delegação ao rei oferecendo render-se aos macedônios se nenhuma ajuda chegasse em dois meses. Alexandre odiava acordos como esse, mas não queria perder semanas sitiando a cidade. Concordou com os termos, deixando 150 soldados para guardar a cidade sob o comando do general caolho Antígono, a quem o rei nomeou como sátrapa da região. Selecionar esse soldado competente e ambicioso para supervisionar uma peça-chave do crescente império macedônio teria, com o tempo, consequências profundas.

Alexandre chegou a Górdio, no antigo reino da Frígia, quando a primavera estava chegando na região central da Ásia Menor. O rei Midas, do toque de ouro, já governara essa rica região, mas por quase duzentos anos ela vinha sendo um fundamental posto avançado para os persas. Alexandre esperava encontrar ali Parmênio e os reforços vindos da Macedônia, e não ficou desapontado. O velho general durão estava esperando por ele, assim como os soldados recém-casados, que retornavam trazendo consigo um adicional de três mil soldados macedônios de infantaria, mais trezentos de cavalaria e duzentos guerreiros montados da Tessália. Logo atrás seguia uma delegação de Atenas, que viera da Grécia para pedir ao rei clemência aos mercenários atenienses capturados meses antes, na batalha do Grânico. Esses desafortunados haviam sido mandados para as minas da Macedônia para trabalhar e morrer sob a terra como punição por se aliarem aos persas. Alexandre foi polido, mas informou aos atenienses que infelizmente não poderia conceder o pedido dessa vez. Entretanto, consentiu em libertar seus compatriotas quando a guerra contra a Pérsia tivesse terminado. Uma vez que a expectativa de vida dos escravos mineiros era extremamente curta, isso era na verdade uma confirmação de sua sentença de morte.

Mas o rei tinha muito mais com que se preocupar naquela primavera do que com atenienses descontentes. Notícias chegaram ao Górdio de que o general persa Memnon se movimentava no mar Egeu enquanto Alexandre estava em campanha na Ásia. Memnon levara sua frota para o norte de Cos após sua derrota em Halicarnasso e tomara a ilha de Chios, navegando depois até Lesbos, que capturou, à exceção da principal cidade do lugar, Mitilene. Ao mesmo tempo, estava fazendo propostas para os gregos descontentes no continente, em especial aos atenienses e espartanos. Se eles apoiassem o Grande Rei, ele lançaria uma invasão na Grécia e na Macedônia, que expulsaria os odiados macedônios. A maioria dos gregos estava entusiasmada com a perspectiva de intervenção persa e muitos mandaram delegações para acolher Memnon e seu exército. Foi uma cena que teria espantado os seus antepassados, que tinham dado as suas vidas em Maratona e Termópilas no século anterior para expulsar os persas.

Os relatórios vindos da Grécia foram um golpe devastador para Alexandre. Ele estava ganhando a guerra na Ásia apenas para arriscar perder a Grécia e a Macedônia. Com os gregos rebelados e sua pátria ameaçada, como poderia Alexandre continuar sua campanha na Ásia? Ele certamente teria de voltar para o oeste e, pior, se o fizesse, as vitórias que obtivera contra a Pérsia não serviriam para nada. Seus sonhos de conquista evanesceriam e ele seria lembrado apenas como outro reizinho que tentara grandes conquistas apenas para falhar no final.

Foi então que ocorreu um desses acontecimentos fortuitos da história que mudam tudo. Enquanto ele estava sitiando a cidade de Mitilene, em Lesbos, Memnon subitamente ficou doente e morreu. Alexandre não pôde acreditar em sua sorte quando recebeu essa notícia. Memnon havia entregado o comando do Egeu para seu sobrinho persa Farnabazo no seu leito de morte, mas o jovem, apesar de ser um soldado hábil, não era como seu tio. Ele continuou o embate até tomar Mitilene, então capturou a pequena, porém crucial, ilha de Tenedo, na boca do Helesponto. Farnabazo continuou a planejar a invasão da Grécia e da Macedônia, mas as coisas tinham mudado com a morte de Memnon. Os gregos passaram a questionar a ideia da rebelião. Mais importante, o Grande Rei duvidava que pudesse vencer a guerra no oeste sem seu general favorito. Ele mandou outro dos sobrinhos de Memnon, um grego chamado Timondas, para tirar de Farnabazo a maioria do seus soldados e trazê-los para a Babilônia. A campanha no

Egeu continuou, mas era um esforço débil, apenas ganhando tempo para que Dário decidisse seu próximo movimento.

O Grande Rei convocou uma reunião com seus conselheiros mais próximos para discutir o assunto. Deveria ele mandar seus generais para o ocidente para continuar a guerra com um exército mercenário ou deveria comandar ele mesmo um ataque e enfrentar Alexandre em uma batalha decisiva na Ásia? A maioria de seus conselheiros argumentou que ele deveria liderar pessoalmente o exército e derrotar este presunçoso rei macedônio de uma vez por todas com a força total do exército persa. Seria uma vitória inspiradora, com o Grande Rei liderando seus homens do alto de sua biga de guerra no glorioso campo de batalha. Mas Caridemo, o experiente líder mercenário de Atenas que fora exilado sob ordens de Alexandre, discordou fortemente e pediu a Dário que não arriscasse tudo em uma única batalha com os macedônios. Ele aconselhou o Grande Rei a manter suas tropas de reserva na Babilônia enquanto um general experiente liderava um exército composto em sua maioria de mercenários gregos para enfrentar Alexandre. Também sugeriu fortemente que ele próprio estaria disposto a assumir essa comissão.

Dário ficou impressionado com os argumentos dele, mas seus conselheiros persas se voltaram contra Caridemo, reclamando que ele queria um exército apenas para ficar com toda a glória para si mesmo e provavelmente trair o Grande Rei. Caridemo ficou furioso e começou a criticar os assessores de Dário e os persas, em geral, chamando-os de covardes efeminados que não conseguiam enfrentar homens de verdade no campo de batalha. Dário ficou tão ofendido por essa explosão que desceu do trono, agarrou Caridemo pelo cinto e ordenou que ele fosse executado imediatamente. Enquanto era conduzido para sua morte, Caridemo, desafiador, gritou para o Grande Rei que em breve ele veria seu império cair aos pedaços ao seu redor. Após a execução, Dário lamentou que tivesse sido tão apressado em matar um de seus melhores generais. Ele era assombrado por sonhos de Alexandre e seus soldados macedônios, sempre diante de seus olhos. Procurou em vão por um substituto digno para Memnon para liderar seu exército contra os invasores, mas logo decidiu assumir ele próprio o comando. Reuniria um poderoso exército dos cantos mais distantes do seu império e iria pessoalmente liderá-lo contra Alexandre. Levaria muitos meses de preparação, mas quando o exército estivesse pronto, esmagaria os macedônios até transformá-los em pó.

CAPÍTULO 4

ISSO

> "Macedônios", disse Alexandre, "vocês estarão enfrentando os medos e os persas, cujas nações por muito tempo têm desfrutado de uma vida de luxo. Mas nós estamos endurecidos pelos desafios da nossa campanha e não temos medo do perigo."
>
> *Arriano*

A história do nó górdio começa com um velho, um arado e uma águia. Existia um fazendeiro pobre chamado Górdio que estava um dia cultivando seu campo, quando uma águia veio e pousou sobre o jugo de seu arado. O pássaro sagrado de Zeus foi uma visão impressionante para Górdio, que foi imediatamente até uma família de profetas locais para que o presságio pudesse ser interpretado. Ao aproximar-se de sua aldeia, viu uma menina tirando água de um poço e perguntou se ela era um dos profetas. Ela era, e quando ele disse o que tinha lhe acontecido, ela respondeu que o homem deveria retornar para o mesmo local e fazer um sacrifício a Zeus. Górdio era apenas um simples agricultor e não sabia nada sobre rituais religiosos, então perguntou à garota se ela poderia acompanhá-lo e conduzir o sacrifício. Ela assim o fez e decidiu ficar para tornar-se sua esposa. Com o tempo, eles tiveram um filho chamado Midas, que cresceu e se tornou um belo homem. Naqueles dias, a terra da Frígia estava dilacerada por conflitos, mas uma antiga profecia dizia que um homem chegaria em uma carroça, tornar-se-ia rei e traria a paz. Quando o povo da Frígia viu o jovem Midas chegar com a carroça de seu pai, eles o fizeram rei. Ele logo pôs fim à discórdia no lugar e ofereceu a carroça da família ao templo de Zeus como agradecimento ao favor do deus. Surgiu nessa época, crescendo depois, a lenda de que quem conseguisse desfazer o nó do jugo da carroça dominaria toda a Ásia.

Alexandre ouvia essa história desde que era apenas um menino sentado aos pés de Aristóteles nos Jardins de Midas, na Macedônia. Uma versão alternativa dizia que Midas havia originalmente governado a Macedônia antes de liderar seu povo para a Ásia – um conto apoiado pelo fato de que o frígio era mais semelhante ao grego do que às línguas antigas da Ásia Menor. Qualquer que fosse o caso, o rei não poderia resistir à chance de ver a famosa carroça e tentar desatar o nó. Ele era feito de uma grossa corda de casca de árvore que não deixava visível nenhuma de suas pontas, não importando o quão cuidadosamente Alexandre examinasse o nó. Uma multidão tinha se formado e os amigos do rei começaram a se preocupar. Seria ruim para a imagem dele se Alexandre deixasse o templo sem completar a tarefa, mas desatar o nó górdio era claramente impossível para qualquer um.

Há duas histórias sobre o que aconteceu em seguida. Uma vem de um biógrafo e oficial militar chamado Aristóbulo, que acompanhou Alexandre em sua campanha. Ele diz que o rei, após cuidadosa análise do nó, tirou o eixo central em torno do qual o nó fora amarrado e então foi capaz de soltá-lo. Mas há uma outra versão, mais provável dada a natureza de Alexandre, que diz que o rei prontamente tirou a espada e cortou o nó em dois. Afinal, teria dito ele, não importava *como* o nó fosse desfeito. Qualquer que seja a história, o rei dos deuses ficou claramente satisfeito com a engenhosidade de Alexandre, porque naquela noite houve uma grande tempestade com trovões e relâmpagos no céu.

O segundo ano da campanha de Alexandre contra a Pérsia começou com uma marcha até as terras altas do centro da Ásia Menor. Ele deixou Górdio e viajou vários dias até o leste em direção a Ancira, onde foi recebido por um embaixador da vizinhança da Paflagônia na costa sul do Mar Negro. Eles se submeteram a ele, mas lhe pediram que não levasse seu exército à sua terra. Como a Paflagônia era um país montanhoso de pequenas vilas e com poucas riquezas além de madeira, o rei concordou e lhes disse que agora eles respondiam a Calas, sátrapa da região do Helesponto.

De Ancira, os macedônios voltaram para o sul em direção ao Mediterrâneo. Alexandre cruzou o rio Hális (atual Kizilirmak) e após muitos dias chegou aos planaltos da Capadócia. Nossas fontes dizem pouco dessa parte da campanha – que deve ter sido brutalmente quente –, exceto que os invasores foram vitoriosos. Em seguida, muitas semanas após deixar Górdio, o exército macedônio chegou aos Montes Tauro, que separavam as elevações da Ásia Menor da costa do Mediterrâneo. O único caminho através dessa barreira era por uma passagem infame conhecida como Portas da Cilícia (ou Porta de Ferro), um estreito caminho pelo desfiladeiro que mal permitia a passagem de um pequeno grupo marchando lado a lado. Alexandre ordenou a seus soldados que montassem acampamento em um campo grande, no lado norte da passagem. O exército de Xenofonte também tinha acampado ali algumas décadas antes, como o rei deveria saber por suas leituras. Essa era a entrada para a terra fértil da Cilícia e a passagem para a Síria. Se os macedônios pudessem abrir caminho por ali, a costa oriental do Mediterrâneo estaria aberta para eles.

O sátrapa persa da Cilícia era Arsames, que estivera presente na conferência antes da batalha no Grânico durante a qual Memnon havia aconselhado a adoção da política de terra arrasada para derrotar os macedônios. Arsames agora levava essa ideia a sério e começou a queimar tudo no caminho de Alexandre. Em sua ânsia de colocar fogo nos campos, ele acabou deixando apenas uma pequena guarda para proteger as Portas Cilícias. Como nunca foi de perder oportunidades, o rei deixou Parmênio com o corpo principal do exército e levou uma pequena força à noite para a passagem. Os defensores entraram em pânico com a visão de Alexandre e fugiram para o sul o mais rápido que puderam na escuridão. De manhã, os macedônios comandavam a posição estrategicamente mais importante na Ásia Menor.

O sátrapa agora estava em pânico e correu para queimar a capital litorânea de Tarso antes que Alexandre pudesse chegar lá. O rei ouviu isso de seus olheiros e não aceitaria impassível. Ele empurrou sua força avançada a toda a velocidade do vale do rio Cydnus (conhecido atualmente como Tarso ou Berdan) até Tarso e chegou diante dos portões da cidade bem a tempo de assistir a fuga de Arsames para a Pérsia. Para certificar-se de que controlava a estrada para o oriente, o rei imediatamente mandou Parmênio para guardar a passagem da Síria pela Cilícia. Agora, finalmente, os macedônios poderiam descansar de suas viagens. Nas semanas desde que Alexandre tinha deixado Górdio, ele e seu cansado exército haviam marchado centenas de quilômetros por desertos, montanhas e terras destruídas por vulcões, mas finalmente estavam de volta à costa do Mediterrâneo. O rei agora governava não só a Macedônia e a Grécia, mas também toda a Ásia Menor.

As planícies da Cilícia estavam um forno quando Alexandre chegou a Tarso. O rei sentia tanto calor que a primeira coisa que fez quando chegou à cidade foi tirar suas roupas na frente de todo o exército e pular nu no rio Cydnus. Embora a planície costeira estivesse escaldante, o rio era abastecido por neve derretida das montanhas e estava gelado. O rei devia saber que o rio era famoso por suas propriedades curativas, especialmente para os músculos inchados e gota. Mas assim que Alexandre imergiu na água, seus membros começaram a sentir cãibras, seu rosto empalideceu e o frio penetrou em seus ossos. Ele provavelmente já estava doente antes disso, talvez com bronquite ou mesmo malária, mas o choque repentino em seu corpo o deixou paralisado enquanto seus amigos o tiravam de dentro da água. Para o exército que assistia, ele deve ter parecido um cadáver enquanto corriam para levá-lo a sua tenda.

Nos dias seguintes, ele ficou entre a vida e a morte. Seu corpo ardia em febre, que ameaçava matá-lo enquanto ele perdia e recuperava a consciência. Para seus soldados, isso era uma situação assustadora. Eles estavam longe de casa, em uma terra hostil, com o Grande Rei marchando para enfrentá-los à frente de um exército enorme. Agora, mais do que nunca, eles precisavam de Alexandre. Se ele morresse, como chegariam vivos em casa? Como eles retornariam pela Ásia Menor com os persas atrás deles? Eles lamentavam tanto por seu rei quanto por si mesmos enquanto esperavam do lado de fora de sua tenda.

Os médicos que acompanhavam a expedição não tinham ideia de como tratar Alexandre e estavam com medo até de tentar fazê-lo. Se o rei morresse sob seus cuidados, eles certamente seriam culpados por sua morte e sofreriam as consequências. O único doutor que ousou oferecer uma cura foi Felipe da terra de Acarnânia, no noroeste da Grécia. Ele tinha sido um médico de confiança na corte da Macedônia desde que Alexandre era um menino e tratara o jovem rei de várias doenças ao longo dos anos. Em um dos seus momentos mais lúcidos, Alexandre escutou a explicação do tratamento que Felipe estava propondo. Era uma purga forte que faria o rei ficar ainda pior antes de funcionar; portanto, um procedimento muito perigoso. Mas, no fim, se a poção fosse bem-sucedida, sua saúde seria restaurada.

A medicina grega era baseada no conceito do equilíbrio. Hipócrates de Cos ensinara que os diferentes fluidos ou humores do corpo – sangue, bile amarela, bile negra e muco – mantinham um equilíbrio natural nas pessoas saudáveis. Quando um ou mais destes humores estava em excesso, era a tarefa de um médico qualificado restaurar o equilíbrio do corpo. Isso podia ser feito de muitas maneiras, mas a mais frequente era a terapia por opostos, como a administração de pimentas a um resfriado ou aplicação de óleos de resfriamento a erupções quentes. A papoula do ópio era também um ingrediente frequente na farmacologia grega por seu efeito calmante.

Alexandre ouviu a proposta de terapia de Felipe com o ouvido de um estudante que fora treinado por Aristóteles e praticara medicina. Ele sabia que a purga era perigosa, mas também sabia que seu exército estava em grande perigo a cada dia que ele passava indefeso na cama. Dário com certeza tinha ouvido falar da enfermidade por sua rede de espiões e estava acelerando seus planos de ataque. O rei sabia que precisava melhorar logo ou morrer tentando. Ordenou a Felipe que preparasse a poção e trouxesse para ele assim que estivesse pronta.

Naquele momento, uma nota chegou de Parmênio trazendo a seguinte mensagem: *Cuidado com Felipe! Tenho a informação de que Dário o subornou para envenenar você.* Como o assunto anterior envolvendo Alexandre de Lincéstide, um aviso de Parmênio de traição entre seus amigos colocava o rei em uma posição difícil. Ele conhecia Felipe durante toda a sua vida, mas qualquer homem poderia ser corrompido, especialmente por um suborno régio. Ele também se lembrava de que o povo de Felipe, na Acarnânia, tinha se rebelado e lutado contra os macedônios na Queroneia. Estava o médico agora planejando matar Alexandre e escapar pelas linhas persas para reclamar sua recompensa? Por outro lado, isso poderia ser um truque de Parmênio para desencorajar Alexandre a fazer o tratamento e apressar sua morte. O velho general seria a escolha natural como o próximo líder do exército e até mesmo rei. Com Alexandre fora do caminho, ele poderia inclusive chegar a um acordo com Dário e retirar-se de volta para a Macedônia, mantendo as províncias ricas da Ásia Menor como parte do acordo. Também era possível que Dário estivesse levantando falsas suspeitas em Alexandre sobre seus amigos. Todos os macedônios sabiam que o Grande Rei tinha oferecido uma grande recompensa para quem matasse Alexandre. Quem poderia estar em uma posição melhor para fazer isso do que um médico de confiança?

Felipe, desconhecendo a mensagem de Parmênio, agora retornava para a tenda de Alexandre tendo a poção em um copo. O que aconteceu a seguir fornece uma visão maravilhosa do caráter de Alexandre. Ele pegou o copo e começou a tomar o remédio enquanto, ao mesmo tempo, entregava a Felipe a nota de Parmênio. Conforme ele secava o copo até a última gota, observava a expressão do médico enquanto ele lia a carta. A expressão no rosto de Felipe não se alterou: ele apenas deu de ombros e disse ao rei que o medicamento logo faria feito. Alexandre deitou-se na cama e em breve estava inconsciente, sua respiração tornando-se cada vez mais difícil. Felipe permaneceu a seu lado, massageando o rei com óleos e esperando que a medicação se espalhasse por seu corpo. Após muitas horas, Alexandre começou a se mexer. A febre começou a ceder enquanto o rei ficava mais forte tanto mental quanto fisicamente. Depois de três dias, ele saiu de sua tenda para os aplausos ensurdecedores de todo o exército macedônio.

Faltava pouco para o embate com Dário no campo de batalha, mas Alexandre passou as duas semanas seguintes estabelecendo seu domínio na Cilícia. Uma das suas primeiras ações foi dominar a cunha imperial persa em Tarso e ordenar que os cunhadores fizessem uma nova moeda de prata. Na frente dela, estava a cabeça do jovem Hércules, ancestral do rei, usando sua costumeira pele de leão. Do outro lado, estava Zeus, sentado como o deus semita Baal – uma mistura dos temas grego e oriental que estava se tornando uma marca do novo império de Alexandre. A moeda em prata era muito útil para o pagamento dos soldados do rei. Cunhar moedas era também uma propaganda importante, já que o dinheiro rapidamente encontrava seu caminho para mercados e bordéis por todo o leste do Mediterrâneo. Se alguém se perguntasse quem tinha emitido aquilo, tudo o que precisava fazer era ler o nome de Alexandre impresso ao lado da imagem de Zeus.

O rei então marchou para o sudoeste ao longo da costa por um dia, em direção a Anquiale, anteriormente uma grande cidade, em um reino distante do Império Assírio. Lá os guias mostraram a ele um monumento deixado pelo rei assírio Sardanapalos quatrocentos anos antes. Nele havia um entalhe do rei do leste estalando seus dedos e uma inscrição em escrita cuneiforme. Os guias traduziram rapidamente para Alexandre: "Sardanapalos, filho de Anakyndaraxes, construiu Anquiale e Tarso em um único dia. Mas você, estranho, coma, beba e faça amor – pois as vidas de outros homens comparadas com a minha não valem nem isso."

O *isso* se referia ao estalar dos dedos do rei assírio. Embora Alexandre não sofresse de falta de autoconfiança, ele admirou Sardanapalos. Ele enviou uma cópia da tradução para Aristóteles, que disse que o epitáfio combinaria com a tumba de um touro.

Apenas algumas horas mais adiante na costa estava a cidade rica de Soli, onde Alexandre exigiu um enorme resgate dos cidadãos em troca do privilégio de permanecerem vivos. A cidade foi usada como quartel-general na semana seguinte enquanto ele e seus homens vasculhavam as montanhas próximas em busca de cilícios rebeldes do interior. Quando o rei voltou para Soli, um relatório do oeste estava à sua espera para informar que suas tropas haviam finalmente tomado as fortalezas restantes de Halicarnasso, além da cidade vizinha de Mindus, a ilha de Cos e um grande número de assentamentos na Cária. Sua mãe adotiva, a rainha Ada, agora poderia governar como sátrapa por toda a terra natal dela. As boas notícias do Egeu não durariam, mas por um momento o rei estava feliz em celebrar suas vitórias com sacrifícios para os deuses e competições esportivas e musicais para seu exército.

Alexandre já tinha mandado Parmênio à frente, e agora enviava Filotas até a cidade de Malos enquanto ele mesmo fazia um desvio em direção à vila costeira de Magarsa para fazer um sacrifício no templo local de Atena. No dia seguinte ele alcançou Filotas em Malos e ofereceu mais sacrifícios, dessa vez a Anfíloco, um celebrado veterano da Guerra de Troia. O rei sabia que a batalha decisiva se aproximava, por isso ele rezava no santuário de todos os deuses e heróis em sua marcha em direção a Dário.

Entretanto, nem todos os macedônios acreditavam que o Olimpo os favoreceria na luta que se aproximava. Hárpalo, amigo de infância de Alexandre e tesoureiro da campanha, subitamente zarpou para a Grécia com um velhaco chamado Taurisco. Nenhuma fonte dá o motivo explícito pelo qual ele fez isso, mas é razoável pensar que Hárpalo se evadiu com todo o dinheiro que conseguiu levar.

As planícies da Cilícia estavam separadas da Síria por uma estreita, mas acidentada, cadeia de montanhas. Alexandre sabia, pela sua leitura de Xenofonte, que havia uma passagem chamada As Portas ao sul dessas montanhas que serviam de entrada principal para a Síria. Por isso, moveu seu exército rapidamente ao longo da costa passando pela cidade de Isso e sobre o rio Pinaros, em direção à pequena cidade de Miriandro, perto da passagem. Ele ouviu de seus batedores que Dário e suas tropas estavam do outro lado das montanhas, esperando por eles. Também ficou sabendo que o Grande Rei havia cuidadosamente escolhido uma vasta planície para a próxima batalha. Era perto do rio Orontes, um pouco ao norte da futura Antioquia, uma localização perfeita sob o ponto de vista persa – um campo aberto era onde o Grande Rei podia usar seus números superiores, cavalaria incomparável e terríveis bigas de batalha para a sua maior vantagem.

O único problema para Dário residia no fato de que Alexandre não estava indo em direção à sua armadilha. Dário sabia que a efermidade havia atrasado seu inimigo na Cilícia, mas seus batedores relataram que os macedônios tinham rumado para o oeste em direção a Soli quando seu rei se recuperara, passando então uma semana caçando tribos da montanha e em competições esportivas. Dário começou a se preocupar que Alexandre, apesar de sua reputação, estava com medo de enfrentá-lo em combate. Seus assessores persas instaram o Grande Rei a levar a guerra para Cilícia e esmagar os macedônios lá. Entretanto, um refugiado da corte macedônia chamado Amintas advertiu Dário contra essa mudança de planos, pedindo-lhe para esperar por Alexandre no local escolhido para a batalha.

Dário não era bobo e era um general muito melhor do que muitos historiadores acreditam, mas estava em uma posição complicada. Ele não podia se dar ao luxo de permanecer na Síria com seu exército, enquanto Alexandre esperava do outro lado das montanhas. Seu poder, em última instância, dependia de sua capacidade de projetar força militar em qualquer lugar de seu império, a qualquer momento. Se parecesse temeroso de enfrentar Alexandre, seu controle sobre seu vasto reino poderia entrar em colapso. Ele então ordenou que seu exército marchasse para a Cilícia, mas não pela passagem sul. Ele acreditava que os macedônios ainda estivessem perto de Tarso e por isso atravessou uma passagem norte nas planícies acima da cidade de Isso.

Alexandre, neste ínterim, devoto demais às memórias de Xenofonte para o seu próprio bem, já tinha ultrapassado Isso, ignorando as outras entradas para a Cilícia. Ele não estava, de fato, com medo de encarar Dário na Síria, mesmo que os persas tivessem escolhido o local da batalha. O rei macedônio tinha total confiança em si mesmo e em seus homens, não importavam quais fossem as circunstâncias. Ele estava na passagem sul se preparando para atravessar as montanhas quando seus batedores relataram que os persas estavam agora *atrás* dele, na estreita planície costeira perto de Isso. Alexandre pensou que certamente os batedores deviam ter se enganado e enviou homens para trás para verificar o relatório. Enquanto isso, Dário tinha chegado na Cilícia apenas para ouvir que o exército macedônio estava atrás *dele*. Foi uma confusão perfeita para ambos os reis, diferente do que qualquer um deles tinha planejado. Dário estava com um humor tão ruim que ele reuniu uns poucos macedônios feridos que foram deixados em Isso para se recuperar e os torturou, cortando fora as mãos de cada um deles. Ele tinha bons motivos para estar bravo. Ele havia trocado desnecessariamente as grandes planícies da Síria por uma faixa de terra entre as montanhas e o mar que o confinava.

Assim como Dário, Alexandre imediatamente reconheceu que a nova situação comprometia seriamente os persas. Tal como aconteceu na grande batalha naval de Salamina, no século anterior, na qual a marinha ateniense, em menor número, atraiu uma frota persa para um estreito, a luta na planície de Isso diminuiria qualquer vantagem numérica. Mesmo assim, seria uma luta muito dura. As fileiras persas podiam não ser largas, mas teriam grande profundidade e muitos soldados experientes que o Grande Rei havia convocado de muitas nações de seu império.

Dário tinha começado a reunir seu exército logo após a batalha de Grânico, mais de um ano antes. O recrutamento das tropas não acontecia rapidamente no Império Persa, mas quando o exército estava montado, ele era uma visão impressionante. O Grande Rei ordenou que tropas de todo o seu reino se reunissem na Babilônia, na Mesopotâmia. Embora o exército completo ainda não estivesse à disposição, a força foi considerada suficiente para lidar com os macedônios. Algumas fontes antigas dizem que o exército persa tinha seiscentos mil homens. Isso é certamente um exagero típico dos historiadores gregos do lado vencedor, mas o exército era grande o bastante para o agrupamento das nações na Babilônia levar um dia inteiro para passar diante dos olhos do Grande Rei.

Os persas nativos que se reuniram eram bravos soldados que orgulhosamente comprometeram suas vidas para defender a honra e a vida do Grande Rei. Além de seus compatriotas, Dário também convocou infantaria e cavalaria dos medos e tapúrios do norte, assim como armênios das montanhas do Cáucaso. Os selvagens hircanos da costa sul do Mar Cáspio mandaram uma hoste de cavalaria, assim como os barcanos da Ásia Central, que lutavam com machados de duas lâminas. Os derbices, vindos das mesmas terras que os barcanos, empunhavam bronze e lanças forjadas de ferro, embora alguns preferissem usar lanças de madeira endurecidas pelo fogo. Também estavam presentes milhares de mercenários gregos – soldados rijos e experientes que não tinham medo dos macedônios. Esses soldados profissionais, com os persas nativos, compunham o cerne da formação de batalha do Grande Rei. Muitas outras nações de todo o império também estavam presentes, apesar de seus nomes não terem sido registrados.

Além de soldados persas, havia inúmeros atendentes, escravos, cozinheiros, médicos, condutores de bigas, escribas, sacerdotes e eunucos como equipe de apoio do Grande Rei. De acordo com o costume persa, Dário também foi acompanhado na marcha por sua família, incluindo sua mãe, sua esposa e seus três filhos. Eles viajaram em grande estilo e acamparam em tendas ricamente decoradas, repletas de magníficos tesouros. A opulência em torno do Grande Rei em sua campanha era apenas um pouco menos extravagante do que se ele estivesse em seu palácio em Persépolis.

Durante aquela noite começou a chover sobre Alexandre e seus homens. Em breve, todo o exército estava molhado até os ossos e tremendo no vento de novembro. Eles estavam úmidos, com frio, e presos em uma planície estreita com o mais forte exército do mundo a poucos quilômetros de distância esperando para destruí-los. O único caminho para a retirada estava atrás deles, pelos Portões para a Síria, mas isso apenas os levaria ainda mais para dentro do território inimigo. Como seu rei, o exército macedônio reconheceu que teria de lutar em Isso e vencer, ou todos pereceriam.

Quando a tempestade diminuiu, os macedônios puderam ver milhares de fogueiras persas à distância, como estrelas no céu. Alexandre ordenou a seus homens que comessem um jantar farto e se preparassem para sair antes do amanhecer. Enquanto seus soldados tentavam dormir, o rei subiu uma colina próxima e olhou para o vasto exército persa. Era com isso que ele havia sonhado toda a sua vida, mas agora que o momento finalmente chegara, Alexandre conheceu o medo. Não temia por sua vida ou por seus valentes homens, mas que alguma coisa desse errado. Passou a noite fazendo sacrifícios aos deuses locais, rezando para que fossem bons com ele.

Enquanto ainda estava escuro, Alexandre liderou seu exército até Isso. Ele o fazia parar periodicamente durante a marcha para descansar e para que se habituassem à visão do inimigo espalhado pela planície entre as montanhas e o mar. À medida que se aproximavam do rio Pinaro, ele o colocou em ordem final de batalha. Na extrema direita contra os sopés das montanhas, ele colocou o filho de Parmênio, Nicanor, com uma unidade de soldados de infantaria. Próximo a eles ficou a cavalaria macedônia; em seguida, milhares de soldados de infantaria que se estendiam por quase um quilômetro por todo o centro do campo de batalha e, finalmente, a elite da cavalaria tessália, ao lado do mar. Parmênio ficou com o comando geral do lado esquerdo da linha, enquanto Alexandre posicionou-se à direita em direção ao centro. Era uma formação clássica que ele tinha usado no Grânico: cavalarias rápidas nos flancos para cercar o inimigo e a massa da infantaria no centro para abrir caminho à espada através das linhas persas.

Do outro lado do rio, dezenas de milhares de persas estavam dispostos em uma formação com arqueiros na frente e o resto da infantaria atrás, estendendo-se por toda a linha até o mar, onde Dário colocou sua cavalaria para varrer por trás dos macedônios. Ele também estacionou alguns soldados a pé nos planaltos sobre o flanco direito de Alexandre para atacar no momento mais oportuno. O próprio Grande Rei estava no centro do exército com mercenários gregos e os melhores soldados persas ao seu lado.

Quando os macedônios avançaram o último trecho, os persas permaneceram em posição do outro lado do rio. As margens do Pinaro eram suaves na lateral, onde os homens de Alexandre estavam se aproximando, mas ficavam mais íngremes uma vez que se atravessasse o rio. Era o mesmo plano que os generais do Grande Rei tinham usado na batalha de Grânico – forçar os macedônios a atacar do outro lado do rio, subindo um aclive. Mesmo que a estratégia tivesse falhado antes, os persas, embora estivessem em maior número, novamente assumiam uma posição defensiva contra um inimigo agressivo.

Um pouco antes de estar ao alcance das flechas inimigas, Alexandre parou seu exército e desceu por toda a linha macedônia encorajando seus homens. Ele não só elogiou seus generais e oficiais, mas também os soldados comuns, chamando-os por seus nomes e relembrando sua bravura em batalhas passadas. Um grito poderoso se levantou do exército macedônio, que ecoou pela planície. Alexandre, em seguida, ordenou-lhes que avançassem em uma corrida e, virando o cavalo na direção do rio, liderou-os para a batalha.

Alexandre e seus companheiros atacaram com tal velocidade que os arqueiros persas não conseguiram mirar. Eles atingiram o rio a galope e romperam a formação inimiga, incutindo o pânico nos soldados da linha de frente. Os persas próximos a Alexandre começaram a recuar, aterrorizados, com os macedônios cortando suas defesas. Mas, subitamente, os mercenários gregos lutando por Dário atacaram os macedônios do centro com força e abriram um espaço nas linhas de Alexandre, rasgando sua infantaria. Eles empurraram os macedônios de volta para o rio e mataram muitos, ao mesmo tempo que os dois lados gritavam os piores insultos um para o outro, em grego.

Enquanto o centro da linha persa estava se segurando, a cavalaria do Grande Rei, perto do mar, correu para o outro lado do rio e empurrou para trás os cavaleiros da Tessália. A luta no lombo de cavalos ao longo da costa foi implacável, já que nenhum dos lados cedia. Nesse meio tempo, a direita de Alexandre, a única parte de sua linha que estava de fato avançando contra os persas, conseguiu romper as linhas e dar a volta, indo para trás dos mercenários gregos. Esse foi o momento em que a batalha virou. Sem poder lutar pela frente e por trás, os mercenários recuaram. O centro persa entrou em colapso e a cavalaria, vendo suas linhas de infantaria desmoronar, virou-se e fugiu para o outro lado do rio, pisoteando seus próprios homens para escapar.

Dário observava horrorizado o impensável acontecer ao seu redor. Mas, mesmo percebendo que os macedônios iriam vencer a batalha, ele se recusava a se render. O Grande Rei ficou em cima de sua biga de guerra, pronto para derrubar qualquer inimigo que se aproximasse. Alexandre não resistiu a um alvo tão perfeito. Se pudesse matar Dário com as próprias mãos, não só a guerra acabaria, mas a sua glória, como a de Aquiles, seria imortal. Quando Alexandre correu para Dário, um dos irmãos do Grande Rei conduziu seus cavaleiros, colocando-os entre os dois reis. Mas ele foi ferido: Atizies, antigo sátrapa da Frígia, morreu defendendo seu senhor, assim como Reomitres, que tinha lutado bravamente no Grânico com Sabaces, sátrapa do Egito. Com os macedônios se aproximando, pode ter sido o próprio Dário que cortou Alexandre, ferindo-o na coxa com sua espada. Ainda assim, o Grande Rei estava agora separado de seu exército e prestes a morrer.

O que aconteceu em seguida ficou congelado no tempo, preservado em um mosaico de detalhes perfeitos encontrado sob as cinzas do Vesúvio, na cidade romana de Pompeia. Nele vemos Alexandre atacando pela esquerda, com a cabeça descoberta, mas vestindo uma placa peitoral com a cabeça de uma Górgona para transformar seus inimigos em pedra. Com sua lança, ele espeta um guarda persa que se colocara entre ele e Dário. O chão está cheio de mortos e moribundos de ambos os lados. Uma estéril árvore solitária está em segundo plano. Um cavalo castanho escuro sangra até a morte no centro. Um soldado persa dá seu último suspiro no chão, vendo seu próprio reflexo em um escudo polido. Uma floresta de lanças persas se levanta à medida que os homens correm para a frente para salvar seu rei, que finalmente virou-se para fugir do campo de batalha em sua biga. Mas a imagem mais memorável de todas é a expressão de Dário, com os olhos focados em Alexandre, encarando-o não com medo ou raiva, mas com espanto.

As fontes escritas disponíveis pintam o mesmo quadro, com Dário recuando no último minuto ante a força irresistível de Alexandre. Dário então passou através do caos da batalha e fugiu com o que restava do seu exército para o leste, cruzando as montanhas. Alexandre e suas tropas perseguiram Dário por quilômetros em vão, cavalgando para fora do campo de batalha sobre ravinas repletas de cadáveres de persas mortos. Ao todo, muitos milhares de persas foram mortos, enquanto as perdas macedônias, embora pesadas, foram muito menores. Alexandre estava amargamente desapontado com o fato de Dário ter escapado, mas quando seus companheiros o cercaram para lhe oferecer congratulações, ele podia regozijar-se porque, aos vinte e três anos de idade, havia acabado de derrotar o Grande Rei da Pérsia.

Quando Alexandre chegou ao acampamento de Dário, já era tarde da noite. Ele estava exausto pela batalha e pela perseguição, além de não ter dormido nos últimos dois dias. Ele podia ver seus soldados saqueando o acampamento e dividindo as mulheres persas capturadas. Seus homens haviam reservado a tenda real do Grande Rei para Alexandre. Ele entrou neste magnífico recinto e ficou imediatamente impressionado pelo mobiliário soberbo e pelos tesouros espalhados por toda parte. "Então é isso que significa ser um rei", maravilhou-se. Os pratos, potes e até mesmo a banheira, tudo era feito de ouro, enquanto a fragrância de perfumes ricos e especiarias encheu o ar. Os pajens reais da Macedônia tinham preparado um banquete para ele com comida persa saqueada e lhe deixado pronto um banho quente. Alexandre removeu sua armadura suja e entrou no banho, falando para um de seus amigos que era bom lavar o suor da batalha na banheira de Dário. "Não", seu amigo corrigiu, "melhor ainda, isso é propriedade de Alexandre".

Após o banho, o rei e seus companheiros estavam se sentando para comer quando ouviram choro vindo de uma parte próxima da tenda. Ao indagar quem estava fazendo aquele barulho horrível, foi dito a Alexandre que eram a mãe de Dário, a esposa do Grande Rei, suas duas filhas virgens e o seu jovem filho. Eles haviam rasgado suas vestes e choravam por Dário, que acreditavam estar morto. Alexandre mandou um dos seus companheiros, Leonato, para acalmá-los. Ele chegou na entrada de seus aposentos, mas não tinha certeza se deveria entrar sem ser anunciado. Finalmente, ele empurrou as cortinas e ficou diante das mulheres, que gritaram com medo, pensando que ele tinha ido matá-las. Elas imploraram para que lhes fosse permitido pelo menos preparar o corpo de Dário apropriadamente para o enterro antes que elas fossem mortas. Leonato assegurou que o Grande Rei ainda estava vivo e Alexandre não lhes desejava nenhum mal. Na verdade, ele estava insistindo para que elas fossem tratadas com o devido respeito que damas da realeza mereciam. As mulheres finalmente se acalmaram e agradeceram a bondade do rei.

Na manhã seguinte, Alexandre, acompanhado por seu amigo mais próximo, Heféstion, foi pessoalmente visitar as mulheres persas para tranquilizá-las. Quando os dois entraram nos aposentos, elas se ajoelharam diante de Heféstion, pensando que ele era o rei, já que era o mais alto, o que divertiu Alexandre. A mãe do Grande Rei, Sisíngambres, desculpou-se em profusão uma vez que o tradutor explicou o erro, mas Alexandre a reconfortou. Ele levantou a idosa do chão, chamando-a de "mãe", e observou que Heféstion também era um Alexandre – um reflexo do ensinamento que tinham recebido de Aristóteles quando meninos, que dizia que o amigo mais verdadeiro era como se fosse outra parte de si mesmo.

Os escritores antigos usaram o tratamento despendido às mulheres de Dário como um exemplo da natureza generosa de Alexandre. Embora isso possa ser verdade, sua benevolência também era majoritariamente prática. Ao proteger as mulheres da família do Grande Rei, Alexandre assumia simbolicamente os papéis de filho, marido e pai aos olhos dos seus novos súditos. Tal como aconteceu com a sua adoção pela rainha Ada em Cária, o rei macedônio estava usando laços familiares para construir poder. Ele enfeitou a rainha-mãe com joias e assegurou-lhe que de modo algum sua dignidade seria diminuída sob o domínio dele. À mulher de Dário, que também era irmã do Grande Rei, prometeu que ela iria desfrutar de todos os antigos benefícios de sua posição como rainha e não seria tocada por ninguém, especialmente ele. Ele assegurou-lhe que suas duas filhas donzelas não seriam violentadas e lhes seriam concedidos dotes de seu próprio tesouro quando chegasse o momento de elas se casarem. Ele então chamou o jovem filho de Dário, que não estava nem um pouco assustado, e o beijou. Alexandre admirou a coragem do rapaz e jurou que iria criá-lo como seu próprio filho. Foi tudo muito comovente, mas a família de Dário sabia que, a partir deste dia, eles eram reféns de Alexandre.

No dia seguinte, depois de visitar os feridos, Alexandre colocou todo seu exército em formação, vestido em sua melhor armadura. Ele realizou um funeral para aqueles que haviam tombado em batalha; em seguida, homenageou os sobreviventes mais valorosos com citações especiais e prêmios equivalentes a sua bravura. O rei nomeou um de seus guarda-costas, Balacro, como sátrapa da Cilícia e promoveu outros de seus companheiros para novas posições. Alexandre estava tão indulgente após sua vitória que até reduziu a multa que tinha anteriormente cobrado da cidade de Soli. Ele também ergueu altares a Zeus, Atena e Hércules, oferecendo grandes sacrifícios a seus deuses favoritos. Como monumento duradouro à sua vitória, ele fundou a primeira cidade da sua expedição: Alexandria, perto de Isso. Quando era apenas um adolescente, ele renomeou uma cidade trácia com seu nome após o seu primeiro sucesso militar, mas esta – a primeira de muitas Alexandrias – era um novo tipo de cidade: uma colonização macedônia de cultura grega em terras estrangeiras. Fundada em uma localização estratégica, perto da entrada para a Síria, foi um importante primeiro passo na difusão da civilização helênica, que o rei iria repetir por todo o caminho para a Índia.

Alexandre ganhou glória e honra em Isso, mas não a vasta quantidade de ouro que esperava, já que Dário tinha deixado a maior parte do seu tesouro na cidade síria de Damasco, a vários dias de viagem do campo de batalha. O saque da tenda de Dário era ótimo, mas Alexandre precisava de muito mais para pagar o resto de sua guerra. Para tanto, ele enviou Parmênio com um esquadrão de mais de mil cavaleiros tessálios a galope o mais rápido possível a Damasco, de modo a apreender o tesouro do Grande Rei antes que os persas pudessem chegar lá. Ele podia não gostar do velho, mas Alexandre sabia que Parmênio conseguiria cumprir essa missão perigosa dentro do território inimigo.

O sátrapa persa de Damasco estava, nesse meio tempo, considerando o seu futuro com muito cuidado. Quando ele ouviu que Alexandre tinha sido vitorioso em Isso, sabia que os macedônios viriam em busca do tesouro. Assim, ele decidiu que era de seu interesse entregar as riquezas de Dário para Alexandre, na esperança de receber um tratamento preferencial. Enviou um mensageiro para os macedônios declarando suas intenções, mas Parmênio imediatamente suspeitou de uma armadilha e foi para a Síria com grande cautela. Ele atravessou os Portões e moveu-se para o sul com sua cavalaria, apesar do frio do inverno, através de montanhas e desertos, até finalmente chegar à cidade oásis de Damasco.

A cidade síria era o centro do governo persa nessa região árida. Era também uma cidade abastada por seus próprios meios, conhecida por seus figos e suas caravanas, que negociavam com a Mesopotâmia ao leste e a Arábia ao sul. O sátrapa astuto tinha planejado entregar a Alexandre não só as riquezas do Grande Rei, mas também os vários convidados e reféns persas que lhe haviam sido confiados por Dário. Para facilitar essa troca, ele disse aos persas residentes que eles fugiriam com ele para a Babilônia levando o tesouro de Dário. Milhares de mulas foram rapidamente carregadas com tudo que podiam carregar, e a enorme caravana atravessou os portões da cidade.

Neve tinha caído naquela noite. Estava tão frio que os atendentes dos animais de carga retiraram uniformes militares da bagagem para se cobrir na jornada, enquanto a multidão de refugiados assustados tremia, esperando que pudessem escapar antes que os macedônios chegassem. Foi nesse momento que Parmênio e sua cavalaria apareceram no horizonte. O general viu a coluna de homens vestidos como soldados persas e rapidamente preparou seus homens para a batalha, presumindo que eles seriam um páreo duro. Os tropeiros e os refugiados viram a linha de cavaleiros em carga e correram para salvar suas vidas. Inúmeras riquezas se espalharam na neve e nos arbustos ao longo da trilha. Quando Parmênio descobriu que o que ele tinha atacado não era um exército, ordenou a seus homens que cercassem o tesouro e os refugiados. Ele ofereceu aos tropeiros a escolha de levar os animais e suas cargas para Alexandre ou serem mortos no local.

Depois de muitos dias, sob o olhar atento de Parmênio, a caravana e o tesouro chegaram ao acampamento macedônio. Alexandre estava animado com as riquezas que estavam sendo descarregadas: vasos decorativos, bigas de guerra, tendas reais, 220 kg de prata, uma caixa tão belamente decorada que o rei passou a usá-la para guardar sua edição favorita da poesia de Homero, e ouro suficiente para pagar suas tropas por muitos meses. Mas entre a preciosa carga também estavam os refugiados persas, que agora se tornaram peões do rei macedônio. Eles incluíam a esposa e três filhas solteiras do Grande Rei anterior, Artaxerxes IV, bem como um irmão do próprio Dário. Havia também dois aterrorizados enviados de Atenas que tinham negociado em segredo com Dário, apesar do apoio oficial da sua cidade à campanha de Alexandre. Quatro estoicos espartanos também foram capturados, apesar de sua cidade não ter feito promessas para os macedônios.

Aos olhos de Alexandre, o maior prêmio era Barsine, viúva do seu rival Memnon de Rodes. Ela e seus filhos foram apresentados ao rei, esperando pouca misericórdia dele. Para sua surpresa, Alexandre tratou-a com grande bondade. Barsine tinha sido uma jovem refugiada na corte de Felipe anos antes, quando seu pai Memnon tinha procurado refúgio ali. Ela provavelmente tinha conhecido Alexandre na Macedônia e os dois talvez fossem amigos. Havia algo incomum sobre Barsine, já que ela foi a primeira mulher por quem Alexandre se apaixonou. Ele não se casou com ela, mas os dois começaram ali um longo caso. Segundo todos os relatos, ela era uma mulher brilhante, bonita e charmosa. Era persa de nascimento, mas tivera uma excelente educação grega e falava bem a língua. Com o tempo, ela daria à luz o primeiro filho de Alexandre, chamado Hércules. O sátrapa traidor de Damasco, no entanto, não teve um final feliz. Um dos refugiados persas cortou-lhe a cabeça no meio da noite e fugiu com ela como um presente para Dário.

Enquanto Alexandre se preparava para encontrar os persas no campo de batalha, os agentes do Grande Rei no Egeu estavam ocupados. O sobrinho de Memnon, Farnabazo, tinha capturado várias ilhas importantes e retomado Halicarnasso. Ele, então, partiu para a ilha de Sifnos para uma reunião clandestina com um velho inimigo de Alexandre: Agis, rei de Esparta. Agis tinha chegado em um único trirreme para se encontrar com os persas e selar um pacto que reforçaria a segunda frente contra Alexandre. O rei espartano recebeu recursos abundantes de Farnabazo com dez navios para a realização de operações navais contra os macedônios.

Mas quando os dois estavam celebrando a nova aliança, chegaram notícias de que Alexandre tinha derrotado o Grande Rei em Isso. Farnabazo ficou pasmo com a notícia e imediatamente partiu para Chios, ao largo da costa da Ásia Menor, para impedir rebeliões nessa importante ilha grega. Agis foi duramente determinado a despeito da vitória de Alexandre e continuou com seu plano. Ele contratou marinheiros para seus novos navios e mandou seu irmão para Creta para estabelecer uma nova base naval lá. Enquanto isso, Agis lançava as bases para uma revolta na Grécia.

Os eventos no Egeu não escaparam da atenção de Alexandre, mas ele estava diante de uma difícil decisão nesse ponto da campanha. Dário tinha sido humilhado em Isso, mas não estava derrotado. O exército que ele reunira na Síria representava apenas uma pequena parcela das forças disponíveis para ele. Com tempo suficiente, o Grande Rei poderia convocar um poderio muito maior para derrotar os macedônios no campo de batalha. Alexandre sabia que sua única chance de impedir Dário de levantar um novo exército seria persegui-lo implacavelmente para dentro do coração do seu império. Mas isso era uma ideia perigosa, uma vez que os gregos estavam se rebelando e os persas ainda controlavam a maior parte do Mediterrâneo. Se ele perseguisse Dário agora, poderia perder tudo o que havia conquistado no oeste.

Assim que Alexandre pesou suas opções, parecia melhor prosseguir com seu plano de subjugar a costa mediterrânea do Líbano, Palestina e Egito enquanto seus generais na Macedônia e Ásia Menor tentavam conter a ameaça persa perto de casa. Ele sabia que teria de enfrentar Dário em algum momento, já que o Grande Rei não poderia permitir que alguém devastasse o seu império impunemente. Dário precisaria de pelo menos um ano para reunir um exército vindo dos quatro cantos do seu reino para enfrentar Alexandre, mas quando esse dia chegasse, seria a maior batalha que o mundo conheceria.

***

Alexandre levantou acampamento em Isso e marchou pelos Portões para a Síria, então para o sul rumo à costa do Líbano. Ele passou pela antiga colônia comercial grega de al-Mina próxima da boca do rio Orontes, então viajou ao longo da estreita planície entre o mar e as montanhas até chegar à cidade fenícia de Maratos (atual Amrit). Mas os navios fenícios da frota do Grande Rei não se encontravam ali para oferecer resistência a ele, pois estavam ocupados no Egeu. Na verdade, o rei local de Maratos tinha deixado seu filho no comando da cidade, enquanto ele servia Dário no oeste. O príncipe sabia que era inútil resistir a Alexandre, então encontrou o rei ante os portões da cidade e deu-lhe uma coroa de ouro, o símbolo tradicional de submissão. O jovem também rendeu a vizinha ilha de Aradus, abrindo mão dos bens no interior da cidade.

Alexandre ficou satisfeito com a recepção que teve e ficou em Maratos por muitos dias. Enquanto estava lá, chegaram dois enviados de Dário com uma carta do Grande Rei. Alexandre pegou o documento e levou aos seus aposentos para lê-lo em particular. O conteúdo da carta varia de acordo com diversos historiadores antigos, mas é claro que Dário estava disposto a fazer um acordo. Ele começava repreendendo Alexandre por invadir seu império sem nenhuma provocação. Ressaltava que persas e macedônios eram velhos amigos, embora Felipe tenha demonstrado uma notável falta de respeito para com a Pérsia, agora continuada por seu filho. O desfecho da recente batalha em favor de Alexandre foi o infeliz resultado de alguma misteriosa intervenção de um deus, embora os macedônios não pudessem contar com a bênção de deuses no futuro. Mesmo assim, o Grande Rei era misericordioso e convidava Alexandre para concluir um tratado de paz com a Pérsia. Se o macedônio se retirasse, seria-lhe concedida soberania sobre todo o território da Ásia Menor, do Egeu ao rio Halis, perto de Górdio. Além disso, pagaria a Alexandre um resgate generoso para o retorno de sua família cativa. Tudo isso poderia ser de Alexandre, se ele abandonasse o reino do Grande Rei. Caso rejeitasse essa oferta generosa, compreendia-se que Dário fosse lançar seu exército contra os macedônios em um momento e local de sua escolha e destruí-los.

Alexandre sabia que se apresentasse essa carta a Parmênio ou a qualquer um de seus oficiais, eles certamente se rejubilariam. Dário estava oferecendo tudo com que eles sempre sonharam. Eles teriam domínio sobre os reinos mais ricos da Ásia Menor, incluindo todas as cidades gregas do Egeu. Os persas reconheceriam suas conquistas e retirariam sua marinha. A Macedônia teria crescido de um reino pequeno e problemático para um império, governando todas as terras do Adriático até o planalto da Anatólia. Eles todos seriam ricos e poderiam voltar para casa como heróis.

Mas Alexandre tinha de achar um jeito de convencer seus homens a continuar a guerra. Ele havia sentido o gosto da vitória e não se contentaria com menos do que todo o Império Persa como seu. Ele viu a si mesmo e seu exército marchando ao longo do Nilo, jantando entre os jardins da Babilônia, cobrindo-se com ouro em Persépolis, e espantando-se com as maravilhas da Índia distante. Mas como convencer os macedônios? O plano que ele concebeu era a tática favorita dos políticos ao longo dos tempos: mentir. O rei preparou uma falsificação da carta de Dário cheia de exigências descabidas, insultos contra os macedônios, e sem nenhuma menção a concessões territoriais. Quando ele a apresentou a seu conselho de assessores, eles morderam a isca e, irados, rejeitaram os termos do Grande Rei.

Alexandre então escreveu sua própria carta a Dário, minuciosamente composta para provocar o Grande Rei de todas as maneiras possíveis. Ele começou com o condescendente título "Rei Alexandre a Dário – Saudações", omitindo os títulos do governante persa como um insulto muito deliberado. Ele, então, passou a culpar Dário pela guerra atual, já que os seus antepassados tinham começado tudo quando invadiram a Grécia em Maratona, no século anterior. Ele, então, implicou os persas no assassinato de seu pai e até mesmo Dário em pessoa foi acusado de conspirar para o assassinato do rei persa anterior. Alexandre se declarou Senhor da Ásia, dizendo que retornaria de bom grado a família do Grande Rei sem resgate, desde que Dário aparecesse diante dele como um suplicante humilde. Finalmente, advertiu Dário a se render imediatamente ou iria persegui-lo até os confins da Terra.

Dois dias de marcha ao longo da costa levaram Alexandre ao importante centro comercial fenício de Biblos. Esse porto ancestral tinha aproveitado relações comerciais com a Grécia desde a Guerra de Troia. Biblos tinha sido um centro de transporte de materiais egípcios, incluindo papiro, de modo que os gregos que primeiro usaram esse material para pergaminhos chamaram seus livros de *biblia* em referência a cidade (daí vem a palavra *Bíblia*).

Ao sul de Biblos estava Beirute, em uma terra proeminente, então o famoso porto fenício de Sídon, na metade do caminho para a costa do Líbano. O povo de Sídon desprezava os persas, especialmente após sua cidade ter se rebelado e sido saqueada pelos exércitos do Grande Rei poucos anos antes. O governante títere persa foi obrigado pela população a abrir os portões a Alexandre, que prontamente depôs o governante odiado e nomeou seu melhor amigo Heféstion para encontrar um substituto. Heféstion ficou hospedado na cidade na casa de dois jovens ilustres a quem ofereceu a coroa, um de cada vez. Eles educadamente recusaram, explicando que era o costume de sua cidade apenas ser governada por um rei de sangue nobre. O amigo de Alexandre, em seguida, os encarregou de encontrar o candidato adequado.

Vivendo no limite da cidade, estava um homem pobre chamado Abdalônimo (ou em fenício, Abd-elonim, "servo dos deuses"), um parente distante da família real de Sídon. Sua honestidade nos negócios no meio dos astutos vizinhos fenícios o deixara apenas com sua pequena cabana e um sofrido jardim. Ele estava tão ocupado nesse dia tirando as ervas daninhas de seus vegetais que não ouviu os dois jovens se aproximando até que eles o cumprimentaram, chamando-o de rei. Abdalônimo não tinha tempo para piadas e dispensou a dupla, mas eles explicaram que ele deveria trocar suas roupas sujas se fosse governar Sídon. O jardineiro pensou que eles eram loucos e voltou para suas ervas daninhas, mas os jovens finalmente convenceram-no por meio de juramentos que a mensagem deles era verdadeira. Abdalônimo não tinha nem ouvido falar de Alexandre e não fazia ideia de que a cidade fora ocupada por tropas macedônias, mas vestiu sua melhor roupa e foi para o palácio para conhecer o homem que havia expulsado os persas. Alexandre gostou do comerciante no instante em que o viu, divisando nele o paradigma de um governante justo, apesar da – ou talvez por causa da — sujeira sob suas unhas e sua testa queimada de sol. Contente, ele nomeou Abdalônimo como o novo rei de Sídon.

A um dia de marcha em direção ao sul, pela costa do Líbano, estava Tiro, a mais poderosa e importante cidade de toda a Fenícia. Era uma antiga rival de Sídon e um dos centros comerciais mais ricos de todo o Mediterrâneo. A principal parte da cidade ficava localizada em uma ilha e cercada por muros de mais de cem metros de altura, tornando-se praticamente intocável por qualquer exército invasor. Foi também a base naval mais vital para os persas, na parte ocidental do seu império.

À medida que Alexandre se aproximava da cidade, ele foi recebido por enviados de Tiro que lhe deram boas-vindas à cidade deles com provisões para seu exército e lhe deram a coroa de ouro da submissão. Eles lamentaram que o rei Azemilco não estivesse lá em pessoa para recebê-los, mas ele estava servindo a frota persa no Egeu – tudo um perdoável mal-entendido, claro. Alexandre agradeceu educadamente pelos suprimentos e pela coroa; em seguida, casualmente mencionou que gostaria de fazer um sacrifício a seu ancestral, Hércules, no famoso templo da ilha. Ele chegou a Tiro no início do célebre festival Melqart – o equivalente fenício de Hércules – com peregrinos religiosos de lugares tão distantes como Cartago. Os enviados de Tiro discutiram e, em seguida, informaram ao rei macedônio que, infelizmente, era impossível deixá-lo entrar na cidade no momento, pois isso poderia parecer uma provocação aos persas. No entanto, havia um belo templo de Hércules no continente, do lado oposto ao de sua cidade, ao qual ele era muito bem-vindo para visitar.

Ambas as partes nesta discussão sabiam que eles não estavam realmente falando de um simples sacrifício. Os enviados tírios perceberam que se permitissem Alexandre dentro de suas muralhas, ele tomaria a cidade e colocaria uma guarnição ali. Alexandre, por sua vez, sabia que os tírios não estavam realmente se submetendo a ele, mas apenas ganhando tempo para ver se a ofensiva naval de Dário, no Mar Egeu, forçaria sua volta para o oeste. Os governantes comerciantes de Tiro não se importavam se seria Alexandre ou Dário a ganhar a guerra. Eles queriam apenas manter seu rentável domínio sobre o comércio na região do Mediterrâneo, como haviam mantido por mais de mil anos, com o mínimo de interferência externa possível.

Alexandre normalmente conseguia controlar seu temperamento explosivo, mas não lidava muito bem com rejeição. Ele pulou da cadeira e desabafou toda sua ira sobre os emissários de Tiro: "Vocês acham mesmo que estão seguros porque vivem em uma ilha? Vocês desprezam tanto assim meu exército? Eu vou mostrar que vocês não vivem em uma ilha! Vocês vão me receber em sua cidade ou vou sitiá-la!"

Os enviados estavam aterrorizados e voltaram para sua cidade com a mensagem. Os anciões de Tiro discutiram a situação e concluíram que estavam a salvo de Alexandre. Sua cidade estava a cerca de um quilômetro da costa, separada por águas profundas e protegida por fortes correntes e ventos violentos. Estavam muito longe do alcance de catapultas e outras artilharias que Alexandre tivesse no continente. Os muros que cercavam sua cidade nunca tinham sido violados, mesmo por invasores que a sitiaram por anos. Os macedônios não tinham marinha para impedir os tírios de ir e vir em seus próprios navios como quisessem. Seus visitantes de Cartago também prometeram fornecer qualquer material ou ajuda de que Tiro pudesse precisar. Que Alexandre tentasse tomar sua cidade – eles ririam dele das muralhas enquanto assistiam.

Os cidadãos de Tiro tinham visto invasores irem e virem por séculos com pouquíssimo efeito em sua vasta rede comercial. Os fenícios eram um povo cananeu que falava uma língua próxima do hebreu. Espremidos em uma estreita planície costeira ao longo da árida costa oriental do Mediterrâneo, eles naturalmente buscaram no mar a sua subsistência. A partir do século XI a.C., cidades como Tiro e Sídon começaram a estabelecer entrepostos comerciais em pontos ainda mais distantes no oeste. Chipre, Sicília, norte da África e Espanha foram locais colonizados pelos fenícios no Mediterrâneo. Cartago, na costa africana perto da Sicília, foi o mais famoso e bem-sucedido desses postos, mantendo laços estreitos com a sua cidade-mãe, Tiro, ao longo dos séculos. Mas os fenícios não pararam no estreito de Gibraltar. Eles navegaram para o Atlântico, talvez até à Grã-Bretanha ao norte e o Senegal ao sul. Heródoto disse que eles chegaram até a circunavegar a África. Ao longo do caminho, foram negociando com muitos povos e desenvolveram uma reputação de comerciantes astutos – e também de ladrões e piratas. A literatura grega desde a época de Homero é repleta de histórias de malvados comerciantes fenícios que roubam crianças para vendê-las como escravas. Fosse isso verdade ou não, eles certamente espalharam suas habilidades e cultura pelo mundo antigo. O alfabeto grego foi emprestado e adaptado dos fenícios no século VIII a.C., de modo que o *aleph*, o *bet* e o *gimel* dos fenícios se tornaram *alpha*, *beta* e *gama* dos gregos. Esses diversificados comerciantes ficaram especialmente conhecidos pelo tráfico dos cedros do Líbano até as montanhas costeiras de sua pátria e de um corante roxo raro derivado das conchas murex da costa libanesa. Seus vizinhos hebreus admiravam as habilidades dos fenícios e os empregaram na construção do Templo do Rei Salomão, mas também condenaram suas práticas religiosas, tais como o suposto sacrifício de crianças para seus deuses.

***

O cerco de Tiro começou com a demolição de partes mais velhas da cidade no continente para usar os materiais na construção de uma ponte para a ilha. Alexandre, em seguida, enviou grupos para as montanhas para cortar árvores de cedro para os muitos espigões que seus engenheiros precisariam para cravar no fundo do mar. Ele também enviou mensageiros ao sumo sacerdote em Jerusalém pedindo que lhe enviasse suprimentos e reforços em Tiro. Informou aos judeus que o tributo que pagavam a Dário agora iria para ele. Se o sumo sacerdote sentisse qualquer hesitação, Alexandre aconselhou, a escolha da amizade dos macedônios, em vez da dos persas, seria para o seu bem.

A princípio, a construção da ponte foi bem. A água perto da costa era superficial e não foi difícil firmar as estacas na lama fofa. O espaço entre as madeiras foi preenchido de escombros, fornecendo uma base sólida para uma grande estrada para o mar. A ponte teria de suportar o peso de milhares de homens e máquinas pesadas, então tomou-se grande cuidado em sua construção. Alexandre estava presente todos os dias, conversando com os engenheiros, encorajando seus homens e transportando ele mesmo pedra após pedra para o mar.

Os tírios achavam isso incrivelmente divertido. Quando o tempo estava bom, remavam em pequenos barcos até os macedônios, fora do alcance de flechas, e zombavam dos soldados. Eles gritavam que esses soldados famosos haviam se tornado mulas de carga. Perguntaram se Alexandre achava que era Poseidon, deus dos mares. Mas, conforme a ponte progredia firmemente em direção ao mar, semana após semana, o riso dos tírios cessou. Eles ainda não acreditavam que os macedônios pudessem alcançar a ilha, já que agora tinham chegado à parte mais profunda do canal e seu trabalho tinha diminuído drasticamente, mas começaram a se preocupar que a ponte pudesse chegar perto o suficiente para Alexandre alcançar suas paredes com a artilharia. Em resposta, eles evacuaram algumas de suas mulheres e crianças para Cartago. Começaram, então, um esforço concentrado para atrapalhar a construção por todos os meios possíveis. Os macedônios estavam agora ao alcance das flechas disparadas dos altos muros da cidade, de modo que os tírios passaram a atacá-los do alto sem cessar. Como os macedônios estavam despojados de suas armaduras para o trabalho, encontravam-se vulneráveis. Algumas das flechas foram mergulhadas em piche e acesas, incendiando qualquer equipamento com que colidissem. Ao mesmo tempo, trirremes da cidade iam até a ponte para atacar os construtores com projéteis. Em resposta, Alexandre ordenou que torres ocupadas por arqueiros fossem levadas até a ponte para atacar os navios. Ele cobriu essas torres com couro para bloquear as flechas das muralhas da cidade e permitir que seus homens trabalhassem em segurança.

Em resposta, os engenhosos tírios construíram um monstro incendiário. Eles encontraram um antigo navio para transporte de cavalaria e o encheram com toda a madeira seca que puderam. Em seguida, ergueram as amuradas do navio e acrescentaram cavacos de madeira, serragem e qualquer outra coisa à mão que fosse inflamável, enchendo de enxofre as rachaduras e colocando piche por cima. Eles fizeram uma armadilha, amarrando em cordas sobre os mastros caldeirões cheios de líquido inflamável. Então adicionaram lastro extra na popa para levantar a proa bem alto no ar e permitir que o navio, em alta velocidade, subisse bastante na ponte quando colidisse com ela.

Eles esperaram até que um forte vento soprasse no porto e lançaram o navio, guinchando-o com várias trirremes em força total. Quando os macedônios viram este navio muito estranho se aproximando, não conseguiam entender por que os tírios se dariam ao trabalho de atacá-los com um grande barco para cavalos. Aí começaram a se preocupar, pois o navio se aproximava com chamas saltando de seu deque. Em seguida, a tripulação a bordo do navio em chamas pulou no mar e nadou em direção às trirremes à espera, que tinham acabado de cortar as cordas e se afastar. Com o navio em chamas vindo em sua direção, os macedônios aterrorizados só puderam correr por suas vidas. Quando a nave se chocou contra a ponte e as torres, as cordas nos mastros se queimaram e derrubaram os caldeirões nas chamas lá embaixo. Quando o líquido atingiu as labaredas, tudo explodiu em um inferno incandescente como os macedônios nunca tinham visto na vida. A ponte estava envolta em fogo e as torres queimavam feito palitos de fósforo. Qualquer infeliz construtor ainda vivo foi apanhado pelos arqueiros nas trirremes de Tiro ou atacado por soldados no porto. Por capricho dos deuses, houve uma terrível tempestade naquela noite que martelou os restos da ponte danificada com ondas enormes, soltando as pilhas de madeira e despejando toneladas de rochas e escombros na água. Na manhã seguinte, meses de trabalho duro desapareceram sob o mar.

Enquanto Alexandre analisava as ruínas de todos os seus esforços, debatia consigo mesmo sobre o que fazer a seguir. Cada dia perdido em Tiro significava mais tempo para Dário montar um exército maior. Mas se deixasse Tiro em paz, o lugar continuaria a servir como base para a marinha persa e, pior ainda, como um emblema gritante de seu fracasso. Ele decidiu começar de novo, em uma escala ainda maior, com uma ponte mais ampla e mais proteção para seus homens. No entanto, ele agora sabia que não tomaria a cidade apenas com engenheiros e infantaria. Ele precisava de navios para conquistar Tiro.

Após retomar a construção sobre os restos esfarrapados da ponte anterior, ele liderou alguns de seus homens de volta até Sídon para coletar quaisquer barcos que pudesse encontrar. Foi lá que sua sorte começou a mudar. O rei fenício de Sídon e Maratos, tendo ouvido que agora Alexandre detinha suas cidades, desertou da frota de Dário no Egeu e velejou para se juntar às forças macedônias. Com isso, Alexandre somou oitenta excelentes trirremes – além de suas tripulações – à sua marinha. Nos dias seguintes, outros navios chegaram das ilhas gregas de Rodes, das cidades cilícias de Soli e Malos, de cidades da costa lícia e até mesmo um navio de cinquenta remos vindo da Macedônia, comandado por Proteias, o filho da ama que cuidou de Alexandre na infância, Lanice. Quando o rei estava recebendo essas embarcações, viu uma frota de navios que vinha do Chipre e navegava para o porto de Sídon. Os reis cipriotas tinham decidido que os persas eram o lado perdedor da guerra e imploraram a Alexandre para que aceitasse seu serviço. Ele perdoaria quaisquer transgressões passadas com gosto, especialmente porque agora tinha mais de duas centenas de navios de guerra a sua disposição.

Primeiro, Alexandre decidiu fazer um rápido ataque contra os nativos árabes nas montanhas próximas, que combatiam uma guerra de guerrilha contra suas equipes alocadas para cortar madeira. Ele precisava dessas árvores para as toras da ponte e para as máquinas de sítio, e não estava disposto a deixar essas brigadas interioranas arruinarem seus planos. O rei liderou pessoalmente o esquadrão de guerreiros e arqueiros trácios pelo belo Vale do Beqaa para pôr um fim nos ataques. Era exatamente o tipo de luta em montanha que tanto ele quanto os trácios apreciavam. Por alguma razão desconhecida, o velho tutor de Alexandre, Lisímaco, que acompanhara a expedição até a Ásia, perguntou se poderia ir junto, assegurando ao rei que não era mais fraco do que Fênix, o professor idoso de Aquiles que havia viajado com seu pupilo para Troia. Alexandre deve ter rido, mas tinha um ponto fraco em seu coração pelo velho e concordou.

Os soldados cavalgaram rapidamente para as montanhas, mas foram forçados a deixar seus cavalos para trás quando o terreno ficou muito íngreme. Eles marcharam até as terras altas, mas Lisímaco estava tendo dificuldades em acompanhar. Alexandre mandou o resto dos seus homens adiante no primeiro dia para montar acampamento, mas ficou para trás com alguns amigos para caminhar ao lado de seu tutor. O rei incentivou Lisímaco e, meio carregado, fez com que ele subisse as trilhas, mas ao cair da noite estavam muito atrás do grupo principal e perdidos nas montanhas. Já era primavera, mas quando a escuridão caía, a temperatura despencava. Alexandre não tinha planejado acampar e por isso não tinha abrigo nem fogo. O pequeno bando de macedônios se amontoou, com o rei tentando desesperadamente evitar que seu idoso professor congelasse até a morte. Então, à distância, Alexandre viu a luz de um acampamento. Ele deixou Lisímaco e seguiu caminho sozinho pelas árvores em direção a luz à frente. Quando se aproximou, viu que havia dois homens montando guarda para um grupo de cavaleiros árabes dormindo. Com o máximo cuidado, Alexandre subiu sozinho atrás dos guardas e, silenciosamente, cortou suas gargantas. Em seguida, roubou um pedaço de pau em chamas da fogueira sem acordar nenhum dos homens que dormiam em torno dela. Movendo-se o mais rápido que podia através da escuridão, ele alcançou seu próprio acampamento e acendeu uma fogueira para seus companheiros. Os árabes acordaram e viram o fogo nas proximidades, mas fugiram, pensando que uma grande força estava vindo sobre eles. Alexandre passou o resto da noite ao lado de Lisímaco, aquecendo seu velho amigo e, talvez, sugerindo que da próxima vez ele devesse permanecer na cidade.

Quando Alexandre retornou a Sídon após derrotar as tribos árabes, encontrou quatro mil mercenários gregos esperando suas ordens. Ele tinha mandado Cleandro para recrutá-los há mais de um ano, mas o macedônio tinha tido pouca sorte até a derrota de Dário em Isso. Agora, com uma grande vitória em seu currículo e uma abundância de ouro, Alexandre não teve problemas em recrutar soldados profissionais da Grécia. O rei embarcou todo mundo em sua nova frota e navegou para Tiro em posição de batalha. Guerra naval era uma novidade para Alexandre, mas ele a dominou como um marinheiro experiente. Ele colocou os esquadrões cipriotas e fenícios do lado esquerdo mais próximo da terra e assumiu o comando da direita, com a galera macedônia recém-chegada servindo como sua nau almirante.

Os tírios tinham ouvido que Alexandre recrutara uma frota em Sídon, mas duvidaram que a patética armada macedônia fosse capaz de agir em conjunto. Eles então posicionaram sua frota ao norte da ilha para fazer um pesado ataque contra os navios que Alexandre mandasse na direção deles. O que eles não esperavam naquela manhã de primavera era que cerca de duzentos navios se aproximariam de sua costa. Alexandre estava faminto por uma batalha no mar, mas o almirante tírio responsável sinalizou para sua frota recuar rapidamente para o porto protegido no lado norte de sua cidade. Os macedônios viram seus adversários voltando para casa e assim começou uma corrida para ver quem conseguia chegar ao porto primeiro. Foi uma competição apertada, mas os tírios sacrificaram três de suas trirremes para bloquear o avanço de Alexandre e permitir que o restante de seus navios conseguisse entrar a salvo na cidade. Eles, então, bloquearam a estreita boca do porto do norte com trirremes viradas para fora, formando uma parede assustadora na entrada do porto. Por mais que tentasse, Alexandre não conseguia romper as defesas e sitiar a cidade por dentro como esperava, então decidiu que a melhor coisa a fazer era bloquear tanto o porto do norte da cidade quanto o sul, virado para o Egito. A menos que pudesse encontrar uma saída, a grande frota de batalha de Tiro estava presa.

Os engenheiros de Alexandre trabalharam contra o relógio enquanto ele estava longe, e agora redobravam os esforços para consertar a ponte. Houve contratempos, como uma poderosa tempestade que atingiu o porto, arrancando parte da nova construção. A tempestade também levou para a passarela o que um historiador antigo chamou de "um monstro marinho gigante". Ele descansou parte de seu corpo contra os escombros por um longo tempo, então mergulhou no mar e foi embora. Era provavelmente uma baleia, bastante comum no Mediterrâneo, mas certamente uma criatura desconhecida para o montanheses do exército de Alexandre. Supersticiosos e esperançosos como sempre, tanto os macedônios como os tírios tomaram a aparição do animal como um sinal de que Poseidon estava do seu lado.

Após semanas de trabalho contínuo sob o abrigo das aprimoradas torres protetoras, os macedônios conseguiram construir uma ponte grande o bastante para permitir que Alexandre alcançasse as muralhas de Tiro com sua artilharia. Ele transportou poderosas catapultas que atiravam pedras pela ponte até que estivessem em posição, em seguida, lançou uma saraivada incessante contra a cidade. Ao mesmo tempo, instalou aríetes improvisados nos navios da sua frota e cobriu as embarcações com escudos resistentes. Elas passaram a atacar as muralhas da cidade viradas para o mar, ao mesmo tempo que os defensores diante da ponte eram cobertos de enormes pedras.

Os tírios, entretanto, sabiam como contra-atacar. As pessoas da cidade atiravam flechas flamejantes sobre os macedônios para mantê-los longe das muralhas. Eles esquentaram grandes escudos, cheios de areia, até que o conteúdo ficasse vermelho, então atiravam essa substância sobre os soldados. A areia fervente entrava nas placas peitorais dos soldados de Alexandre de uma maneira torturante. Os homens pararam de usar suas armaduras, em resposta, ficando então vulneráveis para os ataques dos arqueiros acima das muralhas. Os tírios também montaram rodas giratórias nas muralhas, com raios que rodavam rapidamente para desviar flechas e projéteis lançados contra eles. Ferreiros da cidade forjaram tridentes farpados amarrados a cordas, que os defensores lançavam contra os escudos dos macedônios, puxando os escudos para longe e expondo os atacantes. Alguns lançavam redes de pesca para enroscar e atrapalhar os homens de Alexandre. As pessoas da cidade também montaram grandes telas com peles de animais para diminuir a força das pedras lançadas pelas catapultas. Mergulhadores foram enviados para cortar as cordas dos navios macedônios, obrigando Alexandre ordenar que os cabos fossem substituídos por correntes. Foices pênseis foram colocadas no lado do mar para estripar qualquer macedônio que se aproximasse. As oficinas de Tiro mantinham-se ocupadas dia e noite produzindo estes e outros engenhosos instrumentos de guerra para usar contra os homens de Alexandre.

Semana após semana os agressores e os defensores continuaram lutando, mas nenhum dos lados parecia levar vantagem. Os tírios, para assegurar que os deuses permaneceriam do lado deles, amarraram suas estátuas na cidade com correntes de ouro. Os navios da cidade fizeram um valente esforço no início do verão para quebrar o cerco e atacar a frota macedônia, mas foram empurrados de volta ao porto. O povo de Tiro finalmente depositou as suas esperanças em um reforço que viria de sua filha, a cidade de Cartago. Mas uma comissão de trinta embaixadores que, de alguma forma, encontrou um caminho para dentro das muralhas informou aos anciões que, infelizmente, Cartago estava envolvida em uma guerra complicada no oeste contra a cidade siciliana de Siracusa, e não poderia ajudar a sua casa ancestral.

Quase um ano se passara desde a batalha de Isso e mais de seis meses tinham sido gastos inutilmente em Tiro, sem sinal de vitória. Alexandre celebrava agora seu vigésimo quarto aniversário com uma nova determinação: tomar a fortaleza, a qualquer custo. Então, com o mês escaldante de julho chegando ao fim, a ponte macedônia finalmente chegou à ilha.

Alexandre deu a seus homens dois dias para descanso, então lançou um ataque maciço de todos os lados contra a cidade. Torres foram levadas pela ponte, com passadiços para alcançar as muralhas; mas o ataque inicial veio por mar, e não por terra. O rei embarcou no navio principal e ordenou a sua frota para atacar as muralhas ao redor da cidade por todos os lados, de forma que os tírios não soubessem onde concentrar sua defesa. Um dos seus navios fortificados com um aríete conseguiu, finalmente, fazer um buraco nas muralhas, depois recuou para permitir que uma trirreme com marinheiros macedônios ancorasse no espaço. O esquadrão de assalto foi conduzido por um oficial corajoso chamado Admeto, que liderou seus homens na brecha. Este capitão foi logo morto, mas os homens continuaram a se enfiar pelo buraco – inclusive o próprio Alexandre, que foi o primeiro em cima dos muros da cidade. O tírios lutavam contra os invasores com tudo o que tinham, mas outros navios aproveitaram a distração para avançar contra as trirremes bloqueando os dois portos no coração da cidade. A massa do exército, em seguida, atravessou a ponte com torres para entrar em Tiro.

A ferocidade do massacre foi vertiginosa. Os macedônios tinha passado os últimos sete meses trabalhando para tomar a teimosa cidade, vendo muitos de seus amigos serem esmagados por pedras arremessadas das muralhas ou queimados até a morte por bombas flamejantes. Estavam furiosos, cansados e odiavam profundamente o povo de Tiro por ter-lhes feito passar por esse inferno. Alexandre nem mesmo tentou segurá-los quando eles começaram a matar cada homem, mulher e criança que conseguissem pegar. Os tírios lutaram rua a rua, com o desespero daqueles que sabem que não receberão misericórdia. Milhares morreram nas primeiras horas do ataque. Alguns fizeram uma última resistência em um santuário dedicado a Agenor, o lendário fundador da cidade. Alexandre liderou o ataque que matou todos os defensores. Mas a essa altura a sede de sangue dos macedônios já estava saciada e os cidadãos ainda vivos foram detidos para serem vendidos como escravos, cerca de trinta mil almas ao todo. Os poucos que conseguiram entrar no templo de Hércules em busca de refúgio foram poupados pelo rei, incluindo os emissários cartagineses. Mas dois mil homens em idade de combate, capturados no ataque, foram levados para a praia do continente em frente à cidade e crucificados – a forma mais dolorosa de morte conhecida no mundo antigo. Então, finalmente, com a cidade tomada e funerais realizados para os muitos macedônios que haviam tombado lá, Alexandre caminhou até o centro da cidade em ruínas e ofereceu seu longamente esperado sacrifício no templo de Hércules.

Alexandre e seu exército estavam felizes de deixar as ruínas fumegantes de Tiro para trás e prosseguir com sua marcha até a costa do Mediterrâneo. A ponte que eles tinham trabalhado tanto para construir, ficou lá acumulando lodo e areia, até ser totalmente coberta e se tornar um pedaço de terra permanentemente conectado com a antiga ilha de Tiro.

A costa da Palestina estava assando sob o sol do verão quando os macedônios fizeram o seu caminho para o sul. Os registros antigos não mencionam Alexandre pegando um caminho menos direto mas mais hospitaleiro pela Galileia e descendo o vale do rio Jordão. Apenas o historiador judeu Flávio Josefo afirma que Alexandre foi até o templo em Jerusalém para prestar seus respeitos ao sumo sacerdote, mas isso é, quase certamente, ficção. Em vez disso, os macedônios tomaram o caminho mais curto descendo a costa pelo Monte Carmelo, seguindo em direção a Jope, lugar onde Jonas tomou o navio antes de ser engolido por um grande peixe.

Em algum lugar ao longo dessa estrada árida, emissários do Grande Rei encontraram Alexandre com uma nova oferta de paz. A campanha persa no Egeu praticamente entrara em colapso com a derrota dos fenícios, portanto a esperada rebelião na Grécia agora parecia bem improvável. Quando os embaixadores persas estavam chegando ao acampamento, enviados das cidades gregas – exceto os espartanos, é claro – estavam presentes, congratulando Alexandre por suas vitórias. Dário estava demorando muito mais do que havia previsto para montar um exército das províncias distantes do seu império. Ele precisava de pelo menos mais um ano para preparar-se para a guerra; era melhor costurar um acordo com Alexandre para ganhar tempo. Assim, o Grande Rei estava disposto a aumentar o resgate: ele pagaria mais por sua família, e permitiria que Alexandre se casasse com sua filha mais velha, concedendo-lhe todas as terras a oeste do rio Eufrates. Tudo isso se ele encerrasse sua campanha. Dário lembrou o jovem rei que o Império Persa era vasto e cheio de povos guerreiros. Se fosse tolo o suficiente para tentar conquistá-lo, iria envelhecer na tentativa, mesmo no caso improvável de ele derrotar o exército persa na batalha. Era melhor aceitar as terras do Mediterrâneo oriental como um presente do que jogar fora sua vida em algum campo de batalha na Pérsia ou nos territórios vazios da Báctria.

Quando Alexandre leu a carta para seu conselho, Parmênio disse que se fosse Alexandre, aceitaria os termos de Dário. O rei rebateu que também os aceitaria, se fosse Parmênio. Em vez disso, Alexandre respondeu para Dário dizendo que já tinha todo o ouro de que precisava sem o resgate pago pelo Grande Rei e que poderia se casar com a filha capturada quando quisesse, sem a necessidade da permissão do pai. Quanto às terras oferecidas por Dário, elas não eram nada em comparação com o império que ia conquistar. Lídia, Cilícia e Fenícia foram apenas o começo. Média, Pérsia e até mesmo a Índia seriam dele. Ele dispensou os enviados com uma última palavra para Dário: logo eles se encontrariam novamente em batalha.

O único obstáculo para Alexandre completar sua jornada até o Egito era a cidade-fortaleza de Gaza, na planície costeira no limite do deserto do Neguev. Assim como Troia, era uma cidade antiga em uma colina perto do mar, construída sobre as camadas de seu próprio passado. Desde os dias dos filisteus, ela dominava o tráfego de caravanas para o interior da Arábia. Ouro, incenso e mirra passavam por seus mercados, os quais Heródoto considerava estar entre os maiores da Ásia. Ela já tinha sido governada por faraós, mas havia passado aos assírios, aos babilônios e, finalmente, aos persas. O governador do Grande Rei em Gaza, um eunuco chamado Batis, estava confiante que os macedônios não poderiam tomar sua cidade. Atrás de seus altos muros, ele tinha bastante água e grãos para sustentar um longo cerco. Além disso, havia contratado mercenários árabes endurecidos pelas lutas no deserto. Apesar do sucesso de Alexandre em Tiro e as terríveis consequências para seus habitantes, Batis desafiou Alexandre a tentar invadir Gaza.

Quando o rei e seus engenheiros cavalgaram ao redor da cidade no primeiro dia, eles tiveram de admitir que seria bem difícil capturá-la. A cidade ficava tão acima da planície que as máquinas de cerco macedônias não poderiam alcançar as suas paredes. Por isso, Alexandre ordenou a seus homens a construção de um monte ao redor da cidade da mesma altura que ela. Quando completo, ele colocaria torres no seu cume para atacar a cidade. Era uma tarefa monumental para seus soldados, que tinham acabado de passar meses construindo uma ponte no mar até Tiro, mas eles obedeceram às ordens.

Certa manhã, durante a construção, quando Alexandre fazia sacrifícios diante da cidade, uma ave de rapina desceu sobre ele e deixou cair uma pedra que estava carregando em suas garras. O rei voltou-se para que seu adivinho, Aristandro, interpretasse esse sinal. O velho profeta disse que Alexandre tomaria a cidade em tempo, mas que ele não deveria lutar aquele dia. O rei relutantemente obedeceu a vontade dos deuses, mas quando os mercenários árabes fizeram uma incursão inesperada contra os macedônios, naquela tarde, Alexandre não pôde evitar ir para as linhas de frente da luta. Quase imediatamente, ele foi atingido por uma flecha vinda de uma catapulta que penetrou em sua armadura e entrou direto no seu ombro. O rei amaldiçoou sua sorte, mas ordenou que fosse feito um curativo na ferida e continuou a lutar, pelo menos até que caísse inconsciente pela perda de sangue. Batis e o povo de Gaza comemoraram, pensando que ele havia sido morto.

Alexandre não estava morto, mas bastante irado. Quando as torres de cerco que ele usou em Tiro chegaram por navio, o rei ordenou que seus engenheiros as posicionassem nos montes que tinham construído. Os macedônios, em seguida, lançaram um ataque maciço sobre a cidade que foi rechaçado três vezes pelas defesas. Então Alexandre, apesar de seu ombro enfaixado, liderou suas tropas no quarto assalto, que finalmente rompeu as paredes. O povo de Gaza lutou bravamente contra os invasores como tinham feito os cidadãos de Tiro, mas eles não podiam conter a fúria dos macedônios. Todos os homens de Gaza morreram em seus postos defendendo a cidade, mas as mulheres e crianças foram capturadas e vendidas como escravas. Batis, gravemente ferido, mas ainda desafiador, foi levado perante Alexandre, que o ameaçou com punições cruéis se ele não se curvasse diante dele. O eunuco apenas olhou para o rei com desprezo. Então Alexandre, em sua raiva, fez algo tão horripilante que a maioria dos historiadores omite esse episódio. Na *Ilíada,* Aquiles pegou o corpo morto do seu oponente troiano, Heitor, e o arrastou ao redor do acampamento grego em sua biga. Alexandre agora tomou Batis, ainda vivo, amarrou seus tornozelos com tiras de couro, prendeu-o a seu próprio carro e puxou-o pelo deserto rochoso ao redor da cidade de Gaza por muito tempo, mesmo depois que ele já estava morto.

Alexandre convocou tribos locais de beduínos para reconstruir e repovoar Gaza como uma fortaleza, dessa vez sob controle macedônio. Ele enviou sua frota na frente, então avançou com o seu exército para os desertos costeiros a norte do Sinai. Era novembro e os dias eram frescos e agradáveis, mas ainda havia dificuldades. A água era escassa pelo caminho em torno do lago Serbonis, de água salobra, e a reta final era notória pela areia movediça. Porém, seis dias após deixar Gaza, Alexandre chegou à cidade fronteiriça de Pelúsio. Ali, quase dois séculos antes, o rei persa Cambises, filho de Ciro, o Grande, havia derrotado o exército do faraó. Heródoto viu os ossos de guerreiros de ambos os lados ainda branqueando sob o sol, quando visitou o lugar muitos anos depois. No Pelúsio, o ramo oriental do Nilo corria para o Mediterrâneo. E foi por lá que Alexandre entrou no Egito, uma terra que mudaria sua vida para sempre.

CAPÍTULO 5

EGITO

Em meu relato sobre o Egito, eu darei uma descrição maior,
com muito mais fatos do que o usual, pois esse país tem mais
monumentos e maravilhas do que qualquer outro lugar.

Heródoto

Quase tudo que Alexandre sabia sobre o Egito vinha dos textos de Heródoto, o historiador grego do século anterior que descreveu as coisas que viu ao longo do Nilo durante suas viagens, além de registrar algumas histórias de segunda mão de natureza mais dúbia. Heródoto sabia que o vale do Nilo alagava todos os anos, depositando um rico solo aluvial nos campos férteis de ambos os lados do rio, mas não sabia o motivo pelo qual isso acontecia. Ele relata que um antigo faraó descobriu a língua original da humanidade ao isolar dois recém-nascidos entre mudos até eles proferirem sua primeira palavra, que, presumivelmente, seria na língua de nossos ancestrais (a palavra foi *bekos,* o termo frígio para "pão"). Heródoto também registra que os egípcios veneravam gatos e frequentemente os mumificavam. Ele exagera no tamanho dos crocodilos do Nilo, mas diz que eles podem ser capturados usando um porquinho como isca. E estava fascinado pelas pirâmides, passando adiante os relatos que ouviu de sacerdotes egípcios sobre como elas foram construídas. Ele tinha um interesse particular na religião egípcia, alegando que os gregos aprenderam muitos de seus rituais sagrados do Egito. Também escreve sobre a origem do divino oráculo de Zeus-Amon no distante oásis oriental de Siuá. Alexandre tinha crescido ouvindo histórias desse lugar sagrado que o rei persa Cambises uma vez tentou destruir, apenas para perder cinquenta mil homens em uma tempestade de areia. Para Alexandre, o Egito deve ter sido uma terra de maravilhas e mistérios.

O Egito era um reino tão antigo que as grandes pirâmides de Gizé eram quase tão antigas para Alexandre quanto ele mesmo é para nós. Fazendeiros já viviam nas margens do Nilo por muitos milhares de anos quando, de acordo com a tradição, Menes uniu os reinos do alto (sul) e do baixo (norte) Egito no fim do quarto milênio a.C. O velho reino começou alguns séculos depois, com um governo de faraós altamente centralizado. Logo os governantes do Egito estavam encomendando grandes monumentos e estabelecendo relações diplomáticas com os reinos da Mesopotâmia e além. Após o colapso do Império Antigo, houve um período de governos localizados, até que os faraós do Reino Médio restabeleceram sua autoridade sobre todo o país. Um povo conhecido como hicsos mais tarde tomou o controle do norte do vale do Nilo, mas o novo reino surgiu no meio do segundo milênio a.C. e estendeu seu poder até o rio Eufrates. Hatchepsut, uma mulher de sangue real, governou como faraó durante esse período, assim como Tutancâmon e o longevo Ramsés, famoso pelas colossais estátuas de pedra construídas em Abu Simbel e por suas guerras contra os hititas da Ásia Menor. Mas, durante a Guerra de Troia, o misterioso povo do mar atacou o Egito vindo do norte, dando início a um longo período de declínio e incursões estrangeiras de núbios, assírios, babilônios e, finalmente, persas.

O Grande Rei Cambises conquistou o Egito no final do século VI a.C. e deu início a um século de má vontade quando queimou templos em todo o país e matou o sagrado touro Ápis em Mênfis em um acesso de fúria. Os persas foram vistos a partir daí como opressores ímpios que zombavam das tradições religiosas egípcias e sangravam o país até a morte por meio de altos impostos e arrecadação de grãos. Finalmente, depois de décadas de domínio persa, os egípcios se revoltaram e expulsaram as tropas do Grande Rei. Por sessenta anos o Egito foi independente, até Artaxerxes III liderar mais uma investida do exército persa. O último faraó nativo do Egito, Nectanebo, fugiu para o sul de Núbia e um sátrapa foi nomeado para, mais uma vez, impor a vontade do Grande Rei.

Dois anos haviam se passado desde que os macedônios entraram na Ásia. A frota de Alexandre o seguira descendo pela costa do Sinai até Pelúsio, onde o rei encontrou seus navios ancorados no Nilo. Também esperando por ele estava Mazaces, o recém-nomeado governante persa do Egito. Seu predecessor, Sabaces, tinha levado a maior parte do exército do Grande Rei para a província de Isso um ano antes. Já que Sabaces e muitos dos seus soldados haviam morrido em batalha naquela cidade, Mazaces decidiu que era melhor agir com discrição e entregou toda a província a Alexandre sem luta. Para ganhar as graças de Alexandre e, essa era certamente a esperança dele, salvar sua própria vida, Mazaces trouxe também todo o tesouro e mobiliário real que pôde carregar nas carroças. Em um dia, o rei macedônio tinha acrescentado a seu império crescente uma província maior e muito mais rica do que toda a Grécia.

Mas mesmo que a guarnição persa no Egito tivesse se rendido, Alexandre percebeu que a verdadeira posse da terra exigiria dele o máximo de tato e diplomacia. Os egípcios poderiam muito bem aproveitar esse momento para colocar em ação outra de suas revoltas contra o novo soberano estrangeiro. Alexandre tinha de proceder com muito cuidado, a fim de que os egípcios o aceitassem de bom grado como seu governante – mas, para isso, precisava dos sacerdotes a seu lado. Assim, Alexandre dedicou os meses seguintes a mostrar ao povo do vale do Nilo que ele não só respeitava sua religião, mas era um entusiasta dos deuses egípcios.

Ao enviar sua frota para subir o Nilo, Alexandre e seu exército marcharam pelas planícies sem fim do delta. O exército se movia com o rio à sua direita e o deserto estéril à sua esquerda. Eles passaram por campos de trigo e cevada, tamareiras e figueiras, gado e pescadores, e por grandes bancas de papiro, usado para fazer o material de escrita mais precioso no mundo antigo. Ao longo do caminho, aldeias de agricultores e a nobreza local saudaram o novo rei, embora com o exército a seu lado, eles tivessem pouca escolha. Alexandre passou pela terra de Goshen, onde as histórias diziam que os hebreus haviam se estabelecido depois de um período de fome em sua terra natal. Ele também passou por Avaris, onde quase mil anos antes Ramsés tinha construído uma cidade gloriosa apenas para ser engolida no tempo pelas areias do deserto.

Após uma semana de viagem ao longo do rio, Alexandre chegou na ancestral cidade de Heliópolis, um centro de aprendizado e atividades sacerdotais por milênios. Aqui em um monte elevado, onde o ramo oriental do Nilo encontrava o canal principal do rio, ficava o célebre templo de Rá, conhecido pelos gregos como o deus sol Hélio. O rei certamente tratou os sacerdotes de Heliópolis com grande respeito – em contraste com o rei persa Cambises, que tentou destruir o local sagrado e derrubar os obeliscos próximos.

Do outro lado do Nilo, a apenas um dia de viagem ao sul de Heliópolis, estava Mênfis. Desde os primeiros dias do Antigo Império, a cidade tinha sido o centro religioso mais importante do Baixo Egito. Mesmo quando a capital era em outro lugar, faraós ainda mantinham palácios em Mênfis e apoiavam generosamente o sacerdócio e os templos da cidade. Na parte ocidental de Mênfis, estava a pirâmide de degraus de Saqqara, a primeira dessas grandes estruturas construídas no Egito. Logo além de Saqqara, na borda da planície de inundação, estavam quilômetros de túmulos elaborados. A cidade propriamente dita era também um centro comercial bem conhecido no mundo grego, mas era mais famosa por seu templo do deus criador Ptah. Sua manifestação terrena era o sagrado Ápis, um animal escolhido zelosamente e cuidado no pátio do templo. Os peregrinos vinham de todo o Egito para buscar a bênção do touro em Mênfis. Quando cada Ápis morria, ele era embalsamado e levado para uma câmara mortuária especial em Saqqara.

O fato de o Grande Rei ter matado o touro Ápis no século anterior foi um sacrilégio inacreditável e uma ofensa que os egípcios jamais esqueceriam. Foi, portanto, com grande reverência que Alexandre se aproximou do templo de Ptah e ofereceu abundantes sacrifícios ao deus, em deliberado contraste com o governante persa. Os sacerdotes não poderiam ficar mais satisfeitos. E, embora as melhores fontes antigas não confirmem, é provável que Alexandre tenha sido coroado faraó do Egito. Estátuas do rei no Egito mostraram-no vestido como senhor do Alto e do Baixo Egito, enquanto inscrições diziam que ele era o favorito de Rá, filho de Amon. Então, para celebrar seu novo status e entreter a população local, bem como suas próprias tropas, Alexandre já havia providenciado para que os atletas e músicos mais famosos da Grécia fossem encontrá-lo em Mênfis. Tanto egípcios como macedônios festejaram e beberam, aplaudiram corridas e competições de luta livre, desfrutaram de comédias e tragédias no palco e ouviram coros cantando, tudo em um belo dia de inverno nas margens do Nilo, cercados pelos gloriosos monumentos da história egípcia. Deve ter sido espetacular.

Os historiadores antigos que escreveram sobre a campanha de Alexandre no Egito estão em desacordo sobre para onde o rei prosseguiu depois de Mênfis. Alguns dizem que ele rumou imediatamente para o norte, seguindo o Nilo até o Mediterrâneo. Outras fontes, no entanto, afirmam que ele desejava viajar para o sul para ver os antigos palácios e monumentos do Alto Egito. Há também relatos fragmentários de que ele teria enviado o sobrinho de Aristóteles, Calístenes, ao interior da Etiópia, em busca da nascente do Nilo. Nenhuma dessas histórias é implausível, pois Alexandre estava muito curioso sobre as terras de seu império e reinos além. Uma corrida rápida rio acima para a Tebas egípcia ou mesmo para a primeira catarata perto de Assuã não teria tomado mais do que algumas semanas. Tebas teria sido especialmente atraente por ser um dos principais centros da vida religiosa no Egito, bem como o local de muitos dos templos mais grandiosos do vale do Nilo. Para fortalecer seu governo no sul do país e estabelecer laços firmes com a classe sacerdotal de lá, Alexandre certamente teria considerado uma breve viagem pelo Nilo como um sábio investimento de seu tempo.

Tenha Alexandre viajado para o sul ou permanecido em Mênfis durante essas semanas, o fato é que em janeiro ele estava seguindo rumo norte para o mar. Na sua jornada, a apenas um curto dia velejando pelo Nilo, estava o platô de Gizé, um pouco a oeste do rio. Ali, as três grandes pirâmides do Egito assomavam sobre o deserto ao redor, enquanto a Esfinge, agachada, contemplava sem pestanejar o sol nascente como fizera por mais de dois mil anos. Curiosamente, nenhuma das fontes antigas menciona Alexandre visitando esses monumentos famosos, mas é inconcebível que ele não tenha feito uma parada. Mil anos mais tarde, a maior parte do calcário branco que cobria as pirâmides seria arrancado para ser usado como material de construção, mas durante a visita de Alexandre, os monumentos ainda brilhavam ao sol da manhã. O rei teria caminhado pela longa ponte que liga o Nilo ao complexo da pirâmide; em seguida, olharia com espanto para aquelas montanhas artificiais, cada uma composta de vários milhões de pedras gigantes encaixadas perfeitamente. Heródoto disse que os blocos eram levantados nível por nível com máquinas, mas Alexandre deve ter duvidado dessa explicação, dado o óbvio enorme peso das pedras. Se ele entrou nas pirâmides e atravessou seus estreitos túneis claustrofóbicos, encontrou as câmaras dos antigos faraós há muito tempo saqueadas por ladrões de túmulos. Uma vez que estivesse de volta ao ar livre, Alexandre também poderia ter feito um passeio pelas pirâmides e templos do complexo, mas não teria deixado de lado a Grande Esfinge. Com mais de quinze metros de altura e esculpida em rocha viva no local, aquela imagem iminente, com cabeça de homem e corpo de leão, sempre pareceu estar prestes a falar. Alexandre com certeza se lembrou da história de Édipo, a quem a esfinge propôs uma charada: o que tem quatro pernas quando jovem, duas quando cresce e três quando envelhece? A criatura matava aqueles que não sabiam a resposta, mas Édipo sabia que se tratava do ser humano, que engatinhava quando bebê, andava sobre duas pernas quando adulto e usava uma bengala quando velho. A Esfinge, entretanto, não fez nenhuma pergunta a Alexandre, apenas continuou sua eterna vigília quando o rei voltou para o Nilo.

Quando o navio de Alexandre chegou perto de Heliópolis, o rio se dividiu em diferentes canais que se espalhavam pelo delta. Em vez de pegar o caminho rumo ao leste, para Pelúsio, a flotilha desceu pelo ramo ocidental, conhecido como Canopo, para o posto de comércio grego em Naucratis. A cidade ficava a oitenta quilômetros no interior, mas por três séculos tinha sido o principal ponto de contato entre o mundo grego e a terra dos faraós. Para Alexandre, era um pequeno povoado, distante demais do Mediterrâneo para os seus sonhos de uma metrópole internacional em expansão. Com Tiro destruída, ele precisava de um novo porto para servir como centro de comércio, não só para o mercado egípcio, mas para todo o Mediterrâneo oriental. Um porto no mar perto da foz do Nilo seria um empório natural para a crucial exportação de grãos do Egito, mas também para o comércio de especiarias árabes e os bens provenientes da costa leste africana. Com o comércio através do Golfo de Suez, descendo o Mar Vermelho e ao redor da Arábia, ele também poderia servir como um ponto final para o comércio da Pérsia e da Índia.

O pequeno e sonolento porto de Naucratis simplesmente não servia para tal visão. Alexandre sabia que precisava de uma cidade inteiramente nova em um lugar escolhido pelo fácil acesso tanto por mar quanto pelo Nilo, além de um porto de águas profundas, facilmente defensável contra piratas e invasores, com um clima saudável, brisas e fontes abundantes de água fresca. Quando ele chegou à foz do ramo Canopo do rio e viu um amplo cume de pedra calcária a oeste, entre o Mediterrâneo e o lago Mareotis, sabia que havia encontrado o local para sua nova cidade. Ali existia um porto em um istmo, do qual só era possível se aproximar vindo de leste ou de oeste por uma estreita costa. Era perto o bastante da foz do Nilo para permitir um acesso fácil pelo rio e garantir um suprimento constante de água fresca, mas longe o suficiente para que sítios não fossem um problema. A cerca de um quilômetro de distância estava a ilha de Faros, um quebra-mar natural, muito conhecido pelos gregos. Naquela mesma noite, Alexandre teria tido um sonho no qual um homem velho apareceu para ele citando versos conhecidos de Homero:

> Há uma ilha no mar tempestuoso
> na frente do Egito – eles a chamam de Faros.

Não se sabe se o rei de fato teve essa visão ou não, mas ele estava convencido de que o porto em frente a Faros seria perfeito para sua nova Alexandria.

O historiador Arriano diz que mais uma vez um *pothos,* ou um desejo, tomou Alexandre, que decidiu fazer o projeto da própria cidade ele mesmo. Os detalhes variam de acordo com fontes diferentes, mas a maioria concorda que ele estava com tanta pressa para começar o trabalho que não teve tempo para mandar vir giz para marcar os limites da cidade. Em vez disso, um soldado que estava com ele sugeriu o uso de parte da cevada que tinham trazido. Alexandre achou essa ideia maravilhosa e ansiosamente começou a andar no local, saco de grãos nas mãos, delineando onde queria que ficassem as fortificações, as ruas largas, o mercado central e os templos. Ele estava especialmente interessado em que houvesse santuários de deuses egípcios para mostrar seu respeito pelas crenças locais. O templo da popular deusa nativa Ísis ficaria em destaque, uma divindade conhecida pelos gregos como trazedora da vida tanto para a humanidade quanto para a terra.

Mas, de repente, Alexandre e seus companheiros viram milhares de aves do lago vizinho descerem sobre o local e rapidamente comerem cada grão de cevada que tinham tão cuidadosamente colocado. O rei ficou muito preocupado com as implicações de tal presságio. Estavam os deuses contra a fundação da cidade? Sempre rápido para transformar um sinal dos céus em uma boa notícia, Aristandro, adivinho favorito do rei, proclamou que os pássaros comilões eram maravilhosos prodígios, pois mostravam que a nova cidade de Alexandre seria esplendidamente próspera e nutriria todas as nações da terra.

Enquanto o rei ainda estava em Alexandria, boas notícias chegaram da Grécia. O mensageiro era um macedônio chamado Hegeloco, co-comandante da frota do rei no Egeu. O almirante informou que os cidadãos da estratégica ilha de Tenedos, perto de Troia, haviam se revoltado contra os persas e os expulsado. Melhor ainda, a crucial ilha de Quios chamara os macedônios para expulsar os persas. Lá, ele tinha capturado o comandante da frota persa, Farnabazo, sobrinho do falecido Memnon. A operação tinha ido tão bem que um dos aliados gregos dos persas, Aristônico de Metimna, na ilha de Lesbos, foi capturado após entrar no porto de Quios pensando que este ainda estava nas mãos dos persas. Toda a ilha de Lesbos, a chave para o norte do Egeu, tinha sido tomada pelas forças de Alexandre. Além disso, o sul da ilha de Cos, perto de Halicarnasso, ajudara os macedônios a expulsar os persas. Todo o Egeu e o Mediterrâneo oriental agora pertenciam a Alexandre.

Hegeloco trouxe com ele acorrentados Aristônico e todos os líderes aristocráticos de Quios e Lesbos que tinham ficado do lado do Grande Rei, mas se desculpou por Farnabazo, que havia, de alguma forma, escapado quando eles estavam em Cos. Mesmo assim, Alexandre ficou satisfeito com o grupo de prisioneiros acovardados à sua frente e rapidamente decidiu o destino deles. Os líderes de Lesbos foram mandados para casa para serem julgados por seu próprio povo, que, posteriormente, torturaram-nos e os executaram. Alexandre então emitiu um decreto para o povo de Quios, afirmando que eles estavam agora livres do regime opressivo da Pérsia e poderiam receber de volta os exilados que fugiram de sua ilha. Ele também postou uma guarnição da Macedônia lá para supervisionar assuntos cívicos, caso os cidadãos levassem sua liberdade a sério demais. Mas os anciões de Quios sabiamente conheciam os limites de sua liberdade e elaboraram uma constituição modesta, enviando-a de imediato para receber a aprovação de Alexandre. O rei tinha algo especial em mente para os ex-governantes aristocráticos de Quios, que tinham escolhido jurar lealdade a Dário em vez de a ele. Para que esses oligarcas se sentissem em casa em um ambiente isolado conhecido, exilou-os para a pequena ilha de Elefantina, no meio do rio

Nilo, na fronteira do extremo sul do Egito. Ali, perto da primeira catarata do rio, a mais de mil quilômetros de suas casas, eles poderiam passar seus dias observando o famoso Nilômetro da ilha, medindo seu tempo pelas subidas e descidas do rio a cada ano, para o resto de suas vidas.

Com a cidade de Alexandria fundada e com as questões políticas do mundo grego resolvidas, Alexandre agora concebia um desejo poderoso de visitar o distante oráculo do oásis de Siuá. Este santuário remoto estava a 480 quilômetros a oeste do vale do Nilo, no meio do vasto deserto do Saara. Era um local improvável para um centro religioso, mas que se tornou cada vez mais conhecido para a Grécia. Lendas contam que tanto Hércules quanto o herói Perseu visitaram o lugar em tempos remotos, mas foi só no século anterior a Alexandre que os gregos se tornaram realmente conscientes do culto oracular em Siuá. A divindade honrada ali era Amun, o deus que chefiava o panteão egípcio. Os gregos, que o chamavam de Amon, naturalmente viram nele uma contraparte de Zeus e com frequência se referiam ao oráculo como sendo de Zeus-Amon. É provável que o mundo egeu tenha tomado consciência do centro do culto a esse deus, muitas vezes representado com chifres de carneiro, por meio da colônia grega de Cirena, na costa africana a oeste do Egito. Caravanas do oásis devem ter negociado na cidade e fizeram a história do fabuloso oráculo de Amon atravessar o deserto. A partir daí, marinheiros espalharam a notícia do deus e seu poder para a Grécia. Logo havia um templo para Amon em Atenas, enquanto o famoso poeta Píndaro cantava em seu louvor e erigia uma estátua do deus em sua cidade de Tebas. O oráculo de Zeus-Amon foi reconhecido como equivalente ao de Dodona ou Delfos, embora só alguns tivessem feito a árdua caminhada até o oásis.

A visita de Alexandre ao oráculo em Siuá é um dos mais controversos episódios de sua vida. Os escritores antigos especularam interminavelmente sobre o porquê de ele ter feito a viagem e o que teria aprendido lá. Os detalhes da viagem são conflitantes, incompletos e, por vezes, evidentemente inventados pelos historiadores que escreveram sobre ela. Mas, apesar das contradições enlouquecedoras nas fontes, o fato é que Alexandre passou várias preciosas semanas no meio de uma guerra arriscando sua vida para viajar através de um dos desertos mais inóspitos do mundo para ouvir as palavras de um deus.

É difícil para os leitores modernos acreditarem que religião fosse motivação suficiente para fazer tamanha jornada em uma época tão inconveniente. Mas para apreciar a natureza de Alexandre e do mundo em que viveu, deve-se pôr de lado os próprios preconceitos, ceticismo e descrença cínica para perceber que o mundo antigo era uma época de grande mistério e magia. Havia céticos, com certeza, mas para a maioria das pessoas, inclusive Alexandre, os deuses estavam por toda parte e controlavam todos os aspectos da vida. O voo de um pássaro solitário no ar, o som do vento soprando através das árvores, um sonho perturbador no meio da noite – tudo podia ser um sinal dos deuses. Essas forças divinas, em alguns lugares especiais na terra, realmente falavam com as pessoas, embora nem sempre de forma clara. Mas se alguém estava disposto a fazer a viagem para tal local, era possível fazer uma pergunta e ouvir as palavras verdadeiras de um deus em resposta.

Alexandre tinha muitas questões, mas havia três que pesavam mais em sua cabeça. Primeiro, seria ele capaz mesmo de vencer Dário e conquistar as terras do oriente? Ele estava se colocando contra um império enorme e poderoso. A despeito de seu talento como general e de seu transbordante otimismo juvenil, havia uma chance muito real de ele fracassar. Em segundo lugar, o rei queria saber se os assassinos de seu pai, Felipe, haviam sido punidos. Tendo em conta que muitos suspeitavam de Alexandre como a força por trás do assassinato, esta questão parece uma cortina de fumaça para desviar a suspeita sobre o verdadeiro culpado. Mas supondo que Alexandre fosse inocente, era vital que ele encontrasse e punisse quem tivera envolvimento direto na morte de seu pai. Não o fazer seria trazer uma culpa de sangue que mancharia seu governo e invocaria a ira dos céus. A terceira e última questão era a mais estranha e audaciosa de todas: Alexandre queria saber se Felipe era realmente seu pai *ou* se ele era de fato o filho de um deus. Sua mãe disse que ele foi concebido por Zeus, e não Felipe, quando o deus a possuíra na forma de um raio. Felipe mesmo sonhara que ele havia selado o ventre de sua esposa com a imagem de um leão, uma visão que o profeta Aristandro interpretou como um sinal de que ela já estava grávida de um filho divino.

Alexandre podia realmente ser tão vaidoso e iludido a ponto de acreditar ter sido concebido pelo rei dos deuses? Isso parece ser o cúmulo do que os gregos chamavam *hubris,* a qualidade de arrogante presunção que é o prelúdio para a própria destruição nas mãos do divino. Muitos gregos afirmavam descender dos deuses, embora com certa distância. No oriente, do Egito à Pérsia e até a Índia, os governantes muitas vezes proclamaram sua filiação divina. Teria sido essa uma manobra de propaganda friamente calculada por parte de Alexandre para facilitar sua aceitação pelos povos da África e da Ásia? Ou poderia Alexandre honestamente ter dúvidas sobre quem era seu pai? É desconcertante para o leitor moderno pensar que ele de fato acreditava que poderia ser o filho de um deus, mas, novamente, deve-se pôr de lado os próprios preconceitos e ver Alexandre no contexto de seu próprio mundo. Para seus súditos, soldados, amigos e para ele mesmo, a ideia de ascendência divina era corajosa e ousada, mas não ultrajante. Aquele jovem já havia vencido o Grande Rei no campo de batalha e conquistado mais terras do que qualquer grego jamais sonhara. Para seus seguidores, se tais realizações não eram um sinal de sangue divino, o que poderia ser? Deve-se, portanto, presumir que a pergunta de Alexandre sobre sua filiação – por mais estranho que possa ser para nós e, ao que tudo indica, servisse para promover sua agenda política – foi sincera.

De Alexandria, o rei e alguns poucos dos seus companheiros mais próximos foram para oeste em camelos e guiados seguindo o mar. A rota mais fácil para Siuá a partir do delta do Nilo era pela costa do Mediterrâneo por mais de 240 quilômetros até a pequena cidade de Paraitonion (atualmente, Marsa Matruh), um dos poucos portos seguros de sua costa estéril. Esperando por ele estava uma delegação da cidade de Cirena, a muitos dias para o oeste. Esses embaixadores não só representavam a sua própria cidade, mas também todas as comunidades ao redor. Eles ofereceram a Alexandre presentes magníficos e a tradicional coroa da submissão, enquanto o rei, em troca, recebia calorosamente a aliança deles e os tratava como amigos e aliados.

 Cirena era o maior assentamento grego na África, fundada como uma colônia da ilha vulcânica de Thera (atual Santorini) trezentos anos antes. A maioria dos colonos posteriores eram dórios resistentes, relacionados aos espartanos e a outras tribos do sul da Grécia. Cirena era uma região verde e fértil na borda do grande deserto, com a própria cidade no alto de uma colina no interior. As relações com os africanos nativos tinham sido difíceis no começo, mas os colonos haviam, com o tempo, estabelecido hegemonia sobre as tribos nativas da região. Cirena era famosa pelos seus cavalos e pela exportação da valiosa e pungente planta *silphium* (atualmente extinta), utilizada em temperos e muitos medicamentos, inclusive contraceptivos. A cidade até estampava a planta em sua moeda. Cirena fora governada durante séculos por uma família real que prometera lealdade à Pérsia, apenas para ser derrubada por seus próprios cidadãos. A cidade e sua região foram um ponto de controle remoto, mas vital, de atividade mercantil, conectando as caravanas do Saara com o mundo grego. Jurar lealdade a Alexandre lhes custou pouco e desviou o rumo do rei macedônio que, possivelmente, continuaria sua marcha ao longo da costa africana. Mas, para Alexandre, ter o controle sobre a região, ainda que nominal, era importante para garantir a fronteira de seu império a oeste. Depois de Cirena estava Cartago, uma potência agressiva que já tinha entrado em conflito com o rei de Tiro. Mesmo naquele momento, Alexandre podia já estar planejando uma futura guerra contra Cartago e expansão no Mediterrâneo ocidental, com Cirena como uma base fundamental.

A partir da cidade costeira de Paraitonion, Alexandre e seu grupo viraram para o sul para dentro do deserto. Os guias disseram ao rei que a cidade estava a mais de três mil quilômetros no meio de um deserto infernal de areias movediças e ventos ferozes vindos do sul, mas Alexandre estava determinado a fazer a jornada. Assim que eles deixaram para trás a planície costeira, a pequena tropa de macedônios encontrou-se imersa em uma paisagem diferente de tudo que já tinha visto. Colinas áridas, sem um traço de vegetação, estendiam-se por todo o horizonte, enquanto a areia profunda que eles lutavam para atravessar lembrava um mar infinito. O vento agitava a areia, jogando-a em seus olhos e cobrindo suas roupas. Desacostumados com a viagem no deserto, os homens beberam todo o seu suprimento de água nos primeiros dias sem nem sinal de um oásis próximo. Para piorar a situação, seus guias se perderam em toda aquela areia. Em algum lugar no meio do deserto sem fim, naquela noite, o rei e seus amigos perceberam que iriam todos morrer.

Mas, então, como um presente dos deuses, surgiu de repente uma tempestade no céu acima deles. Exultantes por terem ganhado um novo sopro de vida, Alexandre e seus homens correram ao redor do acampamento com a boca aberta enquanto coletavam água de buracos no chão. A chuva limpou o ar e deixou um maravilhoso frescor pelo deserto, tornando também a areia mais compacta e mais fácil de caminhar. Mas, apesar da trégua vinda do céu, eles ainda estavam perdidos. Foi então que o rei viu dois corvos voando no céu, aves bem comuns no deserto da Líbia. As aves circularam e voltaram em direção ao sudoeste, grasnando para os viajantes quando partiram. Percebendo que os corvos provavelmente estavam indo em direção a um oásis, Alexandre ordenou que eles fossem seguidos rapidamente. (Seu companheiro Ptolomeu, que mais tarde iria escrever o relato de sua viagem, alegou que, em vez de corvos, tinham sido cobras que guiaram os macedônios à segurança.) Eles logo chegaram ao remoto Gara Oásis, conhecido na Antiguidade a partir dali como o Acampamento de Alexandre. Ainda estavam longe de seu objetivo, mas pelo menos puderam descansar e reabastecer seu suprimento de água antes de seguir adiante com gargantas secas e montes de cascalho duro. Finalmente, depois de pelo menos mais dois dias, eles lutaram para chegar até a borda de um planalto árido e, de cima dos penhascos, viram lá embaixo o amplo e incrivelmente verde oásis de Siuá.

Esticando-se por oitenta quilômetros pelo Saara em vale verdejante pertinho do mar, Siuá era na verdade uma série de oásis e vilarejos. O forte contraste entre o deserto estéril e as exuberantes romãzeiras, oliveiras e palmeiras deve ter sido uma visão chocante, mas bem-vinda, a Alexandre e seus amigos. Para além dos pomares e nascentes borbulhando do chão, estava um deserto árido que se estendia em todas as direções, mas ali no Siuá havia rebanhos pastando, crianças rindo e uma rica cultura florescendo em esplêndido isolamento. Os *ammonii*, como os gregos chamaram os habitantes de lá, nunca tinham feito parte do Egito, embora negociassem com o vale do Nilo. Por todos os arredores do oásis havia ricos depósitos de sal, altamente valorizados pelos sacerdotes do Egito para rituais religiosos. Os nativos carregavam regularmente o sal em cestos de folhas de palmeira e o transportavam de camelo para o leste até Mênfis. (Um tipo especial de pedra de sal encontrado em Siuá e valorizado por suas propriedades químicas ficou largamente conhecido como o sal de Amon – dando origem ao termo *amônia*.) Com o sal, os nativos enviavam tâmaras, escravos e outras mercadorias que chegavam aos seus estabelecimentos em caravana do outro lado do Saara.

Uma atração de Siuá que Alexandre teria conhecido por meio de Heródoto era a Estação do Sol. A piscina no centro de um bosque sagrado de

Amon supostamente derramava água quente ao nascer do sol, água fresca no meio da manhã e água fria ao meio-dia. À medida que o dia se passava e o sol descia sob os montes de areia para o oeste, a estação se aquecia até começar o ciclo novamente no início do dia seguinte. Mas Alexandre estava com pressa demais para bancar o turista. Ele tinha marchado centenas de quilômetros no deserto para consultar o oráculo de Amon; assim, sem nem trocar de roupa, marchou direto para a cidadela rochosa no centro do oásis, onde ficava o templo do deus, acima das árvores. O morro também abrigava a antiga morada da família real de Siuá, com paredes separando os quartos do chefe dos de suas esposas, concubinas e filhos. Alexandre aparentemente não notou a nobreza local enquanto escalava a cidadela e adentrava impetuosamente o santuário do grande deus Amon.

O sumo-sacerdote estava esperando por ele ali. Normalmente, um peregrino importante teria sido recebido por um coro de mulheres nativas cantando hinos ao deus, que era representado não por uma estátua, como nos templos gregos, mas por um pequeno barco dourado com taças de prata penduradas no lado. O sacerdote não tinha sido avisado que o rei visitante estava chegando e, portanto, não teve tempo para organizar as festividades habituais – mas, apesar disso, queria causar uma boa impressão em Alexandre. Ele aparentemente sabia grego suficiente para conversar com um ocasional visitante do outro lado do mar, mas seu sotaque o tornava difícil de ser compreendido. Com os amigos do rei servindo de testemunhas do lado de fora do santuário, o sacerdote cumprimentou Alexandre com um paternal *O paidon*, que significava "Oh, meu filho" – mas sua pronúncia sibilante mudou a última letra, fazendo com que saísse *O paidos*. Alexandre riu desse erro, mas viu nisso um sinal do deus. Para o rei, soou como *O pai dios,* o que em grego significava "Oh, filho de Zeus." Alexandre queria saber quem seu pai era. Esse deslize foi sua primeira pista.

Ptolomeu e os outros companheiros do rei esperaram do lado de fora enquanto Alexandre entrava no templo e fechava as portas. Os detalhes exatos do que aconteceu depois são um mistério sujeito a especulações sem fim, mas o que se pode dizer com certeza é que a experiência de Alexandre no oráculo de Zeus-Amon o transformou profundamente. Todas as perguntas e dúvidas que o atormentaram durante a sua curta, mas turbulenta vida foram colocadas de lado. Ele viria a escrever para sua mãe que tinha ouvido notícias surpreendentes no santuário, mas que lhe contaria os detalhes pessoalmente quando voltasse para a Macedônia. Como ele nunca voltou para casa, os relatórios antigos que possuímos são baseados em palavras que o rei deixou escapar para os amigos em anos posteriores ou em propaganda inventada pelos primeiros escritores. Qualquer que seja o caso, as fontes dizem que Alexandre primeiro perguntou se os assassinos de seu pai tinham sido punidos. O oráculo, principalmente por meio de uma série de gestos de cabeça em resposta às perguntas do rei, indicou que não era possível matar o verdadeiro pai dele, já que não era humano. Mas o profeta disse que Alexandre poderia descansar em paz, pois os assassinos de Felipe tinham de fato sido todos punidos. O rei não precisava mais perguntar sobre sua paternidade, visto que essa pergunta já fora respondida, então fez uma consulta final, perguntando se estava destinado a ser o mestre de todo o mundo. A isso o oráculo deu um simples, mas profundo, aceno de anuência. Era, como diz o historiador Arriano, a resposta que seu coração mais desejava.

Alexandre finalmente sabia quem ele era e qual era seu destino. Ele deu presentes esplêndidos para os sacerdotes de Zeus-Amon como agradecimento e partiu da cidadela. Logo ele passaria a se chamar de o filho de deus, cuja voz ouvira em Siuá. O rei chegaria, inclusive, a cunhar moedas que mostravam os chifres de carneiro característicos da divindade sobre os lados de sua própria cabeça. Ele ainda era um homem que podia sangrar e morrer como qualquer outro, mas a partir daquele dia, Alexandre sabia que uma centelha do divino queimava dentro dele.

Alexandre passou pouco tempo em Siuá após visitar o oráculo. A primavera estava se aproximando e Dário estaria à sua espera em algum lugar na Mesopotâmia. Depois de sua rápida visita ao deserto ocidental, era imperativo que ele retornasse ao seu exército em Mênfis o mais rapidamente possível. Alexandre ainda precisava organizar o governo do Egito e resolver assuntos militares na província, antes de partir do vale do Nilo. A maioria das fontes antigas diz que ele voltou pelo mesmo caminho da ida, seguindo pelo deserto até Paraitonion, daí para Alexandria e subindo pelo ramo Canopo do Nilo até Mênfis. Mas o companheiro de Alexandre, Ptolomeu, conta que o rei escolheu uma rota mais curta, diretamente para o leste, cruzando o deserto. Isso ainda significava mais de 480 quilômetros através de um dos terrenos mais desolados da Terra. A rota leste era um caminho muito utilizado pelos habitantes de Siuá para o comércio com a terra dos faraós; portanto, é razoável supor que Alexandre tenha recrutado vários moradores para atuar como guias. A rota direta era perigosa, mas dado o histórico de Alexandre de correr riscos, esse é exatamente o tipo de desafio que ele teria aceitado com satisfação.

Com um último olhar para o vale verdejante do templo de Zeus-Amon, a caravana de camelos do rei deixou o paraíso no deserto de Siuá e foi para o leste em direção ao Nilo. A trilha era tão sombria quanto a rota que Alexandre havia tomado vindo da costa do Mediterrâneo. Os homens passaram por áridas planícies de cascalho e por dunas altas; em seguida, cavalgaram ao lado de formações de arenito que tinham sido erodidas mais rapidamente na parte inferior do que no topo, fazendo-as parecer com cogumelos gigantes pululando no deserto. Após os dois primeiros dias depois de sair de Siuá, não havia sinal de água, de modo que os macedônios devem ter se perguntado se os guias estavam levando-os à perdição. Mas eles logo descobriram uma série de pequenos oásis espalhados entre as dunas de areia. Os homens de Siuá teriam avisado, no entanto, para encher até a boca os cantis de água nesse último oásis que visitavam, uma vez que levaria mais de uma centena de quilômetros até eles voltarem a ver uma folha de grama. O pequeno grupo se levantou na manhã seguinte e arrastou-se dia após dia ao lado dos camelos, enfrentando sol, areia e vento. Finalmente, depois de pelo menos uma semana de marchar em direção ao sol nascente, Alexandre e seus companheiros viram o oásis de Bahariya no horizonte.

Bahariya era a principal parada na rota mercantil entre Siuá e o Nilo, mas era também um importante centro comercial para uma série de oásis que se estendia como um grande arco através do deserto ocidental. Fora da cidade, o terreno era enegrecido pela erosão de montanhas antigas, mas a cidade em si era muito parecida com Siuá, com abundantes árvores frutíferas, videiras e campos de trigo. Havia também nascentes de água quente e fria que Alexandre deve ter visitado para lavar as camadas de sujeira que havia acumulado no deserto. O comércio estava muito presente na mente do rei desde que ele começara a viajar pela África e pela Ásia, então ele certamente deve ter perguntado sobre cidades distantes e valiosas mercadorias aos comerciantes que conheceu em Bahariya. Em eras posteriores, arqueólogos descobririam uma pequena capela para o culto a Alexandre nos limites de uma cidade na rota em direção a Mênfis. Tal santuário pode ter sido fundado durante a parada do rei por nativos ansiosos para impressionar o soberano que os visitava.

Mas não havia tempo a perder em Bahariya com cultos ou descanso. Seu exército estava esperando por ele, e Alexandre partiu novamente rumo nordeste, seguindo pelo deserto inóspito até finalmente alcançar o vale fértil do Nilo e a cidade de Mênfis. A extenuante jornada de ida e volta a Siuá tomara pelo menos um mês, mas, exceto pela nova confiança que tinha dado a Alexandre em seu divino nascimento e na habilidade de conquistar o mundo, deve ter sido encarada como uma grande aventura da qual o rei e seus amigos se lembrariam para o resto de suas vidas.

De volta a Mênfis, ainda havia muito a ser feito, mas pouco tempo até que Alexandre precisasse deixar o Egito. Ele primeiro organizou um festival para honrar Zeus, o Rei, que ele agora acreditava ser seu pai, e celebrou mais jogos atléticos e festivais musicais para seus soldados antes que a guerra recomeçasse. Antípatro, governando em seu nome na Macedônia, tinha mandado uma força adicional de mercenários e cavalaria trácia para encontrá-lo no seu retorno de Siuá, mas o contingente era de menos de mil homens, um indício de que os problemas na Grécia ainda não estavam resolvidos, especialmente com o rei Agis de Esparta continuando a causar problemas em sua base no Peloponeso. Qualquer que fosse o tamanho do exército persa esperando por ele na Mesopotâmia, Alexandre deveria enfrentá-lo com os soldados que tinha à disposição.

Novos embaixadores vindos do Egeu também estavam esperando pelo seu retorno. Um, de Mileto, relatou que a fonte sagrada em Dídimos, próxima à cidade dele, que há muito tempo estava seca, miraculosamente voltou à vida. Os persas haviam deportado a família de sacerdotes brânquidas de Dídimos para a Ásia Central anos antes, mas os novos sacerdotes e seu oráculo estavam trabalhando furiosamente fazendo previsões a favor de Alexandre. Eles afirmaram que o rei iria derrotar Dário de forma grandiosa e que o Grande Rei em breve encontraria a morte. Sobre Esparta, declararam que a rebelião continuaria, mas fracassaria. Assim que eles ouviram sobre a experiência do rei em Siuá, subitamente se lembraram de que seu oráculo também havia predito a mesmíssima coisa, afirmando que Alexandre era, de fato, filho de Zeus. Para não ficar para trás, uma outra delegação, vinda de uma cidade jônica vizinha da Eritreia declarou que sua profetisa no templo de Atena também tinha predito que Alexandre era filho de Zeus. O rei percebeu perfeitamente que esses novos pronunciamentos oraculares não passavam de diferentes cidades tentando atrair sua boa vontade, mas estava disposto a usá-los em benefício próprio. Se eles espalhassem a notícia de que ele era o filho de Zeus para os gregos, tanto melhor. Talvez então os cidadãos de Atenas, Esparta e Tebas pensassem duas vezes antes de lhe causarem mais problemas enquanto estava ocupado lutando na Ásia.

O assunto final no Egito era a nomeação de governantes civis e militares para a província. Era uma situação complicada, já que a terra ao longo do Nilo era grande, bastante povoada e imensamente rica. Qualquer sátrapa selecionado para governar teria o potencial de se tornar um rei poderoso por sua própria conta se resolvesse se rebelar. Portanto, ele aplicou a mesma medida prudente de dividir poderes que utilizara em Sárdis e na Lídia, mas em uma escala maior. Para manter os egípcios nativos felizes, apontou dois governantes títeres, Doloaspis e Petisis, para dar continuidade à forma antiga de governo ao longo do vale do rio. Petisis declinou essa honra vazia, mas Doloaspis ficou feliz em cumprir seu papel. Os camponeses do Egito continuariam a explorar as mesmas terras e pagar os mesmos impostos que pagavam desde o tempo dos primeiros faraós, mas agora a receita iria para o tesouro macedônio. Oficiais locais foram, de modo geral, mantidos em suas posições. Um grato burocrata egípcio chamado Petosiris louvou Alexandre em hieróglifos como o legítimo "príncipe do Egito" por suas ações, em oposição aos opressivos e injustos persas que tinham vindo antes.

Alexandre dividiu o controle sobre os soldados comuns que estava deixando para trás entre dois oficiais macedônios de confiança, um em Mênfis e o outro em Pelúsio. Um oficial do noroeste da Grécia comandaria os mercenários, mas dividiria o poder com um macedônio, que manteria um olhar atento sobre ele. Cuidando dos dois comandantes mercenários estavam dois superintendentes que respondiam diretamente ao rei. Outro oficial teria comando autônomo da Marinha, protegendo as bocas do Nilo com uma frota de trinta trirremes. Em uma divisão ainda maior de poder, a costa africana do Egito e as regiões árabes ao redor da Península do Sinai foram dadas para administradores diferentes, esta última para um grego da colônia de Naucratis chamado Cleomenes. Existiam tantos homens diferentes encarregados do Egito e das regiões próximas que Alexandre tinha confiança ser impossível para qualquer um deles conseguir controlar tudo. Isso viria a revelar-se um erro, mas para aquele momento era uma política eficaz.

Com grande alarde, Alexandre, faraó do Egito, deixou Mênfis em uma manhã de primavera velejando pelo Nilo até Pelúsio. O evento foi nublado apenas pela morte de um dos amigos do rei, o filho mais novo de Parmênio, chamado Heitor. O jovem estava tão animado com as festividades que pulou em um dos barcos menores e tentou competir com a trirreme de Alexandre descendo o rio. Mas a embarcação estava pesada com homens e suprimentos e tombou no rio, matando quase todos a bordo. Os macedônios não eram conhecidos por sua habilidade em natação, mas Heitor lutou bravamente com suas roupas encharcadas, até finalmente se arrastar, meio morto, para a margem do rio. Lá, desgastado pelo cansaço, ele caiu e morreu. O rei estava realmente com o coração partido pela perda de seu amigo, mas tinha pouco carinho pelo resto da família de Parmênio. A última memória de Alexandre do Egito seria triste: o corpo do jovem Heitor queimando no topo de uma pira funerária às margens do Nilo.

CAPÍTULO 6

MESOPOTÂMIA

No décimo quarto dia do mês de *Tashritu*...
Alexandre, rei do mundo, entrou na Babilônia.
Diário Astronômico Babilônio

Duzentos homens, mulheres e crianças desesperados atravessaram os cânions desérticos a oeste do rio Jordão, agarrando seus poucos pertences enquanto fugiam para as montanhas. Os refugiados levaram com eles joias preciosas, moedas de prata, anéis de sinete, linho fino e os documentos legais em papiro que comprovavam sua condição privilegiada de aristocracia de seu povo. Eles eram samaritanos, um grupo considerado por seus vizinhos judeus como semi-pagãos que se desviaram da fé verdadeira desde que haviam se misturado com colonos estrangeiros na terra, trezentos anos antes. Os samaritanos, por outro lado, consideravam-se os verdadeiros detentores da fé ancestral de Israel, embora aceitassem apenas os cinco primeiros livros da Bíblia como um guia para suas vidas. E até os judeus eram obrigados a admitir que essas leis religiosas os samaritanos mantinham escrupulosamente. Enquanto os judeus podiam desfrutar de uma boa refeição e uma curta caminhada no *sabbath*, os samaritanos proibiam a comida quente e ficavam perto de casa. Eles consideravam o monte Gerizim como o ponto central de sua fé, e não Jerusalém. Orgulhavam-se de serem empresários piedosos e honestos, em vez de radicais propensos a criar problemas com o jeito de governar dos assírios, babilônios, persas e os outros poderes que passaram por suas terras ao longo dos séculos, como eram os judeus. Enquanto se arrastavam pelo deserto, devem ter se perguntado por que haviam queimado vivo o novo sátrapa nomeado por Alexandre da Macedônia.

Alexandre ouviu notícias perturbadoras durante sua marcha do Egito para a Fenícia. No ano anterior o rei tinha apontado Andrômaco, que estava encarregado de sua frota durante o cerco de Tiro, como governador da pequena província de Samaria. Agora ele recebia a notícia de que os normalmente estáveis samaritanos tinham capturado Andrômaco, amarrado o governante em uma estaca e o colocado em chamas. Pode ser que, com a mudança de regime, a aristocracia local tivesse decidido que aquele era um momento propício para declarar sua independência. Os aristocratas talvez tenham calculado que Alexandre estaria com tanta pressa para encontrar Dário na Mesopotâmia que não se daria ao trabalho de fazer um desvio em direção a suas terras para punir os insurgentes. Estavam errados. Alexandre partiu imediatamente para as montanhas da Samaria com seus melhores soldados para rastrear e punir aqueles que se atreveram a matar seu governador nomeado. Quando chegou à capital, o rei a destruiu e estabeleceu uma colônia macedônia no lugar. Alguns dos samaritanos que ficaram para trás compraram suas vidas revelando onde estavam os nobres que haviam matado Andrômaco e guiando Alexandre pelas montanhas na caça a seus conterrâneos.

O grupo esfarrapado de refugiados podia ouvir os macedônios se aproximando vale abaixo enquanto corria pelas estreitas passagens através da rocha, que mal permitiam a passagem de um burro de carga. Chorando e exaustas, as crianças foram silenciadas quando os pais perceberam que os soldados estavam se aproximando. Finalmente, eles encontraram um túnel em uma caverna da encosta que levava profundamente para dentro da escuridão. Morcegos cobriam o teto e finas camadas de guano se espalhavam pelo chão da caverna, queimando os olhos dos fugitivos e exalando tamanho mau cheiro que mal se conseguia respirar, mas havia pouca escolha a não ser seguir em frente, tateando seu caminho por centenas de metros na caverna. Eles ficaram ali, amontoados na escuridão sufocante, na esperança de que os macedônios não os encontrariam. Porém Alexandre não teve dificuldade em seguir a trilha deles e rapidamente alcançou a boca da caverna, e, empunhando tochas, entrou. Sem demonstrar qualquer piedade para com mulheres e crianças, nem separar os bons samaritanos dos maus, ele liderou seus homens para dentro da caverna e abateu todos os fugitivos. Restaram ali apenas esqueletos misturados para arqueólogos descobrirem mais de dois mil anos depois, contando uma história mais vívida do que quaisquer palavras poderiam fazê-lo sobre a vingança rápida e impiedosa tomada por Alexandre contra alguém que ousou desafiar sua vontade.

Das colinas da Samaria, Alexandre marchou de volta para o mar e em direção à costa de Tiro. Ele estava com pressa para encontrar Dário em batalha, mas havia assuntos para tratar na Fenícia. Deve ter sido uma experiência gratificante atravessar a ponte para Tiro que ele e seus homens haviam trabalhado tão duro para construir no ano anterior. A cidade se recuperava lentamente e novos habitantes já haviam se mudado para ocupar o lugar daqueles que tinham sido mortos ou vendidos como escravos. Os templos ainda estavam funcionando, então uma vez mais Alexandre fez um sacrifício no altar de Hércules e uma doação generosa para o deus. Havia também novas nomeações para fazer e justiça para conferir. Samaria precisava de um novo sátrapa, por isso o rei selecionou um macedônio chamado Menon para ocupar o lugar do assassinado Andrômaco. Os atenienses mandaram um novo embaixador, dessa vez em uma das galés sagradas da cidade, para implorar mais uma vez pela soltura de seus cidadãos capturados e feitos escravos na batalha do Grânico três anos antes. Fosse porque Alexandre estava ficando cansado de suas súplicas ou porque havia poucos desses escravos ainda vivos depois de tanto tempo nas minas, ele concedeu o pedido. Ele também recebeu notícias de que o rei Agis e os espartanos estavam lançando uma nova revolta no Peloponeso e em Creta. Alexandre enviou um velho amigo da família, Anfótero, que havia participado de missões difíceis no passado, para ajudar os gregos leais a lidar com Agis. Alexandre não estava particularmente preocupado com os espartanos, mas a última coisa que queria era deixar uma rebelião em andamento agitar sua retaguarda enquanto marchava na Ásia. Ele confiava em Anfótero e em seu regente, Antípatro, para lidarem com qualquer problema posterior na Grécia.

Havia também o problema de Hárpalo. Seu amigo de infância tinha fugido para a Grécia pouco antes da batalha de Isso, há dois anos, com todo o ouro que conseguira colocar em sua bagagem, mas agora implorava para que Alexandre o recebesse de volta em suas boas graças. Hárpalo, que havia recebido a responsabilidade pelas finanças do rei em vez de um comando militar por causa de uma deficiência física, jurava que era tudo um mal-entendido e que ele fora influenciado por um colega grego insidioso. Por algum motivo Alexandre tinha um fraco por Hárpalo e não só deixou o malandro voltar ao seu acampamento, como o deixou outra vez encarregado de seu tesouro – uma posição muito mais lucrativa depois da vitória sobre Dário e a conquista do Egito.

O rei fez outras audiências e despachou mais petições de cidades na Grécia e na Ásia Menor, mas ele também encontrou tempo para organizar outra série de competições atléticas e dramáticas para seus soldados. Ele sabia que a luta mais difícil que seu exército iria enfrentar estava logo adiante, nas planícies da Mesopotâmia, e queria que eles entrassem no período crítico da campanha de bom humor. O rei do Chipre estava ansioso para agradar Alexandre e se ofereceu para financiar a festa. Houve tragédias clássicas, comédias e canto coral em honra ao deus Dionísio. O rei gostou muito das produções e estava com um humor generoso. Quando o ator cômico grego Lycon colocou uma fala em sua peça pedindo dinheiro, Alexandre riu com o resto da plateia e deu ouro a ele. Entusiasmado estudioso do teatro grego, Alexandre estava especialmente interessado no concurso de tragédia entre dois atores, Atenodoro e Tessalo, tendo o primeiro se juntado a ele no Egito para as festividades em Mênfis. Atenodoro era um dos artistas mais famosos e procurados em todo o mundo grego, e havia ganhado vários concursos ao longo dos últimos vinte anos. Tessalo, por outro lado, era um companheiro de longa data do rei que podia não ser tão talentoso como Atenodoro, mas era inabalavelmente leal a Alexandre. Felipe tinha capturado Tessalo anos antes e o jogado em uma prisão quando ele serviu como mensageiro de Alexandre ao rei Pixodaro na Cária propondo uma aliança por meio de um casamento secreto. Alexandre não queria ser parcial a seu amigo, então permitiu que juízes dessem a coroa de louros, e Atenodoro venceu. O rei odiou ver Tessalo perder o concurso, tanto que mais tarde afirmou que preferia ter desistido de parte de seu reino a ver Atenodoro vencer. Mas Alexandre não era de guardar rancor sobre questões artísticas. Quando ele descobriu que Atenas tinha cobrado uma multa enorme de Atenodoro por quebrar seu contrato, cancelando uma apresentação na cidade para se apresentar para Alexandre, o rei alegremente a pagou de seu próprio tesouro.

***

O caminho mais curto de Tiro até a Babilônia levava cerca de oitocentos quilômetros em linha reta a leste da costa do Mediterrâneo. Entretanto, apenas um louco levaria seu exército por essa rota, que atravessava o deserto da Arábia. Em vez disso, Alexandre fez o mesmo que patriarcas e reis ao longo da história, tomando uma rota que se curvava ao longo do norte do Crescente Fértil sob as montanhas do Líbano, depois a leste pelo interior da Assíria, chegando finalmente ao sul ao longo do Tigre e do Eufrates até a Babilônia. A distância era quase duas vezes maior, mas era a única rota prática, especialmente no verão, pois ela oferecia muita água, forragem para os cavalos e temperaturas mais amenas.

Foi provavelmente durante essa jornada que a mulher de Dário, que os macedônios haviam capturado após a batalha de Isso, subitamente faleceu. As fontes antigas apresentam uma confusa imagem do momento e da causa da morte da rainha. Alguns dizem que ela havia morrido antes, durante o cerco a Tiro, apenas algumas semanas após sua captura; outros afirmam que sua morte ocorreu durante a longa travessia pela Mesopotâmia. As causas são listadas por alguns como cansaço e pesar, mas muitos historiadores afirmam que ela morreu em decorrência de complicações de parto. Dado que havia decorrido dois anos desde que ela se encontrara com Dário pela última vez, a tradição pinta uma imagem dúbia do relacionamento dela com Alexandre, em que o rei não a tratou com a deferência que prometeu. Em qualquer caso, todas as fontes concordam que Alexandre deu-lhe um esplêndido funeral.

Foi também durante essa viagem que aconteceu uma batalha, embora não precisamente entre macedônios e persas. Tal como acontecia com todos os exércitos antigos, havia um grande grupo de civis que acompanhava os soldados de Alexandre onde quer que eles fossem em campanha. Eram comerciantes, cafetões, prostitutas e civis que prestavam serviços variados para o exército de forma não oficial. A presença deles talvez não fosse aprovada pelos generais, mas eles eram algo tão intrínseco à guerra quanto sandálias empoeiradas e disenteria. Uma noite, quando o comércio estava lento e os trabalhadores entediados, os seguidores do acampamento se dividiram em dois grupos e nomearam chefes para cada um, chamando um de Alexandre e o outro de Dário. Eles começaram jogando bolas de lama uns contra os outros, em seguida, avançaram para trocas de socos antes de finalmente pegarem paus e pedras, começando de fato a se matar uns aos outros. O rei ouviu falar da luta e correu para o local. Era uma situação delicada. Se Alexandre não pudesse controlar o heterogêneo bando de civis seguindo seu exército, a desordem e a falta de disciplina se espalhariam por suas tropas. Assim, em uma jogada brilhante e exibindo mais uma vez sua compreensão da natureza humana, ele pediu que os dois líderes das facções se adiantassem e os fez lutar em um combate homérico ante todo o exército. Isso não só aliviou uma situação tensa, mas proporcionou um entretenimento muito bem-vindo para as tropas. Quando milhares de soldados se reuniram, o pseudo-Alexandre e o falso Dário se enfrentaram. O exército – sempre tão supersticioso quanto uma velha provinciana – começou a ver o resultado da luta como um presságio da grande batalha que viria. Para a sorte do rei, seu representante venceu a competição após uma exaustiva batalha. O Alexandre real então recompensou o vencedor com um manto persa e o apontou como o governador de doze vilarejos.

Após muitas semanas de marcha, os macedônios finalmente chegaram à cidade de Tapsacos, no rio Eufrates, no início de agosto. Mesmo ao longo do Crescente Fértil, as temperaturas estavam escaldantes e a água fria do rio deve ter sido um alívio para os soldados cansados. O Eufrates ascende das montanhas da Armênia e flui ao sul em direção ao Golfo Pérsico aproximadamente paralelo ao Tigre, que fica muitos quilômetros a leste. A terra fértil entre o Eufrates e o Tigre era chamada de Mesopotâmia ("terra entre rios") pelos gregos. Antes, Alexandre havia enviado à frente seu melhor amigo, Heféstion, com um corpo de engenharia para a construção de uma ponte de barcas através do rio. Seu companheiro conseguiu executar a tarefa admiravelmente e a ponte estava pronta, mas Heféstion havia deliberadamente deixado o último espaço do outro lado inacabado para impedir que o inimigo do outro lado do rio pudesse atacá-la.

Do outro lado do largo Eufrates, Alexandre podia ver milhares de cavaleiros persas observando-os, os primeiros soldados de Dário que via em quase um ano. Eles incluíram um grande contingente de mercenários gregos liderados por Mazaeo, sátrapa da Babilônia. Sua missão não era impedir o exército adversário de atravessar, em vez disso eles eram uma força de avanço atribuída para observar o rio e informar Dário quando Alexandre o cruzasse. Uma vez que na mente do Grande Rei havia pouca dúvida de que os macedônios seguiriam o Eufrates ao sul, ele já tinha dado ordens a Mazaeo para queimar todas as plantações ao longo do rio em seu caminho de volta para a Babilônia.

Mas Dário já deveria ter aprendido que Alexandre tinha prazer em fazer o inesperado. Os macedônios atravessaram o rio, porém, em vez de se virar para o sul, Alexandre marchou com seus homens para noroeste cruzando as montanhas da Armênia em direção ao Tigre e a velha capital Assíria de Nineve. Mazaeo partiu imediatamente para relatar as notícias de Dário, que não gostou da reviravolta. Ele passou os últimos dois anos planejando um confronto com Alexandre nas planícies ao norte da Babilônia. O Grande Rei esperava que Alexandre se comportasse como qualquer general racional e levasse seu exército ao longo de uma estrada bem abastecida e estabelecida. Em vez disso, o rei macedônio fez um longo e lento desvio na direção errada. Era óbvio que Alexandre pretendia agora liderar seu exército diretamente até o Tigre antes de virar para o sul. Também ficou claro que Dário iria rapidamente ter de mudar seus planos.

Enquanto Alexandre e seu exército marchavam através da região norte da Mesopotâmia, o Grande Rei estava movimentando seus homens. Ele pode ter sido pego de surpresa pela mudança inesperada de seu inimigo para o leste, mas era completamente adaptável – um testemunho tanto da competência de Dário quanto da habilidade dos comandantes militares persas. O Grande Rei aprendera muitas lições na batalha de Isso, dois anos antes. A primeira era nunca permitir que a superioridade numérica fosse anulada lutando em uma planície estreita. Ele acreditava que se tivesse forçado Alexandre para a batalha em um campo amplo, como era sua intenção original, provavelmente já teria eliminado a ameaça e os macedônios já teriam deixado a Ásia Menor. Outra lição foi a de aumentar a quantidade e a qualidade da sua cavalaria pesada como uma resposta à soberba infantaria de Alexandre. Com sua velocidade e poder de manobra, cavaleiros bem armados poderiam ser eficazes em um contra-ataque sobre os soldados macedônios e suas lanças sarissas. Dário também tinha percebido que as longas lanças dos macedônios deram à infantaria deles uma importante vantagem sobre os soldados persas, por isso ordenou que lanças estendidas também fossem distribuídas a seus homens a pé. A lição final que o Grande Rei tinha aprendido em Isso era tirar vantagem das muitas nações que seu império reunia para montar um exército extenso. Dário estava determinado a sobrecarregar Alexandre de estratégias, combates, cavaleiros e superioridade numérica. Com esses objetivos em mente, ele levou seu enorme exército norte ao longo do Tigre em busca do campo de batalha perfeito.

Alexandre tinha sob seu comando quase cinquenta mil homens, em sua maioria macedônios, com um bom contingente de auxiliares trácios e tessálios. Dário, por outro lado, comandava no mínimo o dobro desse número de soldados, talvez até mais, trazidos das melhores terras de guerreiros, da Síria até a Índia e do norte das estepes da Ásia. A cavalaria altamente qualificada do leste de seu império, em especial, era bastante forte. Havia também indianos vindos das montanhas perto da passagem de Khyber que tinham trazido consigo elefantes de guerra – a primeira vez que qualquer exército do mundo mediterrâneo teria de enfrentar essas feras no campo de batalha. Tribos das distantes montanhas da Báctria e de Sogdiana estavam presentes, lideradas por um parente e potencial rival de Dário chamado Bessos, que serviu o Grande Rei como sátrapa na Báctria. Os arqueiros montados de Saca também estavam lá, guerreiros ferozes e independentes das planícies da Cítia que se orgulhavam de lutar como aliados, não súditos, da Pérsia. Homens da tribo de Aracósia, das montanhas fronteiriças a oeste do Indo tinham feito uma longa jornada até a Babilônia, assim como os pártias e os hircânios dos planaltos ao sul do mar Cáspio. Os medas, primos dos persas, também estavam à mão, com seus vizinhos cadusianos, sacesinianos e os albaneses de perto das montanhas do Cáucaso. Cavaleiros árabes das costas do mar Vermelho viajaram para lutar ao lado de Dário. Babilônios locais também se juntaram à campanha, assim como armênios e sírios, com capadócios da Ásia Menor, que haviam supostamente se rendido a Alexandre dois anos antes. Havia muitos mercenários gregos em marcha, bem como soldados profissionais que ainda preferiam prestar serviço para o Grande Rei a lutar por um governante macedônio. E, claro, milhares de persas formavam o coração do exército em torno de Dário, bravos homens com uma grande tradição de guerra e cavalaria.

Os macedônios chegaram ao rio Tigre em meados de setembro. Apesar de ainda ser verão, o rio corria veloz e caudaloso através do único vau na área. Alexandre não tinha preparado uma ponte, então liderou pessoalmente sua infantaria para a água, lutando através da corrente para chegar ao outro lado.

Depois que os homens viram o rei na margem oposta, dispuseram-se a tentar a travessia, mas tolamente colocaram sobre suas cabeças pacotes com os despojos recolhidos ao longo dos últimos três anos, o que tirou o equilíbrio deles na água. Alexandre disse-lhes para abandonar tudo, menos suas armas, e que ele iria compensar eventuais perdas; contudo, os macedônios não estavam dispostos a abrir mão de seus tesouros. O rei amaldiçoou essa teimosia, mas nadou de volta para o rio e ordenou-lhes que enlaçassem os braços enquanto cruzavam, formando uma corrente humana que ajudava uns aos outros contra o poder da corrente de água. Ele também estacionou a cavalaria rio acima para ajudar a diminuir a força da corrente. Uma vez que seus exaustos homens cruzaram, Alexandre montou acampamento e deu a todos um dia de descanso na margem oposta do rio Tigre.

Logo depois, na noite de 20 de setembro de 331 a.C., ocorreu um evento extraordinário do qual os macedônios se lembrariam por muito tempo. Enquanto os homens estavam terminando sua refeição da noite sob o céu claro do deserto, notaram que a Lua cheia foi lentamente se tornando mais escura. Não demorou muito para que toda a face lunar fosse coberta pela cor do sangue. Era um eclipse lunar, algo que a maioria já tinha visto antes, mas o momento do evento, na véspera da batalha, colocou até os mais céticos do exército em pânico. Fragmentos de uma tábua babilônica da época registraram esse mesmo evento, insinuando e predizendo o desastre:

> Eclipse Total... Júpiter define... vento do oeste
> soprando durante o eclipse, então vento do leste...
> morte e praga.

Homens educados como Alexandre sabiam que a Terra, a Lua e o Sol eram esferas e que um eclipse ocorria quando a Terra ficava entre o Sol e a Lua, projetando uma sobra na superfície lunar. Mas para as pessoas comuns, e certamente para os soldados macedônios, os movimentos dos corpos celestes eram um mistério divino. Eles começaram a temer que a Lua cor de sangue fosse um sinal dos deuses de que seriam abatidos na próxima batalha. Alexandre ouviu os gritos de pânico em sua tenda e marchou para o centro do acampamento com seu vidente Aristandro para enfrentar as tropas assustadas. O sangue na Lua, ele lhes assegurou, era de fato um sinal dos deuses – mas favorável a eles. Aristandro proclamou que a Lua escura era um símbolo dos persas, que naquele mesmo mês seriam eclipsados pelo exército de Alexandre na batalha. Foi um momento delicado para o rei, exigindo um grande senso de psicologia de massa e controle de multidões, mas quando uma ovação veio das tropas, ele sabia que haviam acreditado nele e visto aquilo como um presságio favorável. Alexandre então fez um sacrifício público ao Sol, à Lua e à Terra como ação de graças por esse sinal divino de vitória.

Os macedônios continuaram sua marcha para o sul através das planícies, com as montanhas da Armênia à esquerda e o Tigre à direita. Não houve nenhum sinal de forças persas até quatro dias depois de cruzar o rio, quando batedores avistaram um contingente de cavalaria inimiga à distância. Outros batedores informaram que esses cavaleiros persas não passavam de mil, pois tratava-se de uma guarda avançada do exército principal. Alexandre ordenou vários esquadrões de sua própria cavalaria, incluindo Ariston, líder da cavalaria peônia, e seus homens do planalto norte da Macedônia que o seguissem em busca dos cavaleiros. Ariston era um príncipe da casa real da Peônia e havia provado seu valor em batalha tanto em Grânico quanto em Isso. Esses montanheses se orgulhavam de sua habilidade de luta a cavalo e de guerrearem com uma ferocidade bárbara ainda desconhecida para os gregos civilizados. Alexandre, entretanto, pouco se importava com esses detalhes, desde que o serviço fosse feito.

Assim que Alexandre e seus homens chegaram sobre o monte, os persas se viraram e galoparam para longe o mais rápido que puderam. O rei os alcançou e começou a impedir sua fuga, matando a maioria, mas mantendo alguns vivos para interrogatório. Os peônios estavam na vanguarda e mataram todos os persas que puderam pegar. Ariston estava de olho no comandante inimigo, um persa chamado Satropates. O capitão peônio atacou seu inimigo com a lança erguida e atravessou com ela a garganta do homem, derrubando-o do cavalo. Ariston em seguida saltou de sua montaria e cortou a cabeça do persa com sua espada. Com alegria e orgulho, o príncipe então cavalgou para Alexandre e lançou a cabeça de Satropates a seus pés, para o deleite do rei. O evento tornou-se tão célebre na tradição peônia que nos Bálcãs foi cunhada uma moeda com o deus Apolo de um lado e Ariston do outro, com a lança colocada acima de seu inimigo caído.

Dos prisioneiros capturados, Alexandre descobriu que Dário e seu exército estavam por perto, depois das colinas a leste de Nínive, não muito longe da cidade de Arbela. Eles estavam acampados em uma vasta planície, em um local chamado Gaugamela. Era um vilarejo pequeno e quieto cujo nome significava "casa do camelo" devido à história de um antigo rei que escapou de seus inimigos em um camelo veloz e fugiu para lá. Ele ficou tão agradecido ao animal que construiu uma casa para ele e ordenou aos moradores que cuidassem bem daquele camelo pelo resto de sua vida. O camelo tinha morrido há tempos, mas a planície em que pastou contente na velhice ainda se espalhava por quilômetros entre as montanhas e o rio Tigre. Diferente de Isso, havia bastante espaço aberto para Dário para dispor seu exército. O Grande Rei passara os últimos dias meticulosamente nivelando depressões e elevações na terra para dar a sua cavalaria e seus carros uma superfície lisa sobre a qual pudessem lutar a próxima batalha. Dário estava tomando todas as precauções em Gaugamela.

Assim que soube a localização do exército persa, Alexandre mandou que seus soldados deixassem para trás todos os seus equipamentos, exceto armas, e se preparassem para se movimentar à noite. Os persas ainda estavam a cerca de onze quilômetros de distância, mas as colinas separavam os dois exércitos, de modo que eles sequer tinham se avistado. Era apenas madrugada quando os macedônios vieram pela última colina, a cinco quilômetros de distância, e viram a planície de Gaugamela. Pelo menos cem mil persas estavam acampados abaixo deles. Um arrepio percorreu o exército e até mesmo Alexandre parecia preocupado. Ele reuniu seus generais para se aconselhar. Deveria atacar agora e usar o elemento surpresa sobre os persas ou seria melhor esperar? Parmênio pediu ao rei para protelar a batalha e examinar o campo antes de se comprometer em uma luta sem conhecer o lugar que os persas haviam escolhido e talvez preparado com estacas e valas escondidas. O conselho do general era que seria prudente aprender a configuração do local antes de se engajarem com o inimigo. Pela primeira vez, Alexandre concordou e ordenou a seus homens para montar o acampamento em ordem de batalha, de forma a poupar tempo quando marchassem no dia seguinte.

    Enquanto isso, o rei pegou um esquadrão de cavalaria e soldados de armamentos leves e os levou até a planície para conferir o campo de batalha. Era arriscado chegar tão perto dos arqueiros persas, mas Alexandre estava determinado a examinar o solo no qual seus homens lutariam no dia seguinte. Quando ele voltou ao acampamento, voltou a chamar seus comandados para lhes passar suas ordens de marcha. Não havia necessidade de longos discursos ou palavras de encorajamento floridos na véspera da batalha, disse Alexandre. Eles eram corajosos e competentes, já tinham se provado em batalha repetidas vezes. No dia seguinte, no entanto, eles não estariam lutando pela Síria, Tiro ou Egito, e sim pela supremacia de toda a Ásia. Tudo dependia do resultado desta batalha. Se o exército persa pudesse ser destruído ali e o Grande Rei, morto, o mundo seria deles. Eles estavam em menor número, mas se lutassem como ele sabia que eram capazes, sairiam vitoriosos. Só não poderia haver erros. Ordem e disciplina eram fundamentais no ataque. Os homens deviam fazer silêncio quando ele ordenasse, gritar quando eles precisassem gritar e uivar como lobos para inspirar o terror nos corações dos persas quando fosse o momento certo.

O rei dispensou seus generais e disse a seu exército que fizesse uma boa refeição e depois descansasse, então se retirou para sua própria tenda pela noite. Parmênio veio até ele sozinho com uma audaz sugestão, em desacordo com o seu conselho público – por que não atacar os persas naquela mesma noite, enquanto ainda estava escuro? Alexandre rapidamente rejeitou a sugestão, afirmando que não roubava vitórias. Mas existiam aspectos mais pragmáticos na decisão de esperar até de manhã. Ataques noturnos eram muito raros no mundo antigo, pela simples razão de serem totalmente imprevisíveis. O exército atacante podia ganhar o elemento surpresa no início, mas a batalha podia descambar rapidamente para o caos, com soldados matando seus próprios companheiros por engano. Além disso, Alexandre tinha razão em julgar que não podia se dar ao luxo de roubar uma vitória de Dário. Se os macedônios ganhassem em uma batalha noturna, seria espalhada a notícia de que Alexandre teve medo de enfrentar o Grande Rei em uma luta justa. Isso poderia atiçar as chamas da resistência para os próximos anos. Não, ele precisava vencer Dário abertamente, à luz do dia, para provar que era, assim como os persas chamavam seu líder, o Rei dos Reis. Apesar do que dissera a seus comandantes, Alexandre não se iludia achando que o resto do império cairia em suas mãos sem grandes esforços após uma vitória em Gaugamela. Mas esmagar o poderoso exército persa em batalha aberta seria, sem dúvida, uma grande vantagem para lidar com as lutas que ainda estavam por vir.

Apesar disso, Parmênio talvez tivesse dado uma ideia valiosa para Alexandre. Ele não atacaria naquela noite, mas por que não deixar os persas acreditarem que iria? As fontes antigas dizem que Dário esperava que Alexandre fosse lançar um ataque no escuro e manteve seus homens de prontidão, acordados a noite toda. Pode ser que Alexandre tenha permitido que se espalhasse pela onipresente rede de espiões persas a notícia de que os macedônios estavam planejando um ataque surpresa. Assim, enquanto seus homens descansavam e preparavam-se para a luta do dia seguinte, os soldados persas seriam obrigados a permanecer acordados durante toda a noite de braços cruzados, à espera de um ataque que não viria até o amanhecer. Eles estariam esgotados, enquanto os macedônios chegariam prontos para lutar.

Alexandre, entretanto, não conseguiu dormir facilmente naquela noite. Ele sabia que estava em desvantagem numérica em relação aos persas em uma proporção de pelo menos dois para um e que eles tinham escolhido um campo de batalha para explorar seus pontos fortes. Em uma planície, as dezenas de milhares de cavaleiros provenientes de todos os cantos do império ultrapassariam suas linhas de frente com facilidade e certamente as flanqueariam, envolvendo sua infantaria e "trancando" até o último soldado. Os persas poderiam, ainda, formar uma massa imbatível de homens e forçar seu caminho através da sua infantaria. Alexandre precisava pensar em uma maneira de romper as linhas persas com sua própria cavalaria e atacar Dário diretamente. Se ele pudesse matar o Grande Rei ou mesmo tirá-lo do campo de batalha, as forças persas sofreriam um colapso. Mas com tantos cavaleiros pesadamente blindados nas linhas persas que se estendiam além de sua própria linha de frente tanto na direita quanto na esquerda, parecia uma situação impossível. Então, em algum momento da noite, Alexandre teve uma ideia brilhante, ousada e absurda. Daquele ponto em diante, o rei dormiu tranquilamente.

Quando os oficiais de Alexandre chegaram ao nascer do sol na manhã seguinte, não podiam acreditar que o rei ainda estivesse na cama. Eles não se atreveram a acordá-lo; assim, ordenaram aos homens que tomassem um café da manhã reforçado. Finalmente, com o sol subindo nas montanhas a leste, Parmênio entrou na tenda de Alexandre e chamou-o em voz alta duas ou três vezes antes de o rei abrir os olhos. O velho general, indignado, perguntou como ele podia estar dormindo tão profundamente como se já tivesse ganhado, quando a batalha ainda estava por vir. Alexandre apenas sorriu e disse: "Por que, você não sabe que já ganhamos?". Mas não havia mais tempo para descansar. Alexandre rapidamente tomou o café da manhã, em seguida vestiu sua armadura esplêndida e caminhou diante de sua tenda sob os aplausos de suas tropas. Com o vidente Aristandro em pé ao lado dele vestido de branco, ele ofereceu sacrifícios perante o exército. Em seguida, chamou seus oficiais e revelou-lhes o plano que ele tinha imaginado naquela noite.

O exército de Dário estendia-se diante dos macedônios pela planície em duas linhas largas, com cavalaria na frente e infantaria atrás. Alexandre podia ver à sua direita os lendários cavaleiros báctrios lado a lado com outros cavaleiros da Ásia Central, comandados por Bessos. Unidades de cavalaria oriundas de muitos lugares formavam o longo centro da linha principal, com esquadrões de carros e bigas, milhares de arqueiros e os elefantes que os indianos haviam trazido. Olhando para a esquerda do exército macedônio, mais uma sólida parede de cavalaria. Atrás dos cavaleiros, ficava a infantaria, pronta para avançar contra seus homens quando a cavalaria viesse rompendo as linhas. O próprio Dário estava à direita dos macedônios, cercado por seus leais persas e mercenários gregos endurecidos, tal como tinha sido em Isso, dois anos antes.

Parmênio comandaria os macedônios à esquerda, Alexandre ficou com a direita. O rei deixou os cavaleiros da Tessália com Parmênio, mas também manteve um grande contingente de cavalaria para si mesmo. Havia também uma segunda linha de infantaria, formada majoritariamente pelos mercenários gregos de Alexandre, atrás do centro, no caso de os persas romperem o bloqueio, mas esses não seriam capazes de se manterem por muito tempo se a linha de frente entrasse em colapso. O calor era intenso, mesmo no final de setembro, e o solo, agitado por miríades de homens e cavalos, ameaçava cobrir a planície de Gaugamela com uma asfixiante nuvem de poeira. Não demorou muito para que os dois exércitos estivessem no local, esperando que o outro lado desse o primeiro passo.

Quando Alexandre inspecionava as linhas e encorajava seus homens, ele montava um dos belos cavalos que mantinha. Mas agora que a batalha estava prestes a começar, ele montava Bucéfalo. O garanhão dominado pela primeira vez sob o Monte Olimpo há muito tempo já havia passado do seu auge, mas ainda tinha um coração ardente. Alexandre nem sonharia em montar outro cavalo para aquela batalha fatídica.

Assim como em batalhas pregressas, Alexandre pretendia atacar primeiro com o lado direito de sua linha para afastar a formação inimiga de seu centro e abrir um espaço até seu coração. Mas, com tantos soldados persas além de suas linhas para ambos os lados, ele teria de tentar algo que nenhum outro comandante na história fizera. Agora, ele partiu com sua força de cavalaria do lado direito de sua linha – não em direção aos persas, mas paralelo a suas próprias forças, indo mais e mais para a direita do campo de batalha, sem nunca entrar em contato com o inimigo. Isso deve ter parecido ridículo para Dário, como se o rei macedônio estivesse esperando dar a volta em torno de suas forças superiores. Alexandre, porém, tinha um plano. Se ele pudesse desviar uma parte grande o suficiente do exército persa de seu centro, poderia criar uma brecha nas linhas deles. No momento que isso ocorresse, ele iria dispor seus cavaleiros em um círculo ao seu redor e correria de volta para a abertura antes que os soldados persas que o perseguiam pudessem voltar.

Havia tanta coisa que podia dar errado com esse plano que Alexandre provavelmente tentou não pensar nas consequências de um possível fracasso. Tudo dependia de Dário enviar homens suficientes atrás dele para diluir o centro persa. Então Alexandre teria de trazer sua cavalaria de volta com rapidez suficiente para derrotar o inimigo que o perseguia. Se ele pudesse fazê-lo, ainda teria de abrir seu caminho à força através de uma massa de soldados persas para atacar Dário diretamente. Durante todo esse tempo, as forças superiores do Grande Rei estariam atacando o resto de seu exército com tudo o que tinham. Era absolutamente essencial que Parmênio mantivesse suas tropas coesas sob condições adversas por tempo suficiente para que Alexandre conseguisse abrir um buraco nas linhas persas. Se Dário se recusasse a morder a isca, Alexandre não pudesse romper a linha deles ou a linha macedônia se partisse, todos iriam morrer.

Felizmente para Alexandre, tão logo Dário o viu na ponta direita do campo de batalha, ele enviou Bessos e sua cavalaria atrás dele. O Grande Rei temia que Alexandre fosse capaz de alcançar a parte da planície não nivelada durante os dias anteriores; nesse caso, seus próprios cavaleiros poderiam não conseguir enfrentar os macedônios. Quando eles estavam se aproximando da borda do campo, os persas passaram à frente de Alexandre e começaram a se mover em torno dele, à sua direita, ameaçando atacá-lo por trás. Em resposta, Alexandre ordenou a seus mercenários gregos e à cavalaria peônia de Ariston que atacassem Bessos e seus homens em um esforço furioso para mantê-los engajados no lado mais distante do campo de batalha.

Enquanto isso, Dário lançou sua força principal contra a esquerda macedônia. O plano persa era mandar à frente os carros ceifadores – veículos mortais com lâminas presas em suas rodas – para rasgar o inimigo e lançar as linhas em confusão, abrindo um espaço para si no exército macedônio. O que Dário não sabia era que Alexandre tinha treinado seus homens durante semanas para enfrentar essas máquinas terríveis. Quando as carruagens se aproximaram, os trácios na linha de frente deram uma saraivada mortal de dardos contra os condutores, matando-os enquanto ainda se aproximavam. Outros foram capazes de arrebatar as rédeas quando os carros passaram, jogando os pilotos para baixo. Aqueles que passavam pelos trácios descobriram que a infantaria macedônia ordenadamente se afastava para dar-lhes passar, apenas para fechar novamente a linha atrás deles. Não era um plano perfeito, já que alguns dos homens de Alexandre foram eviscerados pelas lâminas giratórias, mas as baixas foram relativamente leves. No entanto, os carros eram apenas a vanguarda do ataque persa. Logo números enormes de cavalaria golpeavam as linhas macedônias, seguidos pela infantaria. Os homens de Alexandre à esquerda ainda estavam mantendo as linhas, mas os persas estavam ameaçando rompê-las a qualquer momento.

Por fim, Alexandre viu o que esperava: um enfraquecimento do centro persa. Ele ordenou a seus homens para virar bruscamente para trás e atacar a abertura com uma formação em cunha. As forças persas à direita do campo de batalha foram mantidas no lugar por mercenários gregos e peônios, deixando o rei livre para correr diretamente para Dário. Com um grito de batalha, Alexandre e seus homens voaram em direção ao Grande Rei, avançando nas linhas persas. Dário nem sonharia que Alexandre seria capaz de romper suas defesas como fizera em Isso, mas agora via o jovem rei macedônio lutando para abrir caminho através de lanças e espadas para chegar até ele. Foi uma luta brutal em ambos os lados, com os nobres persas dando suas vidas para manter os macedônios longe de Dário. Mas Alexandre estava avançando, e seus homens se aproximavam tanto que o Grande Rei ordenou para seu cocheiro dar meia-volta e fugir do campo de batalha.

Neste momento feliz, Alexandre recebeu a notícia de que Parmênio e os seus homens estavam em grave perigo. Os persas sob o comando do sátrapa babilônico Mazaeo tinham atravessado a linha, com os báctrios e indianos logo atrás. Eles tinham atravessado completamente seu exército, chegando até o comboio de bagagem na retaguarda macedônia e estavam liberando os reféns persas, com muitos desses prisioneiros se unindo para matar seus captores. Mais importante, os homens de Parmênio estavam sendo abatidos e precisavam de ajuda. Alexandre encarou uma difícil decisão. Se perseguisse e capturasse Dário, seria um tremendo golpe nos persas. Mas se ele perseguisse o Grande Rei, metade de seu próprio exército pereceria com a batalha ainda se desenrolando. Alexandre não teve escolha a não ser mudar sua direção e ir ajudar Parmênio, terminando por cercar e matar os atacantes persas. Quando ele e Parmênio tinham destruído o que restava da resistência persa, o Grande Rei já estava muito longe.

Os macedônios foram vitoriosos em uma das maiores batalhas da história. Como os fragmentos de tábuas da Babilônia registraram:

> No dia 24 do mês Ululu ...
> Na parte da manhã, o rei do mundo...
> Eles lutaram entre si e uma grande derrota
> das tropas ... Os soldados do rei persa
> o abandonando e às suas cidades ...
> Eles fugiram para a terra de Média.

Os persas tinham perdido dezenas de milhares de homens, e Alexandre capturara ricos espólios – sem mencionar alguns elefantes. As perdas macedônias foram, em comparação, leves, apesar de Heféstion e muitos dos comandantes estarem gravemente feridos. Muitos de seus cavalos também morreram no combate. Mas, além de um triunfo militar, o maior prêmio de Alexandre era a glória. Ele arriscou tudo e ganhou, derrotando em uma batalha aberta o maior exército persa já reunido. Na verdade ele não tinha matado ou capturado o Grande Rei, mas a humilhação de ser expulso de campo mais uma vez fez de Dário um governante severamente enfraquecido. O caminho para a lendária cidade de Babilônia estava aberto, com a riqueza de Susa e Persépolis à sua espera pouco mais adiante. A luta pela Pérsia ainda não havia terminado e outros certamente se levantariam

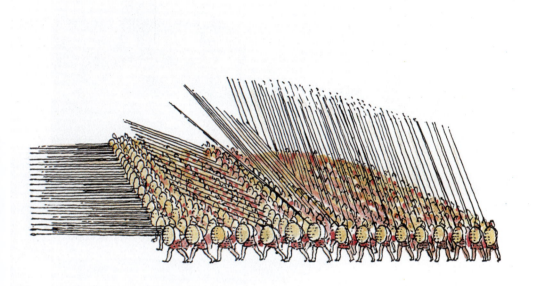

A formação de lanças sarissa, utilizada por Felipe e Alexandre. As lanças excepcionalmente longas evitavam que os atacantes alcançassem os soldados macedônios.

Monte Olimpo, lar dos deuses gregos, visto a partir de Díon, no norte da Grécia. Nos campos de Díon, Alexandre domou seu cavalo, Bucéfalo.

A Acrópole de Atenas, que Alexandre visitou quando tinha dezoito anos. O grande templo de Atenas, o Partenon, está localizado ao centro.

O túmulo de Felipe em Vergina, norte da Grécia. Escavações arqueológicas revelaram joias e armas magníficas depositadas ali.

As ruínas de Troia, a primeira parada de Alexandre na Ásia, no que hoje é a moderna Turquia.

A dedicatória a Atena inscrita em tábua do templo de Priene, próximo à costa turca do Egeu, datando de aproximadamente 330 a.C. Este é um dos poucos documentos restantes da época em que Alexandre viveu que o mencionam pelo nome. (Na primeira linha, lê-se: "Rei Alexandre.")

O porto e a cidade de Halicarnasso, atual Bodrum, no sudoeste da Turquia. A conquista desta cidade por Alexandre abriu a Ásia Menor a seu exército.

A cidade fenícia de Tiro, na costa do moderno Líbano, que Alexandre tomou após um cerco brutal em 332 a.C. A passagem construída pelo exército de Alexandre se tornou o istmo que até hoje conecta a cidade ao continente.

O mosaico de Alexandre encontrado em Pompeia. Alexandre, de cabeça descoberta à esquerda, ergue sua lança para derrubar o rei Dário, com a mão estendida, de cima de sua biga, na batalha de Gaugamela, norte do Iraque.

As pirâmides de Gizé. Quando Alexandre visitou o Egito em 362 a.C., esses enormes monumentos eram quase tão antigos para ele quanto são para nós.

O palácio de Dário em Persépolis, no moderno Irã, capital do Império Persa, conquistado e queimado por Alexandre em 330 a.C.

A tumba de Ciro, o Grande, em Passárgada, próximo a Persépolis. Alexandre admirava o fundador do Império Persa e ordenou a restauração do monumento.

As vertiginosas montanhas do Hindu Kush, no Afeganistão e Paquistão. Alexandre cruzou essa cordilheira com todo o seu exército durante o inverno.

Moeda celebrando a vitória de Alexandre sobre o rei Poro, da Índia, no rio Hidaspes em 326 a.C. Alexandre cavalga Bucéfalo para atacar Poro enquanto este recua em seu elefante.

Moeda de meados de 300 a.C. cunhada por Lisímaco, um dos generais que dividiu o império, mostrando Alexandre com os chifres do deus Zeus-Amon. Apenas vinte anos após sua morte, Alexandre já estava se tornando um deus.

para defender o coração do império e as ricas terras do oriente, mas a incrível glória real já tinha passado para Alexandre.

Ao longo da campanha de Alexandre, estivesse ele no Egito, Mesopotâmia ou Índia, havia um fluxo constante de mensageiros entre o acampamento macedônio e o resto de seu império. Despachos da casa de sua mãe em Pela eram especialmente frequentes, mas havia também instruções para vários sátrapas e comandantes militares, cartas a aliados e cidades estrangeiras e propaganda produzida pelo sobrinho de Aristóteles, Calístenes, para as cidades gregas. Onde quer que Alexandre estivesse passava a ser a capital efetiva de seu reino. Sua habilidade para controlar milhões de súditos dependia do seu conhecimento de eventos locais, indo desde a última safra de grãos em Cirena até relatórios de movimentos tribais ao longo do Danúbio. Da mesma forma, era essencial que todas as províncias soubessem onde o rei estava, o que estava fazendo, e que seu exército estava em uma luta bem-sucedida contra seus inimigos. Vitórias em uma parte do império serviam para desencorajar problemas em outra.

Assim, quando chegou ao mar Egeu a notícia de que Alexandre tinha derrotado Dário em Gaugamela, os cidadãos da Grécia ficaram horrorizados. A maioria esperava que o Grande Rei obliteraria Alexandre e removeria a ameaça macedônia para sempre. A Liga de Corinto seria felizmente esquecida e todas as cidades helênicas poderiam voltar a brigar umas com as outras como tinham feito desde tempos imemoriais. Mas com Alexandre vitorioso, parecia não haver qualquer maneira de afrouxar o aperto macedônio sobre a Grécia.

Não que alguns não estivessem dispostos a tentar. Mesmo antes de Gaugamela, o comandante designado para a Trácia, um experiente e espirituoso líder chamado Memnon, lançou uma rebelião que incitou as tribos das montanhas a leste da Macedônia. Memnon reuniu um exército grande e agressivo que forçou o regente de Alexandre, Antípatro, a marchar contra ele com todos os soldados a sua disposição. O rei Agis de Esparta estava observando os eventos na Trácia com atenção e decidiu que aquele era o momento de emitir um chamado para os gregos se unirem e se libertarem do jugo macedônio. Mensageiros foram mandados a Atenas e Tebas, porém, como de costume, a maioria dos cidadãos foi reticente sobre pegar em armas. Os atenienses, em particular, hesitaram, privando Agis de apoio naval vital. O rei espartano conseguiu agitar algumas cidades a seguir sua bandeira, mas a maioria dos gregos se contentou em esperar nos bastidores e ver se os espartanos teriam qualquer sucesso antes de se comprometer.

Assim que Antípatro recebeu a notícia do levante espartano, ele fechou um acordo de paz rapidamente com Memnon na Trácia e marchou com seus homens para o sul até a Grécia. Mesmo com a flor da juventude macedônia no leste seguindo Alexandre, Antípatro ainda tinha quarenta mil soldados sob seu comando, incluindo muitos gregos leais – mais de duas vezes o número servindo a Agis. Na Megalópolis, a norte de Esparta, as duas forças se encontraram para um confronto sangrento que matou milhares de pessoas em ambos os lados. Antípatro estava determinado a acabar com a resistência grega de uma vez por todas, mas Agis estava tão resoluto quanto ele em restaurar a liberdade para a sua terra. Quando a batalha se voltou contra ele, o rei espartano foi para a linha de frente de combate contra os macedônios corajosamente, como seus antepassados que lutaram contra os persas em Termópilas. Mas, com inúmeros ferimentos, ele foi finalmente carregado para fora da batalha por seus companheiros. Mesmo assim, o inimigo estava cercando os últimos espartanos. Agis ordenou a seus amigos para que fugissem da melhor maneira que pudessem através das linhas inimigas, mas que deixassem com ele uma espada. Seus ferimentos eram tão graves que ele mal conseguia ficar em pé quando os macedônios o cercaram, mas ele lutou de joelhos, cortando qualquer soldado de Antípatro que se aproximasse. Finalmente, o último dos reis nobres de Esparta foi morto por um golpe de lança e pereceu no campo de batalha.

Após a batalha de Gaugamela, Dário fugiu primeiro para a cidade vizinha de Arbela, mas apenas por um breve período, já que sabia que Alexandre viria atrás dele. De lá, virou-se para leste, penetrando nas montanhas em direção à antiga capital de Ecbátana. Essa casa de veraneio do Grande Rei ficava no topo de uma alta cidadela com um magnífico palácio adornado com ouro, prata e madeiras trabalhadas. Ecbátana também estava na estrada principal que ligava a Mesopotâmia às províncias da região central da Ásia. Conforme viajava pelo interior, Dário coletava sobreviventes da batalha. A cavalaria bactriana sob o comando de seu compatriota Bessos estava com ele desde o início, assim como os seus parentes mais próximos e sua guarda pessoal, conhecida como os Lanceiros das Maçãs Douradas pelas pontas com formatos de frutos na extremidade de suas armas. Dois mil mercenários gregos também se juntaram a ele, liderados por seus capitães Patrono e Glauco. Eles sabiam que não seriam bem-vindos no acampamento de Alexandre por causa de sua traição à causa helênica.

Nos armazéns de Ecbátana, Dário armou todos os soldados que haviam perdido suas armas e enviou mensageiros às tribos vizinhas exigindo soldados para continuar a luta. Ele também enviou cartas aos sátrapas da Ásia Central para que reafirmassem sua lealdade. Seu plano era passar a leste através dos desertos e montanhas de Pártia, Báctria, Sogdiana e as fronteiras da Índia para empreender uma campanha de guerrilha contra os macedônios. Dário asseverou a seus seguidores que eles estavam longe de ser derrotados. Alexandre tinha tomado a costa do Mediterrâneo e estava marchando através da Mesopotâmia, mas metade do Império Persa ainda estava intacto. Dário lideraria pessoalmente seu bando de guerreiros nômades em gloriosas batalhas contra os invasores estrangeiros. Eles iriam viver como seus ancestrais antigos, cavalgando e dormindo sob as estrelas. Persas não precisavam de palácios e riquezas. Que os macedônios se saciassem nas prostitutas da Babilônia e desperdiçassem sua masculinidade ao comer uvas descascadas por perfumados eunucos.

Os seguidores de Dário não estavam nem um pouco excitados com a perspectiva de uma insurreição sem fim travada a partir de cavernas e aldeias montanhosas isoladas. Eles não podiam acreditar que o Grande Rei de bom grado entregaria as riquezas da Babilônia e da capital de inverno persa de Susa para Alexandre. Ele ainda não tinha planos para lutar por Persépolis e pelo coração da Pérsia. Apesar das garantias de Dário de que as guerras eram ganhas com homens corajosos e aço, não cidades e ouro, os nobres do império tinham se acostumado a uma vida de privilégio e luxo, dominando seus súditos. Por isso não era interessante para eles tornarem-se de repente um bando de guerreiros pobres e maltrapilhos, mas heroicos, comendo carne de bode meio cozida nas terras de Báctria. Eles mantiveram sua lealdade de fachada no momento, mas deve ter sido em Ecbátana que muitos dos oficiais começaram a conversar entre si – e, especialmente, com Bessus – sobre a necessidade de um novo Grande Rei.

Dário estava com tanta pressa de deixar Arbela e fugir para Ecbátana que deixou para trás um abundante estoque de comida, joias e uma fortuna em prata. Alexandre achou tudo isso no dia seguinte e transportou em vagões para seu acampamento, perto do campo de batalha. Ele rapidamente conduziu ritos fúnebres solenes para seus soldados caídos, mas o cheiro de milhares de cadáveres persas em decomposição ao sol levou a marcha em direção à Babilônia, assim que o último sacrifício foi feito para os deuses dos mortos.

Alexandre estava ansioso para alcançar o sul da Mesopotâmia, mas havia dignitários locais para receber e maravilhas para ver ao longo do caminho. A estrada para a Babilônia levou os macedônios ao longo do Tigre, através de campos que tinham sido cultivados desde que os primeiros mesopotâmios descobriram a arte da agricultura, milênios antes. Eles passaram por cidades antigas onde a escrita foi inventada e o curso das estrelas mapeado pelos céus na época em que os antepassados dos gregos ainda eram pastores nômades.

Em uma cidade, foi mostrada ao rei uma poça de betume borbulhante que formava uma pequena piscina no deserto. Esse petróleo era uma grande novidade para Alexandre, que tinha lido sobre o líquido em Heródoto, mas nunca tinha visto isso por si mesmo. Havia poucas fontes de produtos petroquímicos do mundo do Egeu, onde o aquecimento e a energia eram fornecidos quase que exclusivamente pela queima de madeira. Mesmo na Mesopotâmia, o petróleo era usado para selar barcos (como na história bíblica de Noé) ou como argamassa nas paredes, não para usar como fonte de calor ou cozinhar.

Os cidadãos da cidade rica em betume estavam ansiosos para impressionar o rei e, assim, levaram baldes do líquido, derramando um rastro de alcatrão pegajoso ao longo da rua que levava até seus aposentos. Quando a escuridão caiu, eles acenderam uma das extremidades, perto de Alexandre. Ele assistiu um rastro flamejante surgir instantaneamente na noite escura, movendo-se mais rápido do que qualquer fogo que ele já tinha visto. Ele então andou ao longo do caminho iluminado para seus aposentos, seguindo uma linha contínua de chamas.

O rei estava tão impressionado por esse líquido que um dos seus assistentes de banho, um ateniense chamado Atenofanes, sugeriu que o aplicassem no servente doméstico chamado Estéfano para ver o que aconteceria se queimasse um corpo humano. O jovem estava ansioso para agradar e de bom grado se ungiu com betume para o experimento. Alexandre não podia ser tão tolo a ponto de pensar que isso seria inofensivo para o rapaz, mas a curiosidade dele evidentemente superou tanto a sua compaixão quanto seu bom senso. Quando Estéfano, coberto, tocou uma lâmpada por perto, explodiu em chamas. O rei voou de sua cadeira e tentou apagar o fogo, mas aquilo não se parecia com nenhum outro incêndio que ele já tivesse visto. Mesmo os potes de água para seu banho de pé convenientemente à mão não foram capazes de apagar as chamas. O que havia começado como um experimento científico humorístico deixou um pobre jovem perto da morte, coberto com queimaduras horríveis.

Alexandre continuou a marcha para o sul em direção ao Tigre, passando por Ashur e Takrit, deixando o interior da Assíria e entrando na terra ampla e fértil da Babilônia. Dizem que as pastagens entre o Tigre e o Eufrates eram tão ricas em gramíneas nutritivas que os rebanhos na área tinham de ser contidos ou comeriam até a morte. No sul da Mesopotâmia, os dois grandes rios estavam a apenas alguns quilômetros de distância, por isso foi fácil para Alexandre cruzar a partir das margens do Tigre a oeste do Eufrates. Em algum lugar ao norte da Babilônia, os macedônios viram um belo cortejo aproximando-se deles. Mazaeo, sátrapa da cidade, estava à frente dele. Havia sacerdotes de todos os templos e funcionários principais carregando presentes fabulosos para o novo rei. Mazaeo, que poucas semanas antes havia conduzido suas tropas contra Alexandre em Gaugamela, prostrou-se diante do seu novo senhor, junto aos filhos crescidos. Parmênio, em particular, deve ter ansiado por empalar esse traidor em um poste depois de perder muitos de seus homens para o persa na batalha, mas Alexandre era mais circunspecto. É quase certo que o encontro do rei e do sátrapa tinha sido precedido por dias de negociação. Se não, é improvável que Mazaeo teria tido coragem de arriscar sua vida aparecendo perante Alexandre.

Mazaeo era, acima de tudo, um homem muito prático. Ele soube assim que Dário fugiu do campo de batalha que os dias do Império Persa estavam contados. Alexandre era agora o homem mais importante do mundo – e Mazaeo queria ter certeza de que eles estavam no mesmo lado. Muitos outros persas devem ter seguido o mesmo caminho, mas o sátrapa da Babilônia liderou ao mudar sua lealdade para o rei da Macedônia. O que Mazaeo tinha para oferecer a Alexandre era a cidade mais rica do mundo. Os macedônios poderiam ter tomado a Babilônia à força, mas teria sido um enorme esforço. Muito melhor evitar outro cerco como o de Tiro, e receber a cidade como um presente. O único preço era manter Mazaeo como governador da Babilônia. O fato de Alexandre concordar com esse acordo prova que sua guerra contra os persas já tinha mudado de forma fundamental.

Até esse ponto, o rei macedônio fizera uma cruzada em terras estrangeiras, arrancando pedaços do Império Persa e somando-os a seus próprios domínios. Mesmo no Egito, os governantes nativos nomeados por ele eram figuras sob domínio grego ou macedônio. Mas Mazaeo era um verdadeiro sátrapa, com autoridade real sobre a cidade mais importante no reino de Alexandre. O rei não era bobo e designou macedônios como comandantes das unidades militares na área; entretanto, o mero surgimento de Mazaeo marcava uma extraordinária mudança de política. Alexandre não estava mais tentando conquistar a Pérsia e matar Dário – ele próprio era agora um Grande Rei, com todos os privilégios e responsabilidades do cargo. Para governar as muitas terras de seu império, ele precisaria de homens experientes como Mazaeo, que conhecessem a língua, a cultura, o povo e a política de cada província. Durante dois séculos, os persas habilmente governaram o maior reino já conhecido. Seus funcionários treinados e capacitados seriam essenciais para Alexandre – se ele pudesse ganhar a lealdade deles. Ao agraciar abertamente Mazaeo com o controle de uma cidade tão importante, o rei estava enviando um sinal inconfundível para aqueles que já tinham servido Dário de que o novo senhor de suas terras era misericordioso e razoável. Caso se juntassem a ele voluntariamente, poderiam receber recompensas por seus serviços.

Ao favorecer tais administradores, mesmo acima de seus próprios compatriotas, Alexandre não estava, de modo algum, abandonando suas raízes macedônias; em vez disso, era essencial que ele começasse a pensar no poder de uma maneira radicalmente nova. Seu reino não se resumia mais apenas a Macedônia e Grécia; era, agora, um império verdadeiramente internacional, abrangendo três continentes e dezenas de reinos distintos. Trácios, lídios, caríos, frígios, capadócios, sírios, fenícios, judeus, árabes, egípcios e babilônios estavam agora sob seu governo direto com medas, elamitas, pártios, báctrios, citas e indianos ainda por vir. Apesar de muitos dos seus partidários macedônios resistirem com veemência a essas mudanças, Alexandre queria fazê-los ver que o sistema feudal usado no governo de sua terra natal era totalmente inadequado para governar um vasto império. Se quisesse ser bem-sucedido em suas grandes ambições, ele teria de integrar funcionários nativos em seu governo imperial, assim como os persas haviam feito. Enquanto marchava em direção à Babilônia, ele sabia que os dias do governo macedônio de seu pai tinham acabado: começava o império macedônio de Alexandre.

Babilônia era uma cidade enorme, com mais de dois mil anos de idade quando Alexandre se aproximou de seus muros. Segundo a lenda, foi fundada no passado distante pela rainha Semíramis, que construiu diques maciços para controlar as inundações que varriam regularmente o Eufrates a partir do norte. Heródoto afirmava que a cidade tinha a forma de um quadrado, com mais de vinte quilômetros em cada um de seus lados, dando a suas muralhas uma envergadura de mais de oitenta quilômetros, embora o número verdadeiro fosse certamente menor. Um fosso profundo formava o seu limite exterior ao lado da própria parede, o que teria sido de mais de vinte metros de largura e mais de noventa metros de altura. No topo de todo o perímetro da muralha havia uma passagem larga o suficiente para uma carruagem de quatro cavalos passar. Foi dito que cem portas de bronze levavam para dentro da cidade, mas nenhuma entrada era mais espetacular do que a fabulosa Porta de Ishtar, composta por centenas de azulejos azuis de vidro decorados com touros e dragões dourados, tudo rodeado por faixas e rosetas decoradas.

O Eufrates dividia a cidade ao meio, mas havia uma ponte para conectar os dois lados. Ao contrário de muitas cidades antigas que tinham crescido a esmo ao longo dos séculos, Babilônia foi planejada como uma grade, com ruas retas que corriam em paralelo ou em ângulo reto com o rio. As milhares de casas no interior das muralhas tinham entre três e quatro andares e eram intercaladas com empresas e lojas que vendiam de tudo, desde seda chinesa até âmbar do Báltico. No lado oriental da cidade ficava uma segunda muralha, cercando o palácio real, e outra ainda protegendo o zigurate central, uma pirâmide íngreme contendo o templo de Bel-Marduk, o deus principal da Babilônia. O zigurate era tão alto que seus arquitetos incluíram um abrigo na metade do caminho para permitir que os peregrinos pudessem descansar na escalada. Na cúpula ficava um templo que só os sacerdotes podiam entrar. Dentro havia uma enorme cama coberta com os melhores tecidos ao lado de uma mesa de ouro, mas – ao contrário da maioria dos templos – nenhuma estátua do próprio deus ocupava o santuário. Ninguém jamais dormiu na cama, exceto uma mulher que era especialmente escolhida para ser a noiva de Bel-Marduk por uma noite.

Mais de mil anos antes, a cidade tinha sido governada por Hamurabi, que compôs o seu famoso código de leis. Esse código foi uma influência importante em muitas culturas do Oriente Médio nos séculos seguintes. Em uma estela de pedra sob a figura do deus sol, Shamash, foram esculpidas as muitas leis que governavam o país. A justiça de Hamurabi era simples e dura:

> Se um homem destruir um olho de outro homem, então se destruirá o olho do agressor.

> Se um homem arrancar o dente de outro homem, então se arrancará o dente do agressor.

Mas também havia misericórdia no código: "Se a esposa de um homem é apanhada em falsidade com outro homem, que prendam os dois e joguem-nos na água para se afogarem. Mas se o marido preferir poupar sua esposa, o rei pode consentir."

O reino de Hamurabi deu lugar ao Império Assírio, e depois aos neo-babilônicos, sob governo de Nabucodonosor, um grande construtor que restaurou a cidade à sua glória antes de os persas conquistarem a Mesopotâmia. Os nativos haviam ficado profundamente ressentidos com os invasores do leste por eles mostrarem pouco respeito pela religião antiga da Babilônia. Como no Egito, os persas consideravam a mais rica cidade pouco mais do que um tesouro a ser pilhado. Xerxes removeu uma estátua de ouro maciço de Bel-Marduk do templo, matando o sacerdote que tentou detê-lo, e derreteu-a para cunhar moedas e assim financiar suas guerras. Xerxes ofendeu os babilônios em uma escala ainda maior quando, mais tarde, destruiu grande parte do templo após uma rebelião na cidade, deixando apenas uma ruína de sua antiga glória.

Alexandre, por outro lado, estava determinado a mostrar respeito pela religião e tradição da Babilônia, embora também estivesse cauteloso. Ele deu ordens estritas a seus homens de que não deveria haver saques e que nenhum soldado macedônio deveria entrar em uma casa babilônica sem ser convidado. O rei esperava conquistar a Babilônia pacificamente e manter boas relações com os nativos, mas estava preparado para eventuais problemas. Assim, com as muralhas lotadas com milhares de homens, mulheres e crianças jogando flores para os soldados abaixo, Alexandre entrou na cidade naquele brilhante dia de outono pela Porta Ishtar liderando suas tropas em formação de batalha. Não houve hostilidade dos habitantes que, como os egípcios, demonstravam prazer ao ver os persas demovidos do poder, mesmo sem saber ainda que tipo de regras os macedônios imporiam. Em vez de lanças e flechas, havia guirlandas e perfumes, seguidos por presentes preciosos como incenso e gaiolas com leões e leopardos. Os sacerdotes nativos cantavam hinos em línguas antigas para saudar o novo rei, enquanto a música enchia o ar. A turba de cidadãos juntou-se à procissão atrás dos soldados, como se a entrada do exército fosse uma grande festa. Alexandre nunca tinha visto nada que se comparasse à Babilônia. Para seus homens das aldeias pobres da Macedônia, era como se eles tivessem entrado em outro mundo.

O rei foi primeiro ao templo de Bel-Marduk e ordenou que os danos que Xerxes fizera ao recinto sagrado fossem reparados. Então, seguindo cuidadosamente as instruções dos sacerdotes, prestou sacrifício ao deus, cercado por nativos aplaudindo. Depois, ele e seus oficiais retiraram-se para o palácio, no extremo norte da cidade, perto da Porta de Ishtar e ali estabeleceram uma vida de luxo esplêndida pelo mês seguinte. Ele ficou maravilhado com um pilar no palácio listando os requisitos do jantar da comitiva real de Dário, incluindo dezenas de bolos de mel, centenas de alqueires de farinha, barris de óleo de gergelim e vinagre, e cestas de cardamomo picado. Alexandre ordenou que a inscrição fosse destruída para mostrar uma ruptura com o hábito persa de desperdício e disse a seus oficiais que aqueles que se entregavam a tais extravagâncias eram rapidamente derrotados em batalha.

Com a sua cópia de Heródoto na mão no dia seguinte, Alexandre visitou a cidade estranha e maravilhosa. Quando ele passava pelas ruas, notou que os familiares e amigos transportavam pessoas doentes para as praças públicas e deixavam-nas lá para conversar com os transeuntes. Os babilônios não confiavam em médicos, mas confiavam nos conselhos de estranhos, que abordariam o doente e ofereceriam um remédio. Muitos tinham sofrido da mesma doença e aprendido um tratamento eficaz, enquanto outros haviam ouvido falar de uma cura em outro lugar. Dada a natureza internacional da cidade, com visitantes de quase todas as terras, não faltava sabedoria médica e charlatanismo disponível para os enfermos.

Um dos primeiros lugares visitados pelos homens de Alexandre, se não pelo próprio rei, deve ter sido o templo da deusa Ishtar, conhecida pelos gregos como Afrodite, que comandava os aspectos sexuais da vida. Era uma regra inquebrável na Babilônia que todas as mulheres da cidade deveriam, em algum momento da vida, oferecer-se a um homem no templo como um ato de adoração. Mulheres ricas e pobres vinham para o recinto sagrado e sentavam-se com grinaldas de cordas em suas cabeças para marcar sua disponibilidade. Visitantes iam e vinham entre as mulheres, procurando uma devota atraente. Quando encontravam a mulher certa, eles atiravam prata no colo dela e a chamavam para vir em nome da deusa. Um sacerdote à espera recolheria o dinheiro para o tesouro do templo e escoltaria o casal para um quarto nas proximidades do templo. As devotas não podiam recusar homem algum, de modo que um pobre pastor vindo do campo poderia desfrutar dos favores de uma dama nobre da corte, pelo menos nessa ocasião única. As mulheres bonitas nunca tinham de esperar muito, mas aquelas não tinham muito apelo podiam se sentar no pátio do templo durante anos antes de serem escolhidas. Escritores gregos conservadores informavam que todo o empreendimento não passava de prostituição em larga escala, mas para os cidadãos da Babilônia era um ato de devoção tão genuína quanto o sacrifício mais solene para Atena ou Zeus.

Alexandre não perderia também os Jardins Suspensos da Babilônia que, bem como a Grande Pirâmide de Gizé, foi considerado uma das maravilhas do mundo antigo. Séculos antes, um rei assírio que governava a Babilônia tinha construído os jardins para sua esposa estrangeira, que sentia saudades das plantas e dos bosques de sua terra natal. Lá, no meio de uma cidade no deserto, o rei construiu uma série de plataformas elevadas acima das ruas apoiadas por colunas maciças. Toneladas de solo foram levadas para os terraços por um exército de escravos e a água foi continuamente canalizada do rio, sugada por meio de enormes hélices para circular pelos jardins. Árvores frutíferas, palmeiras e coníferas foram plantadas por toda parte, crescendo em uma floresta viva no alto da cidade. No calor mais intenso do verão, os visitantes podiam percorrer os bosques frescos e fazer piquenique na sombra sobre a grama exuberante.

***

Como sempre, Alexandre parece ter sentido um interesse em assuntos religiosos que ia além da mera política de se integrar com os moradores. Havia na Babilônia uma parte especial da cidade entregue aos caldeus, os antigos sacerdotes-filósofos da Mesopotâmia famosos por seu estudo preciso das estrelas. Seus registros de eventos astronômicos supostamente datavam de milhares de anos, mas como eles foram registrados em uma escrita cuneiforme desconhecida para o mundo grego, o rei teve de aceitar a palavra dos sacerdotes sobre o assunto. Diferentemente da maioria dos sistemas numéricos, a matemática dos caldeus era baseada no número de sessenta, em vez de dez – uma forma de medir o tempo e o espaço que passou para posteriores civilizações, como a hora de sessenta minutos, o minuto de sessenta segundos e o círculo de 360 graus (seis vezes sessenta). Muito antes de Alexandre, os babilônios tinham descoberto como usar frações complexas, equações quadráticas, e o que viria a ser conhecido como o teorema de Pitágoras. Muitos dos avanços gregos posteriores na matemática na verdade foram derivados do encontro que aconteceu na Babilônia naquele outono, com a chegada dos macedônios. Como os caldeus também eram especialistas em adivinhação, Alexandre levou vários deles consigo pelo resto de sua campanha para ler os sinais dos eventos vindouros. O rei também deve ter falado com eles sobre seus pontos de vista a respeito dos deuses e da origem do mundo. Se foi assim, ele deve ter aprendido que havia uma notável semelhança entre os mitos babilônicos de criação, com suas histórias de gerações sucessivas de deuses lutando entre si pelo controle do universo, e os contos que lera no poeta grego Hesíodo, como a história de Cronos castrar seu pai, apenas para depois ser violentamente deposto por seu próprio filho, Zeus.

Mas Alexandre não podia gastar todo o seu tempo na Babilônia vendo lugares e visitando estudiosos locais. Havia também nomeações a serem feitas e assuntos militares a serem resolvidos. Cerca de quinze mil novos recrutas tinham acabado de chegar à cidade após uma longa marcha da Macedônia. Isso incluía cavalaria e infantaria enviadas por Antípatro e lideradas por Amintas, o comandante veterano enviado para a Macedônia por Alexandre muitos meses antes para que trouxesse tropas adicionais. O rei ficou muito decepcionado por Amintas não ter chegado com os soldados tão necessários antes da batalha de Gaugamela, mas sabia que haveria muitas oportunidades de luta ainda por vir. O comandante também trouxe com ele cinquenta filhos de líderes nobres macedônios para servir como pajens reais. Esses rapazes atenderiam à mesa real, assistiriam o rei na caça e na guerra, e ficariam de guarda do lado de fora de seus aposentos à noite. Era uma posição de honra para jovens ambiciosos, e serviria como importante treinamento de campo para futuros líderes macedônios.

Antes de deixar a cidade, Alexandre apontou Agaton da cidade de Pidna, na costa Macedônia, como comandante da cidadela na Babilônia com mil homens sob seu comando. O comando geral de assuntos militares na Babilônia foi atribuído a outro macedônio, Apolodoro de Anfípolis, com mais dois mil soldados e dinheiro para contratar mais. Asclepiodoro, provavelmente grego, foi encarregado da cobrança de impostos da província, enquanto o ex-sátrapa persa Mazaeo foi reconfirmado no seu gabinete anterior. Para manter o exército feliz – e talvez mantê-lo longe dos prazeres da cidade – ele deu a cada um de sua cavalaria macedônia o equivalente a um ano de salário como um bônus. Cavaleiros estrangeiros receberam quase a mesma quantia e soldados de infantaria macedônios embolsaram mais do que ganhariam em seis meses. Alexandre não queria dar a seus homens nenhum motivo para reclamar enquanto continuassem a marchar para a Pérsia. Eles sabiam que haveria mais para vir de seu generoso rei na estrada à frente.

Uma vez que o último de seus soldados foi tirado dos bordéis da Babilônia, Alexandre partiu com seu exército aumentado para a capital de inverno do Império Persa em Susa. Dário ainda estava em liberdade nas montanhas cobertas de neve de Meda, mas a questão mais premente para Alexandre era assegurar os tesouros de Susa e Persépolis, tão logo fosse possível. Susa era a mais próxima das duas capitais, e mais de 160 quilômetros da estrada real percorria todo o caminho até Sardes, na Lídia. A cidade era tão notoriamente quente no verão que os lagartos que tentavam atravessar as estradas ficavam cozidos antes de chegarem ao outro lado, mas nos meses mais frios era uma cidade agradável. A viagem levou os macedônios para o norte dos pântanos intermináveis, onde as bocas dos rios Tigre e Eufrates se reuniam no Golfo Pérsico, uma terra conhecida na Antiguidade como Suméria. Foi dali que se dizia que o patriarca bíblico Abraão partiu em sua viagem para a terra de Canaã. Os sumérios, que já construíam cidades três mil anos antes de Alexandre, foram uma das civilizações mais antigas do planeta. O rei deve ter ouvido histórias dos caldeus, seus novos companheiros de viagem, sobre as glórias da antiga Suméria. A partir da cidade de Uruk, no Eufrates, governou um Grande Rei, chamado Gilgamesh. A história pode ter sido esquecida na época de Alexandre, mas, se tivesse sobrevivido, mais uma vez ele teria sido surpreendido por semelhanças com a literatura grega mais antiga. Gilgamesh, como o Aquiles de Homero, era parte deus e parte homem, um grande herói buscando glória que lutou contra monstros e deuses ao lado de seu amado amigo Enkidu. Como Pátroclo, companheiro de Aquiles, Enkidu morreu repentinamente, mergulhando seu amigo em profundo desespero. Mas ao contrário de Aquiles, que descontou sua frustração no guerreiro troiano Heitor, Gilgamesh partiu em busca da vida eterna. Sua busca por fim o levou para a ilha de Utnapishtim, um homem que já tinha sobrevivido ao grande dilúvio enviado pelos deuses para destruir a humanidade e foi recompensado com a imortalidade. Gilgamesh falhou no teste que lhe concederia a vida eterna, mas as lições que aprendeu foram um conforto para os leitores por milênios.

A cidade de Susa era a velha capital do reino de Elam, uma terra ao sul da Mesopotâmia que se estendia pelas montanhas Zagros da Pérsia até o leste. Tinha sido um grande território que englobava partes da Pérsia antes que os ancestrais de Ciro, o Grande assumissem as terras altas. Ela servia como o principal canal de comércio entre o Oriente e a Mesopotâmia para bens, tais como madeira e minérios. O povo de Elam, como os sumérios, escrevia em tábuas de argila em escrita cuneiforme milhares de anos antes de Alexandre. Quando os persas trouxeram os elamitas da Mesopotâmia para seu império, no século VI, eles fizeram da sua língua uma das línguas oficiais do Estado. A linguagem de Elam era diferente de qualquer outra na área, embora possa ter partilhado uma origem comum com aquelas faladas nos tempos antigos em partes da Índia. Ela teria soado ainda mais estranha que o persa para ouvidos macedônios, com um vocabulário igualmente esquisito: *kapnushkir* ("tesouro") e *basbas* ("pato"). Em todo caso, foi um importante meio de comunicação no novo império de Alexandre e exigiu que o rei empregasse escribas fluentes na língua.

Depois de uma marcha de vinte dias desde a Babilônia, o exército macedônio chegou a Susa. O palácio real se espalhava ali em três morros íngremes no que seria o cenário para o conto bíblico de Ester, enquanto logo abaixo da cidadela estava o túmulo do profeta Daniel. Dentre as características do palácio do Grande Rei estava a apadana ou sala de audiência a céu aberto com dezenas de pilares de mais de sessenta metros de altura. Suplicantes se aproximavam da câmara real e subiam uma série de escadas passando por impressionantes relevos de ouro da guarda do rei e uma estátua do próprio Dário I em tamanho maior que o natural. Tributos de todo o império foram incluídos no palácio como um lembrete do incrível poder do rei – cedro do Líbano, marfim da Índia, paredes decoradas por egípcios, pedras trabalhadas por gregos da costa do Egeu. Dentro do salão havia uma explosão de cores, com imagens de ouro de esfinges e leões, enquanto os capitéis das colunas eram esculpidos na forma de cabeças de touros gigantes. Na outra margem do rio, ao lado do vasto complexo, estava o palácio menor do Grande Rei Artaxerxes II, construído no tempo do avô de Alexandre. Este rei persa construiu uma estrutura menos imponente, mas ainda opulenta, como um refúgio às exigências intermináveis da corte real. Uma inscrição rezava para que os deuses protegessem ele e seu palácio contra todo o mal, e que o lugar pudesse ser um *paradayadam* para ele. Mais tarde em persa, a mesma palavra se tornaria *pairidaeza* e passaria para o grego como *paradeisos*, ou paraíso.

Alexandre enviara um de seus oficiais diretamente para Susa após a batalha de Gaugamela, com a exigência de que o sátrapa persa local, Abulites, preparasse a cidade para se render com um aviso severo para deixar o tesouro intocado. O sátrapa tinha cumprido o prometido e agora enviou seu próprio filho para conhecer o rei e escoltá-lo até a cidade pelo vizinho rio Quoaspes – um importante gesto simbólico, uma vez que era desse rio que o Grande Rei bebia. Abulites o encontrou formalmente para entregar Susa e seus novos régios presentes a Alexandre: o melhor tecido púrpura, dromedários e elefantes indianos importados. Mais importante para Alexandre, o sátrapa também trouxe um impressionante carregamento de quarenta mil talentos de ouro e prata, dinheiro suficiente para financiar não só o exército macedônio como todo o império pelos próximos anos. Alexandre deve ter apreciado o dom adicional de milhares de moedas de ouro comumente conhecidas como dracmas, que retratavam o primeiro Grande Rei Dário como um arqueiro. O rei tinha à sua disposição um tesouro muito além de seus sonhos.

Quando Alexandre subiu as escadas até a cidadela da cidade e entrou na sala de audiências real, olhou incrédulo para a gloriosa decoração e os despojos recolhidos durante dois séculos por todo o império. Ele percebeu de um lado as estátuas de dois jovens atenienses, Harmódio e Aristogíton, tomadas por Xerxes durante a invasão da Grécia. Os jovens tinham tramado para assassinar um tirano governante de Atenas, mas foram mortos e, posteriormente, elevados ao status de heróis. Alexandre ordenou que as estátuas fossem enviadas de volta a Atenas com seus cumprimentos – talvez como um comentário irônico sobre a visão ateniense que ele mesmo era agora o maior tirano de todos. No entanto, os cidadãos de Atenas eram gratos pelo retorno das estátuas e as colocaram ao lado do caminho que conduzia à sua Acrópole.

No outro extremo da sala de recepção ficava o trono do próprio Dário. Qualquer um que se sentasse ali além do Grande Rei era condenado à morte, mas Alexandre fez uma demonstração pública muito deliberada ao galgar o palanque e colocar-se majestosamente no trono. O único problema era que o novo rei era menor do que a altura média dos persas e seus pés ficaram balançando acima do último degrau. Isso foi ao mesmo tempo constrangedor e indigno, mas os pajens reais foram rápidos, afastando o bloco e o substituindo por uma mesa de maior altura em que Alexandre poderia descansar os pés em esplendor real. O rei então notou que um eunuco idoso, no canto, estava chorando baixinho. Quando perguntado por que ele estava tão triste, o servo respondeu que ele tinha servido por muito tempo as refeições do Grande Rei naquela mesma mesa e ficou de coração partido ao vê-la usada como um banquinho. Alexandre estava prestes a pedir que a mesa fosse removida para não ser acusado de insensibilidade, quebra de protocolos e ofensa os deuses, quando Filotas, filho de Parmênio, pediu-lhe para parar. Era um presságio, declarou ele, que a mesa usada uma vez pelo seu grande inimigo tornava-se agora o seu banquinho. Alexandre viu a sabedoria de tal simbolismo e ordenou que a mesa daquele dia em diante permanecesse onde estava.

O rei se estabeleceu no palácio e viu que a família de Dário, que estava viajando com ele desde Isso, sentia-se em casa em seus velhos aposentos. Ele não tinha necessidade de arrastá-los consigo por mais tempo em sua campanha, então ordenou que permanecessem em Susa e que lhes fossem atribuídos tutores para aprender a língua grega. Alexandre estava especialmente ansioso para deixar uma boa impressão em Sisíngambres, a mãe de Dário, e deu-lhe de presente um tecido fino que tinha acabado de chegar da Macedônia. Para mostrar seu carinho, ele até se ofereceu para enviar mulheres macedônias para ensinar a ela e a suas netas como tecer um tecido esplêndido para si. O que o rei não sabia é que ele tinha acabado de insultar a rainha-mãe da pior forma possível. Mulheres persas da corte real não fiavam panos – esta era uma tarefa para os escravos. Quando ele soube que Sisíngambres estava de mau humor em seus aposentos e descobriu por que, ele chamou-a pessoalmente e ofereceu suas mais sinceras desculpas. Em seu país, ele explicou, rainhas e princesas, como sua própria mãe e irmãs, consideravam uma honra um tecido fino como aquele. Foi preciso muita explicação, mas, por fim, Sisíngambres entendeu que o gesto não foi concebido como um insulto.

O inverno estava se estabelecendo nas montanhas Zagros, a leste, enquanto o novo ano começava em Susa. Se Dário contava que Alexandre fosse esperar confortavelmente no calor do palácio, ele deveria tê-lo conhecido melhor. Depois de apenas uma curta estadia em Susa, Alexandre ordenou que seu exército se preparasse para marchar. Ele deixou para trás o sátrapa Abulites em seu cargo anterior, seguindo o padrão que estabeleceu para Mazaeo na Babilônia, mas mais uma vez nomeou macedônios leais para comandar as forças armadas. Alexandre havia conquistado as províncias do Mediterrâneo e Mesopotâmia para o seu império, mas o coração da Pérsia e as províncias a leste ainda estavam por vir. Até este ponto da campanha, os nativos pelas terras onde ele tinha passado o viam como um potencial libertador, ou ao menos como um meio de expulsar os persas. Mas, uma vez que ele cruzasse as montanhas e se movesse em direção a Persépolis, não seria nada além de um invasor em território hostil. Ele sabia que os persas lutariam ainda mais bravamente por sua terra natal. Atrás deles, lançariam os báctrios, citas e os indianos, todos entre os melhores guerreiros do mundo, também lutando por suas próprias terras. A batalha pelo ocidente podia ter sido vencida, mas a parte mais difícil da guerra estava apenas começando.

CAPÍTULO 7

PERSÉPOLIS

Não é demonstrar coragem ser um rei
e cavalgar em triunfo por Persépolis?
Christopher Marlowe

A poucos dias a leste de Susa, Alexandre e seu exército deixaram as planícies quentes da Mesopotâmia e entraram nas montanhas cobertas de neve da Pérsia. Esse território era ocupado por um povo conhecido como uxiano, cujo rei, Madates, era primo de Dário. Apesar de serem parentes da família real, eles eram um povo à parte, que concedia passagem por suas terras apenas àqueles que pagassem o seu preço. Cada Grande Rei desde Ciro tinha dado ouro aos uxianos para permitir que seus homens viajassem pelos desfiladeiros estreitos que eram o único caminho prático entre Susa e Persépolis. Era uma humilhação amarga para o rei da Pérsia pagar tributos a bandidos, mas dada a natureza inacessível das montanhas, nenhum exército jamais tinha sido capaz de subjugá-los ou expulsá-los.

Mensageiros dos uxianos vieram até Alexandre em seu acampamento no sopé das montanhas e saudaram o rei com respeito. Vangloriaram-se de suas terras e – sem lealdade a qualquer um, além de si mesmos – não tinham nenhuma objeção a sua passagem pelas montanhas para atacar Persépolis. Mas havia o detalhe do pagamento do tributo. Eles deixariam seu exército atravessar em paz se ele pagasse o mesmo valor que o Grande Rei. Alexandre deve ter sido um mestre do autocontrole nesse momento, porque sorriu e lhes disse para que esperassem por ele na passagem da montanha, onde receberiam seu pagamento.

Dário e seus predecessores podem ter cedido a esses bandidos das montanhas, mas Alexandre não daria início a sua marcha para a Pérsia submetendo-se a uma chantagem. Ele pretendia ensinar aos uxianos uma lição que jamais esqueceriam. O rei pegou vários de seus melhores soldados e os conduziu por uma trilha estreita pelas montanhas, acompanhados por guias de Susa. Lá ele encontrou uma série de aldeias uxianas situadas nos altos vales. Uma por uma, o rei as atacou durante a noite e matou todos que encontrou, muitos deles ainda em suas camas. Ele tomou os poucos bens que possuíam, principalmente bons cavalos e ovelhas, mas seu objetivo real era espalhar o terror.

Quando foi em direção à passagem onde os guerreiros uxianos estavam guardando a estrada principal, ele enviou seu tenente de confiança, Crátero, com uma brigada de soldados montanheses para os picos acima deles, sabendo que era para onde os nativos recuariam quando ele os atingisse. Os uxianos confiaram no terreno inacessível de sua casa na montanha para protegê-los contra os inimigos, mas nunca tinham lidado com homens do interior da Macedônia e da Trácia. Estes soldados tinham crescido em montanhas tão rudes como aquelas em que se encontravam agora e se sentiam perfeitamente em casa revirando as pedras e lajes onde as cabras selvagens viviam.

Alexandre subiu, de repente, em direção aos uxianos que guardavam a passagem, surpreendendo-os com sua velocidade, fazendo com que fugissem para as colinas circundantes – apenas para descobrir Crátero e seus homens os esperando lá. Muitos foram mortos de imediato a golpes de espada e lança, enquanto outros foram jogados das rochas para a morte. Poucos escaparam para espalhar a notícia de que o novo rei e seu exército feroz eram impossíveis de deter. Alexandre estava logo atrás deles com os seus homens, destruindo aldeia após aldeia e abrindo seu caminho através das montanhas. Madates ficou tão perturbado que enviou mensageiros por um caminho secreto a Susa para pleitear com a mãe de Dário, irmã da sua sogra, a fim de intervir com Alexandre e salvar seu povo. Sisíngambres estava relutante em se envolver em assuntos militares, mas pelo bem da família, ela consentiu e enviou uma carta a Alexandre pedindo-lhe para poupar os uxianos da destruição. O rei, então, provavelmente ainda se sentindo culpado pelo desentendimento com Sisíngambres a respeito da tecelagem, atendeu seu pedido e perdoou Madates e os uxianos, que se renderam. Ele deixou suas aldeias restantes intactas, com a condição de que eles iriam agora lhe pagar como tributo cem cavalos a cada ano, com cinco vezes mais bestas de carga e trinta mil ovelhas. Em poucos dias, Alexandre e seus homens tinham feito o que o Império Persa não fora capaz de realizar em duzentos anos.

Os macedônios continuaram sua marcha para o oriente, cada vez mais para dentro das montanhas geladas que os separavam de Persépolis. A rota direta para a Pérsia passava através de um estreito elevado chamado Portões Pérsicos, uma abertura precária, cercada por falésias intransitáveis em todos os lados. A única outra opção era um longo desvio para o sul, mas isso levaria muitos dias a mais de viagem. Alexandre sabia pelos batedores que o sátrapa persa local, Ariobarzanes, esperava por ele com uma força considerável guardando a passagem, mas ele não acreditava que os números seriam significativos. Eles tinham ainda a vantagem de terreno e seria difícil desalojá-los. Ariobarzanes era um líder militar experiente, que lutara contra Alexandre em Gaugamela e ainda era leal a Dário – mais precisamente, ainda era leal à Pérsia. Ele estava determinado a impedir que os invasores entrassem em sua terra natal.

Alexandre analisou a situação e mais uma vez fez um movimento inesperado. Ele decidiu dividir suas forças, enviando Parmênio com a maior parte do exército pelo caminho mais longo para abordar Persépolis pelo sul. Pode ser verdade que o rei estava mais uma vez buscando um pretexto para agir independentemente do velho general, mas a sua principal preocupação era chegar a Persépolis antes que os persas pudessem remover o tesouro. A única maneira para fazer isso era entrar com rapidez e uma força mínima através dos fortemente protegidos Portões Pérsicos. Ariobarzanes esperava claramente que ele viesse com todo seu exército pelo sul quando ouvisse que a passagem estava protegida, ganhando assim o tempo para preparar a defesa ou, pelo menos, evacuar a capital. Sabendo disso, Alexandre fez exatamente o oposto e abriu mão da vantagem de sua superioridade numérica para um ataque arriscado. Não era um plano que um general sensato teria tentado, mas, mais uma vez, Alexandre não era um general sensato.

Com apenas alguns milhares de soldados macedônios e trácios das montanha, Alexandre partiu em um ritmo alucinante até o vale que levava aos Portões Pérsicos. A abordagem foi através de um desfiladeiro íngreme com falésias em ambos os lados. À distância, o rei podia ver que Ariobarzanes construíra uma muralha cruzando toda a passagem. Havia um grande número de soldados persas na muralha, mas Alexandre acreditava que seus homens poderiam superá-los e colocou-os em formação de batalha na parte mais estreita do vale um pouco antes da muralha.

De repente, houve um estrondo nos cumes acima, quando pedras desabaram sobre seus homens, que se encontravam bastante próximos uns dos outros. Projéteis lançados de catapultas nas colinas acima, dardos lançados por soldados persas e flechas de milhares de arqueiros caíam como chuva sobre os macedônios, que tentavam escalar as falésias cobertas de neve para chegar aos defensores. Mas os penhascos eram tão escarpados que eles continuavam a deslizar sobre os soldados que vinha atrás, enquanto centenas de seus companheiros morriam ao redor. Alexandre havia levado seus homens para uma armadilha perfeita. Ariobarzanes supostamente tinha quarenta mil homens guardando a passagem, mas mesmo que tivesse um quarto deste número, nenhum inimigo – nem mesmo Alexandre – passaria pelas Portões Pérsicos em um ataque direto. O rei ordenou a seus soldados para levantarem os escudos acima de suas cabeças em uma formação tartaruga, mas as enormes pedras vindas de cima continuavam caindo sobre eles. Alexandre não teve escolha a não ser ordenar a retirada, deixando os corpos de muitos dos seus melhores soldados mortos ante a muralha.

Alexandre não estava acostumado a ser derrotado e a vergonha pesava muito sobre ele. O imprudente excesso de confiança que lhe servira tão bem no passado custou a vida de centenas de seus mais bravos homens. Ele considerou chamar o profeta Aristandro para perguntar aos deuses se ele os ofendera de alguma forma, mas decidiu que o mais importante no momento era inspirar confiança em seus soldados desanimados. Perder uma batalha era bastante duro para eles, mas serem forçados a abandonar os corpos de seus amigos era impensável. O dever mais zelosamente observado por qualquer soldado era enterrar um camarada caído para que ele pudesse viajar para o mundo inferior. Alexandre sabia que Ariobarzanes provavelmente lhe permitiria recolher os mortos sob uma bandeira de trégua, mas a humilhação seria demais para suportar. Ele decidiu deixar os corpos para trás e seguir Parmênio em torno da rota do sul ao longo de Persépolis – ou encontrar uma maneira de flanquear os persas protegendo os Portões.

Os macedônios tinham conseguido capturar alguns prisioneiros durante o assalto e Alexandre ordenou que eles fossem trazidos a sua frente. Sob a ameaça das piores e mais terríveis torturas imagináveis, ele perguntou se havia alguma maneira de contornar os Portões Pérsicos. Todos balançaram a cabeça, negando, mas havia entre eles um homem que falava grego. Ele era um nativo da Lícia, no sul da Ásia Menor, que anos antes havia sido capturado e exilado para este canto distante da Pérsia. Tinha trabalhado nas montanhas locais como pastor e fora convocado por Ariobarzanes para ajudar a defender a passagem. Ele disse a Alexandre que havia uma trilha rochosa que levava para trás dos portões, mas era apropriada apenas para viagens feitas no verão e para a passagem de algumas ovelhas, não por um exército de milhares. Alexandre olhou-o nos olhos com o que deve ter sido uma intensidade assustadora e perguntou-lhe novamente se havia alguma maneira de seus soldados atravessarem esse caminho secreto. O lício repetiu que era simplesmente impossível.

Foi então que Alexandre se lembrou de uma profecia que tinha ouvido quando ainda menino. Em algum momento, quando estava sonhando com a guerra contra o Grande Rei, ele tinha enviado um mensageiro a Delfos para perguntar se ele nunca iria conquistar a Pérsia. Os mensageiros voltaram do oráculo com a profecia de que ele seria levado para a Pérsia por um lobo. Ele havia esquecido essa resposta curiosa por anos, mas com este homem de Lícia diante dele tudo começou a fazer sentido. A palavra grega para "lobo" era *lykos*, praticamente o mesmo que Lykios, um lício. Na mente de Alexandre, isso não podia ser coincidência. Ele disse ao prisioneiro que todo o seu exército iria segui-lo ao longo da trilha de ovelhas naquela mesma noite. O homem implorou a Alexandre para que fosse razoável. Homens em armadura completa de batalha nunca iriam conseguir fazer aquele trajeto e certamente iriam culpá-lo por seu fracasso. O rei respondeu que tudo o que um pastor pode fazer para o seu rebanho, o exército de Alexandre poderia realizar em prol da glória eterna.

O rei deixou Crátero para trás com a maior parte da infantaria e toda a cavalaria. Ele recebeu ordens de acender muitas fogueiras, como se todo o exército ainda estivesse acampado na frente da passagem, depois esperar por um sinal de trombeta para atacar a muralha. Alexandre, em seguida, ordenou que o resto de seus homens carregasse suas bagagens com provisões para três dias e se preparasse para a escalada mais difícil de suas vidas. Com uma oração sussurrada aos deuses, o rei e milhares de seus soldados partiram em fila única à noite pela trilha.

O caminho estava coberto de neve tão profunda que os homens afundavam repetidamente até o peito, como se tivessem caído em buracos. Os amigos que tentavam retirá-los dos buracos também caíam. Barrancos escondidos e desfiladeiros profundos estavam por toda parte, enquanto pinheiros escondiam as estrelas por todos os lados. O vento estava muito frio e fazia com que os galhos congelados chicoteassem os rostos dos soldados infelizes. Mas Alexandre havia ordenado a seus homens que se movessem pela montanha em silêncio absoluto, por isso não se ouvia nenhuma das queixas habituais dos soldados sobre o frio e o cansaço durante a marcha. Hora após hora eles enfrentaram condições impossíveis nas trilhas desconhecidas e sob completa escuridão, confiando suas vidas a um único pastor lício e seu rei, que acreditava em uma profecia de infância.

Finalmente, quando o novo dia estava começando, eles chegaram ao cume da trilha, muito acima dos portões persas. Ali Alexandre mandou que seus homens exaustos descansassem e comessem, enquanto ele se reunia com os oficiais. Seu plano era dividir suas forças mais uma vez, enviando um destacamento considerável sob as ordens de Ptolomeu diretamente pela encosta da montanha para atacar a lateral da muralha no momento certo. Com o resto dos homens, Alexandre continuaria descendo a trilha para a parte de trás da passagem, que era apenas um pouco menos difícil do que a subida até o cume. Quando chegou à estrada principal por trás dos portões, ele surpreendeu a unidade de guarda persa estacionada ali, matando todos com exceção de uns poucos que desceram correndo a montanha.

A noite já tinha tornado a cair quando Alexandre colocou seus homens em formação e avançou contra os persas. Ele soou um toque de trombeta que chegou até Crátero, no outro lado dos portões, como sinal para começar seu ataque. Ao mesmo tempo, Ptolomeu e seus homens atingiram os persas pela lateral depois de terem feito sua própria descida pela montanha íngreme. Agora era Ariobarzanes que havia sido pego em uma armadilha. Alguns de seus homens tentaram resistir enquanto outros tentavam fugir, mas a surpresa criada por Alexandre foi tão completa que quase todos foram abatidos. Apenas o próprio sátrapa e um punhado de seus homens conseguiram escapar a cavalo para as montanhas. Foi uma das batalhas mais terríveis que se podia imaginar, ocorrendo na escuridão e em uma estreita passagem coberta de neve. Milhares de persas morreram defendendo sua terra natal, derrubados por exaustos, mas determinados guerreiros macedônios e trácios que tinham feito uma caminhada impossível sobre as montanhas em um inverno rigoroso. Os corpos congelados dos homens mortos em batalha diante dos muros finalmente receberam seus ritos funerários. O pastor lício que os levou foi recompensado generosamente por Alexandre e elogiou calorosamente os homens cujas vidas ele havia tido nas mãos. Os portões persas tinham caído e a estrada para Persépolis agora estava aberta diante deles.

Agora aconteceria uma corrida para chegar à capital antes que os persas pudessem preparar uma defesa eficaz ou o transporte do tesouro para o norte. Alexandre já havia enviado Filotas à frente para fazer a ponte do rio Arax em seu caminho para a cidade. Ele também tinha acabado de receber uma carta de Tiridates, o tesoureiro real em Persépolis, provavelmente um eunuco, informando ao rei que ele iria entregar a cidade e a tesouraria para Alexandre se ele pudesse chegar rapidamente. Mas era essencial que os macedônios chegassem à cidade antes de Ariobarzanes e seus homens ou eles com certeza lutariam pelo controle da capital. Tiridates, por sua vez, esperava o mesmo tratamento preferencial que os funcionários importantes, que haviam de bom grado entregado suas cidades, receberam do rei no passado.

Os macedônios desceram as montanhas Zagros a toda velocidade em direção a Persépolis, mas quando estavam quase na cidade, viram algo que fez com que Alexandre parasse, apesar de sua pressa. Diante dele na estrada estava uma procissão de oitocentos homens e mulheres idosos que carregavam ramos de súplica. Era uma visão horrível e lamentável, uma vez que todos eles haviam sido mutilados. Alguns não tinham mãos, enquanto a outros faltavam os pés, e alguns estavam sem orelhas ou nariz.

Para aumentar o choque, todos eles clamavam ao rei em grego. Seu representante explicou que eles tinham sido levados para o local muitos anos antes por um rei persa anterior como punição por atos em sua terra natal. Eles formaram uma colônia de exilados gregos à porta da capital persa para servir como um lembrete visível aos passantes do preço da deslealdade para com o Grande Rei. Muitos dos refugiados eram artesãos, de modo que seus mestres persas haviam poupado os membros necessários para seu tipo de trabalho, mas todos estavam desfigurados.

Alexandre ficou tão comovido com a história dessas velhas almas destruídas que lágrimas corriam pelo seu rosto. Ele prometeu que faria tudo o que pudesse para ajudá-los a voltar para casa na Grécia. Os exilados agradeceram e perguntaram se, em vez disso, podiam permanecer onde estavam. Na Grécia, explicaram eles, eles seriam espalhados em pequenos grupos e vistos com desprezo. Mas ali, na Pérsia, eles eram uma comunidade com um elo comum de infortúnio em que todos cuidavam uns dos outros. Tudo o que pediam a Alexandre era ajuda para cuidar de si mesmos. O rei alegremente concordou e ordenou que fosse dado a todos dinheiro suficiente para que vivessem confortavelmente pelo resto de suas vidas, além de roupas, bois, ovelhas e alqueires de trigo. Ele isentou-os de impostos e deu ordens estritas para que os oficiais da região os tratassem com o maior respeito.

Persépolis ficava em uma vasta planície cercada por montanhas distantes no coração da pátria persa. Havia outras capitais: Susa, Babilônia, Ecbátana, mas elas foram cidades conquistadas, tomadas durante as guerras de expansão. Persépolis, por outro lado, era a alma do império. Aqui era o lugar para o qual o Grande Rei e seus nobres vinham para se lembrar do que haviam conseguido ao longo de dois séculos. Nos dias do jovem Ciro, o Grande, os persas eram súditos menores, um grupo de guerreiros das terras altas que chegara das terras ao norte para viver no limite da civilização. Eles eram combatentes ferozes e homens honrados, mas não passavam de primos do interior para os medos, que os governavam, e de bárbaros para as antigas culturas do Crescente Fértil. Eles não tinham linguagem escrita e nenhuma habilidade na construção de grandes monumentos. Mas então, no curso de uma única vida, haviam conquistado os medos e se espalhado para a Ásia Menor, Mesopotâmia, Egito e Ásia Central. Império algum na história conseguira um feito tão maravilhoso. Em Persépolis, onde antes os clãs persas se reuniam em tendas, foi construída uma cidade magnífica usando os talentos dos povos civilizados por eles governados. Aqui eram armazenados os tributos e tesouros coletados de províncias distantes para financiar seus exércitos e administrar seu império. O primeiro Grande Rei, Dário, foi o primeiro arquiteto de Persépolis, declarando em uma inscrição em uma parede local:

EU SOU DÁRIO, O GRANDE REI, REI DOS REIS, REI DAS
NAÇÕES, O REI NESTA TERRA VASTA, FILHO DE HISTASPES, O
AQUEMÊNIDA.
O REI DÁRIO PROCLAMA:

NESTA PLATAFORMA ONDE ESTA FORTALEZA FOI
CONSTRUÍDA, NENHUMA FORTALEZA FOI CONSTRUÍDA
ANTES. PELAS GRAÇAS DE AHURA MAZDA, EU CONSTRUÍ
ESTA FORTALEZA COMO AHURA MAZDA E TODOS OS DEUSES
COM ELE QUISERAM. EU A CONSTRUÍ, A COMPLETEI, A FIZ
BELA E SEGURA, EXATAMENTE COMO DETERMINEI.

Alexandre e o exército da Macedônia chegaram a esta grande cidade no final de janeiro, quase quatro anos após terem deixado a Europa e cruzado para a Ásia. Com marchas rápidas sobre o terreno impossível, tenacidade na batalha, e pura determinação, eles haviam batido Ariobarzanes nos portões persas e atingiram as paredes de Persépolis sem oposição. O tesoureiro traidor Tiridate manteve a sua palavra e abriu as portas para o rei. Mas, ao contrário de Babilônia, não foram acolhidos por multidões nas ruas. Os cidadãos da cidade se esconderam em suas casas, rezando para seus deuses, com boas razões para temer o pior nas mãos daquele jovem rei vindo da borda do mundo.

A cidade em que Alexandre entrou não era como Babilônia, com sua grandeza vibrante, ou mesmo como Susa, com o seu magnífico palácio e a complexa e rica herança da cultura elamita. Persépolis era uma cidade nova, monumental no sentido mais verdadeiro, um sermão imponente em pedra proclamando o incrível poder do Império Persa. O grande complexo do palácio ficava localizado em um terraço de pedra acima da planície e poderia ser alcançado por uma ampla escadaria dupla guardada por estátuas de touros gigantes para afastar o mal, um empréstimo da iconografia mesopotâmica antiga. Subindo para o terraço, o visitante veria o salão de audiências em uma plataforma com relevos magníficos de soldados persas e de nações súditas que se aproximavam do trono real. Peticionários para o Grande Rei passavam por esculturas muito bem detalhadas dos nobres em seus carros e guardas imperiais de um lado. Do outro lado estavam os árabes levando camelos e indianos carregando presentes, junto a pártios suplicantes, bactrianos, egípcios, citas, gregos, sírios, babilônios, lídios, medos, elamitas, entre outros. Todo mundo a quem foi concedida a honra de uma audiência com o Grande Rei teria de passar por essas provas de poder persa.

Próximo à sala de audiências havia outro hall imenso com cem colunas, bem como a vasta e bem guardada sala do tesouro, construída de tijolos de barro falsamente simples. Os palácios construídos pelo primeiro Dário e seu filho Xerxes estavam no lado sul do terraço. O de Dário tinha inspiração egípcia, era pequeno e compacto, alinhado com as paredes polidas com tal acabamento que era conhecido como o Salão dos Espelhos. O palácio de Xerxes ocupava a maior parte do complexo e era muito maior do que a estrutura de seu pai. Dúzias de pequenas câmaras enchiam a parte de trás do prédio, provavelmente abrigando o harém real. Aqui as muitas esposas e concubinas do Grande Rei viviam em isolamento esplêndido. Essas damas da corte eram da nobreza persa ou as filhas dos príncipes súditos entregues como símbolos de lealdade ao império. Como um rei precisava ter certeza absoluta da paternidade de seus filhos, as mulheres eram vigiadas dia e noite por eunucos.

O complexo do palácio de Persépolis era um centro administrativo e diplomático, a residência do Grande Rei e sua comitiva, a sala do tesouro e um sítio cerimonial de grande importância. Provavelmente era aqui que a cerimônia de Ano Novo persa era celebrada no equinócio da primavera, quando os presentes eram oferecidos e o rei confirmado como o representante terreno do grande deus Ahura Mazda.

A maioria da população vivia fora do território do palácio na cidade circundante. Estes eram funcionários do governo, empresários e comerciantes que possuíam casas de luxo decoradas com belas obras de arte. O povo de Persépolis foi a elite do mundo persa e tinha lucrado muito com os tributos que iam para a capital por duzentos anos.

Alexandre tinha sido generoso com o seu exército durante a campanha, garantindo que eles fossem bem pagos, quando possível, e distribuindo uma grande parcela do saque ao longo do caminho. Mas agora que os homens entraram em Persépolis, eles estavam inquietos. Eles viram ao seu redor riquezas além da medida e sabiam que as casas particulares pelas quais passavam continham uma riqueza incrível. Eles foram, no entanto, muito disciplinados e contiveram-se para não provocar a ira de Alexandre. No entanto, o rei sabia que até mesmo o autocontrole de seus soldados tinha limites. Os exércitos do mundo antigo acreditavam firmemente que era seu direito natural saquear toda cidade que conquistassem. Afinal de contas, eles colocavam suas vidas em jogo em prol do rei e do país. Glória era motivo suficiente para príncipes e nobres, mas os soldados ansiavam por bens tangíveis para gastar enquanto ainda fossem jovens o bastante para apreciá-los e ouro para comprar a fazenda com que sempre sonharam na cidade natal. Quanto às mulheres cativas, nas mentes dos soldados eram nada mais que despojos de guerra e deveriam ser tratadas como tal.

Alexandre fez a situação em Persépolis ainda mais volátil por sua descrição da capital como o objetivo final de sua campanha. O rei despertou seus homens para continuar a marcha através de desertos e montanhas para Persépolis em busca de vingança, chamando-a de cidade mais odiada da Ásia. No momento em que o exército realmente chegou à capital persa, eles estavam tão amargurados com a cidade como o símbolo de tudo o que era mau no mundo que não tinham olhos para a beleza dos palácios ou qualquer interesse em construir boas relações com os nativos por causa do novo império de Alexandre. Eles queriam aproveitar cada coisa de valor para si e ver o resto queimar.

Depois que Alexandre tomou posse do terraço real com vista sobre a cidade, ele sentiu que não tinha mais como conter seus homens. Em vez de ter nas mãos um potencial episódio de indisciplina, deu ao exército passe livre para saquear a grande cidade de Persépolis, poupando para si apenas o complexo do palácio. De Tebas a Gaza, seu exército já havia saqueado cidades antes, mas esta foi a primeira vez que ele permitiu que uma cidade que se rendeu pacificamente fosse devastada. Foi uma mudança radical em sua política para os povos conquistados e nada propícia para a construção de confiança entre os seus súditos. Foi também um precedente perigoso permitir essa licença a um exército, mas o rei acreditava que a alternativa a isso era mais perigosa ainda.

Durante todo aquele dia e toda a noite, os soldados correram selvagens pelas ruas de Persépolis em uma orgia de ganância feroz raramente igualada na história. Os macedônios invadiram cada casa particular e mataram os homens, então se revezaram violentando as mulheres e meninas. Quando se cansaram disso, amarraram seus cativos para vender como escravos. Ao mesmo tempo, tiraram das casas qualquer coisa remotamente valiosa, chegando a brigar entre si para obter os melhores objetos. Alguns cortaram as pernas de estátuas de ouro quando descobriram que não tinham como levar inteiras as pesadas obras. Não foram poucos os homens mortos por seus companheiros discutindo sobre finos tecidos ou joias de prata. Alguns até tiveram suas mãos cortadas por homens com os quais haviam lutado lado a lado enquanto tentavam pegar para si uma quantidade maior de tesouros. Algumas das famílias persas tentaram revidar, mas foi inútil. Os cidadãos mais corajosos viram o que estava por vir e atearam fogo em suas próprias casas com suas famílias dentro antes que os macedônios pudessem arrombar as portas. Outros colocaram suas melhores roupas e jogaram suas esposas e filhos dos telhados para a morte nas ruas abaixo, jogando-se em seguida. Finalmente, depois de um dia e uma noite inteiros de terror, Alexandre ordenou a seus homens que parassem de saquear a cidade e cessassem a matança. Mas nesse momento havia pouco para roubar e poucas vidas restantes. Persépolis era uma ruína enfumaçada repleta de mortos, uma cena indescritível de horror conforme as viúvas e os órfãos nus foram levados em pleno inverno frio para os mercados de escravos. Alexandre finalmente teve a sua vingança contra o império do Grande Rei, mas os persas jamais iriam esquecer o que ele havia feito.

Enquanto seus homens ainda devastavam a cidade, Alexandre andou pelo palácio para fazer um inventário de suas novas posses. A primeira coisa que notou foi uma estátua de Xerxes que havia sido descuidadamente derrubada por algum de seus homens. Este era o rei persa que invadiu a Grécia no início do século passado, abateu os espartanos em Termópilas e queimou Atenas. E, no entanto, Alexandre sabia que Xerxes tinha muitas qualidades admiráveis, fazendo nada menos do que construir o magnífico palácio em torno dele. Ele parou na frente da estátua caída de Xerxes e falou com ele como se estivesse vivo, perguntando se deveria arrumá-lo em seu pedestal novamente, mesmo tendo feito tanto mal para a Grécia. Ele ponderou sobre o problema por um longo tempo em silêncio, enquanto seus amigos estavam perto e, em seguida, se afastou.

 O rei logo depois entrou na sala do trono e se aproximou do assento do Grande Rei, uma peça grandiosa de mobiliário em uma plataforma elevada coberta por um dossel de ouro. Os pajens aparentemente já tinham colocado um estrado de altura apropriada diante do trono na expectativa de entrada de Alexandre, pois as fontes antigas não mencionam seus pés balançando acima do chão, como fizeram em Susa. Foi um momento comovente para Alexandre e todos os presentes. Aqui, finalmente, o rei realizou o seu sonho de sentar-se no trono do Grande Rei em Persépolis. Durante quatro anos, ele lutou pelo caminho de todo o Império Persa para derrotar exércitos e saqueou cidades a fim de ganhar esse direito. Demarato de Corinto, um velho amigo da família, que lhe dera Bucéfalo anos antes, explodiu em lágrimas com a visão. Ele declarou que lamentava pelos gregos que morreram antes de poder ver Alexandre sentado no trono de Dário.

Do palácio Alexandre mudou-se para a sala do tesouro, onde ele olhava com admiração para o tributo recolhido pelos grandes reis da Pérsia durante dois séculos. O tesouro real em Susa havia acumulado um estoque incrível de ouro e prata, mas a abundância de riqueza contida neste simples edifício de tijolos de barro em Persépolis fez os cofres de Susa parecerem pequenos. Havia fileiras após fileiras de caixas cheias de moedas de ouro coletadas de todas as nações do império. Alexandre achou melhor retirar o dinheiro de Persépolis e assim ordenou que ele fosse transportado para Susa. Mas a carga era tão grande que os intendentes macedônios tinham de pedir milhares de mulas e camelos da Mesopotâmia para levar o tesouro.

Alexandre também visitou o centro real em Passárgada a poucos quilômetros a leste de Persépolis. Este era o lugar onde Ciro ganhou sua vitória final sobre os medos, fazendo com que o primeiro Grande Rei da Pérsia construísse um palácio ali. Este foi também o local sagrado onde cada novo rei persa foi coroado. Cada homem que lideraria o império entrava no santuário e colocava de lado a sua própria capa, vestindo em vez disso a roupa que Ciro havia usado. Os rituais de coroação pareciam estranhos para pessoas de fora, mas o novo rei primeiro comia um bolo de figo, em seguida, mastigava madeira terebintina e, finalmente, bebia um copo de leite azedo. É provável que cada rei começasse seu reinado dessa forma para lembrar-se de que, apesar dos palácios dourados e dos confortos da civilização, mais importante era ser o líder de uma tribo de guerreiros das montanhas, nutridas em condições simples e, às vezes, amargas.

Alexandre se apropriou do tesouro em Passárgada para adicioná-lo à caravana que seguia para Susa, mas ele estava ainda mais interessado na visita ao túmulo de Ciro. Era uma pequena estrutura de pedra retangular na parte superior de uma plataforma de escada. Um jardim rodeava o túmulo, mantido por uma equipe permanente de sacerdotes. A porta do túmulo era estreita e pequena, de modo que mesmo um homem baixo como Alexandre tinha dificuldade de passar através da única abertura. Dentro havia um sarcófago de ouro contendo o corpo de Ciro. Ao lado, havia um sofá coberto com uma tapeçaria babilônica e cercado por tapetes roxos sobre o chão de pedra fria. Ao lado do sofá havia calças medas e vestes reais, bem como uma mesa com espadas e joias. A linhagem familiar de sacerdotes que cuidava da tumba recebia diariamente uma ovelha e grãos para as suas próprias necessidades, com um cavalo a cada mês para oferecer como sacrifício para o espírito de Ciro. Do lado de fora da porta estava uma inscrição em escrita cuneiforme persa que o sacerdote interpretou para Alexandre:

> Homem mortal, eu sou Ciro, filho de Cambises, o fundador do Império Persa e o rei da Ásia. Não inveje este meu pequeno monumento.

Alexandre ficou profundamente comovido com sua visita ao túmulo de Ciro e ordenou que os desejos do primeiro Grande Rei fossem para sempre honrados. Os sacerdotes deveriam continuar perpetuamente as cerimônias reais para Ciro e o túmulo permaneceria inviolável.

Pode ter sido o cheiro da cidade queimada ou a vergonha por ter permitido que seus soldados devastassem Persépolis que logo fez Alexandre deixar a cidade para uma viagem ao interior persa. Ele sabia que Dário e o que restou de seu exército estavam na Media esperando para ver o que ele iria fazer em seguida, mas ele não tinha pressa para persegui-los por toda a Ásia. Depois de quatro anos de campanha, ele sentiu que seus homens precisavam de um descanso. A neve de inverno ainda cobria as montanhas ao norte e o rei sabia que haveria muitas marchas difíceis pela frente, mesmo que muitos dos soldados acreditassem que a campanha havia terminado e eles logo voltariam para casa. Parecia melhor deixar seu exército recuperar a força em Persépolis e talvez até o seu apetite para a batalha antes de recomeçar a campanha na primavera.

Mas a natureza inquieta de Alexandre não tolerava permanecer muito tempo em lugar algum. Havia relatos de tribos primitivas nas colinas que se recusaram a reconhecer a sua soberania, mas isso era pouco mais que uma desculpa para explorar mais da Pérsia por conta própria. Deixando para trás o seu exército, ele levou consigo os seus companheiros mais próximos e uma pequena força de apenas mil cavaleiros e infantaria de armas leves para as montanhas escarpadas. O tempo estava horrível e os caminhos cobertos de neve e gelo. Enquanto subiam para o planalto, os homens começaram a sentir como se tivessem chegado ao fim do mundo. Não havia fazendas ou casas, nem pessoas ou animais, apenas o céu interminável e a luz desaparecendo. Havia algo estranho e perturbador sobre essas montanhas, mesmo para os homens que haviam sido criados no planalto da Macedônia. Por fim, um grupo de soldados se atreveu a se aproximar de Alexandre e pediu-lhe para voltar.

Em vez de repreender seus homens assustados, o rei desceu do seu cavalo e prosseguiu pela trilha sozinho sobre a neve e manchas escorregadias de gelo. Ele pegou uma picareta e começou a quebrar o gelo para abrir. Todos os seus homens observaram e se encheram de vergonha. Primeiro seus amigos se juntaram a ele na trilha, então seus oficiais e, finalmente, o resto dos soldados. Eles lentamente abriram seu caminho através da floresta e sobre as montanhas até que finalmente viram vestígios da civilização humana de novo. Os bandos de pastores que viviam nessas colinas inacessíveis não esperavam ver gente de fora, no meio do inverno e certamente não estavam preparados para um pequeno exército descendo por seu vale. Muitos dos tribais mataram as próprias famílias para poupá-las dos invasores, e fugiram para ainda mais longe nas montanhas.

Os macedônios em seguida moveram-se ainda mais para as terras altas e para os domínios isolados de um povo conhecido como os Mardi, uma tribo que sobrou de outra era. Eles viviam em cavernas nas montanhas e alimentavam suas famílias com ovelhas e animais selvagens. Suas mulheres eram tão resistentes quanto os homens, usando túnicas que mal cobriam suas coxas e prendendo seus cabelos espessos com fios de pano. Quando era necessário, as mulheres soltavam os cabelos e lutavam ao lado dos homens com efeito devastador. Para Alexandre, era como se a trilha de Persépolis havia se tornado uma grande expedição de caça com os seres humanos como presas em vez de animais. Havia alguns despojos, além de um punhado de ovelhas magras, mas mesmo assim os pobres mardis foram perseguidos e mortos para divertimento do rei e de seus homens. Ao retornar à cidade após trinta dias nas terras selvagens, Alexandre comemorou a excursão dando a cada um daqueles que o haviam acompanhado presentes para recordar o mês passado nas montanhas da Pérsia.

Era uma bela tradição grega culpar as mulheres pelos atos tolos dos homens. Helena era o rosto que lançou mil navios cheios de guerreiros para lutar e morrer diante das muralhas de Troia. Pandora permitiu que o mal entrasse no mundo ao abrir a jarra proibida (caixa é um erro de tradução). Da mesma forma que, na primavera em Persépolis, seria uma prostituta ateniense a entrar para a história como a mulher que levou Alexandre a destruir o palácio do Grande Rei.

De acordo com o relato de Plutarco e de outros autores antigos, houve uma festa regada a bebida em uma noite não muito depois de Alexandre retornar de sua expedição para as montanhas. O vinho fluía livremente, como sempre acontecia nos banquetes macedônios, sendo que logo todos os amigos e convidados do rei estariam extremamente bêbados. O velho amigo de Alexandre, Ptolomeu, também estava ali com sua amante, Thaïs, com quem se casaria mais tarde e seria pai de três filhos. Ela não era uma prostituta comum como as seguidoras de exércitos, mas uma mulher conhecida para os atenienses como uma *hetaira*: uma linda, educada e encantadora mulher que compartilhava a cama de seu patrocinador, mas também servia como sua confidente e conselheira. Essas mulheres se davam bem na sociedade grega e, muitas vezes, acabavam como parceiras de seus amantes pela vida toda. Thaïs, como uma ateniense, conhecia a história do conflito persa melhor que a maioria dos soldados macedônios em torno dela e aproveitou esse momento de festa para fazer um discurso exaltado para Alexandre e seus amigos. Era uma bela recompensa, ela proclamou, depois de vagar sobre a Ásia, ter um jantar de luxo no esplêndido palácio de Xerxes. Mas seria um prazer muito mais doce incendiar a casa do homem que incendiou a sua própria cidade. Thaïs era uma oradora comovente, de modo que aplausos e vivas irromperam de toda a multidão e ecoaram pelo corredor. Todos começaram a pedir que o rei desse início a um incêndio. Alexandre ansiosamente concordou e pegou a tocha mais próxima. Ele próprio primeiro incendiou as colunas de cedro e vigas do edifício, em seguida, todos os outros correram pelos corredores com tições. Logo todo o complexo era um inferno feroz que iluminava a planície de Persépolis. Mas, mesmo enquanto o rei observava o grande palácio de Xerxes queimando, ele começou a se arrepender de sua ação precipitada. Ele tentou apagar o fogo, mas já era tarde demais. Pela manhã, não havia nada ali além de cinzas e pilares queimados.

Esta é uma tradição transmitida através de documentos antigos, mas há um conto mais sombrio e sinistro encontrado na obra do historiador Arriano, que em muitos casos é a melhor fonte para a vida de Alexandre.

O que torna Arriano tão crível, neste caso, é que ele normalmente tem uma visão bastante positiva do rei macedônio, mas passa sobre os acontecimentos desta noite o mais rapidamente possível com a condenação pura e simples das ações de Alexandre. Ele afirma que o rei planejou o tempo todo queimar o palácio e que até Parmênio tentou desencorajá-lo de cometer um ato tão drástico. O velho general argumentou que era tolo destruir sua propriedade e que os povos da Ásia iriam vê-lo apenas como um conquistador furioso sem real interesse em construir um império. Mas na versão de Arriano, Alexandre responde que queria vingança por todos os males que os persas tinham feito contra o mundo grego.

Descobrir a verdade sobre o que aconteceu naquela noite é quase impossível quando as fontes antigas discordam dessa forma. O que pode ser dito com certeza é que o palácio ardeu até virar cinzas antes de Alexandre deixar a cidade. Os arqueólogos encontraram uma espessa camada de cinzas ao longo dos restos, mas nenhum ouro, pedras preciosas ou tesouros, indicando que os objetos de valor tinham sido deliberadamente retirados de antemão, novamente sugerindo premeditação. Se Arriano estiver certo e Alexandre incendiou o palácio de propósito, seria a vingança uma razão suficiente? Talvez, se fosse um ato de propaganda destinada a reforçar o seu apoio na Grécia, especialmente em Atenas. Mas o rei tinha mostrado surpreendentemente pouco interesse no que pensavam os gregos sobre sua guerra desde que deixou a costa do mar Egeu. Pode ser ao contrário, que o público principal eram os persas em um esforço para mostrar-lhes que os velhos tempos haviam chegado ao fim e que Alexandre era agora o Grande Rei. Neste cenário, o incêndio foi concebido para desestimular ainda mais a resistência antes que ele retomasse sua campanha contra Dário. E, no entanto, após o massacre da população de Persépolis, teriam os persas qualquer dúvida de que se opor a Alexandre era perigoso e, finalmente, inútil? No final, simplesmente não há como saber se o rei incendiou deliberadamente o palácio de Xerxes. Mas é possível ter certeza de que a maioria dos historiadores antigos, que escreveram sobre o episódio estavam profundamente desconfortáveis com as ações de Alexandre e preferiram culpar o excesso de vinho e a língua de seda de uma mulher pelos acontecimentos daquela noite.

O jogo agora era capturar o rei. Dário passara o inverno na capital meda de Ecbátana, cerca de 400 milhas ao norte de Persépolis, esperando os próximos movimentos de Alexandre. O governante persa tinha reunido um exército impressionante de talvez dez mil soldados, incluindo os seus leais mercenários gregos. Ele sabia que não tinha homens suficientes para enfrentar os macedônios em campo aberto, mas planejava recuar a leste através das montanhas em Báctria, queimando os campos conforme passasse. Uma vez que já se tratava de uma área com poucos campos cultivados, aquela devastação tornaria ainda mais difícil para Alexandre alimentar seu exército enquanto o perseguia. Uma vez em Báctria, ele lideraria um esforço de retaguarda para retomar o império. Dada a dimensão e o relevo acidentado das terras do Mar Cáspio para o rio Indo, era um plano razoável. Dário poderia atrasar os macedônios durante anos nas montanhas e vales do Hindu Kush, desgastando Alexandre e desviando sua atenção e recursos de potenciais problemas em outros lugares de seu novo reino durante todo esse tempo.

Alexandre havia entendido a estratégia de Dário muito bem e apreciou a ameaça que ela representava para seu governo. Ele também sabia claramente que não poderia ser Grande Rei aos olhos da Ásia até Dário abdicar ou ser morto. Era, portanto, essencial que ultrapassasse Dário antes que ele pudesse fugir para Báctria. Como explicou a seus oficiais e soldados, a guerra contra a Pérsia não poderia ser concluída até o *xá*, como os persas chamavam seu rei, fosse *mat*, ou seja, morto. O fim do jogo teve de ser *xá mat*, uma frase persa que evoluiu no tempo como xeque-mate.

Assim que a maioria da neve derreteu entre Persépolis e Ecbátana, Alexandre preparou seu exército para uma marcha relâmpago até o lado leste das Montanhas Zagros. Ele mais uma vez nomeou um persa como sátrapa local, desta vez o nobre Phrasaortes, mas também deixou uma forte guarnição macedônia em Persépolis, sob o comando de um oficial de confiança. Alexandre, em seguida, partiu com os seus homens em toda a fronteira do grande deserto do planalto central persa para Ecbátana. Ele pressionou os homens a mais de trinta quilômetros por dia passando por colinas áridas e oásis espalhados em uma tentativa de alcançar Dário antes de o rei persa conseguir fugir. Depois de quase duas semanas nesse ritmo alucinante, Alexandre ouviu que Dário resolvera defender sua posição em Ecbátana, já que o persa havia recebido reforços da Cítia e de tribos próximas ao Mar Cáspio. Isso era exatamente o que Alexandre esperava. Separou então o comboio de abastecimento para seguir em um ritmo mais lento, enquanto ele e o exército moveram-se ainda mais rápido em direção ao norte. Mas, poucos dias depois, recebeu um relatório atualizado de que os reforços persas não tinham de fato chegado, fazendo que Dário mudasse de planos. O líder persa tinha enviado à frente seu harém e vagões de suprimentos para uma passagem chamada Portões do Mar Cáspio nas montanhas a leste de Raga (Teerã), que levava a Báctria. A três dias de Ecbátana, um nobre persa chamado Bistanes chegou ao acampamento de Alexandre. Esse homem era o filho único do Grande Rei anterior, Artaxerxes III, e havia escapado do massacre engendrado pelo eunuco Bagoas que levou Dário ao poder. Ele não tinha amor algum pelo rei persa e decidira, como muitos outros, tentar sua sorte com Alexandre. Bistanes relatou que Dário fugira da capital da Média e estava a caminho dos Portões do Cáspio. Ele também tinha em suas carroças ouro suficiente para pagar seus homens e contratar guerreiros locais por anos.

Alexandre começou a ficar seriamente preocupado. Se Dário conseguisse passar pelas montanhas com seus soldados e o tesouro, poderia continuar a guerra indefinidamente. Era então essencial que Alexandre se movesse ainda mais rápido com uma força ligeira. Mas apesar da pressa e até mesmo usando-a como desculpa, ele fez uma mudança radical em sua cadeia de comando. Primeiro anunciou que mandaria as unidades de cavalaria da Tessália de volta para casa na Grécia. Aqueles homens haviam servido bravamente como contribuição de sua nação para o esforço de guerra contra a Pérsia. Eles partiriam com honra e um grande bônus e seriam levados ao Mediterrâneo para irem de navio até o Egeu. Uma vez que estivessem de volta a seus lares, poderiam se reunir com suas famílias e levar suas vidas com paz e prosperidade. Por outro lado, se desejassem se unir a seu exército como voluntários pagos em vez de soldados súditos, ele os receberia com um bônus ainda maior. A maioria dos tessálios agarrou a chance de ficar e foi transferida a um novo oficial de comando.

Não foi mera coincidência que a cavalaria de tessálios realocada era a espinha dorsal do apoio de Parmênio no exército. Eles haviam lutado com Parmênio por muitos anos e eram teimosamente leais ao velho general. Ao tirá-los de seu comando, Alexandre estava cortando do amigo mais antigo de seu pai a sua base de poder entre os soldados. O rei então chamou Parmênio em sua tenda e o informou que estava mandando-o para Ecbátana para guardar o tesouro e manter vigilância sobre Hárpalo, que agora cuidava das finanças de Alexandre a partir da capital meda. Era uma posição importante, ele garantiu a Parmênio, e, além disso, com mais de setenta anos de idade, o heroico general merecia um descanso da perseguição de fugitivos persas pelas montanhas. No tempo certo, obviamente chamaria o general para juntar-se a ele no leste.

Parmênio não era bobo e percebeu exatamente o que Alexandre estava fazendo. O rei tinha reduzido aos poucos as posições de poder de seus partidários e familiares durante a campanha, deixando um aqui como sátrapa, outro lá como chefe de guarnição. Agora, as únicas posições significativas que sobravam em sua facção eram ele próprio e seus dois filhos. Finalmente, em um golpe rápido, sem tempo para debater a questão, o rei separara Parmênio de seus soldados e despachara o velho para serviço de guarda, longe do exército. Parmênio serviu a seu propósito e deveria ser posto de lado como um cavalo velho mandado para o pasto. Não havia sentido em discutir, já que Alexandre estava de saída imediatamente para perseguir Dário. O filho de Felipe tinha sonhado durante anos em ser um homem independente e silenciar para sempre a voz de seu pai sussurrando em seu ouvido através dos lábios de Parmênio. Nos últimos anos, o rei ganhara confiança em suas próprias habilidades inatas de liderança e crescera em termos de experiência liderando um exército. Agora, ele esperava, as grandes batalhas haviam terminado e grande parte do império estava conquistada; sendo assim, Alexandre não precisava mais de Parmênio.

Alexandre saiu de Ecbátana atrás de Dário com uma tropa forte, mas rápida, de cavalaria e infantaria. Ele estava tão ansioso em alcançar os persas que muitos de seus homens ficaram para trás enquanto corria através das montanhas áridas no caminho para os Portões do Cáspio. Os cavalos foram tão pressionados que começaram a morrer. Eles chegaram a Raga em apenas onze dias e, finalmente, viram as altas montanhas Elburz diante deles. Mas não havia tempo para parar enquanto corriam para o leste, apenas para descobrir que Dário tinha passado pelos Portões do Mar Cáspio vários dias à sua frente. Alexandre acampou na passagem naquela noite, enviando um batalhão à frente para preparar esconderijos de abastecimento, uma vez que tinha ouvido que as terras para além dali eram ainda mais desoladas.

Enquanto ele ainda estava no acampamento, um babilônio chamado Bagistanes veio até ele, junto a Antibelo, um dos filhos de Mazaeo, o próprio sátrapa da Babilônia. Eles haviam acabado de deixar Dário e trouxeram informações valiosas para Alexandre. Bessos, o sátrapa da Báctria e parente de Dário, prendeu o rei persa com o apoio de outro sátrapa oriental chamado Barsaentes e estavam fugindo com ele, ainda sem machucá-lo no momento, como prisioneiro em uma carroça. Alexandre havia temido que algo assim pudesse acontecer. Um golpe nas fileiras persas só complicava seu objetivo de capturar o rei e acabar com a guerra. Se Bessos matasse Dário e tomasse o trono, a luta se arrastaria ainda mais, especialmente porque o sátrapa era um guerreiro hábil e um general que tinha a lealdade dos báctrios e de outras províncias orientais.

 A resposta de Alexandre foi diminuir ainda mais as suas tropas e buscar Bessos com uma força menor e mais rápida de cavalaria e infantaria escolhidas a dedo. Ele sequer esperou que os armazéns de suprimento ficassem prontos, disparando dos Portões do Mar Cáspio com ordens para que o restante de seus soldados seguisse o mais rápido que pudesse. Ele viajou durante toda a noite e só parou ao meio-dia seguinte, quando seus homens e cavalos estavam exaustos. Alexandre chegara ao acampamento onde Dário havia sido preso. Então descobriu pelos persas que ficaram para trás que Bessos tinha assumido o título de Grande Rei, com o apoio da cavalaria báctria. Alguns soldados persas permaneceram leais a Dário e se recusaram a seguir Bessos, incluindo os mercenários gregos que haviam partido para as montanhas para tentar voltar para casa. O plano de Bessos era, caso os macedônios pusessem fim à perseguição, chegar a um acordo com Alexandre e entregar Dário em troca de condições favoráveis. Mas, se os macedônios continuassem a persegui-los, eles recuariam para as montanhas e engrenariam uma campanha de guerrilha contra Alexandre, formando um governo persa no exílio das terras altas da Báctria.

 Os macedônios estavam entre os mais bravos soldados do mundo, mas a este ponto já estavam exaustos. Ainda assim, Alexandre pressionou-os a continuar noite adentro e pelo resto do dia seguinte. Ele chegou ao acampamento onde os persas haviam ficado no dia anterior, mas eles ainda estavam bem à frente. O rei perguntou aos habitantes locais se havia algum atalho através do deserto pelo qual ele poderia ultrapassar Bessos. Havia, mas era uma rota sem água por onde raramente caravanas de camelos viajavam. Alexandre então desmontou quinhentos cavaleiros cansados e colocou os mais aptos da infantaria nos cavalos, saindo à noite em plena velocidade. Com esta pequena força, cobriu quase oitenta quilômetros na escuridão e, finalmente, viu os persas à distância ao amanhecer.

A maioria dos persas fugiu em pânico quando viu os macedônios chegando, embora provavelmente superassem em muito a quantidade de homens de Alexandre. Alguns tentaram atrasar o inimigo que se aproximava, virando para trás e lutando, mas foram derrubados. Por um curto período, Bessos continuou a transportar Dário na carroça atrás dele, mas logo percebeu que nunca seria capaz de ficar à frente de seus perseguidores. Com Alexandre praticamente em cima dele, o sátrapa correu para o vagão e esfaqueou Dário com uma lança, deixando-o como morto. Ele também matou dois escravos fiéis que acompanhavam o rei e feriu os cavalos que puxavam a carroça. Então, com sua cavalaria báctria, Bessos fugiu para o leste, em direção às montanhas.

A cena era uma confusão de homens, cavalos e carros correndo em todas as direções, com os macedônios logo atrás. Não havia mais ninguém guiando o carro que levava Dário, por isso os cavalos feridos vagaram para fora da estrada em dor e confusão, encontrando seu caminho para um pequeno oásis no meio de um vale próximo. Alexandre imediatamente enviou grupos de busca para as montanhas a fim de encontrar Dário. E foi assim que um jovem soldado macedônio cansado chamado Polístrato encontrou o carro quando parou para pegar água em seu capacete. Ele viu os cavalos feridos e se perguntou por que alguém seria tão cruel com animais indefesos. Então ouviu gemidos vindo de dentro e afastou as cortinas, encontrando os dois escravos mortos e a figura sangrenta de Dário, quase morto.

Tradições mais recentes enfeitam demais a cena final da vida do rei. Em algumas versões, o próprio Alexandre está lá para dizer adeus a Dário e chorar a morte de seu adversário. Nessas histórias, Dário entrega sua família e o reino aos cuidados de Alexandre e, em seguida, dá seu último suspiro. Em outros relatos, Dário se dirige a Polístrato em um grego macarrônico, pedindo-lhe para dar a sua bênção a seu rei e agradecer-lhe por ser um adversário tão nobre. Mas a verdade, na medida em que pode ser conhecida, é mais simples e mais triste. Dário viu Polístrato entrar no vagão e se ajoelhar ao lado dele. Ele fez um gesto para a água, que o jovem lhe serviu em seu próprio capacete. Então, com apenas um único soldado inimigo assistindo-o em um vale desértico e estéril, o Grande Rei da Pérsia fechou os olhos e morreu.

CAPÍTULO 8

BÁCTRIA

Alexandre avançou, no entanto, com grandes dificuldades pela neve profunda e com poucos suprimentos, mas ele continuou insistindo.
Arriano

Alexandre nunca quis que tudo acabasse daquela forma. Na sua mente, imaginara Dário capturado e surgindo diante dele vestido com os mantos de Grande Rei. Alexandre se levantaria e cumprimentaria o líder persa com respeito, abraçando-o como um irmão. Dário formalmente abdicaria, entregando seu império para o rei da Macedônia. Ele daria sua própria filha em casamento para Alexandre para firmar a ligação entre as duas casas. Então se aposentaria com honras junto a seus servos para algum lugar distante, onde viveria sob forte vigilância até o fim de seus dias.

Na realidade, porém, o Rei dos Reis estava morto em uma carroça comum, traído por seus amigos e abandonado por seus aliados. Alexandre chorava ao colocar o próprio manto em torno de Dário, e ordenou que o corpo fosse transportado de volta para Persépolis para lá ser enterrado no túmulo da família esculpido na encosta rochosa. Enquanto Alexandre assistia a caravana levar o líder persa para o sul, pôde apenas amaldiçoar o destino que fizera com que as coisas acabassem da pior forma possível. Ter capturado Dário seria o ideal. A transição de poder de um rei para outro teria sido suave, apesar de forçada. A morte de Dário em batalha, mesmo em um confronto como o de Aquiles nas planícies de Troia, teria sido aceitável. Os persas respeitavam força marcial e teriam reconhecido Alexandre como seu legítimo governante com uma vitória em combate. Mas a rejeição e o assassinato de Dário por seu próprio povo fariam com que a guerra continuasse. Alexandre tinha planejado continuar a marcha para o oriente e consolidar seu território, mas agora teria de lutar contra Bessos e qualquer outro na Báctria, na Sogdiana ou na Índia que se levantasse para desafiar sua legitimidade como Grande Rei. O que ele tivera a esperança de realizar em uma ou duas temporadas de incursão rápida agora talvez se arrastasse por anos.

Mas, para o exército macedônio, a morte de Dário foi uma notícia maravilhosa. Eles tinham seguido Alexandre por milhares de quilômetros através de desertos e montanhas para destruir o Império Persa. As maiores cidades do reino foram tomadas e o Grande Rei estava morto. Era hora de ir para casa. Todos eles haviam feito mais dinheiro do que jamais sonharam quando eram pastores e agricultores nas colinas da Macedônia. Agora, depois de quatro longos anos na Ásia, eles poderiam voltar para seus pais, esposas e filhos como heróis ricos.

O exército estava tão animado com a perspectiva que rumores rapidamente se espalharam por todo o acampamento de que eles estavam realmente voltando para casa. Os homens começaram a arrumar suas tendas e colocar seus equipamentos em carroças. Era como se alguém tivesse soado um sinal para iniciar a marcha. Alexandre ouviu o barulho e percebeu de imediato o que estava acontecendo. Os homens ansiavam pelo retorno, mas de alguma forma ele tinha de convencê-los a continuar a marcha para o oriente. Ele então se dirigiu ao recinto de montagem e chamou seus soldados. Olhou para eles com orgulho em seu coração e falou-lhes tanto como seu rei quanto como soldado.

Vocês se lembram, perguntou, de tudo o que passamos juntos nos últimos anos? Vocês se lembram de como vencemos os tribálios no caminho para o Danúbio e como esmagamos os persas em Grânico, depois em Isso e Gaugamela? Vocês já pararam para pensar em todas as terras que conquistamos juntos? Ásia Menor, Síria, Fenícia, Egito, Mesopotâmia, Pérsia, e todo o resto. Nós, o exército da Macedônia, terra que no dia do meu pai era pouco mais que um reino atrasado na ponta norte da Grécia, temos feito o impossível. Estamos conquistado o mundo, meus amigos.

Mas me escutem com atenção: embora tenhamos conquistado muitos milagres, tudo o que fizemos, todo o sangue que vocês e seus estimados companheiros mortos derramaram, pode vir a ser em vão. Vocês acham que eu não quero ir para casa também? Gostaria muito de correr de volta para a minha mãe e minhas irmãs em Pela e deixar esta terra desolada para trás. Mas a verdade é que o inimigo está apenas esperando que relaxemos a guarda. Bessos agora afirma ser Grande Rei e muitas pessoas estão dispostas a segui-lo. Ele é um general bem-sucedido que comanda milhares de soldados nas terras a leste. Sim, podemos ir para casa agora, mas assim que nos estabelecêssemos defronte nossas lareiras na Macedônia, veríamos os exércitos de Bessos levantando-se atrás de nós. Vocês preferem lutar contra Bessos aqui e acabar com isso ou querem enfrentá-lo quando ele cruzar o Helesponto e devastar a Macedônia? Vocês podem lidar com Bessos agora ou mais tarde, mas se não quiserem ver suas famílias abatidas durante o sono por hordas de cavaleiros báctrios, é melhor acabar com isso agora. Neste momento, estamos a apenas alguns dias de distância da Báctria. Isso não é nada para os homens que atravessaram inúmeros rios e montes cobertos de neve. Podemos destruir Bessos e estar de volta para a colheita do próximo ano. Então, finalmente, estaremos livres de verdade da ameaça persa.

Foi uma bela performance, ainda mais considerando-se que era tudo mentira. A Báctria estava a centenas de quilômetros de distância e Alexandre sabia muito bem que poderia levar anos para subjugar as províncias orientais. E, enquanto os ataques de Bessos e seus homens poderiam se provar um incômodo para as fronteiras da Pérsia, eles não eram uma ameaça maior para a Macedônia do que eram os guerreiros da Grã-Bretanha. E, mesmo assim, o rei já sonhava com terras além das fronteiras do Império Persa, sem planos de voltar para casa tão cedo, mesmo que esmagasse Bessos naquele verão. Felizmente para o rei, os seus homens foram facilmente persuadidos a continuar a marcha por mais algumas semanas, especialmente depois de Alexandre oferecer-lhes um bônus generoso para continuar. Mas era uma ideia arriscada enganar um exército. Mais cedo ou mais tarde eles perceberiam que seu rei estava levando-os mais e mais para dentro das florestas da Ásia sem pensar em voltar para casa. Alexandre os havia convencido por enquanto, mas o desafio seria mantê-los.

O caminho para a Báctria era a leste, mas Alexandre decidiu primeiro fazer um breve desvio para o norte através das montanhas para a terra de Hircânia, na costa sul do Mar Cáspio. O exército macedônio saiu dos desertos e subiu as altas montanhas de Elburz rumo a um paraíso tropical com figueiras, videiras e campos de grãos. Hircânia era um celeiro do Império Persa, densamente povoada por várias tribos. Alexandre tinha de estabelecer seu controle ali, antes de seguir para as províncias orientais.

Alexandre dividiu suas forças em três grupos enquanto marchava pela Hircânia. Ele enviou Crátero à frente com um grupo e colocou outro oficial encarregado do corpo principal do exército e seu comboio de abastecimento. Liderou pessoalmente soldados levemente armados e dirigiu-se até a estrada íngreme para chegar primeiro a Hircânia. Enquanto estava montando acampamento na crista das montanhas, um nobre persa chamado Nabarzanes veio a ele, com vários outros oficiais importantes, e se rendeu. Nabarzanes esteve com Bessos na prisão de Dário e conspirou com ele no assassinato do rei persa. Parece pouco provável que Alexandre teria lhe permitido viver se não fosse a intervenção de um jovem notável chamado Bagoas. Nenhuma relação com o homem que havia planejado a derrubada do antecessor de Dário – este Bagoas foi um belo eunuco de grande influência na corte, um favorito sexual do antigo Grande Rei. Alexandre também ficou evidentemente encantado com o cortesão, e não só Nabarzanes foi poupado para o momento, como o rei começou um caso com Bagoas que duraria o resto de sua vida.

Quando os macedônios finalmente desceram das montanhas e deram uma olhada nas costas do mar Cáspio, eles devem ter encarado, maravilhados, a vastidão das águas diante deles. Alguns poucos mercadores e soldados do Egeu talvez tivessem feito essa viagem antes, mas o mar Cáspio era virtualmente desconhecido para o mundo grego. Havia histórias de monstros marinhos em suas profundezas e peixes em cores estranhas, embora poucos tivessem comprovadamente navegado por ali. Heródoto o descreveu como um grande lago, mas escritores antigos acreditavam que ele fosse parte de um grande oceano cercando o mundo. Em teoria, um viajante poderia embarcar em Hircânia e navegar rumo oeste para o Oceano Atlântico ou para o leste ao redor da Ásia até a Índia. Alguns pensavam que ele fosse ligado ao mar Negro, enquanto outros gregos erroneamente acreditavam que os rios Oxo (atual rio Syr Daria) e Jaxartes desaguavam no Mar Cáspio, na Ásia Central. Alexandre, em vez disso, descobriria que esses rios terminavam no mar de Aral, ainda mais distante.

Esse canto remoto da Ásia era um curioso ponto de encontro para muitos nobres desterrados, refugiados e almas perdidas. Artabazo apareceu ali um dia, o velho amigo de Felipe que havia procurado refúgio na Macedônia quando Alexandre era um menino. Alexandre o conhecia bem e o recebeu em seu acampamento. Ele era exatamente o tipo de persa que o rei esperava levar para seu novo império: uma figura respeitada que tinha sido tenazmente fiel a Dário, mas agora via Alexandre como o legítimo herdeiro do trono. Também não incomodava o fato de que a filha do velho, Barsine, ainda era concubina de Alexandre. Enviados dos mercenários gregos que tinham servido Dário também o encontraram lá para saber mais sobre termos. O rei disse que apenas a rendição incondicional era aceitável, mas quando os soldados, temerosos, depuseram as armas, ele mostrou que não tinha qualquer rancor e os uniu a seu exército com salário integral. Mesmo alguns embaixadores espartanos de Dário foram apanhados e, aparentemente, não sabiam que sua causa era agora impossível. Foram presos, com uma delegação de atenienses andarilhos que ainda estava tentando convencer os persas a dar-lhes dinheiro para se rebelar contra Alexandre.

Também na Hircânia, aconteceu um dos mais estranhos encontros entre Alexandre e enviados – ou não, dependendo de em quais fontes antigas se acredita. A convidada era uma mulher chamada Talestris, e ela era a rainha das Amazonas. De acordo com a tradição grega vinda desde os tempos de Homero, as Amazonas eram uma tribo de guerreiras que vivia na fronteira norte do mundo civilizado. De tempos em tempos, elas invadiam as terras do Egeu, lutando em Troia ou mesmo alvoroçando Atenas. O nome *a-mazon* significa "sem peito" e supostamente deriva da lenda de que elas removiam ou cauterizavam um seio para poder usar arco e flecha sem impedimentos. Mitos contam que elas viviam sem homens, que eram admitidos apenas em ocasionais visitas conjugais para procriação. As crianças resultantes, se fossem do sexo masculino, eram descartadas ou mandadas embora; as meninas eram criadas como guerreiras. De acordo com Plutarco, Diodoro e outros – a maioria dos quais tinha sérias dúvidas sobre a história –, Talestris governava um país que ficava a norte da Hircânia, entre o mar Negro e o mar Cáspio. Ela tinha ouvido falar das habilidades extraordinárias de Alexandre e foi até ele com uma escolta de três centenas de mulheres guerreiras e uma proposta. Sendo a mais brava e a mais bela das mulheres, ela proclamou que desejava ter um filho com o rei, o maior homem do mundo. Em contraste com suas inclinações anteriores em relação às mulheres, Alexandre supostamente se entusiasmou com a ideia e passou treze cansativas noites tentando satisfazer Talestris.

Em seguida, a rainha voltou para sua casa, convencida de que daria à luz um filho do rei. Embora haja evidência ocasional de mulheres guerreiras nas sociedades antigas, a história provavelmente revela mais sobre fantasias masculinas atemporais do que sobre qualquer evento histórico. Anos mais tarde, um jovem companheiro de Alexandre chamado Lisímaco, que estava com o rei na Hircânia e viria a ter grande poder, ouvia a história da amazona como contada pelo escritor Onesícrito. Quando o historiador terminou o conto, Lisímaco sorriu e perguntou: "E onde eu estava quando tudo isso aconteceu?".

Tendo a história algum fundo de verdade ou não, o rei logo deixou todos os seus convidados para trás e levou um contingente de forças a oeste, ao longo da costa do Cáspio, para confrontar uma tribo conhecida como mardi, sem relações com a primitiva tribo com o mesmo nome que ficava próxima de Persépolis. Esses cavaleiros orgulhosos não se impressionaram com os macedônios e se recusaram a oferecer um tributo a Alexandre. Com oito mil soldados, eles detinham a passagem que levava para o interior de suas terras, até o rei atravessar essas linhas e matar muitos deles, expulsando o resto para as montanhas. Em retaliação, os teimosos mardi contra-atacaram Alexandre de uma forma inesperada. Certo dia, enquanto os pajens reais levavam os cavalos do rei para o campo para pastar, um grupo de mardi percorreu a tropa e roubou o melhor cavalo, que, por acaso, era Bucéfalo. Para os mardi, esta era uma questão de honra: aplicar um golpe contra o rei estrangeiro para ganhar o seu respeito e, talvez, algumas concessões. Mas eles tinham escolhido o homem errado e o cavalo errado. Alexandre preferia ter perdido metade de seu reino ao cavalo que tinha treinado e amado desde que era um menino. Ele enviou seus soldados para as montanhas com ordens para destruir o país, derrubando todas as árvores preciosas no território dos mardi. Ele também mandou um recado para os homens da tribo: a menos que eles devolvessem Bucéfalo ileso, a destruição continuaria até que o lugar se tornasse um terreno baldio; em seguida, iria caçar e matar cada homem, mulher e criança de sua nação. Os mardi perceberam que ele falava muito sério e rapidamente enviaram uma delegação conduzindo Bucéfalo de volta para o rei. Eles incluíram ricos presentes trazidos por cinquenta de seus líderes para implorar o perdão de Alexandre. O rei deixou de devastar o país, mas manteve vários desses homens como reféns para garantir o bom comportamento da tribo no futuro.

***

Alexandre passou outras duas semanas na Hircânia cuidando de assuntos administrativos, fazendo sacrifícios para os deuses e patrocinando eventos esportivos para seus soldados. Ele, então, levou seu exército para o outro lado das montanhas para começar a longa caminhada para Báctria. O rei se manteve nas terras altas ao longo da borda norte deste deserto árido passando pela terra dos partos, os parentes dos persas, que um dia se tornariam um poderoso império em seu próprio direito. Trezentos e vinte quilômetros e muitos dias depois, ele estava na cidade de Susia (atual Tus), na província de Aria. Lá ele conheceu Satibarzanes, sátrapa persa e comandante veterano de Gaugamela, que prontamente se rendeu a ele. Esse nobre persa informou a Alexandre que Bessos havia chegado à Báctria e estava reunindo aliados de lugares distantes como a Cítia. Bessos passara a usar o chapéu em pé, à maneira do Grande Rei, e se vestia agora com trajes reais. Ele também passou a denominar-se como Artaxerxes V, Rei dos Reis, herdeiro de Dário. Era exatamente o tipo de notícia de que Alexandre não precisava. Talvez por causa de sua pressa em perseguir Bessos, Alexandre rapidamente confirmou Satibarzanes em seu antigo posto como sátrapa da Aria. Ele também nomeou seu companheiro macedônio Anaxipo como líder de uma guarda de honra de quarenta lanceiros montados para acompanhar o governador de volta para a capital regional de Artacoana (a moderna Herat). O rei e o exército continuaram então sua marcha em direção à Báctria.

Talvez tenha sido a notícia de Bessos se vestindo como Grande Rei o que fez Alexandre acelerar uma política que ele vinha desenvolvendo há algum tempo. Até a conquista de Persépolis, o rei tinha sido um invasor em guerra contra um império estrangeiro. Mas agora que a Pérsia fora derrotada e Dário estava morto, Alexandre começava a sentir as responsabilidades de Grande Rei pesando sobre seus próprios ombros. Ele percebeu que se iria governar o Império Persa como seu legítimo senhor, já não podia ser simplesmente um rei macedônio. Para ter soberania sobre muitas nações, ele teria de se tornar o Grande Rei não só em essência, mas também em estilo. Os persas, medos e todos os outros povos do Oriente esperavam ver seu governante cercado por pompa e cerimônia dignas de um poderoso senhor. Um chefe macedônio podia juntar seus homens ao redor da fogueira e cantar canções obscenas de mulheres e de guerra, mas o governante do maior império do mundo deveria ser um homem isolado.

Por outro lado, o poder de Alexandre residia em seu papel como líder militar do exército macedônio. Esses oficiais e soldados das colinas e planícies ao redor do Monte Olimpo por longa tradição reverenciavam seu rei como líder guerreiro e dariam suas vidas por ele, mas esse rei era o primeiro entre iguais, um grupo de homens livres. Se eles tivessem um problema ou reclamação, reivindicavam o direito de irem a ele e serem ouvidos, sem rituais pretensiosos. Os homens amavam Alexandre como tinham amado seu pai antes dele, mas para eles Alexandre era o rei conquistador da Macedônia, e não o arrogante senhor da Ásia.

Portanto, muitos deles ficaram preocupados quando eles viram Alexandre gradualmente adotando os costumes de um rei estrangeiro. Na marcha, ele ainda era apenas Alexandre, quase um soldado comum, capaz de ajudar a empurrar uma mula para fora de um atoleiro. Mas quando acampavam e ele era cercado pelo crescente número de cortesãos persas que acompanhavam a campanha, Alexandre se tornava outra pessoa. Começou a usar um diadema roxo na cabeça, assim como o Grande Rei, não um filete macedônio simples como usara nos últimos anos. Ele vestia uma túnica branca e faixa à maneira de Dário, embora não tenha adotado as calças persas. Em sua correspondência com a Grécia e a Macedônia, ele selava as cartas com o anel que tinha herdado de seu pai, mas as mensagens para a Ásia ficaram marcadas com o selo que tomara de Dário. Ele também começou a manter um harém real de 365 concubinas, uma para cada noite do ano, com as mais belas mulheres da Ásia. Embora tivesse pouco interesse nessas mulheres, ele sentiu que era importante manter as aparências para o bem de seus súditos persas. Até começou a incentivar seus oficiais a assumirem vestimentas persas, embora a maioria as achasse de mau gosto. Alexandre tentou andar na linha estreita entre viver de acordo com as expectativas de seus súditos asiáticos e preservar os velhos hábitos macedônios por causa de seu exército. Era uma posição impossível de manter e que lhe causaria problemas intermináveis nos anos seguintes.

Em algum ponto durante a marcha para a Báctria, o filho de Parmênio, Nicanor, morreu, presumidamente de causas naturais. Ele tinha sido um soldado fiel de Alexandre desde antes da batalha no Grânico, mas o rei não ficou necessariamente triste ao vê-lo falecer. Com Nicanor morto, seu irmão Filotas era a única figura de liderança da facção de Parmênio ainda presente em seu exército. Como não havia tempo para um funeral adequado, Alexandre deixou Filotas e um grande contingente de soldados para trás em Aria para realizar os ritos apropriados e alcançar o exército o mais rápido possível.

Assim que eles se aproximaram das fronteiras da Báctria, Alexandre recebeu notícias que fizeram com que se arrependesse da apressada decisão de reafirmar Satibarzanes como sátrapa da Aria. Assim que o persa colocou poucos dias de viagem entre ele e os macedônios, massacrou Anaxipo com sua cavalaria e desertou para Bessos. Seu plano era unir-se ao candidato a Grande Rei em sua guerra de guerrilha contra Alexandre nas províncias orientais. Tomando um forte contingente de cavalaria e arqueiros, Alexandre deixou Crátero responsável pela principal força com ordens para segui-lo e foi para o sul pelo deserto para Artacoana. Mais uma vez o rei estava contando com seu dom notável para a velocidade para alcançar um inimigo antes que ele tivesse tempo de organizar uma defesa eficaz. Alexandre correu quase 112 quilômetros em dois dias e lançou a cidade em pânico quando chegou de repente nos portões. Satibarzanes fugiu com alguns de seus cavaleiros locais, enquanto a maioria dos soldados abandonou seus postos na cidade e se escondeu em uma montanha arborizada próxima. O rei perseguiu o sátrapa, mas foi incapaz de pegá-lo, então virou-se para a montanha onde a maioria dos soldados havia se refugiado. Crátero e o exército a esta altura já tinham chegado e estavam preparados para sitiar Artacoana enquanto Alexandre examinava a montanha próxima para ver a melhor forma de forçar o inimigo a sair do esconderijo. Era um rochedo íngreme com falésias e inúmeros precipícios, tornando um assalto direto extremamente difícil. O topo era um platô gramado, mas os lados estavam cobertos por árvores. Primeiro Alexandre tentou cortar algumas delas para construir uma estrada até o topo, mas, em seguida, um plano mais simples lhe ocorreu. Ele ordenou a seus homens que continuassem a derrubada de árvores e as colocassem em um círculo gigante em torno de toda a montanha. Então, com um fogo aceso, ele colocou a madeira em chamas que subiram pelas laterais do pico, acendendo toda a floresta que o rodeava e sufocando os defensores com uma espessa fumaça. Alguns dos homens tentaram escapar através das chamas, mas os macedônios os matavam. Alguns se jogaram dos penhascos, mas a maioria dos homens morreu mesmo na montanha, assado vivo.

Alexandre retornou à cidade de Artacoana e começou a construir torres de sítio. Quando os habitantes viram aquilo e ouviram falar do destino dos homens na montanha, enviaram mensageiros ao rei pedindo-lhe para reservar a sua ira para Satibarzanes. Eles rapidamente se renderam e foram perdoados pelo rei, que estava com pressa demais para perder tempo. Ele deixou para trás uma guarnição e rebatizou a cidade de Alexandria dos Arianos, a primeira de muitas cidades homônimas que iria estabelecer na Ásia Central. Alexandre também ficou muito contente com a chegada oportuna de reforços descansados, enviados por Antípatro da Macedônia. Foram quase sete mil novos soldados, incluindo mais de dois mil de cavalaria da famosa Lídia. Com essas forças adicionais, ele decidiu por uma mudança de planos. Como ele já havia desviado tanto de seu caminho original, ele decidiu atacar Bessos no sul, através das terras de Drangiana e Aracósia. Seria uma jornada mais longa, mas o tempo gasto conquistando essas terras privaria Bessos de soldados e de apoio. No entanto, antes que ele pudesse lidar com um inimigo nas montanhas distantes, ele teve primeiro de enfrentar uma ameaça no coração de seu próprio campo.

Filotas alcançou Alexandre após enterrar seu irmão e tomou seu lugar novamente como líder da facção da velha guarda entre as tropas macedônias. Ele era respeitado, se não amado, pela maioria do exército, que o considerava como um comandante corajoso e generoso, mas que pensava mais em si mesmo do que a modéstia recomendava. Ele gostava de roupas finas e ambientes ricos, levando até mesmo seu pai, Parmênio, a avisá-lo mais de uma vez que ele deveria tomar cuidado para não provocar a inveja e o desprezo daqueles que o cercavam. Alexandre conhecia Filotas desde sempre, mas nunca gostara dele, embora até o rei admitisse que era um soldado tão bom quanto o pai em momentos difíceis. A família de Parmênio e Filotas vinha de uma velha linhagem macedônia com conexões com quase todas as principais figuras da corte. Se alguma coisa acontecesse com Alexandre na incursão persa, era quase certo que Parmênio tomaria o seu lugar. Com o exército a seu lado, ele teria se tornado o novo rei da Macedônia e de todas as terras que haviam conquistado.

Alexandre estava ciente da situação e do poder da família de Parmênio, e por isso trabalhara tanto, desde o começo da campanha, para reduzir a influência do velho general. Com Parmênio longe, em Ecbátana, guardando o tesouro, ele já não era uma ameaça direta, mas ainda tinha milhares de soldados sob seu comando e todo o dinheiro necessário para contratar novas tropas. Se Parmênio decidisse aplicar um golpe de Estado, havia chance de ser bem-sucedido, especialmente com Filotas já posicionado para assumir o comando do exército. Alexandre conhecia a história sangrenta de seu país muito bem e jamais poderia se esquecer de que poucos de seus antepassados morreram tranquilamente na velhice. Conspiração e assassinato eram uma segunda natureza para a nobreza macedônia – e o rei que ignorava os sinais de uma conspiração em geral acabava morto. Agora, a recompensa para uma insurreição bem-sucedida não era apenas o reino da Macedônia, mas um império que se estendia por grande parte do mundo conhecido.

Alexandre ouvira rumores sobre conspirações de Parmênio e Filotas desde o Egito, mas descartou isso como fofoca normal, espalhada por aqueles que se ressentiam da influência da família do general. No entanto, o rei tinha arranjado uma forma de ficar de olho em Filotas por meio de uma fonte inesperada. Quando Parmênio tomou o tesouro de Damasco, três anos antes, um dos prêmios que deu a seu filho foi uma bela escrava da Grécia chamada Antígona. Filotas era propenso a conversas de travesseiro autolisonjeiras e frequentemente dizia a Antígona que Alexandre era pouco mais que um menino que devia todo o seu sucesso na guerra a ele e ao pai. A escrava repetiu essas declarações para seus confidentes até que a história chegou afinal a Alexandre através de Crátero. O rei trouxe a menina até ele para uma reunião particular; em seguida, ordenou que no futuro ela se reportasse diretamente a ele sobre tudo que Filotas dissesse enquanto estavam juntos na cama. Ao longo dos meses e anos que se seguiram, o filho do general continuou a queixar-se de Alexandre, mas nada revelou que fosse verdadeiramente contundente sobre si mesmo ou seu pai. Ainda assim, Alexandre observava com paciência, esperando por sinais de problemas.

Enquanto o exército estava do lado de fora de Artacoana no caminho para a Báctria, um macedônio chamado Dimno instigou um plano para assassinar Alexandre. Seus motivos são um mistério, mas ele falou sobre a trama a seu amante Nicômaco em um momento íntimo e mencionou os nomes dos envolvidos. Nicômaco não queria ter nada a ver com uma conspiração contra o rei e por isso contou ao próprio irmão Cebalino sobre o assunto e pediu-lhe para avisar Alexandre. Cebalino aparentemente não tinham acesso ao rei e assim contou a Filotas, esperando que ele informasse Alexandre de imediato. Seja por Filotas colocar pouco crédito na cadeia de boatos ou por motivos mais escusos, ele descartou Cebalino com a resposta de que Alexandre estava ocupado demais para ser incomodado por acusações infundadas. Ele, então, reteve a informação do rei durante suas reuniões ao longo dos próximos dias. Cebalino, no entanto, não aceitou ser descartado tão facilmente. Através de outro associado, fez chegar uma mensagem ao rei, que ordenou a prisão de Dimno. Quando os soldados o abordaram, Dimno reagiu e foi morto, o que confirmou sua culpa aos olhos de Alexandre.

Os companheiros do rei, que há muito tempo não gostavam de Filotas, viram ali a oportunidade perfeita para se livrar dele. Eles foram até Alexandre e sugeriram que o papel de Filotas na conspiração tinha sido muito mais profundo do que o relatado de início. O rei precisou de pouco incentivo para seguir um curso de ação tão próximo do que ele mesmo desejava. Talvez ele já suspeitasse de uma conspiração em andamento, uma vez que pouco tempo antes havia começado a abrir cartas que seus soldados mandavam para a Macedônia. Ele chamou Filotas diante de si e exigiu saber por que ele não havia informado os rumores de uma conspiração contra o rei. Havia pouco que Filotas pudesse dizer, exceto que não dera crédito suficiente aos relatos para trazê-los à presença do rei, pois pareciam-lhe provenientes apenas de mais uma briga de amantes. Ele pediu desculpas e disse que isso nunca iria se repetir. Alexandre certificou-se de que não aconteceria mesmo: prendeu Filotas imediatamente e o levou para interrogatório sob tortura. O rei também postou guardas em todas as estradas para fora do acampamento para evitar que qualquer notícia sobre a prisão de seu filho alcançasse Parmênio.

Alexandre ouviu por trás de uma tela como Filotas foi impiedosamente açoitado e espancado sob a direção de Crátero. A tortura desestabilizou Filotas, como faria com qualquer homem, e logo ele estava pronto para confessar qualquer coisa para cessar a dor. Ele, no entanto, manteve um pouco do seu velho engenho, perguntando a Crátero o que exatamente ele queria que confessasse, para que Filotas pudesse ter a certeza de acertar.

Com uma confissão forçada, mas sem provas concretas contra ele, Filotas foi sumariamente apresentado ao exército macedônio para julgamento pelos soldados reunidos de acordo com a tradição antiga. Foi uma jogada arriscada para Alexandre, já que muitos homens respeitavam Filotas como comandante, mesmo que o achassem um asno pomposo em sua vida privada. Mas Filotas cometera um grave erro quando respondeu às acusações em grego em vez de no dialeto macedônio dos soldados rasos. Eles julgaram isso pretensioso e se voltaram contra ele, condenando-o à morte, apesar das frágeis provas. Alexandre ficou satisfeito e assistiu Filotas ser apedrejado até a morte, com vários outros que tinham sido implicados na trama.

Filotas estava morto, e era certo que Parmênio em breve ouviria a respeito da execução de seu filho e muito provavelmente se levantaria contra Alexandre em resposta. Era impensável que o pai continuasse vivo quando o filho estava morto. Portanto, o rei mandou seu amigo Polidamo com alguns guias árabes em camelos de corrida de volta para Ecbátana a uma velocidade vertiginosa. Eles chegaram à capital meda depois de muitos dias de viagem e trouxeram uma carta em grande segredo para quatro tenentes de Parmênio, incluindo Cleandro, companheiro de Alexandre. Eles leram suas ordens e ficaram pasmos, mas disseram ao mensageiro que executariam os comandos do rei. Parmênio conhecia e gostava de Polidamo, então ficou surpreso, mas satisfeito, ao vê-lo se aproximar acompanhando seus comandantes enquanto passeava em um belo bosque perto de sua residência. Fazia semanas desde que ele recebera qualquer notícia de Alexandre e estava ansioso por novidades, tanto da campanha quanto de seu único filho sobrevivente. Polidamo primeiro deu-lhe uma carta do rei com relatórios sobre seus planos ambiciosos de guerra no oriente, ao que Parmênio comentou que Alexandre deveria desacelerar depois de ter alcançado tantas conquistas. Então Polidamo entregou-lhe uma carta, supostamente de Filotas, que Parmênio começou a ler com prazer. Foi então que Cleandro puxou a espada e esfaqueou o velho general de lado, depois mergulhou a lâmina em sua garganta para silenciar seus gritos. Os outros comandantes juntaram-se a ele, deixando Parmênio, um dos maiores militares da história macedônia, como um cadáver ensanguentado nos jardins de Ecbátana.

Quando os soldados do general souberam do acontecido, correram para o local com espadas em punho, prontos para matar os assassinos de Parmênio. Cleandro chamou seus líderes para perto e leu uma carta direta de Alexandre emitindo ordens para a morte de Parmênio e explicando as razões. As tropas gostavam de Parmênio, mas quando ouviram as alegações de Alexandre de que o general e seu filho haviam conspirado contra ele, relutantemente aceitaram a notícia. Eles demandaram que lhes fosse dado o corpo de Parmênio para um enterro apropriado, permitindo que Polidamo tirasse a cabeça e a enviasse para Alexandre para a verificação da morte, como era o costume.

Parmênio e Filotas tinham realmente conspirado contra a vida de Alexandre? Historiadores antigos divergem bastante a respeito, com a maioria vendo as acusações como uma simples maquinação para se livrar dos rivais de longa data. Como é frequente nesses casos, é impossível chegar a um juízo final. No entanto, se houvesse um golpe bem-sucedido contra o rei, Parmênio e seu filho teriam sido os instigadores mais prováveis. Pode muito bem ser que Alexandre aproveitou um enredo relacionado para atiçar sentimentos contra a dupla e eliminar de uma vez por todas uma ameaça potencial. Deixar Parmênio em uma posição de poder enquanto o exército se dirigia para as terras selvagens da Ásia Central para o que talvez viessem a ser anos de luta teria sido perigoso, de qualquer forma. Havendo ou não alguma verdade na conspiração de Filotas, Alexandre removera uma ameaça muito concreta a seu trono.

Alexandre e seu exército haviam marchado por quase 2.400 quilômetros desde que deixaram Persépolis na primavera anterior. Eles haviam viajado para o norte da pátria persa até a Média, perseguindo Dário para o leste através da Pártia e tomado um desvio pela Hircânia, no Mar Cáspio. Enquanto os homens supunham estar fazendo uma curta viagem direto para a Báctria, Alexandre havia, em vez disso, os guiado para o sul, para as terras altas da Aria e de lá para as fronteiras de Drangiana. Qualquer comandante sensato teria acampado para o inverno neste momento e dado a seus homens vários meses de descanso. Mas, fosse por causa de sua determinação em pegar o rei rebelde Bessos ou talvez por achar que um período prolongado de inatividade, logo após o caso Filotas, poderia servir para atiçar as chamas do descontentamento, Alexandre decidiu enfrentar as neves do inverno até os picos de Hindu Kush.

Os drangianos foram subjugados facilmente, mas Alexandre recebeu a notícia de que havia problemas nas costas da Aria, mais uma vez causados por Satibarzanes e seu bando de renegados persas. O rei sofrera o suficiente com o sátrapa rebelde, mas não queria mover todo o seu exército novamente para lidar com ele. Em vez disso, enviou de volta seu velho amigo de confiança, o comandante de cavalaria Erígio de Lesbos, com uma força de mais de seis mil homens, incluindo seu companheiro persa Artabazo, para enfrentar Satibarzanes. Os detalhes são vagos, mas houve uma batalha feroz na qual o sátrapa e seus homens lutaram bravamente com os soldados macedônios até Erígio e Satibarzanes finalmente se enfrentarem em um combate individual. O comandante grego atingiu o sátrapa no rosto com uma lança e o matou, o que levou os soldados rebeldes a fugirem para as montanhas.

O caminho que Alexandre tomou para a Báctria seguia o rio Helmand até uma árida planície, uma escolha razoável, já que água fresca para um grande exército sempre era uma séria preocupação. No lugar em que o rio começa a se curvar para o norte em direção às montanhas, o rei fundou outra Alexandria, acompanhado dos habituais sacrifícios aos deuses. Esta cidade dominaria as passagens ao sul do Hindu Kush e prosperaria através dos séculos, preservando um rastro do seu nome original na forma muito modificada de Candahar. Para recrutar cidadãos para sua colônia, Alexandre contava principalmente com voluntários, incluindo um grande grupo de seguidores de acampamento, que devem ter dado uma olhada nos picos gelados adiante e decidido que a localização desta Alexandria parecia promissora. Os pioneiros que se estabeleceram nessas cidades na Ásia distante lucraram com generosas doações de terras e a chance de começar uma nova vida. Um soldado cansado que não era ninguém na Macedônia podia construir uma bela casa e se sentar no conselho da cidade num lugar desses. Um pobre vendedor de vinho que se arrastara atrás do exército por milhares de quilômetros podia se tornar um comerciante rico nessa fronteira promissora, enquanto uma prostituta poderia se casar com um oficial com ouro sobrando nos bolsos e sossegar para se tornar uma matrona líder da cidade. Para Alexandre, essas fundações serviam como guarnições cruciais por todo seu império. Elas eram, de fato, ilhas da civilização grega no Oriente que tiveram grande influência sobre as culturas locais durante centenas de anos, mas, ainda mais importante para o rei eram os assentamentos militares para manter os nativos na linha.

Os macedônios nunca tinham imaginado montanhas como as de Hindu Kush erguendo-se ao norte de Candahar. Histórias sobre esses picos haviam vazado para o oeste até a Grécia durante anos, de modo que os homens educados, tal como Alexandre, sabiam que havia uma cadeia elevada de montanhas nas fronteiras orientais do Império Persa que era mais alta do que qualquer coisa no mundo Egeu. Sábios gregos às vezes chamavam-nos de Cáucaso, pensando que fosse uma extensão de montanhas entre o Mar Negro e o Mar Cáspio, ou talvez ainda um ramo dos mesmos picos que se erguiam no centro da Ásia Menor. Mas até mesmo os soldados dos rudes Bálcãs não estavam preparados para o Hindu Kush, estendendo-se imponentemente a sudoeste do Caracórum e do Himalaia. Essas montanhas mediam cerca de 4500 metros de altura, com os picos mais altos ultrapassando os seis mil metros. Elas cortavam a Pérsia, Aria, Drangiana e Báctria para o norte e o vale do rio Indo, a leste. A única maneira de atravessar esses picos era por um pequeno número de passagens elevadas, tais como aquelas usadas por caravanas que atravessam desde o sul em direção à Báctria ou a passagem de Khyber ligando a região à Índia. Os vales do Hindu Kush eram habitados por tribos ferozmente independentes que mal reconheciam o domínio persa. Eles ganhavam a vida pelo pastoreio, banditismo e exportação dos poucos recursos que tinham para oferecer, incluindo pistache e lápis-lazúli – o Hindu Kush era a única fonte conhecida para esta pedra preciosa azul no mundo antigo.

A jornada para o norte a partir de Candahar até o vale do Cabul durava semanas de lutas por passagens cobertas de neve e picos gelados. Os macedônios eram muito resistentes, mas mesmo eles eram suscetíveis aos males da altitude e à cegueira da neve. Sua visão tornou-se tão ruim que muitas vezes eles não percebiam ter tropeçado em uma aldeia na montanha com suas casas distintamente em forma de cone até que estivessem praticamente em cima dela. Então, eles forçavam a rendição dos habitantes assustados e tomavam todos os suprimentos disponíveis, deixando os moradores para morrer de fome até a próxima colheita. Na marcha entre as aldeias, muitos dos homens ficaram tão cansados pela altitude que se deitavam no gelo e se recusavam a ir em frente. Só com grande esforço seus companheiros eram capazes de despertá-los para continuar a marcha. Mas, apesar das enormes dificuldades, cidade por cidade, vale por vale, Alexandre subjugou as tribos do Hindu Kush durante os meses de inverno rigoroso.

Quando o exército finalmente chegou ao vale de Cabul no início da primavera, Alexandre deu a seus homens um breve, mas muito necessário descanso. Entre eles e a Báctria ainda havia alguns dos picos mais altos do Hindu Kush. Teria sido prudente esperar em Cabul até o início do verão, quando a neve da passagem norte tivesse começado a derreter, mas o rei queria pegar Bessos desprevenido. Ele aproveitou o tempo para estabelecer uma outra guarnição em uma cidade próxima, Alexandria do Cáucaso, populando-a novamente com recrutas locais, voluntários do exército e aqueles que estavam feridos demais para continuar. A escolha diante do rei naquele momento era qual das várias passagens para o norte tomar. A escolha lógica – se qualquer escolha poderia ser chamada de lógica nessas condições – era um dos corredores ocidentais com uma altitude de mais de três mil metros. Mas isso era precisamente o que Bessos estava esperando que ele fizesse, embora não tão no início da temporada. O líder persa já tinha aplicado uma política de terra arrasada para as terras ao norte dessas passagens e colocado seus homens à espera para atacar os macedônios, enquanto eles lutavam para atravessar as montanhas. A opção mais improvável era a rota oriental, a passagem Khawak, a 3.600 metros acima do nível do mar, a mais alta e mais difícil trilha ao norte através do Hindu Kush para a Báctria. Era uma travessia íngreme, com pouco abrigo sobre a neve profunda e que nem mesmo os habitantes locais teriam tentado nessa época do ano. Mas, é claro, esse foi exatamente o caminho que Alexandre escolheu. Com dezenas de milhares de homens atrás dele, o rei conduziu seu exército para fora de Cabul e para as montanhas mais altas que algum deles já tinha visto.

Ainda era inverno profundo na passagem de Khawak quando os macedônios entraram no vale escarpado que conduzia à Báctria. A passagem tinha quase oitenta quilômetros de comprimento, mas o caminho montanha acima era tão estreito que, na maior parte do tempo, os homens foram obrigados a andar em fila única. Para um exército do tamanho do de Alexandre, isso significava que a linha de homens e cavalos se esticava para trás por muitos quilômetros. Havia pouca comida para ser roubada dos nativos por ali, de modo que homens e animais foram forçados a carregar todos os seus suprimentos e forragens pelas montanhas. Os cavalos de carga e mulas que não conseguiram acompanhar o ritmo foram rapidamente devorados, muitas vezes crus, já que havia pouca madeira disponível para cozinhar.

Em algum lugar dessa área, os guias nativos mostraram a Alexandre um pico se elevando a mais de mil metros de altura acima da trilha, no qual eles disseram que um deus fora acorrentado por ter roubado o fogo dos céus. Eles até apontaram os arranhões feitos na pedra pela águia mandada pelo enraivecido senhor dos deuses para bicar o ladrão como punição. Alexandre imediatamente reconheceu esse conto como o mito grego de Prometeu, o titã que roubou o fogo de Zeus para dar aos homens e foi punido, acorrentado a um pilar nas distantes montanhas do oriente. Seu fígado era comido todos os dias por uma águia, apenas para crescer novamente a cada noite. Ele foi finalmente resgatado por Hércules, um suposto ancestral de Alexandre. O rei deve ter se reconfortado por estar passando pelas mesmas terras que Hércules passou, desafiando o impossível, assim como seu ancestral lendário.

Alexandre finalmente alcançou o cume gelado da passagem e o encontrou desguarnecido por Bessos, que nunca sonhara que os macedônios ousariam seguir uma rota tão difícil. A vista para o norte se estendia por quilômetros ao longo de mais montanhas e vales, mas o rei sabia que no final do caminho ficavam as planícies da Báctria, que levavam ao rio Oxos e às estepes da Ásia Central. Demoraria dias para todo o seu exército se mover sobre a passagem e descer até as terras mais quentes, mas Alexandre teve a satisfação de saber que ele não apenas havia flanqueado Bessos, como também atravessara o poderoso Hindu Kush.

Assim que o exército desceu da passagem de Khawak, os macedônios passaram do gelo invernal para o calor escaldante de verão em uma questão de dias. Para piorar a situação, havia pouco alimento e forragem disponíveis em uma região que sofrera a política de terra arrasada de Bessos. As poucas cidades da Báctria caíram rapidamente ante Alexandre, mas mesmo ali os estoques eram limitados. E o pior de tudo para o rei: Bessos estava longe de ser encontrado. Ele havia escolhido uma retirada estratégica através do rio Amu Darya em Sogdiana acompanhado por Spitamenes, um senhor sogdiano que tinha servido os persas durante anos. Com eles, levavam milhares de cavaleiros sogdianos perfeitamente adequados para a guerrilha contra Alexandre sobre as planícies infinitas da Ásia Central. No entanto, a maioria dos guerreiros báctrios deixou o sátrapa e voltou para suas aldeias nas montanhas quando soube que Bessos estava abandonando sua terra natal para os macedônios.

Alexandre apontou o velho amigo da família Artabazo como o novo sátrapa da Báctria e partiu para o norte até o rio Oxos em busca de Bessos. Quanto mais ao norte eles marchavam sob o sol de verão, piores ficavam as condições. O terreno era coberto de dunas barrentas que se estendiam pelo horizonte, e os viajantes experientes se moviam apenas à noite, usando as estrelas para guiá-los – um truque que Alexandre aprendeu rapidamente. Mas havia tão pouca água disponível que a viagem logo se tornou uma jornada infernal para os homens. Apenas algumas semanas antes, eles quase haviam morrido congelados no Hindu Kush; agora, estavam morrendo de sede e calor sob o sol do deserto. A maioria dos soldados marchava estupidificada, colocando um pé na frente do outro, enquanto outros simplesmente paravam e ficavam imóveis no local em que se encontravam. Alguns dos homens invadiram as lojas de vinho e esvaziaram os recipientes, mas isso só fez a sede deles piorar. Dia após dia, o exército marchou em direção ao rio Oxos, com os soldados mais fracos caindo à beira do caminho para morrer em uma terra vazia distante de casa. Um dos batedores que o rei tinha enviado à frente para o rio voltou com um odre cheio de água para seus filhos nas fileiras, mas quando viu Alexandre, encheu um copo e ofereceu a ele. O rei recusou e pediu-lhe que poupasse a água para seus filhos.

Quando, finalmente, o exército chegou ao Oxos, estavam quilômetros atrás de Alexandre. Ele acendeu um fogo em uma colina próxima para orientar os retardatários na direção do acampamento e ficou ao lado da estrada para incentivar os soldados. Muitos dos homens que lutaram para chegar nas margens do rio mergulharam e começaram a beber com avidez, mesmo sabendo que não deviam. Alguns vomitaram, outros sufocaram até a morte, já que seus corpos ressecados não conseguiam lidar com tanta água tão rapidamente depois de um longo período de sede. Quando o restante dos soldados finalmente chegou, alguns já tinham atingido o seu limite. O historiador Arriano diz apenas que Alexandre decidiu aposentar alguns dos veteranos macedônios mais velhos da cavalaria tessália e enviá-los para casa com grandes bônus, mas essa talvez não seja a história toda. Tratava-se exatamente dos soldados mais próximos de Parmênio. A marcha através do deserto báctrio deve ter sido a gota d'água para homens já à beira de um motim pelo assassinato de seu antigo comandante. Em vez de enfrentar uma rebelião aberta, o rei os comprou e mandou-os embora, mesmo que isso o deixasse com uma escassez de homens justamente quando entrava em uma fase crucial da guerra.

O Oxos era rápido, frio e profundo porque era alimentado pelas geleiras que derretiam do alto das montanhas Pamir, a leste. O corpo de engenheiros de confiança de Alexandre tentou primeiro fixar estacas no rio para a fundação de uma ponte, mas a corrente rapidamente destruiu essas fundações. Mesmo sendo capazes de construir uma ponte, não havia madeira suficiente no deserto circundante para atravessar um rio com cerca de oitocentos metros de largura. Para tornar as coisas piores, Alexandre não tinha barcos e Bessos se certificou de que nenhum pudesse ser encontrado em quaisquer das aldeias ao longo do rio. O rei, portanto, recorreu ao mesmo truque que usara no Danúbio seis anos antes. Ele ordenou a seus homens para que enchessem suas tendas com toda palha seca e grama que pudessem encontrar e as utilizassem como boias, atravessando a nado toda a extensão do rio. Os primeiros soldados a completar a passagem montavam guarda enquanto o resto dos homens remavam com toda força, mas o exército era tão grande que levou cinco dias para que todos atravessassem.

Quando chegaram em Sogdiana, os macedônios devem ter sentido que haviam alcançado o limite do mundo. Para o norte havia o rio Jaxartes e as grandes estepes da Ásia Central, uma pastagem sem limites, se alongando aparentemente para sempre. A leste ficavam mais montanhas e desertos. Sogdiana era uma terra estranha e bela, mas inquietante para homens desacostumados a horizontes infinitos.

Pode ter sido esse sentimento de profunda inquietude que levou Alexandre a cometer um dos atos mais bárbaros de toda a campanha. Enquanto eles se moviam para o norte, chegaram a uma aldeia na estepe e se surpreenderam ao ser saudados em grego pelos habitantes. Estes eram os descendentes do brânquidas, sacerdotes de Apolo em Dídima, perto de Mileto, na costa do Mar Egeu, na Ásia Menor. Alexandre visitara as ruínas do oráculo cinco anos antes e deve ter se maravilhado ao encontrar os tataranetos dos sacerdotes tão longe de casa. Seus antepassados tinham sido deportados por Xerxes no século anterior para protegê-los de gregos hostis após terem colaborado com o Grande Rei e incendiado seu próprio templo. Mas isso era história antiga para os seus descendentes, que haviam se tornado cidadãos da Pérsia e abraçado sua nova terra, embora ainda mantivessem sua antiga língua, religião e muitos de seus costumes. Eles ficaram emocionados em ver um rei do mundo egeu, embora nunca tivessem visitado sua casa ancestral, e saudaram Alexandre calorosamente, entregando-lhe a cidade com festa.

Entretanto, quando Alexandre se retirou para sua tenda para dormir, chamou seus soldados de Mileto e perguntou a eles o que eles deveriam fazer a respeito dos brânquidas. Estes homens de Mileto tinham sido criados desde a infância com um ódio permanente contra os sacerdotes traidores e desejavam vingança, embora alguns sentissem que os eventos tinham acontecido há tanto tempo que era melhor esquecer. O rei agradeceu-lhes e disse que meditaria sobre o que fazer durante a noite. Na manhã seguinte, Alexandre entrou na cidade e foi novamente recebido por todo o povo. Mas a alegria se transformou em horror quando viram os soldados entrando atrás dele com espadas desembainhadas. Todos os homens, mulheres e crianças foram mortos, apesar dos gritos pedindo misericórdia em grego e os ramos de oliveira que traziam com eles. A cidade foi saqueada e as casas, assim como as muralhas da cidade, foram destruídas. Até mesmo o bosque sagrado nos arredores foi derrubado e os tocos arrancados da terra de modo que não sobrasse nenhum vestígio dos brânquidas.

Quando os sogdianos souberam que Alexandre estava em seu país, passaram a pensar melhor a respeito de Bessos. Sua credibilidade já estava em um ponto baixo, uma vez que ele abandonara a Báctria sem lutar, por isso houve pouca objeção quando Spitamenes e seus homens entraram em sua tenda uma noite e prenderam o sátrapa. Eles enviaram, então, uma mensagem para Alexandre, dizendo que ficariam felizes em entregar Bessos se ele mandasse um grupo para levá-lo de volta para o acampamento macedônio. O rei suspeitou que pudesse ser uma armadilha, mas a oportunidade de pegar o assassino de Dário sem lutar era tentadora demais para resistir. Ele mandou seu amigo Ptolomeu com uma grande força para Sogdiana em uma caminhada puxada de dez dias para buscar o prisioneiro. Quando se aproximava da aldeia onde Bessos estava, Ptolomeu recebeu uma mensagem dizendo que Spitamenes agora estava incerto quanto a entregar seu prisioneiro a Ptolomeu, que cercou a vila com seus soldados. A esta altura o líder sogdiano e seus oficiais tinham fugido, então o capitão macedônio deixou a maioria de suas tropas cercando a área e entrou na cidade com apenas um punhado de homens. Foi uma situação tensa com a possibilidade de uma emboscada, mas Ptolomeu tratou a questão corajosamente, marchando para a cabana onde Bessos estava detido e o arrastando para longe antes que alguém tivesse tempo de se opor. Ele, então, enviou um mensageiro até Alexandre perguntando o que deveria fazer com o sátrapa cativo, e o rei disse-lhe para colocar um colar de madeira em Bessos e amarrá-lo nu a um poste na estrada pela qual o exército logo passaria.

Quando Alexandre chegou na vila, ele desceu de seu cavalo e se aproximou do prisioneiro. Perguntou com que direito ele havia aprisionado o Grande Rei, em primeiro lugar, traindo a confiança sagrada que o ligava a um homem que era ao mesmo tempo seu parente e benfeitor. Como ele ousara acorrentá-lo, e depois matá-lo como um escravo? Bessos só conseguiu responder fracamente que não agira sozinho e havia pensado que Alexandre ficaria satisfeito. Se o sátrapa ainda tinha qualquer esperança de que sua história teria um final feliz, ela logo desapareceu. Primeiro, o rei o açoitou; em seguida, cortou suas orelhas e nariz, a punição persa tradicional para traidores. Ele então ordenou que o prisioneiro mutilado fosse entregue nas mãos da família de Dário. Quando Bessos chegou, o irmão do ex--Grande Rei e outros parentes lhe causaram toda sorte de tortura e humilhação possível, depois fizeram-no em pedaços.

A passagem pelo Hindu Kush e pelos desertos abrasadores da Báctria fora difícil para os homens, mas também tivera um custo enorme sobre os cavalos. Alexandre aproveitou o fato de estar atravessando um dos países com melhores cavalos do mundo e adquiriu novas montarias para sua cavalaria. Esses animais provariam ser especialmente eficazes nas próximas batalhas nas estepes da Sogdiana. O rei, em seguida, levou seu exército por quase 320 quilômetros ao norte através das planícies e planaltos até a antiga cidadela de Marcanda ou Samarcanda, a cidade real dos persas no centro de Sogdiana. Nos séculos vindouros, esta cidade se tornaria um dos maiores centros comerciais da Ásia, mas naquele momento Alexandre estabeleceu ali uma de suas guarnições-chave para o que ele presumia ser uma campanha rápida no extremo norte de seu novo império.

De Samarcanda o rei virou-se para o norte, para o Jaxartes, que era, como o Oxos, um grande rio correndo do Himalaia até o Mar de Aral. O Jaxartes era a mais distante fronteira do Império Persa na Ásia Central. Além dele, estava a indomável terra dos citas, como os gregos e os persas chamavam todas as tribos das estepes que se estendiam até as terras ao norte do Danúbio, na Europa. Foi ali, naquela região selvagem, que as coisas começaram a dar errado para o rei. Alexandre tinha imaginado que a rendição de Bessos a Spitamenes significava que o governante sogdiano o reconheceria como o novo Grande Rei. Tudo que ele precisaria fazer agora era mostrar sua bandeira em poucas incursões pelo país, talvez fundar uma ou duas cidades, então voltar para a Báctria para pôr o pé na estrada em direção à Índia antes que a neve começasse a cair. Mesmo o massacre repentino de alguns de seus batedores macedônios em busca de suprimentos por tribos locais foi ignorado como um ato aleatório lançado por bárbaros impetuosos. Ainda assim, não era o tipo de coisa que Alexandre deixaria passar impune. O rei pegou um grande contingente de suas tropas mais rápidas e atacou os guerreiros sogdianos que se escondiam em uma montanha. Esses homens das estepes, no entanto, não eram facilmente intimidados e rechaçaram o primeiro assalto macedônio com uma chuva de flechas. Muitos dos soldados do rei ficaram feridos, incluindo o próprio Alexandre, que levou uma flechada na perna direita e quebrou a fíbula. Seus médicos remendaram a ferida o melhor que puderam, e o rei voltou para a montanha e comandou a luta até seus homens finalmente tomarem o terreno elevado e matarem a maioria dos sogdianos. Nos dias que se sucederam, a cavalaria e infantaria macedônia disputaram o direito de carregar o rei ferido em sua liteira até que Alexandre finalmente resolvesse a questão, alternando os dias entre eles.

Assim que se recuperou no Jaxartes, Alexandre definiu tanto seus planos imediatos quanto os de longo prazo para Sogdiana. Os persas tinham estabelecido sete cidades-guarnição ao longo do rio para fortalecer sua fronteira norte contra os ataques citas. Alexandre planejava fortalecer esses postos e estabelecer novos – o mais importante deles, uma cidade chamada Alexandria Escate ("Alexandria mais distante") perto da maior das fortalezas persas. A cidade estaria bem posicionada, guardando a borda ocidental da grande bacia que levava para as estepes, com altas montanhas a leste. Mas o plano de Alexandre não era apenas para defender as fronteiras de seu reino. Sua ambição declarada era usar a cidade como base para invadir a Cítia no futuro. Essa é a primeira dica encontrada nas fontes antigas do plano do jovem rei para a expansão depois de ter garantido todas as províncias do Império Persa. Ciro e seus sucessores haviam lutado naquela região por duzentos anos, mas nunca quiseram nada mais do que manter a fronteira contra as tribos além dos Jaxartes. Alexandre sonhava com conquistas maiores do que as de qualquer um dos Grandes Reis anteriores, chegando até mesmo às estepes infinitas da Ásia. E como ele tinha acabado de comemorar seu vigésimo sétimo aniversário, podia razoavelmente supor que havia ainda muitos anos pela frente para liderar o seu exército até os confins da terra.

Mas a diplomacia era tão útil quanto a guerra. Enquanto ele estava no Jaxartes, delegações vieram até ele oriundas de várias tribos citas, incluindo os *abii,* das estepes bem a oeste da Sogdiana. Os abii eram conhecidos no mundo grego, provavelmente através das colônias do Mar Negro, como um povo pobre, mas honrado, que lutava apenas em autodefesa. Alexandre cumprimentou todos os enviados de forma calorosa e afirmou o seu desejo de amizade com cada um dos povos. Como prova de suas boas intenções, ele mandou de volta com os emissários vários de seus companheiros macedônios, incluindo um homem chamado Derdas, parente de seu tesoureiro Hárpalo. Esses homens embarcaram na maior aventura de suas vidas enquanto atravessavam as estepes da Ásia com os seus novos amigos citas. Mas, antes de enviá-los, Alexandre chamou-os de lado e ordenou-lhes que reunissem todas as informações que pudessem sobre as tribos, suas capacidades militares, distâncias, grandes rios, água e recursos alimentares, e qualquer outra coisa que pudesse ser útil para um exército invasor no futuro.

Nesse ponto, Alexandre convidou Spitamenes e os outros nobres sogdianos para uma conferência do outro lado do Oxos, na Báctria. Ele estava ansioso para esclarecer eventuais mal-entendidos despertados pelo abate dos rebeldes sogdianos na montanha e para resolver assuntos na província antes de partir para a Índia. Mas os nobres locais estavam compreensivelmente hesitantes em entrar em uma cidade fortificada macedônia. Muitas vezes, no mundo antigo, isso era um prelúdio para a prisão ou assassinato dos convidados. Eles não tinham como saber se esse não era o estilo de Alexandre. Ele podia andar oitenta quilômetros em uma noite para matá-los em suas camas, mas jamais violaria o dever sagrado da hospitalidade. No entanto, Spitamenes e seus companheiros se recusaram, colocando toda a província de Sogdiana em rebelião. As sete cidades persas ao longo do Jaxartes foram rapidamente retomadas e suas guarnições macedônias, massacradas.

A resposta de Alexandre foi, como de costume, rápida e decisiva. Ele foi para o norte e pessoalmente liderou seu exército até Jaxartes para recapturar os postos fronteiriços. Os sogdianos eram grandes guerreiros a cavalo, mas tinham pouca experiência na defesa de uma cidade sitiada. A primeira cidade atacada pelo rei, ironicamente chamada Gaza, tinha apenas muros baixos e de terra. Ao contrário da cidade do mesmo nome na Palestina, que mostrara uma resistência feroz aos macedônios, o forte sogdiano caiu quase que de imediato quando os homens de Alexandre escalaram suas muralhas com escadas construídas às pressas. Os homens da cidade foram mortos, enquanto mulheres e crianças foram adicionadas aos espólios do exército. No dia seguinte, foram para a segunda cidade e o combate aconteceu de forma similar; em seguida, foram para a terceira. Ele enviou uma grande força de cavalaria para a quarta e a quinta cidades a fim de tomá-las antes que tivessem tempo para organizar uma resistência eficiente, de modo que dentro de uma semana o rei tinha recapturado cinco das sete fortalezas da fronteira e escravizado milhares de mulheres e crianças sogdianas.

A sexta cidade era chamada de Cirópolis em homenagem ao primeiro Grande Rei, que tinha morrido em batalha contra os citas perto dali. Esta cidade era a maior de todas, com altos muros e defesas projetados pelos persas. Alexandre teve de fazer com que seus engenheiros trouxessem máquinas de cerco para derrubar as muralhas, mas as fortificações se mostraram mais substanciais do que o rei esperava. Foi então que ele percebeu que o rio que corria para a cidade saía das muralhas através de um canal estreito. Talvez houvesse espaço suficiente nessa abertura para um homem se espremer por ela e entrar na cidade sem ser detectado. Assim, ele levou um pequeno grupo de soldados para dentro do canal, enquanto a principal força do seu exército distraía os defensores com um ataque frontal nas portas dianteiras. Uma vez lá dentro, Alexandre e seus homens dominaram os guardas e abriram os portões para suas tropas. Mas os milhares de guerreiros sogdianos na cidade não desistiram tão facilmente. Eles sabiam do destino de seus companheiros das outras cidades e, assim, colocaram-se em uma feroz defesa rua a rua contra os macedônios. Um defensor sogdiano teve um momento de prazer antes de sua morte, quando jogou uma pesada rocha que se chocou contra o rosto e o pescoço de Alexandre, derrubando o rei no chão, inconsciente. Seus homens temeram que ele tivesse morrido, mas ele se levantou e mostrou a eles que ainda estava vivo, embora tenha sofrido com uma terrível dor de cabeça por dias. Acrescentar este ferimento à perna ferida e que ainda não cicatrizara deixou o rei em um péssimo humor. No começo, ele planejara poupar a cidade, já que tinha sido fundada por Ciro; depois, ele ordenou às tropas para que abatessem todos que vissem pela frente – os textos não mencionam se mulheres e crianças foram poupadas – assim como todos os habitantes da sétima cidade, que ele tomou logo depois.

Os postos da fronteira estavam novamente em suas mãos, mas os problemas de Alexandre estavam longe de terminar. Spitamenes e seus amigos chefes de tribo estavam agora sitiando Samarcanda, por isso Alexandre mandou uma força de infantaria mercenária mais algumas centenas de cavaleiros para resgatar a cidade, liderados por um diplomata da Lícia chamado Farnuches, que tinha servido aos persas e falava a língua local. Enquanto isso, o rei ficou no Jaxartes e supervisionou a construção de sua nova cidade, um projeto que, para ele, passara a ser mais importante que nunca como um centro militar para a região. Ele ainda realizou competições atléticas para distrair seus homens do fato de terem sido impedidos de se retirar para o sul por milhares de guerreiros sogdianos.

As tribos citas do norte do rio souberam da rebelião e correram até a margem, torcendo por uma chance de atravessá-la e fazer ataques enquanto os macedônios estivessem distraídos. As forças do rei, no entanto, estavam estacionadas ao longo do Jaxartes para desencorajar os citas de tentar a travessia. Mas eles permaneceram do outro lado e insultavam os macedônios com prazer, desafiando Alexandre a atravessar o rio para que pudessem ensinar-lhe uma lição sobre a proeza cita na guerra. Depois de quase três semanas dessa arenga interminável, o rei estava pronto para estrangular os citas com as próprias mãos. Ele ofereceu sacrifícios aos deuses, em preparação para o seu próprio ataque através do rio, mas seu profeta Aristandro disse que os presságios eram ruins. O rei ordenou-lhe que tentasse novamente, na esperança de melhores sinais, mas as entranhas continuaram a predizer perigo para ele se atacasse os citas. Deve ter passado pela cabeça de Alexandre que Ciro havia morrido em um ataque semelhante àquele contra o qual os deuses agora o advertiam, mas estava determinado a correr o risco de morrer a ser motivo de chacota para os bárbaros.

O rei ordenou que barcos de couro fossem preparados com artilharia do lado oposto ao do inimigo. Enquanto os citas, que nunca tinham visto tais dispositivos, continuavam a gritar insultos aos macedônios, as catapultas lançaram seus projéteis sobre o rio e atingiram os guerreiros a uma grande distância. Muitos ficaram feridos e um dos líderes foi morto, fazendo com que os surpresos citas se afastassem das margens enquanto a bateria prosseguia. Alexandre, em seguida, lançou seus barcos, colocando na primeira leva seus fundeiros e arqueiros para que pudessem atacar à distância, protegendo o resto dos homens enquanto eles desembarcavam. Os citas eram cavaleiros famosos e resistiram bastante, atacando os macedônios e, em seguida, afastando-se, mas logo a cavalaria macedônia estava do outro lado e o rei golpeou o inimigo, matando pelo menos mil deles enquanto fugiam. A temperatura nas estepes era muito elevada e o exército de Alexandre, que aparentemente se esquecera de pegar alforjes de água, bebia de qualquer poça que encontrava. O próprio rei fez o mesmo e quase imediatamente foi atingido com uma disenteria incapacitante, obrigando-o a interromper a perseguição e ser levado de volta para a cidade em uma maca. Aristandro estava certo em sua previsão de perigo para o rei, embora de uma forma menos gloriosa do que Alexandre teria desejado.

Enquanto isso, os macedônios presos em Samarcanda estavam constantemente lutando contra os ataques de Spitamenes. Contudo, quando o líder sogdiano ouviu que uma força extra se aproximava, sabiamente interrompeu o ataque e recuou. Um dos defensores, o diplomata lício Farnuches, perseguiu-o por muitos quilômetros, mas não notou que estava agora nas estepes onde o sogdianos foram treinados desde a infância para lutar. Para piorar a situação, os sogdianos vinham acompanhados por seiscentos cavaleiros cita, e agora estavam em vantagem numérica em relação às forças macedônias. Eles levaram Farnuches, seus homens e seus cavalos ao esgotamento, depois se viraram e atacaram, atirando flechas a cavalo à mortal maneira dos nômades. A formação macedônia se desfez, com Farnuches explicando aos oficiais que era um diplomata, não um guerreiro. Os soldados fizeram o seu melhor, escondendo-se nos bosques ao longo de um rio para evitar flechas, mas os sogdianos e citas foram implacáveis. Em poucas horas, quase todos os macedônios estavam mortos nas estepes, com apenas algumas centenas conseguindo voltar em segurança para o acampamento de Alexandre.

Esse fracasso foi um desastre para a propaganda do rei, que sabia que rapidamente se espalharia pelas planícies a notícia de que os macedônios estavam vulneráveis. Para rebater essas notícias ruins, Alexandre se esforçou e saiu do seu leito de doente para liderar uma força grande, mas ligeira, de cavaleiros até Samarcanda, onde Spitamenes havia retornado para continuar o cerco. O rei cobriu mais de 350 quilômetros em incríveis três dias, aproximando-se da cidade no quarto dia. Os sogdianos fugiram em pânico ante sua chegada inesperada, com Alexandre em seu encalço. Ele passou pelo local onde os macedônios haviam sido massacrados recentemente e aproveitou para enterrá-los, mas em seguida continuou a perseguição através das estepes. Spitamenes e seus homens, no entanto, conheciam o país muito bem e tinham cavalos mais rápidos, de modo que o rei foi incapaz de pegá-los. Frustrado e enfurecido, Alexandre virou-se e começou a queimar todas as aldeias sogdianas que encontrou, matando todos os nativos, pois suspeitava que simpatizavam com Spitamenes. Depois que a última cidade não era nada além de cinzas, ele postou guarnições em toda o território e fez com que sua principal força atravessasse o Oxos em direção à Báctria para passar o inverno. Sua campanha rápida em Sogdiana se transformara em um cansativo conflito de guerrilha com Spitamenes, o adversário mais perigoso ele iria enfrentar em todos os seus anos em guerra.

Meses haviam se passado desde que Alexandre atravessara o Hindu Kush até a Báctria e Sogdiana. Nesse ínterim, ele perdera centenas de homens nos ataques de guerrilha e nas emboscadas de Spitamenes, esforçara-se para manter o controle sobre a fronteira do Jaxartes, e lutara dezenas de escaramuças contra a cavalaria inimiga, que fugia de volta para as estepes sempre que ele começava a ter a vantagem. Somando-se a isso, ele havia sido alvejado na perna com uma flecha, caído inconsciente por uma pedrada e tido um distúrbio intestinal por conta de água contaminada. Acima de tudo, ele não estava nem um pouco mais próximo de conquistar Sogdiana para seu império do que estivera um ano antes. Sentado em sua tenda perto do rio na Báctria, com a neve começando a cair lá fora, ele deve ter sentido que os deuses o haviam abandonado.

Mas houve algumas boas notícias naquele inverno. Nearco, o amigo de infância de Alexandre que estava servindo como sátrapa na Lícia, chegou com oficiais novos em folha e mais de vinte mil mercenários contratados. Essas tão necessárias tropas vieram da Grécia e da Síria, marchando por meses desde o Mediterrânco para se encontrar com o corpo principal do exército. Com esses recrutas o rei estava confiante de que poderia ter um novo começo em sua guerra contra Spitamenes na primavera. Ele também recebeu uma segunda comitiva dos citas, que moravam junto ao Mar Cáspio, informando-lhe que seu velho rei tinha morrido, e que o novo governante queria confirmar seus laços de amizade. Esses distantes citas não tinham nada a ver com os recentes problemas no Jaxartes, então Alexandre ficou feliz em renovar acordos com eles. Eles trouxeram uma oferta de casamento da filha de seu rei caso o líder macedônio estivesse disposto, mas Alexandre diplomaticamente recusou, alegando que estava muito ocupado lutando uma guerra. Outros embaixadores chegaram da Corásmia, ao sul do Mar de Aral, um povo que tanto Bessos quanto Spitamenes haviam cortejado para se juntar à rebelião contra os macedônios. Em vez disso, seu rei, Farsamenes, decidira que Alexandre era mais útil como aliado que inimigo e, portanto, procurava a sua amizade. Farsamenes fora pessoalmente ao acampamento de Alexandre com mil e quinhentos membros de sua cavalaria. Ele sugeriu que se Alexandre quisesse conquistar as terras entre os mares Cáspio e Aral, ele e seu povo ficariam felizes em ajudar. É claro que qualquer conquista beneficiaria Farsamenes pois eliminaria seus inimigos e o deixaria como o mais poderoso governante da região. Outra vez, Alexandre educadamente declinou, dizendo que primeiro devia tomar a Índia, mas que certamente manteria a oferta em mente para uma futura campanha. Ele disse a Farsamenes – e existem todas as razões para acreditar nele – que seu plano era voltar para a Macedônia após a campanha indiana e lançar um ataque na Cítia vindo do oeste. Combinado com um ataque do leste de suas fortalezas ao longo do Jaxartes, ele iria espremer os citas em um torno e tornar-se governante de todas as estepes da Ásia Central.

 Quando o longo inverno finalmente acabou, Alexandre renovou sua campanha contra Spitamenes com uma estratégia promissora adaptada para enfrentar guerreiros nômades. Em vez de ficar procurando os sogdianos pelas planícies com todo o seu exército, ele dividiu suas tropas em cinco divisões que se movimentavam mais rapidamente, e assim podia atacar o inimigo por lugares diferentes ao mesmo tempo. O rei pôs Heféstion encarregado de uma divisão, Ptolomeu de outra, seus companheiros Pérdicas e Ceno na terceira e na quarta, enquanto ele próprio levava o quinto grupo. Há poucos detalhes nas fontes antigas descrevendo a campanha daquele longo verão, mas sabemos que as diferentes forças se separaram e se dirigiram para Sogdiana a fim de destruir quaisquer centros de resistência que encontrassem e perseguir a escorregadia cavalaria inimiga. O primeiro objetivo eles conseguiram admiravelmente, queimando e saqueando aldeias em todo o lugar, mas foram incapazes de capturar Spitamenes. O astuto senhor sogdiano tinha recuado através do Jaxartes para a Cítia, com suas tropas.

Conforme os meses se passaram, o rei pode ter pensado que forçara o líder sogdiano a se esconder permanentemente, mas Spitamenes em breve mostraria conhecer o valor da paciência. Enquanto Alexandre e suas divisões estavam distraídos em Sogdiana, Spitamenes liderou seus homens através do Jaxartes até o Oxos e para dentro da Báctria. Com sua cavalaria sogdiana e centenas de aliados citas, atacou um dos fortes báctrios e pegou os macedônios completamente desprevenidos. Ele capturou o posto, matou os defensores, e tomou o comandante como refém. Então Spitamenes foi para a cidade-chave de Zariaspa, onde Alexandre estabelecera seu quartel-general durante o inverno alguns meses antes. Ele não pôde tomar a cidade protegida, mas devastou a área circundante e conseguiu saquear a região. O rei tinha deixado apenas um esqueleto de defesa em Zariaspa, principalmente homens se recuperando de ferimentos, com alguns mercenários, pajens reais e alguns não combatentes, incluindo Aristonico, um harpista que servia na corte macedônia desde o primeiro dia de Felipe. Esses homens ficaram tão indignados com o ataque que reuniram o maior número de cavalos que puderam encontrar e partiram para atacar os sogdianos. Eles conseguiram surpreender um grupo isolado dos atacantes e mataram muito poucos, pegando de volta os despojos que estes haviam roubado para a cidade. Eles eram bravos homens, mas na falta de liderança efetiva foram presas fáceis para Spitamenes, uma vez que ele ouviu a notícia. O sogdiano os emboscou fora da cidade e matou quase todos, incluindo Aristonico. Posteriormente, Alexandre mandou erguer uma estátua em homenagem ao bardo em Delfos, retratando-o com uma harpa em uma mão e uma lança na outra.

O rei ainda estava muito longe, mas Crátero partiu atrás de Spitamenes assim que ouviu falar da emboscada e perseguiu os sogdianos e seus aliados citas nas estepes. Foi um movimento arriscado entrar nas planícies onde o inimigo se sentia em casa, mas Crátero e seus homens conseguiram sobrepujar os cavaleiros e matar mais de mil deles, enquanto Spitamenes, uma vez mais, desaparecia dentro das estepes.

No fim do verão, Alexandre deixou seu tenente Ceno no norte de Sogdiana com uma grande força de cavaleiros para proteger a província e – esperava ele, apesar de tudo – capturar Spitamenes caso ele continuasse suas investidas durante o inverno. Então o rei, frustrado, voltou para Samarcanda para descansar e recuperar o atraso em questões administrativas em todo o seu império. Mais uma vez ele estava tão distante de uma solução da situação Sogdiana quanto estivera no outono anterior. Ele havia passado duas temporadas completas da campanha nas terras entre o Oxos e o Jaxartes sem trazer estabilidade para a região. Estava desesperado para ir para a Índia, mas não podia deixar sua fronteira nordeste inquieta, com um inimigo inteligente como Spitamenes revoltando-se à vontade pela província. Tinha de encontrar uma maneira de derrotar o homem, mas, apesar de todos os seus esforços e talentos de general, ele finalmente havia encontrado um adversário que não podia bater.

A Guerra de Troia começou quando a deusa Discórdia rolou uma maçã em um banquete realizado pelos deuses. A mensagem na maçã dizia que o fruto era para a mais bela, levando a uma disputa entre três deusas, o julgamento pelo jovem Paris e o sequestro de Helena da Grécia. Agora, na distante Samarcanda, uma maçã era novamente causa de raiva, morte e amargo remorso. Alexandre havia criado um extenso serviço postal em todo seu império para entregar cartas e encomendas, mas às vezes o serviço também trazia luxos de casa. Neste dia de outono, chegou um carregamento de frutas da Grécia. Entre as mercadorias estavam lindas maçãs que tanto impressionaram o rei que ele mandou chamar Clito para compartilhá-las com ele. Ele conhecia Clito, apelidado de o Negro, desde que era um menino, quando a irmã de Clito, Lanice, foi ama de leite de Alexandre. Apesar de não ser tão velho quanto Parmênio, Clito fora um oficial do exército de Felipe e também servira Alexandre em vários postos de chefia desde que a expedição começara. Alexandre sempre gostara de Clito e confiara nele, apesar de ele ser parte da velha guarda da facção conservadora macedônia, ainda mais após o oficial salvar a vida do rei no campo de batalha no rio Grânico.

 Clito estava no meio de um sacrifício quando recebeu uma mensagem de Alexandre, mas ninguém ignora um chamado de seu rei, e ele deixou o altar. A ovelha estava prestes a ser oferecida aos deuses e já havia sido preparada com libações derramadas sobre ela, mas o animal, sendo uma ovelha, alegremente seguiu Clito pelo caminho em direção à tenda de Alexandre. Deve ter sido um espetáculo divertido, mas quando o rei ouviu falar disso, ficou horrorizado. Tais ocorrências eram presságios dos céus, por isso ele chamou seus adivinhos para perguntar o que isso significava. Eles declararam que a ovelha sacrificial seguindo tão de perto Clito só poderia ser um mau presságio para o oficial da Macedônia. Alexandre ficou perturbado, já que tivera um sonho apenas duas noites antes no qual Clito estava sentado em vestes negras ao lado de Parmênio e seus filhos, todos mortos. Ele, portanto, ordenou que fossem feitos sacrifícios aos deuses para a proteção de seu velho amigo.

Após Clito se lavar e se juntar a Alexandre em seus aposentos, um banquete começou com tradicional comida fina e bebedeira excessiva. A guerra em Sogdiana não tinha ido bem nos dois anos anteriores e os oficiais macedônios, incluindo o rei, estavam procurando mais consolo no vinho do que o habitual. Naquela noite, um dos bardos da corte havia composto uma canção satirizando os generais macedônios que não tinham conseguido capturar Spitamenes – omitindo cuidadosamente o fato de que Alexandre fora igualmente mal-sucedido em suas tentativas. Os oficiais mais jovens e o rei se divertiram com os versos, rindo e incentivando o poeta a continuar. Mas os mais velhos ficaram insultados com a canção e passaram a resmungar entre si que estavam sendo responsabilizados por uma situação impossível. Alguns dos companheiros bajuladores de Alexandre até começaram a insultar o pai dele, Felipe, dizendo que seu filho era incomparavelmente melhor soldado.

Clito por fim ficou de pé, tão bêbado quanto todo mundo, e declarou que era uma vergonha insultar, mesmo de brincadeira, soldados macedônios leais na frente de bárbaros. Persas e outros canalhas estrangeiros na mesa do rei estavam rindo de seus amigos, homens muito melhores que qualquer um deles. Alexandre se divertia, ainda vendo todo o assunto como um gracejo inofensivo, e brincou com Clito dizendo que ele estava apenas oferecendo desculpas por seu fracasso em capturar Spitamenes, culpando a má sorte pela sua própria falta de sucesso, em vez da covardia. Clito explodiu com isso e perguntou se havia sido sua covardia que salvara a vida do rei no Grânico – ou talvez o rei se esquecera de todo o sangue macedônio derramado para que ele virasse as costas para Felipe e reivindicasse um deus egípcio como seu pai?

Alexandre ficou realmente irado e o clima na tenda esquentou. Ele acusou Clito de tentar criar facções na corte, macedônios contra estrangeiros.

Clito respondeu que era tarde demais para isso, uma vez que macedônios leais já eram soldados de segunda classe, que tinham de pedir para algum camareiro persa por uma audiência com seu próprio rei! Alexandre, em seguida, investiu contra Clito, mas ambos foram contidos por seus amigos antes que pudessem chegar às vias de fato. O rei pediu desculpas a alguns gregos que estavam perto dele pelo comportamento bruto de seus oficiais macedônios, mas Clito rugiu de volta que ele deveria falar livremente a todos os seus convidados, não apenas aos bajuladores que se dobravam diante dele com suas finas roupas persas.

Alexandre perdeu o controle nesse ponto e procurou por uma arma. Sem encontrar sua espada – que um prudente guarda-costas havia escondido quando o problema começou –, ele pegou uma das maças importadas e a atirou em Clito. Ainda procurando por sua espada, o rei teve uma crise de raiva e gritou no dialeto macedônio para disparar o alerta e chamar os seus guardas. O homem do trompete ainda estava sóbrio e bravamente recusou, ganhando uma surra de Alexandre. Mas Clito não recuava e continuava a insultar o rei. Enquanto ele era arrastado para sua tenda pelo seus amigos, ele gritava para o rei uma fala do escritor Eurípides:

> Oh, como as coisas estão podres na Grécia...

Alexandre, que conhecia Eurípides muito bem, não teria nenhum problema em completar o resto do discurso:

> ... quando o exército cria troféus de vitória sobre o inimigo,
> mas as pessoas não dão crédito a quem fez o trabalho.
> Em vez disso o general recebe a honra.
> Ele carrega a lança como um entre muitos,
> mas não fez mais do que um único soldado!

Clito estava a meio caminho para fora da tenda, quando se desvencilhou de seus companheiros e voltou cambaleando para continuar o seu discurso contra o rei. Mas antes que pudesse dizer mais alguma coisa, Alexandre se livrou de seus próprios guarda-costas e agarrou uma de suas lanças. Ele, então, lançou-se sobre Clito e o matou.

Quase imediatamente, o rei foi tomado pelo arrependimento. Ele gritou em agonia que havia assassinado seu amigo e puxou a lança do corpo inerte de Clito, apoiando-a contra o chão para que pudesse se atirar sobre ela. Foi somente a luta de seus amigos e seguranças que impediu o rei de se matar. Em seguida, eles o arrastaram para seus aposentos, onde ele caiu em desespero.

Por três dias Alexandre ficou em sua cama chorando e lamentando por Clito, recusando toda a comida e bebida que lhe foram oferecidas. Nesse momento, todo o exército estava perturbado pelo comportamento do rei. Eles estavam longe de casa, em uma terra perigosa e precisavam de uma liderança firme. Se fosse divulgado que Alexandre perdera a cabeça, eles estariam vulneráveis a ataques de todos os lados, especialmente de Spitamenes. O profeta Aristandro finalmente entrou nos aposentos do rei e lhe assegurou que a morte de Clito tinha sido preordenada há muito tempo e que Alexandre estava apenas agindo como um agente dos deuses. O rei sempre fora suscetível a qualquer absurdo que aquele adivinho convenientemente lhe revelava e, assim, animou-se um pouco com a notícia. Depois disso, Calístenes, o sobrinho de Aristóteles e historiador da expedição, chegou e gentilmente argumentou que o caso Clito não era tão ruim quanto parecia. Nesse momento, o filósofo Anaxarco invadiu a tenda e exigiu que Alexandre parasse de se comportar como um escravo chorão. Ele lembrou que o rei era governante da maior parte do mundo conhecido e era melhor começar a agir como tal. Sendo um príncipe entre os homens, ele podia fazer o que quisesse com seus súditos, mesmo que isso significasse espetá-los com uma lança quando estivesse com raiva. É assim que as coisas funcionam, repreendeu o filósofo, e se ele quisesse o respeito de seu exército, era melhor se recompor.

Esse conselho maquiavélico era exatamente o que Alexandre precisava ouvir para tirá-lo de sua depressão. O rei ainda se sentia terrivelmente culpado e ordenou que Clito tivesse um bom funeral, mas finalmente deixou seus aposentos e assumiu a liderança de seu exército uma vez mais. Os oficiais e os homens ficaram muito aliviados, mas também profundamente perturbados. Apesar das circunstâncias atenuantes de raiva e embriaguez, o fato é que Clito – um dos mais leais e fiéis amigos de Alexandre – tinha sido assassinado pelo rei porque se atreveu a enfrentá-lo e dizer o que estava na mente de muitos dos soldados macedônios. Cada um deles deve ter se perguntado quem seria o próximo.

Apesar da tristeza no acampamento de Alexandre, eventos no campo de batalha pareciam positivos para os macedônios. Spitamenes estava começando a se sentir cercado pelas guarnições de Alexandre espalhadas por todo o território, portanto recuou mais uma vez para as fronteiras da Cita. Lá, recrutou três mil cavaleiros citas para uma incursão em Sogdiana. Ele esperava que fosse um ataque rápido e fácil em sua terra natal, uma vez que todos os macedônios estariam acampados durante o inverno, mas não contava com a ousadia do tenente de Alexandre, Ceno. Em vez de perseguir Spitamenes inutilmente, uma vez que ele já havia lançado seu ataque, Ceno usou sua rede de inteligência local para obter informações sobre o ataque antes de ele acontecer e cavalgou para interceptar os agressores. Ele os surpreendeu em seu próprio terreno e matou mais de oitocentos deles no campo de batalha. Esta derrota bastou para mudar a opinião pública no campo inimigo. Os sogdianos abandonaram Spitamenes, assim como a maioria de seus seguidores báctrios, que se renderam a Ceno. Os citas em seu exército permaneceram leais, mas saquearam a caravana de bagagem e cavalgaram com o senhor sogdiano para as estepes.

Quando o fim chegou para Spitamenes, veio da fonte mais inesperada. Ele era astuto e engenhoso, mas a sua fraqueza era, como diz o historiador romano Cúrcio, um *immodicus amor* por sua esposa. Esse amor imoderado ficou demonstrado no fato de ele levá-la junto na campanha pelas estepes e em seus ataques pelas montanhas, enquanto a maioria dos comandantes sogdianos teria deixado suas esposas em casa. A pobre mulher já não sabia o que fazer depois de dois anos de tanta afeição e implorou que Spitamenes se entregasse a Alexandre e confiasse na misericórdia do rei macedônio. Ela lhe dera três filhos, implorou, que agora estavam crescidos. Pediu então que acabasse com esse conflito e os deixasse ir para casa, em vez de desperdiçar suas vidas em uma guerra inútil contra um inimigo imbatível. Mas, em vez de atender a seus apelos, Spitamenes se sentiu traído por sua esposa e tirou a cimitarra para matá-la, e só foi detido pelos irmãos dela. Ele disse à esposa para sumir de sua vista, ameaçando-a de morte se a visse novamente.

Por alguns poucos dias, Spitamenes dormiu apenas com suas concubinas, mas por fim foi vencido por seu amor à esposa e a readmitiu em suas boas graças. Ela, por sua vez, declarou que sua explosão anterior ocorrera devido a sua fraqueza feminina e que, a partir de agora, ela seria uma esposa submissa e obediente. O nobre sogdiano celebrou a reaproximação com um banquete, do qual ele voltou para sua tenda caindo de bêbado. Assim que ele dormiu, sua esposa amorosa e atenta pegou sua espada e cortou-lhe a cabeça. Então, com a conivência de um servidor de confiança, ela a embrulhou em um pano e partiu para o acampamento macedônio. Quando finalmente chegou, ela foi para a tenda de Alexandre e disse ao guarda que tinha de falar com o rei pessoalmente. Alexandre a viu entrar com um manto salpicado de sangue e provavelmente pensou que era outro aristocrata local, reclamando de abuso nas mãos de suas tropas. Quando a mulher chamou seu servo com o pacote e desenrolou os panos, o rei surpreso viu a cabeça e perguntou de quem era, pois aquilo estava irreconhecível. Quando a identidade foi confirmada, Alexandre ficou dividido entre o alívio com a morte de seu maior inimigo e o choque com a constatação de que aquela esposa pudesse ter feito aquilo. Ele estava grato, mas mandou a mulher embora para não dar um mau exemplo para as mulheres em sua comitiva.

Pelo menos essa é a história de acordo com Cúrcio. A versão contada por Arriano é mais plausível, versando sobre política e traições. Nela, os citas que haviam permanecido leais a Spitamenes começaram a se preocupar quando souberam que Alexandre estava a caminho. A fidelidade deles limitava-se à devoção em salvar a própria pele; assim, cortaram a cabeça de seu líder e enviaram-na como um presente para o acampamento macedônio. Qualquer que seja a história verdadeira, a resistência ao longo das fronteiras do norte de Sogdiana se desfez com a morte de Spitamenes. Os citas pediram pela paz, como fizeram os sogdianos, entregando a Alexandre quaisquer oficiais de Spitamenes remanescentes em seu território.

O rei não perdeu tempo com qualquer celebração de sua vitória, já que desejava resolver logo os problemas na província antes de partir para a Índia. Ele levou seu exército para as montanhas a leste de Sogdiana, onde algumas das tribos montanhosas ainda se recusavam a aceitar a sua soberania. Foi um inverno estranho entre esses picos, com trovoadas durante o dia virando gelo e neve durante a noite. O granizo era tão pesado que os macedônios usavam seus escudos para se proteger. Durante um dia horrível, muitos dos soldados ficavam desorientados na floresta densa e quase dois mil morreram de frio. O resto vagou sem rumo, escondendo-se como possível entre as árvores para se abrigar. Alexandre saiu como um pastor, reunindo aqueles que conseguiu encontrar e enviando-os para cabanas na montanha para se aquecer. Encontrou alguns congelados junto às árvores, amontoados na morte.

Quando coletou todos os soldados que pôde encontrar, Alexandre voltou ao seu acampamento e desmaiou em seu trono, de tão exausto que estava. Foi então que um jovem soldado da infantaria macedônia, mais morto que vivo, tropeçou através da porta de sua tenda, sem saber onde estava ou onde tinha entrado. O rei saltou de sua cadeira e levou o pobre homem até o seu trono para se esquentar perto do fogo. Durante muito tempo o homem esteve em um estado de estupor, mas Alexandre o aqueceu com bebidas quentes e o cobriu com cobertores. Por fim, o soldado reconheceu o rei, e viu onde estava sentado. Ele ficou horrorizado por ter tomado o trono real e levantou de um salto em terror. Alexandre o acalmou e ordenou-lhe que se sentasse novamente. Ele então disse ao jovem que tivera sorte por não ter se sentado no trono do Grande Rei da Pérsia, pois seria um crime digno de morte. Aqui, era apenas a cadeira de um rei macedônio.

Alexandre reuniu seus homens para descansar e se aquecer antes do último avanço a leste de Sogdiana. Havia uma série de fortalezas montanhosas na região controladas por senhores locais que ainda se mantinham contra o rei, esperando que ele passasse por eles em seu caminho para a Índia sem lutar. Mas Alexandre odiava deixar um inimigo em uma posição de força em sua retaguarda, então decidiu tomar essas cidadelas no inverno, não importando o custo. A primeira e mais fortemente protegida era uma fortaleza conhecida como a Rocha Sogdiana, em cima de uma montanha de centenas de metros de altura e rodeada por penhascos íngremes. Os homens da tribo tinham uma fonte segura de água e comida suficiente para sobreviver a um longo cerco. Eles estavam tão confiantes da invulnerabilidade de sua fortaleza que zombaram de Alexandre, dizendo que ele nunca tomaria o lugar, a menos que seus soldados tivessem asas.

Esse era exatamente o tipo de provocação que deixava o rei mais determinado a atingir seu objetivo. Ele dirigiu-se ao exército e pediu voluntários para escalar a montanha. Cada homem que chegasse ao topo receberia uma recompensa generosa do rei. Muitos dos soldados eram experientes em escalar falésias difíceis, e trezentos se ofereceram. Levaram com eles apenas cordas de linho e estacas para fincar nas rochas e servir como apoio para as mãos. Eles subiram à noite passando por neve e gelo, pela face lisa e desprotegida da montanha. Trinta deles caíram para a morte durante a subida, seus corpos se perdendo nas fendas abaixo, mas ao nascer do sol o restante estava em cima de um pico que ficava logo atrás da fortaleza. Alexandre, então, enviou uma mensagem aos defensores dizendo que eles deveriam se virar e olhar para cima, porque ele tinha encontrado soldados que podiam voar. Os macedônios acima deles sorriram e acenaram com bandeiras de linho. Os homens da tribo não podiam acreditar que alguém pudesse ter escalado a sua montanha e ficaram tão aterrorizados que se renderam sem luta. As outras fortalezas nas montanhas de Sogdiana rapidamente se entregaram, por sua vez, quando ouviram a notícia. Na primavera, toda a província estava nas mãos de Alexandre.

Dentre os cativos da Rocha Sogdiana estava a família de Oxyartes, um nobre da Báctria que tinha lutado contra Alexandre. Uma de suas filhas era Roxane, que pareceu aos macedônios a mulher mais bonita que já tinham visto. Apesar de sua resposta morna às mulheres no passado, o rei aparentemente ficou encantado com a adolescente e se apaixonou por ela. Ele poderia tê-la levado como prisioneira para sua cama sempre que quisesse, mas viu em Roxane algo especial e decidiu fazer dela sua esposa. Alexandre vinha recusando propostas de casamento por anos, então pode-se especular por que ele repentinamente decidiu se casar com uma mulher da Báctria nesse ponto de sua vida. A resposta é provavelmente uma mistura de política e paixão – duas forças não necessariamente excludentes. Alexandre tinha agora 28 anos de idade, um rei de muitas terras sem um herdeiro. Como toda a gente à sua volta dizia há anos, já era hora de ele se casar e trazer filhos ao mundo. E, como seu pai Felipe tinha mostrado, não havia nenhuma razão para que um rei macedônio tivesse de se casar com uma noiva de seu próprio país. A mãe de Alexandre era uma estrangeira de Épiro. E mais uma vez, como com seu pai, também não havia motivo para que Roxane não fosse a primeira de muitas noivas reais, incluindo talvez uma mulher macedônia adequada no momento certo. Havia também a questão de cimentar alianças com um importante senhor báctrio. Os laços familiares eram uma maneira de ligar Oxyartes e sua família a Alexandre, garantindo seu poder sobre a terra inquieta. Também seria um grande gesto para os nativos de seu império demonstrar que o seu novo rei não se achava superior a um casamento com uma de suas súditas estrangeiras. Era uma propaganda importante que poderia servi-lo bem para os próximos anos, embora a velha guarda macedônia reclamasse mais uma vez que o rei preferia nativos a eles. E havia amor. Como muitos gregos e macedônios, Alexandre preferia a companhia dos homens para seus casos sexuais, mas isso não significa que ele não pudesse sentir paixão pelas mulheres também. O rei, como a maioria das pessoas no mundo antigo, teria achado as distinções modernas de orientação sexual desconcertantes.

E então Alexandre, rei da Macedônia e governante das terras do Egito até o Hindu Kush, casou-se com Roxane, filha do nobre Oxyartes da Báctria, aos pés de uma montanha no alto na distante terra de Sogdiana. De acordo com o antigo costume macedônio, atendentes carregaram um naco de pão fresco até o casal, que o rei cortou em dois com sua espada e compartilhou com sua nova noiva. Oxyartes estava presente e certamente entusiasmado com a perspectiva de chamar Alexandre de genro. Persas, lídios, sírios e babilônios, mais os soldados e cortesãos de todo o império, regozijaram-se com a visão de seu jovem rei se casando com uma mulher da região central da Ásia. Apenas os oficiais macedônios desaprovaram a união, mas fingiram prazer e ofereceram ao rei suas mais calorosas felicitações. Depois do assassinato de Clito, tinham aprendido a segurar a língua.

CAPÍTULO 9

ÍNDIA

De todos os povos do mundo conhecido, os habitantes da Índia,
na Ásia, são os que vivem mais a leste, os mais próximos do nascente.
Depois da Índia não há nada além de um deserto de areia inabitável.

Heródoto

O casamento de Alexandre com Roxane, no sétimo ano de campanha, foi apenas o primeiro de muitos passos controversos que o rei daria para unir as diferentes facções de seu império enquanto se preparava para se mover em direção às fronteiras da Índia. Um dos mais perspicazes foi sua decisão de treinar trinta mil garotos nativos de todo o império como soldados macedônios. Este plano foi motivado pela necessidade, já que Alexandre sabia – mesmo que a maioria de seus oficiais se negasse a aceitar o fato – que a pequena nação macedônia simplesmente não tinha como produzir soldados suficientes para controlar todo o território que ele conquistara e esperava ainda conquistar. Como os persas haviam feito antes dele, o rei percebia que teria de usar o efetivo das muitas nações sob seu controle para assegurar e expandir seu domínio. Esses jovens selecionados seriam treinados na língua grega, equipados como soldados macedônios e treinados para lutar como membros de seu exército. Eles não seriam forças auxiliares estrangeiras, como era comum no mundo antigo, mas sim uma parte integral do novo exército macedônio, inclusive com oficiais nos níveis mais altos. Era um plano ousado e inovador, muito além de tudo que fora tentado até então na história militar. Alexandre se esforçou muito para asseverar aos soldados na ativa que este ato não diminuiria a importância deles, mas ninguém acreditou nisso. Todos podiam ver que o rei planejava transformar o exército macedônio, levando-o de uma força provincial para uma internacional. Conforme os soldados envelheciam e a nova leva de recrutas nativos chegava à flor da idade, os homens que haviam lutado com ele por tanto tempo seriam enviados de volta para casa, para a Macedônia, com um saco de ouro e um agradecimento. Seus filhos e netos também serviriam sob Alexandre, é claro, mas como membros de um exército imperial, do qual os macedônios seriam apenas uma parte. Seus futuros comandantes poderiam vir tanto da Pérsia, da Babilônia ou da Índia, como da Pela. Esse foi um golpe amargo para seus leais homens, tanto os soldados quanto os oficiais, que não compartilhavam da visão de Alexandre de um novo império mundial.

Mas ainda mais perturbador para muitos macedônios era o problema imediato da homenagem diante do rei, um ritual conhecido como *proskynesis* para os gregos. Heródoto diz que quando dois persas se encontravam na rua, sempre era possível reconhecer o *status* de ambos observando o modo como eles se cumprimentavam. Se fossem equivalentes, beijariam-se na boca; se um deles fosse levemente inferior, seu superior o beijaria na bochecha. Pessoas de classe muito inferior, no entanto, se prostrariam no chão diante de seus superiores. O mesmo ritual se aplicava ao Grande Rei na corte; contudo, como ele era superior a todos os outros, esperava-se que todo mundo se prostrasse diante dele, com a exceção de alguns poucos. Cenas retratadas na arte persa mostravam altos oficiais aproximando-se do rei em seu trono e soprando-lhe um beijo com a mão direita. Entretanto, esperava-se que a maioria dos suplicantes – e certamente, todos os gregos – se prostrasse diante da impressionante glória soberana.

Para gregos e macedônios, era inconcebível tal comportamento degradante diante de qualquer rei. Gregos livres não se curvavam diante de reis, apenas dos deuses. Arrojar-se ao chão na frente de um homem era a postura de um escravo ante seu mestre, ou de um adorador diante da divindade. Mesmo durante as preces, o povo do Egeu normalmente reverenciava suas divindades ficando de pé na frente de suas imagens, apenas com a cabeça levemente abaixada. Os persas não viam o ato da *proskynesis* diante do rei como culto, mas como profundo sinal de reverência e submissão à autoridade régia. Os gregos sabiam disso, mas não conseguiam, em sã consciência, forçar-se a executar tal ato quando chegavam diante do trono persa. Um esperto emissário tebano a Persépolis havia se aproximado do rei persa e deixado seu anel cair ao chão, abaixando-se, então, para pegá-lo, usando para si mesmo a desculpa de que havia se lançado ao chão apenas para recuperar sua propriedade. Alguns espartanos em visita à cidade de Susa, no entanto, foram mais obstinados. Quando os guarda-costas reais lhes disseram que se prostrassem, eles se recusaram. Os guardas então tentaram empurrá-los para o chão; eles resistiram, dizendo que não era costume deles se curvarem diante de outro mortal. A resistência grega a essa cerimônia persa era bastante arraigada na psique nacional, a tal ponto que muitos preferiam arriscar a morte a submeter-se a tal degradação.

Mas para os persas na corte real, a *proskynesis* era uma parte normal do protocolo. Desde a primeira vez que tinham comparecido ante Alexandre, os persas haviam se arrojado ao solo como um ato de respeito, apesar do fato de os macedônios assistirem a essa exibição com desprezo e divertimento. Isso criou uma situação insustentável para Alexandre. Seus súditos asiáticos regularmente praticavam a *proskynesis* diante dele e se recusavam a alterar seus costumes, enquanto os gregos e macedônios tratavam o ritual como um hábito bárbaro ímpio e degradante. À época em que Alexandre estava se preparando para invadir a Índia, ele sabia que precisava resolver esse impasse. Ele esperava introduzir a *proskynesis* aos macedônios de maneira gradual, talvez numa forma modificada, de modo que eles a aceitassem como algo puramente cerimonial, sem conotações religiosas. Alexandre não tinha nenhum desejo de ser cultuado como um deus por seus conterrâneos, nem de desfrutar dos mesmos rituais elaborados da corte que tradicionalmente cercavam os grandes reis da Pérsia; mas era ridículo e desagregador ter metade de sua corte executando o ritual da prostração diante dele e a outra metade tratando o ato como uma piada infame.

A tentativa do rei de introduzir a *proskynesis* entre os gregos e macedônios foi um fracasso total, graças principalmente ao historiador Calístenes. Ele odiava perder uma discussão e tinha orgulho em se retratar como um defensor da liberdade em face do despotismo oriental. Muitos macedônios da velha guarda admiravam sua posição claramente a favor da tradição, pois ele expressava o mesmo que pensavam. Contudo, o historiador erroneamente acreditava-se intocável. Até Aristóteles comentara que seu sobrinho era um orador maravilhoso, mas destituído de bom senso.

Calístenes selou seu destino certa noite, durante um banquete, quando Alexandre tentou apresentar uma forma de *proskynesis* aceitável para seus amigos e oficiais macedônios. O rei passaria um copo de vinho ao companheiro mais próximo, que então se curvaria para um pequeno altar de um deus, convenientemente localizado logo atrás do rei. Cada convidado iria em seguida receber um beijo de Alexandre e retornar a seu lugar no sofá em que o jantar seria servido. Quando foi a vez de Calístenes, ele tomou o vinho mas não executou a *proskynesis* para o altar. Alexandre estava ocupado falando com Heféstion naquele momento e não notou, mas um de seus amigos avisou o rei da omissão. Quando Alexandre o confrontou, Calístenes, de maneira impertinente, respondeu que preferiria ficar sem um beijo.

Alexandre havia feito arranjos para a morte de seu maior general e o filho dele, e assassinado um de seus amigos mais leais em uma crise de fúria. Calístenes era um tolo se pensava que o rei hesitaria em punir um mero historiador por tão teimosa insubordinação. Mas Alexandre era, além de tudo, astuto, e sabia que podia usar a vaidade de Calístenes para acelerar sua queda. Por isso, o desafiou a oferecer um discurso de improviso em homenagem à coragem macedônia. Calístenes ficou mais do que contente em aceitar, louvando as glórias dos filhos da Macedônia, enquanto estes aplaudiam e jogavam flores a seus pés. Nesse momento, para testá-lo usando uma fórmula bastante tradicional ensinada em todas as escolas gregas de retórica, o rei lhe pediu para tomar a posição contrária e denunciar a falta de virtude macedônia. Calístenes engoliu a isca e respondeu com entusiasmo, vituperando as falhas de seus anfitriões com recriminações mordazes. Como os generais de Alexandre não apreciavam as nuances da performance retórica grega, tomaram as críticas ao pé da letra e ficaram furiosos com Calístenes. Assim, de um só golpe, Alexandre conseguiu isolá-lo de seus maiores partidários. Agora, tudo o que precisava fazer era esperar o momento certo para silenciar Calístenes para sempre.

A oportunidade logo surgiu quando um jovem idiota chamado Hermolau, um dos escudeiros reais, inventou um plano para ganhar a fama eterna: matar Alexandre. O escudeiro havia anteriormente ofendido Alexandre ao matar um javali antes do rei durante uma caçada, o que lhe valeu um açoitamento. Hermolau sentiu-se humilhado e queria vingança. Assim como Pausânio quis ficar famoso matando Felipe anos atrás, agora Hermolau pretendia deixar sua marca na história como o assassino de um rei conhecido. Quando ele contou seu plano a alguns amigos, o tolo jovem logo foi traído e preso. Alexandre sabia que aquele era um plano estúpido, imaginado por um rapaz que jamais deveria ter sido um escudeiro real para começo de conversa, mas viu ali a chance perfeita para se livrar de Calístenes. A despeito de Hermolau não denunciar o envolvimento do historiador em seu plano mesmo sob tortura, não foi difícil implicar Calístenes no complô, já que ele era amigável com todos os escudeiros. Antes que Calístenes percebesse o que estava acontecendo, ele já havia sido preso e colocado em grilhões, sem nenhuma objeção da velha guarda macedônia que insultara tão recentemente. Algumas fontes dizem que ele foi enforcado de imediato – outras, que ele morreu meses depois, de alguma doença. Mas todas concordam que sua carreira como historiador da corte encontrou seu fim nas fronteiras da Índia. Contudo, ele conseguiu impedir que Alexandre adotasse o ritual da *proskynesis* permanentemente entre seus seguidores macedônios. No final, o rei decidiu que o esforço não valia a pena.

No final da primavera do sétimo ano após a chegada à Ásia, Alexandre e seu exército deixaram a Báctria para começar a invasão da Índia. Ele atravessou as montanhas rumo ao sul em dez dias, muito mais rapidamente do que fez em sua jornada para o norte dois anos antes, usando o Desfiladeiro de Khawak. Ele passou vários dias na Alexandria que fundara ao norte do vale de Cabul, substituindo ali um governante que havia sido incompetente em sua ausência. É fácil ver Alexandre como apenas um general e um conquistador, já que é assim que as fontes mais antigas o retratam. Entretanto, ele passava bastante tempo se preocupando com os detalhes administrativos de seu império – porém, pode-se discutir se ele sempre fez a escolha mais sábia. O rei tinha o hábito de escolher rapidamente um governante para uma cidade ou província, depois substituir o escolhido quando os relatos de sua incompetência se acumulavam. Em Alexandria no Cáucaso, por exemplo, ele designou um vigoroso macedônio como novo governante da cidade; em seguida, quase como um adendo, selecionou um persa chamado Tiriespis como sátrapa da região. Fiel ao seu estilo, dois anos depois Alexandre substituiu Tiriespis, executando-o por corrupção.

Enquanto ainda se encontrava em Sogdiana, Alexandre mandou mensageiros para as cidades mais próximas na Índia, convocando os reis locais a se encontrarem com ele e se submeterem a sua autoridade. Esses reis foram até Alexandre enquanto este ia para o leste através do vale de Cabul e ali juraram sua aliança. O governante da importante cidade indiana de Taxila, logo depois do rio Indo, estava entre eles. Ele não gostava dos macedônios mais do que dos persas, mas viu ali uma oportunidade de usar Alexandre como auxílio para derrotar seus inimigos. Para provar sua sinceridade ao rei macedônio, ele o presenteou com 25 elefantes de batalha para usar na campanha que o esperava.

Nesse ponto, Alexandre dividiu seu exército em dois e enviou Heféstion com uma força considerável pelo relativamente fácil caminho rumo ao leste pelo Passo Khyber, com ordens de conquistar as tribos rebeldes ao longo do caminho e, mais importante, de alcançar o rio Indo tão rapidamente quanto fosse possível e construir lá uma ponte, como fizera no Eufrates, para o resto do exército passar. Os reis da Índia e um grande esquadrão de engenheiros acompanharam seu melhor amigo nessa viagem. Alexandre levou o restante de seu exército rumo ao noroeste, para dentro das montanhas, em uma jornada convoluta com o objetivo de pacificar as tribos das terras altas do Hindu Kush oriental. Como sempre, o jovem rei se deliciava nas tarefas mais difíceis.

A expedição pelas montanhas durou meses, arrastando-se sobre desfiladeiros estreitos e atravessando corredeiras furiosas. Se houvesse uma fortaleza inacessível que se recusasse à rendição, Alexandre a tomava, não importando a dificuldade. Os relatos de suas batalhas pelas terras altas contam a mesma história, repetidas vezes: Alexandre exigia a rendição de uma cidade, os habitantes recusavam, os macedônios invadiam a cidade após grande luta e os habitantes eram massacrados. Mas havia algumas variações, de tempos em tempos. Certo dia, no começo de março, Alexandre foi atingido por uma flecha no ombro, acrescentando esse ferimento a sua lista crescente. Em outro ponto, ele e seu exército foram emboscados por nativos, que atacaram de surpresa quando os macedônios estavam preparando o acampamento onde passariam a noite, forçando-os a recuar para uma colina próxima. Foi quando Alexandre reagiu e forçou os guerreiros de volta para trás de suas muralhas, matando muitos deles. Esses foram os oponentes mais fortes que o rei encarou em toda a sua campanha; contudo, depois de quatro dias atacando a cidade deles, Alexandre os forçou a se renderem e poupou suas vidas, sob a condição de que se juntassem a seu exército como auxiliares. Eles concordaram, mas quando tentaram voltar escondidos à cidade naquela mesma noite, Alexandre, desconfiado, havia preparado uma emboscada e os matou. Em seguida, tomou a cidade.

Conforme se movia para o leste pelos picos imensos e belas florestas do vale do Swat, ele continuou tomando fortalezas e forçando tribos locais a se renderem. Quando chegou à cidade de Bazira, no entanto, descobriu que os soldados e cidadãos haviam fugido para uma montanha próxima, Aornos. Assim como os defensores da Rocha Sogdiana, os nativos da região acreditavam que esse refúgio era a defesa perfeita contra invasores. Ele era cercado por declives com quilômetros de profundidade, com apenas um caminho até o cume – e este era íngreme e bem defendido. No topo, havia um amplo platô, perfeito para o plantio de grãos, além de madeira em abundância e um suprimento perene de água fresca. Os guias locais de Alexandre disseram que nem Hércules conseguira tomar aquela montanha em suas viagens. Esse era todo o encorajamento de que o rei precisava.

Diferentemente da Rocha Sogdiana, Aornos não podia ser tomada por escalada, mas apenas através de um ataque direto. Os guias conseguiram levar Ptolomeu e alguns soldados até uma parte da montanha onde eles poderiam resistir contra o inimigo, mas a posição não era segura o bastante para um ataque direto contra a fortaleza principal. Ptolomeu manteve o posto contra um ataque violento, enquanto Alexandre e seus engenheiros colocavam mãos à obra construindo uma estrada para o topo. Eles conseguiram abrir caminho à força quase até o cume, mas havia uma ravina escarpada antes do trecho final que bloqueava o progresso deles. O rei ordenou que seus homens cortassem milhares de estacas para conter o solo e começou a espalhar terra compactada por centenas de metros através do vão, sob fogo constante dos defensores acima deles. O esforço torturante consumiu dias, mas, no final, eles construíram uma estreita passagem. Os nativos, pasmos, fizeram uma oferta de paz, dizendo que se entregariam no dia seguinte. Contudo, outra vez os inimigos tentaram escapar durante a noite, apenas para encontrar Alexandre a sua espera. Ele matou muitos deles durante a fuga, enquanto outros caíram pelos despenhadeiros; depois, o rei invadiu as muralhas e, finalmente, tomou posse da montanha. Alexandre ficou tremendamente orgulhoso por ter conquistado um lugar que havia derrotado até mesmo Hércules.

De Aornos, o rei voltou-se para o sul e continuou a marchar para o Indo, encontrando tempo para uma caçada a elefantes selvagens no caminho. Mas sua maior surpresa durante a marcha aconteceu quando ele se aproximava da cidade de Nisa. O povo e a flora local pareciam estranhamente deslocados naquelas montanhas. Os nísios colocavam seus mortos em caixões de cedro nas árvores – algumas das quais Alexandre acidentalmente incendiou – e faziam vinho de uvas, ao contrário de outras tribos da área. Os nativos conheceram Alexandre e imploraram-lhe que não prejudicasse a cidade, uma vez que eles eram descendentes de colonizadores que o próprio deus Dionísio colocara ali, gerações antes. Sua prolífica hera, uma planta consagrada a Dionísio que não crescia em nenhum outro lugar das montanhas, significava que este era um povo abençoado pelo deus. Esse era exatamente o tipo de história que agradava Alexandre. Eles mostraram ao rei o bosque de Dionísio, coberto de hera, onde Alexandre e seus soldados se enfeitaram com guirlandas e cantaram hinos ao deus do vinho. Embora a divindade cultuada pelo povo de Nisa fosse mais provavelmente Shiva ou outra divindade oriental, e não um extraviado deus grego, Alexandre engoliu a história e tratou os nativos com gentileza, tomando a presença deles nessas remotas montanhas como um sinal de que ele havia agora chegado aos limites das antigas andanças de Dionísio. Em sua mente, isso era prova de que estava se aproximando dos confins da terra.

Quando ele finalmente desceu das montanhas e chegou ao Indo, Alexandre descobriu que Heféstion havia feito uma ponte flutuante com barcos para a travessia do rio. Do outro lado ficava a Índia, uma terra mística quase desconhecida ao mundo grego. As histórias mais antigas sobre ela no Ocidente foram trazidas por um navegador chamado Scylax, da Cária, na Ásia Menor. O primeiro Grande Rei, Dário, havia encarregado-o da exploração do rio Indo durante os preparativos para uma invasão persa, quase duzentos anos antes da vinda de Alexandre. Scylax desceu o Indo até o mar, contornando a Península Arábica rumo ao Egito. Apenas fragmentos de seu trabalho sobreviveram, mas as informações que ele reuniu permitiram que Dário acrescentasse o vale do Indo ao Império Persa como sua vigésima satrapia. À época de Alexandre, o controle persa do Indo era apenas nominal, mas ele ainda considerava a área como pertencente ao Grande Rei e, por isso, parte do domínio que ele deveria conquistar.

Um médico grego, também de Cária, chamado Ctésias escreveu um pouco sobre a Índia em uma história da Pérsia apenas alguns anos após Scylax, baseando-se na viagem do navegador e em seus próprios exames de animais indianos levados até a corte persa. Como aconteceu com Scylax, do trabalho de Ctésias também restaram apenas fragmentos, mas Alexandre provavelmente ainda pôde ler os relatos de ambos quando estava completos. O rei também devia conhecer as referências à Índia presentes em Heródoto. O historiador grego não visitou pessoalmente a Índia como fez com o Egito e a Babilônia, por isso seu relato era limitado e ainda mais cheio de imaginação do que o habitual. Ele descrevia a Índia como rica em ouro, contribuindo para o tesouro persa mais do que qualquer outra província, mas afirmava também que esse ouro era escavado do solo por formigas. Contava que havia muitas nações vivendo ao longo do rio Indo, falando línguas diferentes e com costumes também muito diversos. Algumas supostamente comiam apenas carne crua, enquanto outras jamais matavam qualquer animal. Heródoto também declarava que alguns indianos comiam os corpos de seus pais mortos como sinal de respeito, e ficaram indignados quando ouviram que os gregos cremavam seus mortos. A única coisa em comum sobre a Índia tanto nos relatos de Heródoto quanto em outras fontes à disposição de Alexandre era que o país ficava no mais extremo oriente do mundo, separado do grande oceano ao redor por apenas uma estreita faixa de deserto. Nenhum dos antigos escritores até a época da invasão macedônia tinha ideia de que a Índia se estendia para muito além do Indo.

Assim, Alexandre aproximou-se da Índia crendo que, se pudesse conquistar o vale do Indo, seu reino se estenderia até os confins do mundo habitado. Com apenas uma curta marcha através do deserto, ele estaria nas margens do grande oceano oriental. Alguns gregos acreditavam até que esse mar podia ser vislumbrado do topo do Hindu Kush. Alexandre deve ter descoberto o quanto eles estavam enganados apenas quando o rei da cidade indiana de Taxila chegou a seu acampamento na Báctria e começou a falar de seu país. O príncipe indiano provavelmente descreveu-lhe a geografia do Punjab, a terra dos cinco rios, que se estendia como os dedos de uma mão pelo norte do vale do Indo. Também deve ter contado a Alexandre sobre o extenso rio Ganges, que fluía por um vasto território sob as montanhas do Himalaia até um grande golfo. Ao longo das margens do Ganges, havia reinos antigos, poderosos e ricos. Ao sul do Ganges, ficava a enorme massa da Península Indiana, alongando-se até o oceano, com a fabulosa ilha da Taprobana (Ceilão ou Sri Lanka) bem próxima à costa sudeste. O rei de Taxila provavelmente também sabia de outra imensa península situada além da boca do Ganges que se estendia para o interior do mar ao sul na direção de ilhas incríveis, onde cresciam as especiarias mais raras. Foi provavelmente nessa mesma reunião que Alexandre se tornou o primeiro homem do Egeu a ouvir a respeito do povo da seda, os seres que viviam entre dois grandes rios em uma terra distante, além do Himalaia. Deve ter sido realmente desorientador para Alexandre descobrir que sua visão das terras orientais era bastante inadequada. E no entanto, mesmo que a beira do mundo não estivesse a apenas alguns dias para lá do Indo, a ideia de que havia todo um novo mundo de terras ricas e reinos prósperos deve ter mexido com sua imaginação e sua ambição sem fim.

Alexandre e seu exército cruzaram o Indo na ponte que Heféstion e seus engenheiros haviam feito amarrando dezenas de barcos de todos os tamanhos e construindo uma estrada por cima. Nessa área do mundo, em que torrenciais chuvas de monções alagavam as terras a cada verão, pontes permanentes eram impraticáveis. Após uma pausa para oferecer sacrifícios e celebrar competições esportivas como agradecimento por uma passagem segura sobre o rio, eles continuaram rumo sul para Taxila, atravessando as colinas baixas. Ainda estavam a dias de distância da cidade quando o rei de Taxila enviou presentes para mostrar sua boa vontade: prata, gado, ovelhas e elefantes. O governante de lá não era mais o homem que Alexandre conhecera na Báctria, e sim seu filho, Omphis, uma vez que o ancião havia morrido recentemente. O novo rei demonstrou que cooperaria com os macedônios tanto quanto seu pai o fizera, tendo abastecido Heféstion e sua equipe com grãos – embora, surpreendentemente, não tivesse ido cumprimentar o amigo de Alexandre em pessoa.

Quando os macedônios se aproximaram de Taxila, Alexandre se alarmou ao ver um exército saindo para recepcioná-lo. Havia milhares de soldados indianos em formação de batalha, com elefantes enfeitados tão enormes que lembravam fortalezas ambulantes. De imediato, ele mandou soar o chamado às armas e enviou sua cavalaria para os flancos de modo a se preparar para o ataque que se aproximava. O rei Omphis viu o que estava acontecendo, surpreso, e percebeu que sua grande exibição devia estar sendo mal interpretada. Ele ordenou que o exército parasse e cavalgou adiante para se encontrar com Alexandre com apenas alguns homens junto a si. Foi um momento tenso, especialmente porque nenhum dos dois reis sabia falar a língua do outro, mas acabaram encontrando um intérprete e Omphis explicou que apenas estava saudando seu novo senhor à maneira indiana tradicional. O rei indiano jurou lealdade a Alexandre e entregou seu reino a ele. Alexandre, em troca, devolveu Taxila e o território ao redor para Omphis.

Alexandre entrou em Taxila à frente de seu exército e inspecionou uma grande cidade indiana pela primeira vez. Esta era uma cidade caótica, com casas de calcário e barro margeando ruas irregulares e confusas – mais parecida com uma aldeia supercrescida do que com a capital de um reino rico. Contudo, o que faltava em grandeza arquitetural era compensado pela vitalidade de seu povo e a hospitalidade de seu anfitrião. Omphis entreteve Alexandre e seus oficiais com um banquete que durou três dias, dando ao rei e seus companheiros mais presentes, inclusive uma fortuna em prata cunhada. Alexandre graciosamente agradeceu o rei, mas em um gesto de generosidade régia devolveu tudo a Omphis e acrescentou vasos de prata e ouro, túnica persas e uma impressionante quantia de ouro do tesouro. Isso instigou Meleagro, um dos companheiros macedônios de Alexandre, a parabenizar o rei por ter viajado toda a distância até a Índia para encontrar um homem merecedor de tanto dinheiro. Alexandre não recebeu bem esse sarcasmo, mas depois da morte de Clito, tinha aprendido a se controlar. Friamente, ele disse a Meleagro que homens ciumentos atormentavam apenas a eles mesmos. O que Meleagro não compreendeu foi que Alexandre estava comprando lealdade, um bem precioso em uma terra tão distante do centro de seu império. Ele precisava conquistar Taxila e seu rei antes de poder descer o Indo. Se isso fosse lhe custar uma fração do vasto tesouro que acumulara dos persas, tudo bem.

Omphis estava ansioso em aceitar, uma vez que estava em permanente estado de guerra com poderosos reinos vizinhos, incluindo um Estado poderoso ao sul, além do rio Hidaspes, governado por Poro, rei de um povo indiano conhecido como paurava. O jovem governante de Taxila queria ampliar as fronteiras de seu próprio reino às custas de Poro e ficou feliz em usar o ouro e o exército de Alexandre para alcançar esse objetivo. Suas chances pareciam ainda mais promissoras quando um emissário que Alexandre enviara até Poro retornou a Taxila. O rei macedônio exigira que o governante indiano lhe pagasse tributo e que o encontrasse na fronteira de seu reino quando ele fosse para o sul. Outros governantes locais haviam se submetido, mas Poro respondeu que não pagaria nenhum tributo a Alexandre, embora ficasse feliz em encontrá-lo no Hidaspes com seu exército pronto para a batalha.

Esse foi um sério golpe para os planos de Alexandre de uma marcha rápida e pacífica pela Índia. Sua rede de espionagem já o informara que Poro dispunha de um grande exército, com mais de cem elefantes de guerra. Alexandre estava seguro de que podia derrotar tal adversário, mas sabia que não seria fácil, especialmente com as monções começando. Os macedônios não se importavam com chuva, mas nunca haviam passado por nada como o dilúvio que desabava sobre eles. Além disso, havia o calor insuportável, criando a rara e completamente miserável sensação de se estar quente e molhado ao mesmo tempo. Dia após dia, a chuva continuava, sem trégua. As ruas se transformavam em rios, os campos em lagos, e uma lama densa cobria tudo. Os indianos estavam bastante contentes com toda essa chuva, já que as monções eram essenciais para as lavouras, mas os macedônios começavam a se desesperar: parecia que nunca mais ficariam secos outra vez. O povo local lhes garantia que a chuva pararia em alguns meses, mas Alexandre não podia esperar tanto tempo. Ele designou um macedônio como comandante de uma guarnição militar permanente em Taxila – para o caso de Omphis vacilar, apesar do ouro – e liderou seu exército encharcado para o rio Hidaspes.

Alexandre e seus soldados marcharam para o sul através de uma longa cadeia de montanhas por vários dias até subitamente chegarem a um desfiladeiro que descia até a planície do Hidaspes. Foi dali que viram pela primeira vez a esplanada do Punjab, uma paisagem totalmente plana que se estendia para o sul e o leste até o rio Ganges. Abaixo, eles podiam divisar o rio Hidaspes, com quase um quilômetro e meio de largura, movendo-se rapidamente com a água das monções e do degelo do Himalaia. Poro estava do outro lado dessa corrente, com um exército menor que o de Alexandre, mas tendo a seu favor o conhecimento do território e vários elefantes treinados que aterrorizariam qualquer cavalo que se aproximasse.

Alexandre olhou para o Hidaspes e mandou Ceno de volta ao Indo para desmanchar a ponte flutuante construída por Heféstion e trazer os barcos até ali em pedaços. Enquanto isso, o rei montou acampamento na margem norte do rio e ponderou como conseguiria atravessar um rio daqueles sem que Poros percebesse. Ele tinha de encontrar um ponto ao longo do rio que ficasse escondido da margem sul. Depois de dias procurando, seus sentinelas encontraram um local assim a alguns quilômetros a leste, próximo de onde uma cordilheira aproximava-se do Hidaspes. Do outro lado havia uma ilha grande no rio, cercada por várias ilhas menores, todas cobertas com espesso arvoredo que escondia a margem norte dos soldados de Poro que constantemente patrulhavam o lado oposto. Alexandre percebeu que essa localização era perfeita para lançar seu ataque anfíbio, mas tinha de ter certeza de que o rei indiano não soubesse que o ataque ocorreria tão a leste. Para manter Poro na ignorância, Alexandre ordenou que algumas unidades de seu exército se movessem de um lado para o outro na margem norte por muitos quilômetros. Ele mandava soldados para o oeste, depois para leste, e então de volta para o acampamento principal. Os macedônios também acenderam fogueiras ao longo do rio e faziam questão de ser bem barulhentos enquanto cumpriam suas tarefas. Os soldados indianos do outro lado do Hidaspes ficavam loucos com essa agitação constante e acabaram abrindo mão de tentar acompanhar cada movimento dos macedônios – que era a intenção de Alexandre. O rei também ordenou que toneladas de grãos dos territórios vizinhos fossem transportados para seu acampamento, como se planejasse ficar ali até o outono, quando a chuva pararia e o rio ficaria mais calmo. Também anunciou a suas tropas – e aos soldados indianos infiltrados entre elas – que iriam esperar ao menos dois meses para cruzar o rio. Quando Poro ouviu esse relatório, não ficou convencido, mas o objetivo de Alexandre não era enganar o rei, e sim mantê-lo sem saber o que esperar.

Quando os navios finalmente ficaram prontos, Alexandre deixou Crátero responsável pelo acampamento principal, do lado oposto a Poro, com uma força considerável e ordens para que não se movesse, a menos que o rei indiano fosse para o leste, na direção em que ocorreria a travessia. Então, no escuro, Alexandre levou seus soldados mais experientes em silêncio rio acima até o ponto de embarque. Ele deve ter sentido que os céus o favoreciam, pois a chuva, normalmente bastante estável, havia se transformado em uma tempestade violenta. O estrondo dos trovões e a chuva torrencial cobriram os sons feitos pelos macedônios em sua preparação para soltar os barcos, embora haja relatos de que vários deles morreram atingidos por relâmpagos.

Milhares de soldados subiram nos barcos e começaram a remar pelo rio furioso, contornando a grande ilha o melhor que podiam. Quando alcançaram terra, afinal, desembarcaram prontos para encarar Poro, apenas para descobrir que, na escuridão, em vez de chegar à outra margem, haviam descido em uma das ilhas menores. Era um desastre absoluto, já que agora a tempestade estava arrefecendo e o sol já nascia, deixando os macedônios plenamente visíveis às patrulhas indianas. Sem tempo a perder, Alexandre ordenou que seus homens entrassem no profundo canal que os separava da margem sul. Os soldados pesadamente armados ficaram mergulhados na água revolta até o pescoço, e os cavalos mal podiam nadar por causa da corrente, mas eles conseguiram, depois de muita luta, atravessar o rio.

A essa altura, Poro ficou sabendo que uma grande força macedônia estava cruzando o rio vários quilômetros a leste, o que deixava o rei indiano com uma difícil decisão a tomar. Ele podia ver que muitos de seus inimigos ainda estavam diretamente a sua frente, no acampamento de Alexandre. Seria o ataque a leste um plano para atraí-lo para longe de modo que os homens a oeste pudessem atravessar o rio e atacá-lo pela retaguarda, ou seria aquele de fato a parte mais forte do ataque, flanqueando suas forças pelo leste? Não havia tempo para enviar mais patrulhas, então Poro enviou seu filho rio acima com uma brigada de bigas para, se fosse possível, evitar o desembarque – e caso não fosse, para atrasar essas tropas ao máximo. Logo após, ele o seguiu com a força principal de seu exército, deixando para trás apenas um pequeno destacamento com alguns elefantes para impedir que os macedônios restantes atravessassem.

Poro era um líder capaz e corajoso, mas estava em uma situação insustentável. Superado numericamente, ele agora enfrentava os soldados soberbamente treinados de Alexandre, que, cansados de estar sempre molhados e com calor, estavam prontos para massacrar todos os indianos em seu caminho. A única vantagem de Poro eram seus elefantes que, exatamente como previra Alexandre, causaram um tumulto entre a cavalaria, pisoteando os soldados. Contudo, os macedônios já haviam desenvolvido uma defesa contra essas criaturas. Embora ao custo das vidas de muitos de seus conterrâneos, os soldados de Alexandre cercavam cada elefante e o golpeavam com suas longas lanças sarissas, enquanto os arqueiros atingiam os olhos dos animais. Depois disso, as feras, enlouquecidas e cegas, atacavam com selvageria tanto amigos quanto inimigos.

Alexandre supervisionou a ordem de batalha indiana e decidiu empregar uma tática clássica de envolvimento, cercando as tropas inimigas. Ele enviou sua cavalaria à esquerda e à direita, com ordens de vir pela retaguarda dos indianos enquanto a maior parte do exército os atacava pela frente. Foi uma batalha brutal, travada selvagemente em uma mistura de lama de sangue, com pesadas baixas para ambos os lados. A certo altura, Alexandre cavalgava Bucéfalo quando o velho cavalo foi atingido por uma lança e mortalmente ferido. O rei estava ocupado demais para lamentar; montou em outro cavalo e continuou a lutar. Quando as linhas indianas começaram a se desintegrar, Crátero rapidamente atravessou o rio e interrompeu a retirada dos indianos.

Apenas Poro continuou lutando, montado em seu enorme elefante. Alexandre admirou tanto a coragem dele que enviou um mensageiro ao rei implorando para que ele se rendesse e fosse poupado. Infelizmente, o enviado era Omphis, de Taxila, a quem Poro odiava profundamente. Ele tentou matar o embaixador com uma lança. Alexandre, então, enviou outro mensageiro, que finalmente conseguiu convencer o rei indiano a baixar suas armas. Quando os dois reis se encontraram, o elefante em que Poro montava ajoelhou-se, a despeito de seus ferimentos, para permitir que o rei descesse. Alexandre aproximou-se de Poro e maravilhou-se com a estatura do homem, de mais de 1,85 m, e com seu porte majestoso, mesmo em face à derrota. Alexandre perguntou-lhe como ele gostaria de ser tratado, e Poro retrucou: "Como um rei". O vitorioso permitiu-lhe que se retirasse do campo de batalha para receber tratamento médico, depois devolveu-lhe seu reino, até mesmo acrescentando algumas terras próximas, para o desgosto de Omphis. Os macedônios executaram os ritos fúnebres para seus mortos, ofereceram sacrifícios e comemoraram sua custosa vitória com competições esportivas nas margens do Hidaspes. Em seguida, em homenagem a Bucéfalo, Alexandre fundou uma cidade próximo ao local da batalha e batizou-a com o nome de seu amado cavalo.

Ao mesmo tempo, Alexandre enviou uma equipe de trabalho às montanhas para cortar lenha para a construção de navios. Seu plano era construir uma grande marinha e descer o Hidaspes até o Indo, depois seguir este rio até o mar, submetendo os reinos que encontrasse pelo caminho. Como esse grande projeto de construção tomaria semanas, se não anos, o rei anunciou para seus homens que, enquanto isso, eles iriam invadir a Índia oriental. Seu exército devia acreditar ainda que o grande mar jazia logo além do horizonte, embora Alexandre já soubesse a verdadeira extensão do subcontinente indiano. O problema, mais uma vez, era como manter os homens em movimento. Isso era especialmente difícil porque as monções ainda estavam no auge quando eles chegaram a uma região onde havia tantas cobras no chão que os homens se acostumaram a dormir em redes, como faziam os nativos. Mesmo assim, o rei prosseguiu na marcha, com seus leais – embora cada vez mais insatisfeitos – soldados atrás dele.

O tributário mais ocidental do Ganges ficava a mais de trezentos quilômetros de distância, enquanto a foz da bacia deste rio estava a mais de 1.600 quilômetros a leste. Alexandre continuava determinado a levar seu exército até o delta do Ganges, tomando os ricos reinos às suas margens ao longo do caminho. Suas primeiras paradas foram as cidades próximas às fronteiras de Poro, 37 cidades à sombra da cordilheira do Himalaia. Essas, ele conquistou facilmente, dando-as a Poro como parte de seu reino expandido. Ele então avançou para o rio Acesines (atual Chenab), um dos maiores e mais velozes cursos d'água do Punjab. Ele colocou seus soldados nos barcos transportáveis que carregavam e se lançou com eles à água, mas a corrente destruiu várias embarcações, afogando muitos homens. Depois disso, eles seguiram rumo ao rio Hydraotes (atual Ravi), tão largo quanto o Acesines, mas não tão ligeiro. Os nativos da margem distante ofereceram pouca resistência, logo submetendo-se aos macedônios. Contudo, além do Hydraotes ficava a terra dos cateanos, uma tribo guerreira cuja capital era Sagala. Os macedônios tinham ouvido histórias de que as viúvas cateanas eram encorajadas – mais provavelmente, forçadas – a se imolarem nas piras fúnebres de seus maridos, um ritual sati que teria tido início depois que uma nativa envenenou seu marido. Esses indianos colocaram carroças em frente à sua cidade para bloquear o ataque macedônio e ocuparam suas muralhas, lançando flechas e lanças sobre os invasores. Entretanto, os homens de Alexandre conseguiram romper as muralhas e invadir a cidade, auxiliados por Poro, que havia recentemente chegado com uma brigada de elefantes.

O rei do país que vinha em seguida no caminho da marcha era Sofeites que, sabiamente, rendeu-se antes que os macedônios se aproximassem de sua capital. Alexandre devolveu-lhe seu reino para que o governasse em seu nome, depois desfrutou da hospitalidade do governante indiano por alguns dias. Os exóticos costumes do país lembraram a Alexandre o ideal espartano de sociedade e a cidade ideal conforme descrito por Platão em *A República*. Ao nascer, as crianças do reino de Sofeites eram separadas em dois grupos: as mais belas e saudáveis eram criadas com cuidado, enquanto as outras eram mortas. Conforme os sobreviventes cresciam, eram arranjados casamentos com parceiros que provavelmente produziriam a melhor descendência. Sofeites também se orgulhava dos cães de caça criados em sua terra, e deu a Alexandre mais de uma centena desses animais, tão ferozes que se dizia possuírem sangue de tigre. Para provar isso a seu hóspede, o rei indiano apresentou uma luta de quatro desses cães contra um leão adulto. Eles estavam vencendo quando Sofeites mandou que um servo cortasse fora a perna direita de um deles, que tinha prendido o leão em uma mordida fatal. Alexandre levantou-se para objetar, mas o cão sequer vacilou quando sua perna foi decepada, mantendo suas mandíbulas travadas em sua presa mesmo enquanto sangrava até a morte.

Após semanas de lutas por todo o Punjab, os sempre vitoriosos macedônios estavam começando a se sentir como o cão de Sofeites. Alexandre os forçou adiante até o reino de Fegeu, no Hífasis, o último dos grandes rios do Punjab. Esse governante indiano também se submeteu e recebeu seu trono de volta, para o alívio dos soldados de Alexandre, que não tinham nenhum desejo por outra batalha na chuva. Alexandre interrogou Fegeu sobre as terras adiante e descobriu que havia um vasto deserto para o leste, seguido de um rio profundo que levava ao Ganges. Depois disso vinha o grande reino dos gangáridas, dominado por Xandrames que, dizia-se, tinha uma infantaria de duzentos mil homens, uma cavalaria de vinte mil homens, e quatrocentos elefantes de batalha. Alexandre não acreditou nesses números, por isso mandou chamar Poro e o interrogou isoladamente. Poro garantiu a seu novo senhor que o relato era acurado, acrescentando, entretanto, que Xandrames era de origem humilde, filho de um barbeiro, e que havia conquistado seu trono através de traição e assassinato. Essas notícias apenas inflamaram o desejo de Alexandre prosseguir marchando e conquistar territórios que nenhum governante ocidental, nem mesmo os grandes reis da Pérsia, tinha ousado sonhar. Ele relembrou que o oráculo de Delfos havia dito que ele era imbatível, e que Zeus-Amon, em Siuá, confirmara seu domínio sobre o mundo todo.

Alexandre estava tão empolgado que levou suas tropas até as margens do Hífasis para começar a travessia para o outro lado. Ele se lançou em um magnífico discurso, elogiando a bravura de seus macedônios e dos aliados, encantando-os com promessas de despojos das ricas cidades que os aguardavam adiante. Haveria exércitos e elefantes no leste, é claro, mas isso não era nada comparado ao que eles já haviam conquistado. Oito anos atrás, declarou o rei, eles haviam cruzado o Helesponto juntos; depois, conquistaram a Ásia Menor, a Síria, o Egito, a Babilônia, a Pérsia, a Báctria, Sogdiana, e muito mais. Marcharam mais de quinze mil quilômetros e conseguiram o impossível. Não havia limites para o que homens de espírito nobre podiam conquistar. Toda a Ásia estava ao alcance deles, se pressionassem um pouco mais. O mar oriental estava ali, além do horizonte, esperando por eles, para que banhassem os pés em suas águas. Dali poderiam voltar para casa, sabendo que seu império estava seguro e alegrando-se, pois seus nomes viveriam para sempre. Claro, se quisessem parar por ali, poderiam fazer isso. Eles poderiam correr para casa e contar aos filhos que desertaram seu rei em uma terra distante. Mas Alexandre, pessoalmente, iria adiante, nem que fosse sozinho. Mas aqueles que marchassem a seu lado para as terras fabulosamente ricas à frente seriam a inveja de todos quando voltassem para casa para viver como reis.

Esse tipo de discurso sempre funcionara para Alexandre até então, por isso ele esperava com ansiedade pelos gritos e aplausos que, sabia, viriam em seguida. Para sua surpresa, houve silêncio total; seus homens estavam de cabeça baixa, sem ousar sequer erguer os olhos para encarar o rei. Finalmente, Ceno, o general mais antigo ainda na ativa sob Alexandre, e que o servira tão fielmente quanto o fizera antes a seu pai, Felipe, levantou-se para falar. O velho soldado falou em nome de todo o exército quando disse a Alexandre que eles tinham tido a honra de acompanhá-lo por tanto tempo, ao longo de todos os perigos e provações que enfrentaram juntos. Entretanto, agora estavam exaustos e seus ânimos, enfraquecidos. Tantos de seus amigos estavam mortos, e tantos dos sobreviventes carregavam as cicatrizes das batalhas. Suas próprias roupas haviam se desgastado há muito tempo, de forma que eles agora se viam forçados a usar trajes persas e indianos sob suas armaduras. Eles queriam ver seus pais, se eles ainda estivessem vivos, e tornar a abraçar suas esposas e seus filhos. Ele instou o rei a voltar à Macedônia com os soldados e retornar posteriormente com uma nova geração de soldados, jovens que o seguiriam às gloriosas vitórias que certamente o aguardavam mais adiante. Quanto a eles mesmos, não conseguiriam ir além daquele ponto.

Naquele momento, um grande grito irrompeu das fileiras em apoio a Ceno, enquanto os homens choravam abertamente ao pensar em voltar para casa. Alexandre, contudo, ficou tão furioso que dispensou a assembleia e disparou para sua tenda, sem receber nem mesmo seus amigos mais próximos pelos três dias que se seguiram. Ele esperava que seus homens mudassem de ideia e o abordassem como já haviam feito no passado, implorando seu perdão, jurando que o seguiriam até os confins da terra. Mas não veio ninguém. Finalmente, o rei teve de aceitar que seu sonho de descer o Ganges estava morto. Para salvar as aparências, ele executou um sacrifício público, buscando o conselho dos céus. Depois de examinar as entranhas diante deles, os videntes sabiamente declararam que as profecias para a travessia do rio não eram boas. Alexandre, então, postou-se à frente do exército e declarou que não iria lutar contra a vontade de deuses e homens. Todos eles voltariam para casa.

Antes de partir para o Hífasis, Alexandre ordenou que seu exército erigisse doze imensos altares, um para cada deus do Olimpo. Isso era um agradecimento aos deuses por tê-lo levado tão longe, mas também consistia em uma lembrança duradoura de suas próprias conquistas. Algumas histórias dizem que ele também construiu um imenso forte com camas de mais de dois metros de comprimento e cochos com o dobro do tamanho normal para que as futuras gerações de indianos pensassem que os macedônios e seus cavalos eram gigantes.

Com um último olhar melancólico para o Oriente, Alexandre começou a longa marcha de volta para a Macedônia. Eles ainda estavam no extremo norte da Índia, a mais de 150 quilômetros de distância da frota sendo preparada no Hidaspes. Depois de alcançá-la, ainda havia uma viagem de quase mil quilômetros até o mar. O plano de Alexandre era conquistar as tribos remanescentes no vale do Indo em sua jornada, em vez de voltar pela Báctria. Ele deve ter usado de consideráveis charme e persuasão para convencer seus oficiais e soldados de que o caminho mais fácil para casa era pelo sul. De um ponto de vista militar, também fazia muito sentido completar a conquista da Índia Ocidental. Do delta do Indo, ele enviaria seus navios pela costa para que se encontrassem com ele e o exército, que seguiriam por terra, na Pérsia. Isso fecharia o grande círculo que o rei havia começado quando deixou Persépolis quatro anos antes para perseguir Dário, e ainda lhe dava a oportunidade para estabelecer uma rota comercial entre as suas províncias na Índia e o resto do império. O que os soldados não sabiam – e o próprio Alexandre não tinha percebido – era que algumas das batalhas mais difíceis de toda a campanha ainda os aguardavam adiante, assim como uma das mais cruéis marchas pelo deserto já registradas em toda a história militar.

A jornada de retorno ao Hidaspes foi tranquila, exceto pela rendição de alguns poucos reis indianos que decidiram ser desnecessário lutar, agora que os macedônios estavam se retirando. Alexandre também ficou contente com a chegada de um numeroso grupo de reforços vindo diretamente da Grécia para se juntar a seu exército. Este grupo reunia trinta mil homens na infantaria e seis mil na cavalaria, além de carroças cheias de suprimentos médicos e 25 mil armaduras completas, cobertas de ouro e prata, enviadas pelo seu tesoureiro, Hárpalo. Essas foram muito apreciadas pelos homens, cuja armadura original estava se desfazendo. A única tristeza foi a súbita morte do ancião Ceno. A despeito do momento em que ocorreu, é provável que ele tenha morrido de causas naturais. De fato, pode ter sido a sensação de que sua morte estava chegando que deu a Ceno a coragem de desafiar Alexandre em Hífasis.

Quando o exército chegou ao Hidaspes, o rei ficou emocionado ao ver que a frota já estava pronta. Havia mais de mil navios preparados para a viagem, entre eles grandes vasos de guerra, navios para transporte de cavalo ou simplesmente de carga. Alexandre recrutou fenícios, cipriotas, cários e egípcios experientes no mar para servirem como tripulação, e designou seu amigo de infância Nearco como almirante. Alguns dias depois, quando tudo estava finalmente em ordem, Alexandre realizou um sacrifício ao amanhecer para Zeus, Hércules e vários outros deuses, inclusive as divindades que governavam os rios da Índia. Fez libações no Hidaspes de uma tigela dourada, da mesma forma que fizera no meio do Helesponto, antes de cruzar para Troia. Não havia espaço suficiente nos navios para a maior parte do exército, por isso Alexandre mandou Heféstion e Crátero para liderarem o resto dos homens nas duas margens, seguindo a armada. Esses dois companheiros do rei haviam desenvolvido entre si um ódio recíproco e intenso, tendo até chegado a levantar a espada um contra o outro; assim, Alexandre achou por bem conservar um rio entre eles.

A partida foi uma grande cerimônia, com os navios se movendo em perfeita formação pelo amplo rio ao som de tambores e remos batendo na água, Os indianos dali nunca tinham visto tal espetáculo e ficaram especialmente impressionados com a visão de cavalos andando de barco. Os nativos vieram em massa às margens para comemorar com os macedônios e cantar em celebração. Alexandre ficou muito emocionado pela bela despedida que os indianos estavam lhe proporcionando, tomando isso como um sinal de sua afeição, mas o que sem dúvida os deixara bastante contentes foi ver Alexandre e seu exército navegando para longe.

Os primeiros dias de viagem ao sul pelo Hidaspes deram a Alexandre uma bem-vinda chance para relaxar. Com milhares de quilômetros de marcha atrás de si e constantes decisões de vida ou morte a serem tomadas, era um luxo raro sentar em um navio deslizando gentilmente por um rio na Índia. Alexandre passava parte do tempo ouvindo seu velho amigo Aristóbolo ler a história da expedição escrita por ele. O escritor grego ia recitando em voz alta uma parte que ele tinha composto recentemente sobre a batalha contra Poro. Em sua versão, Alexandre lutava em glorioso combate individual com o rei indiano e matou pessoalmente o elefante dele com uma lança. O rei agarrou o livro e o jogou sobre a amurada, dizendo que devia jogar também o homem que escreveu tamanha bobagem.

Após cinco dias, a esquadra macedônia chegou à confluência entre o Hidaspes e o Acesines. Ali, os dois rios amplos, de corrente suave, entravam em um canal único e estreito que produzia corredeiras e turbulentos redemoinhos. Os marinheiros estavam habituados a tempestades no Mediterrâneo, mas ninguém, muito menos Alexandre, tinha experiência em corredeiras. Os pequenos navios redondos usados para transporte conseguiram passar, mesmo rodopiando na torrente, mas os grandes navios de guerra eram jogados de um lado para o outro como rolhas. Rapidamente eles viraram, batendo uns contra os outros quando seus remos se partiram. Homens que haviam encarado guerreiros bárbaros e elefantes barulhentos com silêncio determinado agora gritavam de pavor enquanto eram lançados na água, muitos deles se afogando na correnteza turva. O próprio Alexandre entrou em pânico quando seu navio atingiu as corredeiras. Ele tirou suas roupas e pulou nu no turbilhão, apesar de nunca ter aprendido a nadar. Seus amigos mergulharam atrás dele e o puxaram para a margem, gratos por terem conseguido salvar-lhe a vida. O rei ficou tão agradecido aos deuses por terem-no poupado que fez sacrifícios a eles como se tivesse acabado de vencer uma batalha mortal. Após algum descanso, ele pôde até gracejar sobre a experiência, se gabando de que agora havia vencido uma competição de força com um rio, da mesma forma que seu herói, Aquiles, fizera na Guerra de Troia.

Depois de repararem os navios danificados, Alexandre enviou Nearco na frente para a próxima conjunção de rios, enquanto o rei e a maioria do exército marchavam por terra até o reino dos mali, uma das tribos mais temidas do Punjab. Esses indianos haviam se preparado para a chegada dos macedônios pelo rio, mas, de modo típico, Alexandre os surpreendeu pela retaguarda ao atravessar um deserto à noite. Ele tomou a primeira cidade de surpresa enquanto seus poucos soldados relaxavam do lado de fora, depois atacou as muralhas e tomou a cidadela, matando todos os dois mil nativos que haviam se refugiado ali. Os poucos que haviam escapado para os pântanos vizinhos foram caçados e massacrados. A essa cidade seguiram-se mais duas, com Alexandre escalando de maneira corajosa – ou descuidada – a primeira escada a alcançar as muralhas e liderando pessoalmente a luta contra os defensores.

Os mali restantes haviam fugido para sua cidade mais forte, para lá estabelecer a melhor resistência contra os invasores. Alexandre chegou à cidade quase ao pôr do sol e disse a seus soldados que descansassem e se preparassem para um ataque ao amanhecer. Ele dividiu seu exército em dois, liderando uma parte ele mesmo e passando o comando da outra a seu companheiro Pérdicas. Os indianos ficaram tão apavorados com o exército que se aproximava que abandonaram seus postos e se retiraram para a cidadela interna, deixando as muralhas exteriores sem defesa. A maioria dos macedônios pensou ter tomado a cidade toda quando passou pelos portões, apenas para ver em seguida os nativos defendendo um posição muito mais protegida na fortaleza central. Os soldados tentaram encontrar uma passagem para a cidadela, mas não conseguiram romper as muralhas. Alexandre logo ficou frustrado e agarrou uma escada, segurando seu escudo em frente ao corpo, e começou a subir a muralha. Pecestas, seu escudeiro, foi atrás dele, carregando o escudo sagrado que o rei tomara do templo de

Atenas, em Troia. Outros dois homens o seguiram: Leonato, seu guarda-costas – que ele enviara para consolar as mulheres de Dário depois da batalha de Isso – e Abreas, um soldado comum.

Alexandre atingiu o topo da muralha e ficou de pé, lutando contra defensores mali, enquanto seus três companheiros escalavam a escada atrás dele. O resto dos soldados lá embaixo ficaram tão envergonhados por terem se permitido ficar para trás que todos correram para a escada de uma vez só, quebrando-a com o excesso de peso. Isso deixou o rei e os outros três que haviam chegado ao topo em uma luta desesperada. Em vez de continuar sendo um alvo perfeito em cima da muralha, Alexandre decidiu apostar tudo em uma jogada arriscada e pulou para dentro da cidade. Quando os soldados ainda no chão viram que ele havia desaparecido, ficaram horrorizados. Escondido da visão deles, Alexandre se colocou de costas para uma grande árvore, apunhalando qualquer um que se aproximasse dele. Depois que ele matou vários defensores, os mali recuaram, formando um semicírculo ao redor dele, mas fora do alcance de sua espada. O rei então apanhou pedras no chão, lançando-as em quem ousasse se aproximar. Os nativos contra-atacaram jogando pedras também.

Nesse ponto, os três companheiros que haviam conseguido chegar ao topo da muralha com Alexandre viram o que estava acontecendo e pularam também para defender o rei. Abreas foi morto quase que instantaneamente ao receber uma flecha no rosto. Alexandre, então, foi atingido com uma flecha atirada à queima-roupa que penetrou sua armadura e perfurou um pulmão. Ele continuou se defendendo, mas sangrava tão profusamente e lutava tanto para respirar que desabou no chão. Leonato posicionou-se de um lado do rei, enquanto Peceustas segurava o escudo troiano acima dele para desviar as pedras e flechas que lançavam sobre eles.

Enquanto isso, os macedônios de fora da muralha tentavam freneticamente encontrar um meio de entrar na cidadela. Alguns fixaram cavilhas nos tijolos de argila e escalaram a muralha como uma montanha. Outros subiram nos ombros dos companheiros para alcançar o topo, e outros ainda empurraram o portão até que a barra que o mantinha fechado estourou. Quando eles finalmente encontraram Alexandre, ele estava em uma piscina de seu próprio sangue sob a árvore, com Peceustas ainda de pé a protegê-lo. Os soldados não eram pessoas cultas, mas conheciam ferimentos de batalha e podiam ver que o rei estava ferido de modo crítico, talvez até fatal. Em sua fúria, eles se voltaram contra os mali dentro da cidadela e passaram cada homem, mulher e criança pelo fio da espada.

Alexandre foi carregado até seu navio mais próximo, onde algumas fontes relatam que Critodemo, um médico vindo da ilha grega de Cos, descendente do lendário curandeiro Asclépio, removeu a flecha. Outros dizem que não havia nenhum médico disponível, então Pérdicas arracou o projétil com sua faca. Em todo caso, o rei começou a sangrar profusamente quando a flecha foi enfim removida, e ficou inconsciente. Começaram a correr rumores pelo exército de que Alexandre estava morto, de forma que choro e lamentação começaram a ecoar pelo acampamento. Mais uma vez, os homens começaram a pensar em quem poderia liderá-los de volta para casa se o rei morresse. Entranhados em território inimigo e mais distantes da Macedônia do que qualquer um podia imaginar, a situação parecia sem esperanças para os soldados consternados. Conforme os dias corriam sem nenhuma notícia, o exército caiu em desespero. Finalmente, os comandantes anunciaram que o rei estava vivo e logo se apresentaria. Mesmo assim, a maioria dos homens acreditou ser tudo uma farsa para encobrir o fato de que Alexandre já havia morrido. Então, depois de tanto tempo, abriram-se as cortinas do navio e o exército assistiu enquanto o corpo imóvel do rei descia a rampa carregado em uma liteira. Aos que estavam nas margens, ele parecia morto, mas assim que a liteira chegou a terra firme Alexandre levantou a mão e acenou para a multidão. Ouviram-se gritos vindos de todas as partes, e alguns dos guerreiros mais rijos do mundo não resistiram, caindo no choro como crianças ao ver seu rei ainda vivo. Os oficiais de Alexandre haviam trazido outra liteira para transferi-lo na doca, mas o rei ordenou que em vez disso trouxessem um cavalo até ele. Naquilo que deve ter sido um dos gestos mais corajosos de sua vida, o rei, ainda gravemente ferido, afastou de si seus amigos e montou lentamente em seu cavalo para assegurar a seus homens que estava bem. O exército estava fora de si de alegria, aplaudindo em uníssono e lançando sobre Alexandre flores que nasciam naquele local. Os homens se esforçaram para tocar ao menos a barra dos trajes dele, enquanto o rei passava pelas fileiras. Então, com um esforço sobre-humano, ele desmontou e caminhou com as próprias pernas até sua tenda, onde desabou na cama.

Assim que recuperou um pouco de suas forças, seus oficiais começaram a recriminá-lo pelo modo como se portara na muralha, dizendo que seus atos foram corajosos, mas também tolos, em se tratando de um rei. Não era o trabalho de um comandante arriscar sua vida de tal forma quando havia tantos homens no exército que podiam fazer o mesmo, declararam eles. Alexandre não soube como dizer a seus amigos que, para ele, tais atos eram uma parte essencial de ser rei. Em face de tantas críticas, ele saiu de sua tenda e foi para o acampamento. Um grisalho veterano da Beócia, na Grécia central, que ouvira as censuras dos companheiros de Alexandre, aproximou-se dele. O homem olhou diretamente nos olhos do rei e disse apenas algumas palavras em seu dialeto rural: "Alexandre, atos de bravura é que fazem os homens de verdade".

O rei abraçou o velho soldado e o considerou como amigo pelo resto da sua vida.

A campanha de Alexandre na Índia, embora frequentemente brutal, não atrapalhou seu constante fascínio com religiões nativas. Desde sua visita a Taxila, ele reunia sábios indianos para questioná-los sobre suas crenças. O rei tinha a sorte de estar visitando uma terra com uma rica em tradições religiosas. Alguns aspectos da religião indiana, tais como a crença em um panteão de deuses, devem ter soado familiares a alguém do mundo mediterrâneo. Contudo, muitos conceitos provavelmente eram um enigma para Alexandre.

Seguidores da tradição jainista buscavam libertar a alma do ciclo de dor e reencarnação através da prática do ascetismo. Os mais devotos se tornavam monges que vagavam nus, sem possuir nada em seu nome além de um pequeno pote para se lavar. Todos os jainistas tentavam seguir os ensinamentos de mestres do passado que haviam alcançado a iluminação. O último deles fora Mahavira, um ex-guerreiro que vivera às margens do Ganges dois séculos antes da chegada de Alexandre. Outros indianos eram devotos de um mestre chamado Siddhartha Gautama, que vivia junto ao Himalaia mais ou menos na mesma época de Mahavira. Siddhartha havia nascido um príncipe, mas abandonou sua vida pregressa quando encontrou pela primeira vez a velhice, a doença e a morte. Debaixo de uma figueira sagrada, ele alcançou a iluminação e se libertou do ciclo de renascimento, tornando-se o Buda – literalmente, "aquele que está desperto" – e devotando-se posteriormente a guiar seus discípulos pelo caminho da fuga do sofrimento e renascimento. Existiam também muitas tradições religiosas conhecidas pelo termo coletivo de hinduísmo, que traçavam suas origens desde a chegada das tribos arianas na Índia, muitos séculos antes. Esses invasores trouxeram consigo os hinos dos Vedas e muitos deuses similares aos do panteão persa, mas suas crenças também se formavam com o contato com as ricas tradições dos nativos que conheceram em sua nova terra. Os hindus veneravam Vishnu, Brahma, Shiva e várias outras divindades, mas compartilhavam com jainistas e budistas o desejo de obter a libertação do infinito ciclo de reencarnação.

Para Alexandre, os ensinamentos desses mestres espirituais – amontoados pelos gregos no termo *gymnosophistai*, ou "sábios nus" – aproximavam-se dos de Diógenes, o filósofo cínico que Alexandre conhecera morando em Corinto, dez anos antes. Um relato conta como Alexandre encontrou-se com um grupo desses mestres religiosos morando a céu aberto, em uma clareira. Quando se aproximou deles, eles ficaram de pé e bateram com os pés no chão. Alexandre lhes perguntou, por meio de um intérprete, o que este ato significava, e ouviu que cada homem não possui mais terra do que aquela sobre a qual pisa. Eles instaram para que ele se lembrasse de que, mesmo ocupado conquistando o mundo, um dia também iria morrer e não possuiria nenhuma terra além daquela em que repousariam seus ossos.

Dois dos mais venerados mestres religiosos indianos naquela região eram Dandamis e Calano, que viviam sossegadamente sozinhos na floresta. Alexandre enviou Onesícrito – um discípulo de Diógenes e um dos filósofos que acompanhava permanentemente sua campanha – para encontrá-los e questioná-los. Dandamis recebeu o visitante com carinho e indagou sobre famosos filósofos gregos. Onesícrito explicou a ele os ensinamentos de Sócrates, Diógenes e Pitágoras (que também acreditava em reencarnação), mas o sábio disse que embora cada um deles tivesse bons argumentos, eles pareciam preocupados demais em seguir regras. Quando Onesícrito encontrou Calano, o mestre indiano gritou para que ele tirasse as roupas e se sentasse nu diante dele, ou então ele não diria nada, mesmo que o filósofo tivesse sido enviado por Zeus em pessoa. Onesícrito obedeceu e ouviu aos ensinamentos, depois persuadiu Calano a retornar com ele para visitar Alexandre. Quando ele chegou, o rei lhe perguntou qual a melhor forma de governar um império. O sábio jogou a pele de um touro no chão e pressionou uma das bordas, fazendo a outra se levantar. Depois ficou de pé no meio dela, de modo que a pele toda ficou esticada – a lição era: Alexandre deveria ficar próximo ao centro de seu reino, e não vagar pelas fronteiras. O rei ficou tão impressionado com Calano que o convidou para acompanhá-lo pelo restante de sua expedição. Embora outros sábios indianos desaprovassem tamanho envolvimento em assuntos seculares, Calano aceitou o convite.

Alexandre ordenou a construção de mais navios durante sua convalescência para carregar os soldados pelo restante da jornada até o mar. Quando estes ficaram prontos, ele mais uma vez embarcou milhares de homens, enquanto os que sobraram marchavam pelas margens. O largo Acesines juntou-se alguns dias depois ao Hífasis, que vinha fluindo do leste, e finalmente a frota adentrou o Indo. Nessa junção final dos rios, o rei fundou outra Alexandria, com a esperança de que um dia ela fosse florescer como uma cidade famosa no mundo todo. Ele construiu docas e desenhou ruas, deixando para trás soldados para guarnecer a nova metrópole, inclusive vários veteranos das montanhas da Trácia que iriam viver o resto de suas vidas longe de casa, às margens do Indo.

O exército flutuou pelas amplas planícies por várias semanas em relativa paz até que chegou ao reino de Musicano, logo acima do delta do Indo. O rei local se entregou, e mais uma vez Alexandre entregou-lhe de volta seu reino para que governasse em seu nome. No entanto, as coisas não deram tão certo no território vizinho, governado por um homem chamado Sambo. Uma de suas cidades era um centro sagrado dos brâmanes, a casta sacerdotal da Índia. Esses líderes religiosos apoiavam a resistência contra os macedônios, e enviaram guerreiros para a batalha com armas banhadas em uma substância derivada de veneno de cobra desidratado. A droga causava dores agudas, convulsões e uma morte horrível e demorada. Ptolomeu, o amigo do rei, foi um dos muitos que estavam morrendo por causa desse veneno, quando Alexandre supostamente teve uma visão de uma planta local que podia combater os efeitos da droga. Ele cobriu o corpo de Ptolomeu com a erva, amassando o restante em uma poção para seu amigo, o que o curou. Alexandre prosseguiu na guerra contra a cidade dos brâmanes, aos quais Musicano havia agora se aliado, sentindo que Alexandre estava em desvantagem. Alexandre rapidamente o desiludiu disso, atacando a cidade e enforcando Musicano e os líderes brâmanes como rebeldes.

Finalmente o exército chegou à cidade de Patala, onde o Indo se dividia em dois, ambas as vertentes fluindo através de um enorme delta até desembocar no grande mar ao sul. O rei encontrou essa cidade deserta, mas acabou conseguindo convencer os habitantes de sua boa vontade e eles retornaram de seu esconderijo no interior do território. Aqui, Alexandre dividiu seu exército em três partes. A primeira, sob o comando de Crátero, marcharia a noroeste por terra, de volta a Candahar, e se reuniria a Alexandre na Pérsia. O segundo grupo, sob Nearco, navegaria com a frota pela costa o tempo todo até o Golfo Pérsico, assim que os ventos estivessem favoráveis. O rei iria liderar a força principal do exército de volta a Persépolis por uma rota ao sul, através do deserto gedrosiano.

Apesar de estar chegando ao final de sua campanha na Índia, Alexandre não podia resistir a uma última exploração. Ele navegou descendo um dos braços do Indo e ancorou perto do oceano. Ali, o rei e seus homens receberam um choque quando, em um período de apenas algumas horas, o mar subiu vários metros, danificando os navios. Alexandre nunca ouvira falar daquele tipo de marés. No Mediterrâneo, o mar subia e descia no máximo alguns centímetros por dia, então mesmo homens cultos não faziam ideia de que, ao longo do litoral marítimo, a água podia subir ou descer tão rapidamente. Mas depois de reparar os navios e se preparar para duas repetições diárias desse estranho fenômeno, ele prosseguiu em sua jornada até uma ilha chamada Ciluta, na foz do rio. Dali, ele seguiu para outra ilha, já com o mar aberto à vista. Alexandre e seus homens observaram, maravilhados, o vasto oceano diante deles – uma visão que poucos do mundo egeu haviam contemplado. Mas isso não era o bastante para o rei. Tomando um navio, ele navegou muitas milhas oceano adentro, certificando-se de que não havia mais terras a conquistar. Quando finalmente se convenceu de que não havia nada além de água, ele fez um sacrifício a Poseidon e jogou uma tigela dourada às águas em agradecimento aos deuses por terem-no trazido até o limite extremo da terra.

CAPÍTULO 10

BABILÔNIA

Enquanto cruzava o rio Tigre com seu exército a caminho da Babilônia,
Alexandre foi abordado por profetas caldeus que o separaram de seus
amigos e lhe imploraram, para o bem do próprio Alexandre,
que ele não continuasse a marcha para aquela cidade.

Arriano

As monções haviam voltado à Índia nos meses que Alexandre e seu exército levaram para descer o Indo e conquistar o território. Crátero já havia partido com a maior parte dos macedônios veteranos e dos elefantes para voltar a Persépolis seguindo uma rota ao norte. Agora, após dez anos na Ásia, o próprio rei estava ansioso para começar a jornada de retorno à Pérsia, mas a frota de Nearco não poderia deixar o porto de Patala, no rio Indo, para a longa viagem até a Mesopotâmia até que os ventos estivessem outra vez favoráveis. Alexandre, impaciente, despediu-se de seu velho amigo com instruções meticulosas para que explorasse a costa norte do grande oceano e procurasse por pontos de encontro ao longo do litoral onde seu exército, que já teria cavado poços de água fresca para os marinheiros, poderia abastecer-se de muito necessários suprimentos de comida dos navios. Seria uma jornada cuidadosamente coordenada entre terra e mar, com ambos dependendo um do outro para sua sobrevivência.

Alexandre sabia que a marcha pelo deserto de Gedrósia seria extremamente difícil para seu exército, mas estava determinado a liderar seus homens por uma das paisagens mais desoladas do mundo mesmo assim. Alguns estudiosos, tanto contemporâneos quanto modernos, sugeriram que talvez ele quisesse punir seus soldados por forçá-lo a abrir mão da conquista do vale do Ganges. Por esta linha de raciocínio, Alexandre estaria deliberadamente tentando matar seu exército no deserto que os aguardava.

Esta, certamente, não foi sua intenção. Alexandre podia ser mesquinho e vingativo, mas não é razoável sugerir que ele quisesse eliminar o poderio que lhe possibilitara criar e controlar seu império. A resposta para o mistério da jornada pelo deserto gedrosiano foi dada de modo claro pelo historiador Arriano, e é perfeitamente coerente com o que conhecemos de Alexandre através de outros episódios de sua vida. Primeiro, havia o sentido prático: ele queria manter contato próximo com a armada enquanto esta viajava para o oeste pelo Oceano Índico. A exploração da costa e a abertura de uma passagem comercial entre Índia e Pérsia eram partes essenciais de seus planos para o futuro. Em segundo lugar, e talvez até mais importante, Alexandre queria liderar seu exército pelo deserto gedrosiano porque ninguém jamais o fizera. Dizia-se que a rainha babilônica Semíramis haviam trazido um exército da Índia por ali, mas apenas vinte de seus homens haviam sobrevivido à travessia. Ciro, o Grande, teria tentado a mesma rota, com o saldo de apenas sete soldados sobrevivendo para contar a história. A precisão histórica desses relatos era duvidosa, mas o desafio que eles representavam para a imaginação de Alexandre era bastante real. Se ele conseguisse tirar seu exército da Índia atravessando os ermos de Gedrósia, esta seria uma história gloriosa que viveria para sempre. Para Alexandre, isso já era motivo suficiente para fazê-lo.

Mais de cinquenta mil soldados macedônios e aliados deixaram o rio Indo no final do verão com um vasto acompanhamento de civis, que incluía a maioria das mulheres e crianças que seguia o exército para todos os lugares aonde ele fosse. A princípio, a terra e o clima eram agradáveis ao longo do litoral e subindo as montanhas baixas até o território dos arabitas. Alexandre enviou grupos para cavar poços na costa para a frota e aproveitou para lançar uma série de ataques surpresa sobre os nativos que ainda não haviam se submetido a sua autoridade. Após duas semanas, ele chegou a um vale bastante irrigado próximo ao litoral. Ali residiam os oreitas, que fugiram ao saber da chegada de Alexandre. Sua principal vila, Rambácia, era um lugar promissor para servir como posto comercial e colônia, por isso Alexandre deixou Heféstion para trás com a missão de estabelecer outra Alexandria – a última a ser fundada no Oriente.

O rei encontrou os nativos escondidos nas colinas a oeste de sua vila, esperando para atacar os macedônios. No entanto, quando Alexandre conduziu um pequeno grupo para se encontrar com eles, os oreitas imediatamente abandonaram seus postos e enviaram seus líderes para que se rendessem em nome de todos. Ele aceitou sua submissão e assegurou aos nativos que eles poderiam viver em paz em suas próprias terras, desde que aceitassem um sátrapa e uma guarnição macedônios. O rei também deixou seu companheiro Leonato para aguardar a chegada da esquadra e acabar com qualquer resistência que ainda restasse na área. A essa altura, Heféstion já havia alcançado o exército, e os homens deixaram o ameno vale dos oreitas, iniciando a trilha a oeste para dentro do deserto.

Gedrósia, entre as fronteiras do que atualmente são Irã e Paquistão, era a província mais pobre e inóspita do Império Persa. Consistia em pouco mais que um vasto deserto de planícies de sal, cercado por montanhas áridas demais para permitir a agricultura. Apenas os comerciantes fenícios que seguiam o exército pareceram impressionados pelo que o deserto tinha a oferecer. Havia árvores de mirra mais altas que o normal espalhadas por ali, oferecendo seiva de valor inestimável, com a qual os comerciantes carregaram seus animais. Eles também coletaram palmarosa, embora a maior parte dela fosse esmagada pelos pés dos soldados em movimento, deixando uma deliciosa fragrância pairando sobre o local. No início, os soldados conseguiam se alimentar bem, comendo coelhos que eles mesmos apanhavam nos fartos outeiros enquanto os animaizinhos tentavam fugir do exército, mas logo até esses ficaram para trás. Os poucos nativos que viviam em Gedrósia se amontoavam ao longo do litoral e viviam do modo mais primitivo que os macedônios já haviam encontrado. Eles eram chamados de ictiófagos, ou comedores de peixe, porque seu único alimento eram os pequenos peixes que conseguiam coletar na praia e secar ao sol. Esses nativos cultivavam cabelos longos e desgrenhados e suas unhas nunca eram cortadas. Suas roupas eram feitas com escamas de peixe e suas casas, construídas de maneira rudimentar, com conchas e peles esticadas sobre costelas de baleia. Os comedores de peixe eram tão miseráveis que Alexandre nem se deu o trabalho de saquear suas aldeias em busca de suprimentos.

Como ainda não via nenhum sinal de Nearco e sua armada no horizonte, Alexandre começou a se desesperar. Não havia comida suficiente para o exército sem os suprimentos trazidos por via marítima. Depois que a reserva de grãos se foi, os homens começaram a devorar os animais de carga. O rei enviou mensageiros em camelos de corrida para as satrapias vizinhas com ordens para despachar provisões o mais rápido possível, mas a distância em todas as direções era grande demais para que esses chamados fossem respondidos com facilidade. Quando a água acabou, os homens ficaram totalmente à mercê dos oásis que pudessem encontrar no deserto, embora existissem poucos deles, e muito distantes entre si. Assim que uma nascente era descoberta, os primeiros a chegar bebiam apressadamente tudo que pudessem juntar com as mãos, ficavam enjoados por beber demais e, assim, estragavam a água para o resto do exército. Por causa disso, Alexandre impôs uma regra segundo a qual cada acampamento deveria ficar a pelo menos três quilômetros de uma fonte de água, com acesso estritamente limitado.

Dias se tornaram semanas e os homens começaram a perecer, tombando às centenas, depois aos milhares — por doenças, infartos e sede. Muitos simplesmente desistiam e se recusavam a levantar de seus catres. Aqueles que conseguiam reunir forças após a partida do exército tentavam seguir os rastros dos companheiros, mas a maioria se perdia no deserto como marinheiros caídos do navio para o mar.

Certa noite, o exército montou acampamento em um leito seco de rio no qual um bem-vindo fio de água escorria pela areia. Entretanto, quando a escuridão caiu, uma muralha de água jorrou repentinamente pelo leito do rio, vindo de uma tempestade em colinas distantes. Embora a enchente-relâmpago tenha apanhado os soldados de surpresa, a maioria conseguiu escapar, mas levando apenas as armas que portavam e as roupas que vestiam. Os civis não tiveram tanta sorte. A maioria das mulheres e crianças que se arrastavam nessa trilha infernal pela terra selvagem não teve tempo para fugir e se afogou na água pela qual ansiava com tanto desespero.

Perto do fim da marcha, quando tanto oficiais quanto soldados já haviam quase perdido a esperança de escaparem vivos do deserto, alguns batedores avançados encontraram um pequeno riacho com água suficiente apenas para encher um capacete. A patrulha ficou tão feliz com o achado, mesmo sendo modesto, que levou o capacete a Alexandre, tão sedento quanto os demais. Entretanto, por pior que fosse sua situação, ele sabia que o sofrimento de seus homens era maior. Assim, Alexandre repetiu o que havia feito ao cruzar o deserto da Báctria, quatro anos antes: recusou-se a beber, já que seu exército não tinha como acompanhá-lo. Para os homens desidratados, ver que o rei compartilhava tal sofrimento foi mais importante do que a água encharcando a areia. Eles ficaram tão encorajados, diz Arriano, que foi como se cada um deles tivesse tomado toda a água lançada ao chão.

Alexandre então voltou para o litoral em uma tentativa final de encontrar água potável e se reunir aos navios. A frota não estava visível em lugar algum, mas o exército pôde cavar poços para se abastecer e viajar por uma semana com o suprimento de água adequado. Finalmente, o rei percebeu, envergonhado, que a armada devia ter se perdido em algum lugar ao longo do litoral não mapeado do mar ao sul. Ele havia fracassado com Nearco e condenado toda sua marinha à morte. O exército que o seguira através do deserto por dois meses não estava muito melhor. Talvez metade de seus soldados havia sucumbido nas areias de Gedrósia, e haviam perdido quase todos os civis. Alexandre então liderou os homens em um esforço final rumo ao norte, para a capital da província na fronteira, a dilapidada Paura, a caminho de Persépolis, a mais de 160 quilômetros de distância. Os exaustos e emaciados macedônios que se arrastaram pelos portões da cidade devem ter sido uma visão assustadora para os nativos, que, mesmo assim, deram-lhes as boas-vindas em paz, oferecendo a eles também comida, água e um muito necessário repouso.

A última parte da viagem de Paura a Persépolis, cobria mais de oitocentos quilômetros de distância. O terreno, apesar de ainda árido, prometia uma fonte constante de comida e água para as tropas de Alexandre. Diversos autores antigos relatam que o rei estava tão aliviado após sua marcha pelo deserto gedrosiano que levou seus homens pela estrada como se estivessem em um desfile dionisíaco, com música de flautas e soldados enfeitados com guirlandas de flores. Alexandre também comemorou a travessia com festivais e concursos, incluindo uma competição de cantores e dançarinos vencida pelo eunuco persa Bagoas, que era um dos amantes do rei desde que haviam partido de Persépolis, vários anos antes. Depois do concurso, Bagoas marchou pelo teatro em seu figurino completo e sentou-se ao lado de Alexandre, para delírio do exército. Os homens gritavam, pedindo que o rei beijasse o vencedor, o que ele fez alegremente.

Alexandre estava agora de volta às margens da civilização e podia se concentrar em algo além da mera sobrevivência. Já fazia cinco anos desde que os macedônios haviam deixado o coração da Pérsia para lutar nas províncias orientais. Muitos dos governadores e oficiais que Alexandre deixara para trás duvidavam que ele fosse retornar – a maioria, de fato, esperava que ele não voltasse. O rei começava a receber relatos de que seus escolhidos haviam tirado vantagem de sua longa ausência para se colocarem como governantes independentes de suas satrapias, entregando-se a um estilo de vida extravagante e fazendo cumprir suas vontades com o apoio de milícias particulares. Alexandre passou os meses seguintes purgando seu império de oficiais corruptos – fossem eles nativos, gregos ou macedônios –, inclusive seu velho amigo Hárpalo. Este degenerado irrecuperável ficara encarregado do tesouro, gastando inúmeros talentos de ouro em requintado luxo e mulheres caras. Para sua mesa, importou iguarias raras de terras distantes; para sua cama, comprou renomadas cortesãs atenienses. Quando recebeu a notícia de que Alexandre, absolutamente furioso, estava voltando da Pérsia, ele entrou em pânico e fugiu para Atenas com seis mil mercenários e todo o dinheiro que conseguiu colocar em um navio ligeiro. Demóstenes e seus aliados antimacedônios na assembleia ateniense a princípio ficaram relutantes em arriscar provocar a ira de Alexandre ao garantir asilo a Hárpalo, mas uma generosa propina os convenceu de que o risco valia a pena. Não obstante, quando um dos almirantes de Alexandre apareceu na Acrópole para exigir a extradição de Hárpalo, os atenienses o entregaram, ficando com o dinheiro do suborno. Ele logo fugiu e conseguiu chegar a Creta, onde foi assassinado por agentes macedônios.

Enquanto Hárpalo ainda estava em fuga pelo Egeu, Alexandre e seu exército abriram caminho pela Carmânia, próximo ao estreito de Hormuz, na entrada do Golfo Pérsico. Ali chegou Crátero, afinal, com seus veteranos e elefantes a salvo após a marcha pela rota norte, vindo da Índia, atravessando por Kandahar e a Pérsia oriental. Foi próximo ao estreito que um pequeno grupo de homens sujos e tostados de sol chegaram às bordas do acampamento de Alexandre com cabelos longos e roupas cobertas de salmoura. Ninguém os reconheceu de início, embora eles se portassem como oficiais macedônios. O líder, então, com voz áspera, declarou ser o almirante Nearco, recém-chegado da Índia, e pediu para ser levado a Alexandre para narrar sua história.

A narrativa de Nearco é um dos relatos de viagem mais bem preservados da Antiguidade, em boa parte porque o diário da expedição foi copiado quase palavra por palavra pelo historiador Arriano. Nearco e sua esquadra deixaram o porto de Patala, no rio Indo, em setembro, várias semanas após a partida de Alexandre por terra. As monções ainda caíam, mas o almirante estava ansioso para alcançar o exército e decidiu arriscar a viagem, mesmo em condições desfavoráveis. Após os habituais sacrifícios aos deuses, os navios desceram o delta por vários dias até chegar, enfim, ao mar aberto, na foz do Indo. Dali eles rumaram para o oeste, seguindo a costa do território dos arabitas até chegar a uma ilha chamada Crocala. Era costume de Nearco velejar tão junto ao litoral quanto fosse possível, baixando âncora em baías protegidas ou ilhas próximas durante a noite para evitar os riscos de montar acampamento no continente. No dia seguinte eles encontraram um porto perto de uma ilha chamada Bibacta. Nearco ficou tão encantado com a paisagem tranquila que batizou o local de Refúgio de Alexandre. Do oceano ainda vinha um forte vento monçônico que forçou a esquadra a adiar sua partida. Como os ventos desfavoráveis não diminuíam, Nearco percebeu que teria de esperar o tempo melhorar em Bibacta, onde construiu então um forte, cercado por muros de pedra para proteção contra ataques dos nativos. Os ventos regulares que os levariam na travessia do Oceano Índico demoraram para chegar naquele ano, forçando a armada a ficar por quase um mês na ilha. Nearco, a essa altura, já devia estar frenético, vendo que tal atraso o colocaria muito para trás em relação à marcha do exército. Contudo, não havia nada que ele pudesse fazer até que o tempo mudasse. Os próprios marinheiros estavam mais animados e desfrutaram as semanas na ilha tropical apanhando mexilhões, ostras e outros frutos do mar, embora reclamassem que a água potável tinha sabor salobro.

    Assim que os ventos mudaram da direção oeste para leste, Nearco levantou âncora e seguiu pela costa até uma ilha deserta, Domai, onde seus homens procuraram em vão por água. Essa era a principal preocupação do almirante por toda a viagem, e o motivo mais importante para sua dependência dos cavadores de poços de Alexandre que o haviam precedido. No entanto, parece que Nearco raramente conseguiu encontrar os poços cavados pelo exército, fazendo com que ele pudesse contar apenas com suas próprias provisões de água para abastecer seus marinheiros sedentos. Esse problema foi resolvido em Domai e nos outros locais com o envio de batedores armados para o interior do território, às vezes por vários quilômetros, a fim de coletar água fresca em grandes jarros e odres e transportar de volta aos navios.

A certo ponto, durante os dias que se seguiram, Nearco navegou tão rente ao litoral que seus navios mal conseguiam se espremer entre a praia e as rochas, forçando os homens a bater os remos contra terra firme em ambos os lados. Mas a frota superou esse ponto perigoso e encontrou refúgio em uma pequena baía chamada, na linguagem local, de Baía da Mulher, devido a uma rainha que havia reinado ali. Esquivando-se de enormes ondas e marés em constante mudança, a esquadra brevemente avançou por um litoral mais hospitaleiro, contornado por uma densa floresta, até a foz do rio Arabis. Este ponto marcava o fim do território dominado pelos arabitas e o início do território dos oreitas, os mesmos que haviam anteriormente fugido em pânico do exército de Alexandre.

O mar estava difícil quando eles continuaram subindo a costa, forçando Nearco a ancorar distante da praia para proteger seus navios de serem lançados contra as rochas. Apesar da precaução, três deles se perderam nas ondas, enquanto os marinheiros lutavam para manter a frota longe da arrebentação. Os homens ficaram tão enjoados com o balanço constante que, após três dias, o almirante arriscou a construção de um campo fortificado em uma praia do continente para lhes permitir uma noite de descanso em terra firme. Nesse ponto, Nearco ficou maravilhado ao encontrar Leonato, o companheiro de Alexandre deixado para trás para aguardar a esquadra e assegurar a área. As coisas não saíram bem na terra dos oreitas após a partida de Alexandre, forçando Leonato a matar milhares de guerreiros locais em uma batalha na qual também tombou o sátrapa Apolofanes. Mas o general fora fiel a sua tarefa de se preparar para a frota e estocara comida suficiente para abastecer os marinheiros por pelo menos dez dias. Nearco também aproveitou a chance de consertar alguns dos navios mais danificados e se livrar dos marujos mais encrenqueiros, deixando-os com Leonato e substituindo-os por homens sob o comando deste.

A praia se tornava mais montanhosa conforme a frota seguia rumo leste, subindo a costa da Gedrósia, ao mesmo tempo que a terra ficava mais árida. Água era uma preocupação constante, forçando jornadas cada vez mais longas ao interior do território para cavar poços. No Tomero, um bem-vindo rio, a frota conheceu os primitivos ictiófagos que o exército havia encontrado ao longo da mesma costa. Para Nearco, eles pareceram um pouco mais guerreiros do que para Alexandre – talvez devido a sua recente experiência com o exército macedônio. Um povo que raramente tivera contato com o mundo exterior durante gerações de repente era forçado a lidar com uma invasão por forças estrangeiras pela segunda vez em dois meses. Seiscentos nativos furiosos estavam prontos para atacar os marinheiros quando estes atracaram, mas Nearco podia ver que suas lanças de madeira eram uma ameaça apenas a quem estivesse muito próximo. Por isso, ele enviou os melhores nadadores entre seus soldados levemente armados para desembarcar na margem rasa e ordenou que eles avançassem juntos, com armas em punho, prontos para a batalha. Com um alto brado a Ares, os homens lançaram-se contra os nativos, protegidos por uma nuvem de flechas vinda dos navios. Os comedores de peixe, seminus e apavorados, fugiram para o deserto. Os poucos capturados foram fonte de fascínio para os macedônios. Nearco reparou, como Alexandre antes dele, que eles deixavam as unhas compridas – mas observou que isso não ocorria por falta de higiene, e sim para que eles pudessem usá-las como outros povos usavam utensílios de ferro, já que não tinham a habilidade de forjar metal.

A costa da Gedrósia era o ponto mais ao sul que os homens de Alexandre já haviam alcançado, por isso Nearco, navegante observador que era, comentou sobre as estranhas estrelas visíveis no céu sobre o oceano. A esquadra se encontrava tão ao sul que as constelações nortistas familiares, com as quais todos eles haviam crescido, mergulhavam sob o horizonte e novas estrelas surgiam.

Mas observações astronômicas não distraíam Nearco de sua situação cada vez mais perigosa. O litoral era cada vez mais pedregoso e inóspito, e a água, cada vez mais difícil de encontrar. Dia após dia, os sedentos marinheiros viajavam a leste seguindo uma costa estéril, quebrada apenas pela aparição ocasional de uma aldeia de comedores de peixe. Esses nativos tinham pouco que pudesse ser roubado, mas a frota conseguiu juntar umas poucas ovelhas mal-tratadas. Como não havia grama para pasto naquela área, os aldeões as alimentavam com peixe seco, o que dava à carne delas um sabor distintamente marítimo, de acordo com os macedônios. A maioria das vilas era abandonada antes que a esquadra pudesse atracar, mas em um pequeno porto, Nearco encontrou um experiente marinheiro nativo para guiá-los pelo resto da costa gedrosiana. Próximo a esse porto havia também uma fonte de água fresca para reabastecer seus estoques.

Deste ponto em diante, a costa melhorava um pouco, com mais fontes confiáveis de água e nativos que, segundo Nearco, não viviam de modo tão animalesco. Havia tamareiras cultivadas pelos habitantes locais e jardins, cujas flores os aldeões usavam em guirlandas. Os pescadores locais remavam seus barcos como se faz com canoas, em vez de usar remos fixos ao modo grego. Os nativos queriam evitar conflitos com os macedônios e lhes trouxeram toda a comida que podiam, inclusive peixe cozido e bolos de tâmara. Mesmo assim, Nearco tomou a aldeia à força e confiscou toda a comida que encontrou escondida nos lares dos pobres moradores. Infelizmente para os marinheiros, os aldeões tinham apenas farinha de peixe, além de um pouco de trigo e cevada usados em ocasiões especiais.

Partindo novamente para o mar, a armada foi surpreendida certa manhã com um esguicho de água emitido por um grupo de baleias junto à proa. No Mediterrâneo, animais desse tipo são pequenos; aqueles cetáceos, em comparação, eram enormes. Sempre supersticiosos, os marinheiros egípcios, gregos e fenícios que compunham a maior parte da tripulação ficaram aterrorizados com a visão dessas criaturas tão perto dos navios. Eles abandonaram seus remos e se juntaram, imaginando o que os deuses lhes reservavam. Nearco, contudo, caminhou por todo o deque, encorajando os homens a permanecerem firmes e, em um ato que deve ter parecido pura loucura aos apavorados marinheiros, ordenou que os timoneiros posicionassem as proas dos navios em formação de ataque. Ele impôs então um ritmo rápido e exigente aos remadores rumo ao grupo de criaturas marítimas, com clarins soando e gritos de guerra se erguendo sobre as ondas. As baleias, desconcertadas, simplesmente mergulharam sob as águas e nadaram para longe dos barulhentos intrusos, enquanto os macedônios contavam sua batalha contra os monstros das profundezas como uma grande vitória.

Mais adiante na costa, a esquadra chegou a uma ilha chamada Nosala, vários quilômetros mar adentro, a qual o guia local disse ser consagrada ao deus sol. Ninguém ousava atracar ali, disse ele, e os poucos que o haviam feito foram varridos para suas praias e jamais retornaram. Supostamente, a ilha era o lar de uma deusa do mar que recebia em sua cama marujos naufragados para uma noite de paixão, transformando-os em peixe no dia seguinte. Isso soou a Nearco como uma história retirada da *Odisseia* de Homero, mas no dia seguinte, quando um de seus navios, tripulado por uma equipe egípcia, desapareceu próximo à ilha, o almirante resolveu investigar pessoalmente. Ele remou até se aproximar da praia e gritou os nomes dos marinheiros, sem resposta. Nearco então forçou sua equipe a atracar na ilha e desembarcou sozinho, procurando em vão pelos tripulantes perdidos. Perdidos nas ondas ou transformados em peixe por uma deusa, eles nunca mais foram vistos. Nearco retornou à frota são e salvo, navegando sempre a leste, subindo a costa.

Depois de viajar quase oitocentos quilômetros ao longo do litoral do Oceano Índico, a esquadra finalmente havia ultrapassado a infértil terra de Gedrósia e estava entrando no estreito de Hormuz, do lado oposto à Península Árabe. Certa manhã, avistaram um distante cabo estendendo-se a estibordo a cerca de um dia de distância, marcando a entrada para o Golfo Pérsico. Nearco soube ali que havia cumprido sua missão de explorar a costa desconhecida para Alexandre. Ele sabia também que o rei devia estar fora de si de preocupação após meses sem nenhuma notícia da frota. Portanto, ele atracou os navios no estreito e ordenou que os marinheiros construíssem uma paliçada enquanto, junto a um punhado de seus homens, ele procuraria pelo exército em terra. Quase de imediato, o grupo encontrou um homem vagando sozinho, usando uma capa grega e falando a mesma língua que Nearco crescera ouvindo em Creta. O andarilho, surpreso, disse que era um soldado de Alexandre que se perdera do exército poucos dias antes. O acampamento principal dos macedônios, segundo ele, estava a apenas alguns dias de distância, com o rei em residência. Nearco ficou empolgado com essa boa sorte e partiu com seus homens para o deserto.

Quando ele finalmente chegou ao acampamento e convenceu os guardas de que era, de fato, o almirante que o rei estava procurando, Nearco foi levado até Alexandre. O rei ficou tão contente ao ver seu velho amigo que caiu em lágrimas e não pôde falar por vários minutos. Nearco e seus companheiros estavam tão abatidos e maltrapilhos que Alexandre supôs que toda a esquadra tivesse sido perdida, com a exceção desses poucos sobreviventes. Sua culpa com o fracasso em encontrar os navios e supri-los adequadamente ameaçava dominá-lo, até que Nearco entendeu o motivo de seu sofrimento e explicou que a esquadra estava atracada e a salvo a alguns dias de distância. Alexandre, então, chorou novamente – dessa vez de alegria – e declarou que o resgate dos navios compensava as horríveis perdas que ele sofrera em sua jornada pelo deserto gedrosiano. Depois de sacrifícios em agradecimento, Alexandre ordenou que Nearco ficasse para trás enquanto um de seus tenentes liderava os navios no resto da viagem subindo o Golfo Pérsico. Mas Nearco implorou ao rei que o deixasse terminar o que começara, viajando até Susa com a frota. Alexandre concedeu-lhe esse pedido e o enviou de volta com suprimentos em abundância, grato por ter um homem assim sob seu comando.

Quase seis anos após deixar a Pérsia e uma década desde que saíra da Europa, Alexandre retornou, enfim, ao coração de seu império, ao mesmo tempo que o inverno tocava as colinas ao redor de Persépolis. Sua trilha através da Hircânia, Pártia, Báctria, Sogdiana, Índia, Gedrósia e Carmânia cobrira milhares de quilômetros, passando por desertos, montanhas escarpadas e selvas fumegantes. Nenhum outro exército em toda a história lutara uma guerra tão extensa, e nenhuma outra expedição havia descoberto e registrado tantas informações novas sobre terras e povos distantes. Quando Alexandre deixou Persépolis, tinha 26 anos; agora, com trinta e poucos, era um general experiente e governava o maior império que o mundo já vira – maior até do que o de seus predecessores persas. Ainda havia muitas terras a conquistar, mas sua primeira tarefa era estabelecer um controle mais firme sobre os reinos sob seu governo. A administração negligente das províncias durante sua longa ausência tinha de terminar assim que o rei retornasse a seu trono.

A primeira parada de Alexandre foi Passárgada, para outra vez visitar o túmulo do primeiro Grande Rei, Ciro, um homem por quem ele tinha agora muito mais respeito, após lutar no oriente distante com vários dos mesmos bárbaros que aquele antigo governante. Ao se abaixar para entrar na pequena câmara, ele ficou estarrecido ao ver que o local havia sido pilhado. Tudo fora roubado, exceto o sofá real e o próprio sarcófago. A tampa do grande caixão de pedra tinha sido arrancada e o corpo preservado de Ciro, jogado descuidadamente no chão. Os ladrões tinham até tentado quebrar o sarcófago em peças para tirá-lo pela porta de entrada, mas não haviam conseguido, e deixaram os pedaços espalhados no interior da câmara. Alexandre ficou furioso. Prendeu toda a família de sacerdotes que havia deixado encarregada de cuidar da tumba e torturou a todos para que revelassem os culpados, mas fora em vão. Ele também colocou seu velho amigo Aristóbolo imediatamente encarregado da restauração do monumento à sua antiga condição. Esse rude insulto à memória de Ciro era uma afronta à honra de Alexandre como Grande Rei.

De Passárgada, Alexandre percorreu os poucos quilômetros até a cidade de Persépolis em péssimo humor. Muito fora reconstruído durante sua ausência, mas as ruínas carbonizadas do palácio ainda assomavam sobre a cidade. Mais uma vez, o rei se arrependeu por ter queimado os salões reais de Dário e Xerxes. Parmênio estivera certo ao afirmar que era tolice destruir uma propriedade que pertencia a ele mesmo e ao mesmo tempo despertar a má vontade entre os persas. Em frustração redobrada, Alexandre descontara sua raiva acusando Orxines, o sátrapa local, de traição. Apenas alguns dias antes, aquele governador havia recebido o rei em seu retorno a Passárgada com presentes esplêndidos para toda sua caravana. Depois de demonstrar fabulosa generosidade com todos os amigos de Alexandre, ele, de forma muito óbvia, preteriu o eunuco Bagoas – muito estimado pelo rei tanto pelos conselhos práticos quanto pela habilidade nas artes de alcova – ao não lhe dar nada. Quando foi discretamente repreendido por um dos companheiros de Alexandre por essa quebra de protocolo, Orxines respondeu que presenteava apenas os amigos do rei, não suas prostitutas. Quando Bagoas ficou sabendo desse comentário, o experiente cortesão rapidamente desfechou sua vingança. Ele sussurrou no ouvido de Alexandre que Orxines era, na verdade, o responsável por trás do saque da tumba de Ciro, além de muitos outros crimes. O rei estava em busca de alguém a quem culpar pela má administração da província, portanto lhe pareceu lógico que essa pessoa fosse o sátrapa – que, sem dúvida, era culpado de muitas indiscrições genuínas durante seu mandato. O persa foi levado ao pátio em Persépolis e enforcado, para deleite de Bagoas. Para o lugar dele, Alexandre nomeou Peucestas, que salvara a vida do rei ao cobri-lo com seu escudo dentro das muralhas da cidade indiana de Malli. Peucestas era um macedônio sólido e firme, com lealdade absoluta ao rei. Ele também causara forte impressão em Alexandre como um dos poucos oficiais a abraçar abertamente sua política de acomodação à nova ordem. Peucestas aprendera a falar persa com fluência e vestia-se com roupas locais sempre que fosse apropriado, exatamente como Alexandre esperava que seus administradores fizessem. Os persas o apreciavam por esses esforços, e ele era bastante promissor como mediador entre a elite macedônia e os nativos da região, ainda poderosos.

***

Quando Alexandre saiu de Persépolis a caminho de Susa, na Mesopotâmia, estava fervilhando de planos para futuras conquistas. A maioria dos homens teria se contentado em consolidar seu poder e desfrutar de um império tão vasto, mas Alexandre não conseguia parar de sonhar com novos horizontes. Como diz Arriano, ele sempre buscava algo mais, competindo consigo mesmo em vez de com algum rival. Os relatos de Nearco sobre a costa da Arábia serviram para fortalecer o desejo que ele nutria há muito de estender seu controle marítimo do rio Indo, ao redor da Península da Arábia, até o Egito. O marinheiro grego Scylax, de Cária, fizera a longa jornada marítima da Índia ao Egito dois séculos antes para o Grande Rei Dário, portanto Alexandre sabia que seu plano era viável. Ao mesmo tempo, ele também queria conquistar os reinos costeiros da Arábia. O interior da imensa península não oferecia muita coisa além de areia, mas as tribos no entorno das terras mais férteis ao longo do Golfo Pérsico, do Oceano Índico e do Mar Vermelho eram conhecidas há muito tempo como lucrativas fornecedoras de pérolas, canela, incenso e mirra, que eram transportados por caravana pelos desertos até a Palestina e a Síria. Por que não eliminar o intermediário e trazer essas riquezas para seu controle direto?

Como se isso não bastasse, Alexandre sentia também um anseio de retraçar a viagem fenícia sobre a qual lera em Heródoto, circunavegando toda a África, partindo do rio Tigre, contornando a Arábia e descendo a costa leste, seguindo a costa do continente até chegar aos Pilares de Hércules, na entrada ocidental do Mediterrâneo. Ele não fazia ideia das imensas distâncias envolvidas em tal viagem, embora o fato de que os fenícios tivessem levado três anos para completá-la servisse, por si só, como aviso. Alexandre ficou tão entusiasmado com a possibilidade da conquista marítima da Arábia e de uma viagem ao redor da África que mandou convocar marinheiros e pilotos a fim de montar uma esquadra de galeras no Eufrates em preparação para a expedição.

Mas os planos do rei não paravam por aí. Ele guardava mágoa contra Cartago por ter auxiliado Tiro desde seu cerco contra aquela cidade condenada. Ele também sabia que, o próximo passo lógico na expansão a oeste rumo ao Mediterrâneo além de Cirena o levaria a entrar em conflito com aquele poderoso reino mercantil do norte da África. Alexandre decidiu que seria necessário, além de expediente, esmagar Cartago e tomar o controle não só de toda a costa africana, mas também das ilhas e cidades governadas por ela. Ele também sabia sobre o crescente poderio de uma cidadezinha no rio Tibre, na Itália central. Esses nativos, conhecidos como romanos, tinham derrotado invasores gauleses no início daquele mesmo século e estavam agora começando a expandir seu poder, por meio de guerra e diplomacia, por toda a Península Italiana. Eles poderiam se tornar súditos úteis – pois possuíam a reputação de ótimos guerreiros –, mas não deveriam receber permissão para expandir sua influência de forma independente em uma região tão importante quanto a mediterrânea. As colônias gregas do sul da Itália e da Sicília também teriam de entrar na negociação, além dos samnitas e outros povos italianos. A Espanha, com suas ricas minas de prata e ouro, ficava logo ali, e formaria uma fronteira natural para a extremidade ocidental de seu império – a menos que ele velejasse para o outro lado dos Pilares de Hércules, até o Atlântico, acrescentando a Bretanha e a Irlanda ao seu reino.

Assim que tivesse terminado com o ocidente, ele queria voltar ao oriente e completar a conquista da Cítia, como planejara durante as guerras em Sogdiana. A armada macedônia navegaria rumo ao norte pelo Mar Negro, com o exército marchando a leste, atravessando as estepes até as margens do Oxo e do Jaxartes com a ajuda de seus aliados entre os reis citas. Simultaneamente, ele encomendou em Hircânia uma esquadra de galeras gregas com convés descoberto para explorar o Mar Cáspio, com ordens de descobrir se ele se conectava ao grande oceano que circunda o mundo. Quando essas aventuras ao norte estivessem completas, os reinos do vale do Ganges, na Índia, ainda estavam à espera, a despeito de quantos elefantes de batalha pudessem reunir. Alexandre zombava da ideia de que medos e persas houvessem se chamado de reis da Ásia com tanto do continente ainda por conquistar. Ele, entretanto, criaria o primeiro império verdadeiramente universal, abrangendo Europa, África e Ásia, indo da Espanha e das desconhecidas praias da África até a Cítia e o grande mar oriental, talvez até mesmo a China. Era uma visão formidável de dominação mundial. Se os deuses lhe dessem tempo suficiente, talvez ele fosse capaz de fazê-la virar realidade.

Quando Alexandre chegou a Susa, ele convocou o sátrapa Abulites e exigiu saber por que não recebera suprimentos no deserto gedrosiano, conforme requerido. O governador persa não tinha uma boa resposta para esse deslize, nem para a má administração da província durante a longa ausência do rei. Ele tentou acalmar Alexandre oferecendo-lhe uma enorme propina em moedas de ouro, mas o rei simplesmente colocou o dinheiro diante de seus cavalos. Quando os animais ignoraram o tesouro, Alexandre perguntou a ele de que servia ouro no lugar das provisões necessárias no deserto. O rei então jogou Abulites na prisão e o executou. Em seguida, ainda matou com as próprias mãos um dos filhos adultos do sátrapa, Oxatres, com uma lança.

Nessa época, Calano, o sábio indiano que acompanhara Alexandre desde Punjab, subitamente sentiu-se mal com uma aguda desordem intestinal e decidiu acabar com a própria vida. Ele tinha mais de setenta anos e vivera todo esse tempo em simplicidade asceta, evitando doenças. Em vez de sofrer os tormentos de um mal devastador em uma terra estrangeira, ele disse ao rei que planejava imolar-se enquanto ainda tinha consciência para isso. Alexandre, que se afeiçoara ao velho filósofo, argumentou com ele, tentando dissuadi-lo de uma medida tão drástica, mas Calano estava irredutível. O rei finalmente concordou e ordenou que seu amigo Ptolomeu construísse uma imensa pira funerária para Calano.

Na manhã da grande imolação, Calano foi carregado até a pira em uma liteira, pois já não conseguia caminhar longas distâncias. O mestre desceu da liteira alegremente e ficou ao pé da estrutura de madeira, despedindo-se e dando a seus amigos macedônios todos os ricos presentes que Alexandre havia lhe dado. Ele cortou uma mecha de seu cabelo e jogou nas toras, depois lentamente escalou a pira e deitou-se no topo. Com todo o exército assistindo, Calano começou a cantar hinos aos deuses indianos em sua língua natal enquanto o fogo era aceso. O rei liderou seus homens em um grito emocionante, como se estivessem atacando um inimigo, ao mesmo tempo em que soavam cornetas e elefantes lançavam urros de batalha. Enquanto tudo isso acontecia e o inferno o engolfava, Calano não moveu um músculo, permanecendo imóvel até ser consumido pelas chamas. Posteriormente, alguns dos soldados comentaram que o guru ancião devia estar louco para passar por tal tormento, enquanto outros achavam que ele era excessivamente orgulhoso de sua habilidade para suportar a dor. Mas a maioria – e Alexandre com certeza estava entre esta – maravilhou-se com sua coragem e indiferença à morte.

Após o funeral de Calano, o rei celebrou um casamento coletivo naquele inverno em Susa. Essa era outra tentativa de Alexandre para integrar as facções dos macedônios e dos nativos sob seu comando, embora em uma escala bem maior do que tudo o que ele havia feito até então. O rei tomou para si duas noivas persas: Estatira, filha de Dário, e Parisatis, filha do antigo Grande Rei, Artaxerxes. Ele entregou outra filha de Dário, Dripetis, para seu melhor amigo, Heféstion, para que os futuros filhos dele pudessem ser primos de seus filhos. Crátero recebeu a irmã da primeira esposa de Alexandre, Roxane, enquanto Pérdicas, Ptolomeu, Nearco, Seleuco e dúzias de outros companheiros receberam noivas da aristocracia nativa da Pérsia, da Média e da Báctria. A cerimônia em si foi deliberadamente conduzida ao estilo persa, e não macedônio, com cadeiras para os noivos próximas umas das outras. Depois de brindes pela saúde de todos, as noivas entraram e se sentaram ao lado de seus respectivos noivos. Cada casal deu as mãos enquanto o noivo beijava sua nova esposa – ou, no caso de Alexandre, esposas – e depois a levava para a cama. O rei havia garantido que todas as mulheres tivessem bons dotes para tornar a união mais interessante para os oficiais macedônios.

Foi uma bela demonstração e um nobre esforço da parte de Alexandre, mas, como aconteceu com a maioria de seus programas para unir os briguentos membros de sua corte, foi também um fracasso miserável. Nenhum dos macedônios estava animado em aceitar noivas nativas. Mulheres estrangeiras eram boas para diversão, mas os oficiais de Alexandre queriam esposas respeitáveis de sua terra natal. Poucos dos casamentos consumados em Susa durariam. O rei teve mais sorte com os soldados rasos. Muitos haviam voluntariamente tomado mulheres nativas enquanto marchavam cruzando a Ásia, gerando seus filhos nos acampamentos. Alexandre agora reconheceu essas uniões e deu a cada um dos casais esplêndidos presentes de casamento. Ele também pagou os débitos que seus soldados tinham acumulado ao longo dos últimos anos com agiotas, mercadores de vinho e prostitutas – sem questionamentos –, embora isso fosse um tremendo dreno para o tesouro. Em princípio, os homens ficaram desconfiados quando lhes foi pedido que escrevessem quanto estavam devendo, temendo algum tipo de armadilha. Mas quando perceberam que o rei tinha intenções sinceras e não estava nem escrevendo o nome deles enquanto entregava o dinheiro, ficaram imensamente gratos.

O humor azedou, contudo, quando os primeiros trinta mil garotos persas que ele estava treinando como soldados macedônios pelos últimos anos chegaram em Susa para tomar o lugar prometido a eles no novo exército imperial. Esses jovens haviam sido instruídos na língua grega e treinados nas técnicas de luta e administração militar macedônias até chegarem ao mesmo nível de qualquer rapaz das colinas ao redor do monte Olimpo. Eles executaram seus exercícios diante do rei e seus oficiais de modo impecável, vestidos e equipados como soldados macedônios tradicionais, deliciando Alexandre, mas fazendo correr um calafrio pelo resto do exército. Esses Sucessores, como o rei nefastamente batizou essa tropa de garotos, deveriam se tornar, com o tempo, oficiais das forças internacionais de Alexandre para dominar o império e expandir seu poder até novas terras. Os macedônios se encheram de ressentimento e medo ao pensar em ser substituídos por esses novatos nativos, a quem chamaram, cheios de desprezo, de "bailarinos de guerra". Qual era o sentido de conquistar o mundo se iam perder seu lugar de direito para crianças estrangeiras?

A crise atingiu o auge quando Alexandre decidiu ser aquele o momento para aposentar vários de seus veteranos e mandá-los para casa. Ele viajara ao norte de Susa, subindo o Tigre até a cidade de Opis para supervisionar a remoção das barragens que o persas haviam construído no rio para atrapalhar qualquer força naval que tentasse invadir a Mesopotâmia pelo sul. Essas represas dificultavam a navegação no Tigre e eram, como dissera Alexandre, marcas de um império sem supremacia militar. Ele convocou seus soldados macedônios para ir até Opis e anunciou que iria mandar de volta para casa todos que estavam incapazes de continuar em serviço por conta da idade ou de ferimentos. Eles seriam amplamente recompensados pelos serviços prestados, enquanto aqueles que permanecessem ficariam tão ricos que fariam inveja a toda a Macedônia. O rei presumiu que essas notícias seriam saudadas com alegria por todos, partindo ou ficando, mas suas palavras foram recebidas com silêncio pétreo. Os soldados que haviam lutado com ele por tanto tempo estavam de coração partido por serem dispensados, mesmo que há muito quisessem ir para casa. Aqueles selecionados para permanecer só conseguiam pensar em quanto tempo tinham até que ele resolvesse se livrar deles também. A integração de forças estrangeiras ao exército, a insistência de Alexandre em adotar os hábitos persas, seus casamentos forçados – tudo isso era demais para os soldados comuns. Em vez de aplausos, o rei recebeu gritos revoltados dos soldados pedindo que enviasse todos para casa, já que não precisava mais deles. Que ele lutasse ao lado de seu novo pai, Amon, clamaram alguns.

Alexandre ficou furioso com essa insubordinação e saltou da plataforma em que estava. Ele ordenou a seus guardas que prendessem mais ou menos uma dúzia dos principais agitadores e os arrastou para imediata execução. Em seguida, tornou a subir na plataforma e lançou-se em um dos discursos mais apaixonados de sua vida para os atônitos soldados diante dele. O rei os censurou por sua ingratidão, depois de tudo que fizera por eles. Relembrou-os que eles não eram nada antes que o pai dele, Felipe, aceitasse-os em seu exército; que não passavam de pastores de ovelhas vestidos em peles, lutando para espantar lobos e bandidos ilírios. Sob seu pai, eles haviam espalhado o poder macedônio através da Grécia e dos Bálcãs. Depois, sob a bandeira de Alexandre, invadiram a Ásia e tomaram o Mediterrâneo desde Troia até Cirena, acrescentando a costa egeia, a Síria, a Fenícia e o Egito a seu império. Dali, partiram para a própria Pérsia, seguida da Báctria, da Sogdiana e da Índia. Eles haviam ficado ricos, enquanto Alexandre não mantinha nenhum luxo para si. Ele havia comido do mesmo alimento e partilhado os mesmos esforços do mais reles soldado de infantaria. Eles tinham cicatrizes para lhe mostrar? Ele podia se despir e mostrar as suas também. Havia marcas em cada parte do seu corpo, da mesma forma que nos dos soldados. Ele havia sofrido com seu exército em todos os momentos. Pagara as dívidas de seus homens e legitimara os filhos que eles conceberam nos acampamentos. Se algum homem entre eles morria no caminho, ele era honrado com um esplêndido funeral e sua família, na Macedônia, poupada de impostos futuros. Por isso, gritou ele, sumam de minhas vistas! Cada um de vocês vai voltar para a Macedônia, estando velho, enfermo ou são. *Eu não preciso mais de vocês.* Apenas certifiquem-se de dizer a suas famílias que vocês desertaram seu rei, entregando o império e ele próprio aos cuidados dos mesmos bárbaros que vocês derrotaram.

Depois disso, Alexandre saiu da plataforma e retirou-se para sua tenda por três dias, recusando-se a receber quem quer que fosse. Ele usara este mesmo truque no rio Beas, na Índia, para fazer seu exército descer o Ganges. Naquela vez, falhara miseravelmente, mas Alexandre agora conhecia melhor seus homens. Para deixar as coisas ainda mais claras, ele chamou seus seguidores persas e começou a dividir o comando do exército entre eles. A essa altura, os macedônios estavam fora de si e haviam se reunido do lado de fora do quartel-general, implorando que Alexandre falasse com eles. Eles declararam que ficariam ali dia e noite, até que o rei os recebesse. Finalmente Alexandre surgiu, atendendo seus soldados arrependidos. Um deles, um velho cavaleiro macedônio chamado Calines, adiantou-se para falar em nome de todos. Ele instou que o rei reconsiderasse a ordem de mandá-los embora e tivesse piedade, perdoando-os pelas palavras intempestivas. Não podiam suportar vê-lo abraçando os persas, enquanto eles mesmos eram rejeitados. Alexandre então tomou Calines em seus braços e o beijou, enquanto a multidão aplaudia, em lágrimas. O rei, também chorando, convidou-os a vir até ele e receber sua bênção com um beijo. Tudo estava perdoado. Apenas aqueles realmente incapazes de seguir lutando foram enviados de volta para a Macedônia, e partiram de boa vontade, com ouro e prata em abundância em seus alforjes. Crátero, fiel camarada de Alexandre, acompanhou-os até lá como sinal do lugar de honra que detinham junto ao rei. Alexandre só pediu que eles deixassem para trás suas esposas de acampamento e os filhos gerados nessas uniões, em vez de levá-los. Na Macedônia, essa família estrangeira geraria ressentimento com a família local dos soldados. Ele cuidaria deles e criaria esses filhos como verdadeiros guerreiros macedônios, orgulhosos herdeiros de seus pais. Muitas lágrimas devem ter corrido quando as esposas e filhos nativos se despediram, mas os soldados sabiam que o rei tinha razão. Era melhor recomeçar a vida com a antiga esposa macedônia – ou mesmo uma nova e jovem – do que levar uma selvagem báctria ou indiana e seus filhos para apresentar à família.

Na Macedônia, Crátero também deveria administrar uma situação delicada que surgira entre a mãe de Alexandre, Olímpia, e o idoso regente Antípatro. Esses dois, ambos de personalidade forte, nunca haviam gostado muito um do outro, mas foram forçados a suportar essa companhia enquanto o rei estava distante em suas conquistas orientais. Ambos enviavam um fluxo constante de cartas para Alexandre, desde o Helesponto até o Indo, acusando-se mutuamente de todas as impropriedades imagináveis. Antípatro afirmava que Olímpia era uma megera teimosa, sempre interferindo nos negócios do governo. Olímpia disparava que Antípatro havia esquecido quem o colocara em sua posição e comportava-se de forma mais adequada a um rei do que a um governador. Ao longo de toda a última década, Alexandre escutara essa guerra verbal de uma distância confortável, mas agora chegara o momento de resolver esse assunto problemático de uma vez por todas. Antípatro fora um servo leal e respeitoso durante a expedição à Ásia, mas ainda era uma ameaça. Com a facção de Parmênio eliminada, apenas Antípatro e sua bem-relacionada família na Macedônia podiam colocar em risco o controle de Alexandre em sua terra natal. O rei não podia repudiar a própria mãe, por mais que às vezes tivesse vontade, portanto escolheu retirar Antípatro do poder. Ele enviou ordens a seu regente para que entregasse o governo da Grécia e da Macedônia a Crátero assim que ele chegasse, e em seguida fosse para a Babilônia com os novos soldados macedônios. Ali ele seria muito homenageado por seus serviços prestados e desfrutaria de uma bela aposentadoria entre os jardins da cidade. Quando Antípatro recebeu esta carta, soube que era sua sentença de morte.

Em vez de submeter-se a seu destino, Antípatro enviou o filho, Cassandro, amigo de infância de Alexandre, para negociar com o rei e ganhar algum tempo. A reunião foi excepcionalmente ruim: Cassandro, ao ser levado diante do rei, riu ao ver um grupo de persas reverenciando Alexandre com os rostos junto ao chão. Alexandre levantou do trono de um salto, agarrou Cassandro pelos cabelos e bateu a cabeça dele contra uma parede. O filho de Antípatro se recuperou logo, mas anos depois, já na Grécia, bastava a visão de uma pintura ou estátua de Alexandre para fazê-lo desmaiar. Apesar de Cassandro estar temeroso, o outro filho de Antípatro, Iolau, era copeiro do rei – uma posição de confiança, cujo ocupante podia com facilidade misturar uma poção letal na taça de vinho do rei. Antípatro pode muito bem ter decidido que, se as negociações falhassem, envenenaria o rei antes que ele o matasse.

Para fugir do calor do verão que se aproximava, Alexandre fez o que todos os reis persas antes dele haviam feito e retirou-se para a capital real de Ecbátana, nas montanhas frias da Média, bem acima das planícies da Mesopotâmia. Ali ele organizou para seus homens, suntuosas competições atléticas e musicais durante o dia, com épicas festas e muita bebida durante a noite para seus companheiros. Três mil atores e artistas chegaram da Grécia para as festividades, que se estendiam por vários dias de cada vez. O amigo mais próximo de Alexandre, Heféstion, estava mais interessado nas farras noturnas do que nas competições, mas o rei compareceu pessoalmente à maioria delas com genuíno prazer. Depois de uma dessas festas, Heféstion teve uma febre e Gláucias, seu médico particular, o alertou severamente para não exagerar nas indulgências sob risco para sua saúde. Heféstion cedeu, embora contrariado, enquanto o médico se manteve junto a seu leito por uma semana; mas, assim que Gláucias ficou seguro de que Heféstion se recuperaria e saiu para assistir a uma peça de teatro, o amigo de Alexandre levantou da cama e correu para a sala de jantar. Ali, ele comeu um frango cozido inteiro e bebeu todo um vaso de vinho gelado de uma só vez. Heféstion desmaiou quase que de imediato e foi levado de volta para a cama. Alexandre logo ficou sabendo que Heféstion estava gravemente doente e saiu correndo do estádio para estar ao lado de seu companheiro, mas quando lá chegou, seu grande amor estava morto.

Fontes antigas oferecem versões diferentes sobre o que aconteceu em seguida, mas em todas Alexandre ficou fora de si de tanto sofrimento. Ele imediatamente mandou crucificar o médico de Heféstion, culpando-o por não cuidar de seu paciente de modo adequado. Em seguida, mandou que fossem cortados rabos e crinas de todos os cavalos e mulas de carga como sinal de luto, uma prática comum para trácios e persas. Ordenou que toda música cessasse na cidade, e que o templo de Asclépio, o deus da cura, em Ecbátana fosse carbonizado até suas fundações. Por todo o dia seguinte, Alexandre permaneceu prostrado, chorando, sobre o corpo de seu amigo, sem comer ou beber, até que seus companheiros tiveram de carregá-lo para fora. Finalmente, como seu herói Aquiles lamentando-se por Pátroclo assassinado por Heitor diante dos muros de Troia, Alexandre cortou seu próprio cabelo e guiou pessoalmente o corpo de Heféstion no desfile funerário.

Alexandre mandou perguntar ao oráculo de Siuá, no Egito, se Heféstion podia ser honrado como um deus, mas isso era demais a se pedir, mesmo para os submissos sacerdotes de Zeus-Amon. Entretanto, eles consentiram que Heféstion fosse honrado como um herói divino, com seu próprio culto. O rei achou que isso era o bastante, pelo menos a princípio, e ordenou que santuários fossem construídos em honra ao amigo no Egito e em outras terras. O posto de comandante militar do falecido foi deixado vago em homenagem a ele, e planejaram-se extravagantes jogos funerários. Os companheiros restantes do rei tentaram superar-se mutuamente em suas demonstrações de respeito a Heféstion, dedicando seus esforços à memória dele, enquanto encomendavam estátuas do falecido em marfim e ouro.

Alguns poucos amigos mais ousados tentaram confortar Alexandre com a sugestão de que ele tinha outros companheiros, como Crátero, que gostava tanto dele quanto Heféstion gostara. Ele respondeu que Crátero o amava como rei, mas Heféstion o amara como pessoa. Seu amigo de infância havia até mesmo enfrentado a mãe de Alexandre – que sempre tinha sentido ciúme da relação tão próxima dos dois –, alertando-a em uma carta para que parasse de tentar plantar inimizade entre eles, pois Alexandre significava mais para ele do que tudo no mundo.

O rei exigiu que fosse construída para Heféstion uma tumba que rivalizaria qualquer outro memorial em custo e luxo. Ela deveria ter o formato de um zigurate babilônico; sua base teria mais de 180 metros quadrados, com vários níveis ascendentes chegando quase a sessenta metros de altura. Os melhores artistas foram trazidos para sua decoração, que incluía o entalhe de arqueiros em batalha, caçadas a animais selvagens e águias com as asas abertas. O monumento ainda contava com proas douradas de navios, leões e touros à moda persa e esculturas ocas de sereias, dentro das quais se podia entrar para cantar lamentos pelo amigo morto. Mesmo para os seguidores de Alexandre que haviam apreciado Heféstion isso era um excesso – embora eles não ousassem dividir essa opinião com o rei. Aristóteles ensinara a Alexandre e Heféstion quando ambos eram crianças que a amizade era uma das melhores coisas do mundo, mas que moderação em tudo era o objetivo do homem digno. Para todos que assistiram às preparações para o funeral de Heféstion, ficou claro que Alexandre havia ido longe demais. Um luto tão ostentoso por um amigo, mesmo com a melhor das intenções, era uma afronta aos deuses. E como todos sabiam, os deuses se vingariam.

O período de luto de Alexandre por Heféstion se estendeu por semanas no início do inverno, até que todos na corte perceberam que tinham de encontrar um jeito de tirá-lo da depressão. Felizmente, neste momento surgiu uma chance para ação militar – a única coisa que certamente atrairia o rei – na forma de uma tribo rebelde conhecida como cosseanos, que viviam nas montanhas a sudeste de Ecbátana. Como seus vizinhos, os uxeanos, que Alexandre enfrentara anos antes, esses guerreiros das terras altas nunca haviam se submetido aos persas, exigindo pagamento do tesouro real quando era preciso passagem pelas suas terras. Quando receberam enviados macedônios exigindo sua rendição, os cosseanos se recusaram. Para Alexandre, foi como se agitassem uma bandeira vermelha diante de um touro. Para alívio de seus companheiros, o rei ergueu-se de seu desespero com ânimo renovado, determinado a ensinar uma lição a essa tribo das montanhas. No passado, os cosseanos recuavam para as montanhas de seu território quando confrontados por um exército, para depois reaparecer e voltar a atacar quando a ameaça era superada. Mas Alexandre, ajudado por Ptolomeu, cercou o território e isolou seus vilarejos, lançando então por quarenta dias uma série de ataques devastadores contra os cosseanos através das montanhas nevadas. Alexandre declarou que essas mortes eram uma oferenda ao espírito de Heféstion, como Aquiles sacrificara jovens troianos ao falecido Pátroclo. Os poucos que sobreviveram aos ataques macedônios foram capturados e escravizados, e logo seus líderes pediram paz. Eles concordaram em se tornar súditos de Alexandre, devendo submeter-se à autoridade dele dali por diante.

No início da primavera, com as montanhas Zagros cheias de flores silvestres, Alexandre afinal começou a marcha de Ecbátana para a Babilônia. No caminho, chegaram enviados de terras distantes para oferecer congratulações por suas diversas conquistas e expressar suas sinceras esperanças de que pudessem firmar laços de amizade. No mínimo, queriam descobrir as intenções de Alexandre e se preparar caso houvesse algum conflito a caminho. Havia embaixadores da África, a oeste de Cirena, trazendo uma coroa de submissão, e etíopes das terras ao sul do Egito. Os cartagineses também apareceram, com mais motivos para se preocuparem do que a maioria. Ali estavam as tribos da Itália: brutianos, lucânios e etruscos – inclusive enviados de Roma, segundo algumas fontes gregas, embora mais tarde os registros romanos omitam qualquer referência à homenagem prestada (ou não) a Alexandre. Os celtas enviaram representantes, como haviam feito durante a primeira campanha do rei ao longo do Danúbio, doze longos anos antes. Os ibéricos chegaram da distante Espanha, assim como os citas da terra ao norte do Mar Morto. Alguns desses povos Alexandre já havia encontrado antes, outros eram desconhecidos aos macedônios. O rei deu as boas-vindas a todos com alegria e palavras de amizade, e promessas de paz que poderiam ser quebradas mais tarde, caso ele julgasse conveniente.

Quando Alexandre finalmente se aproximou das muralhas da Babilônia, foi recebido por um grupo de sacerdotes caldeus, que lhe implorou para que não passasse pelos portões de sua cidade. Eles clamaram ter recebido um oráculo do grande deus Bel-Marduk, avisando o rei de que ele deveria evitar a Babilônia a todo custo. Alexandre respeitava os caldeus e tinha até levado um grupo deles consigo quando marchou para o Oriente, mas também estava desconfiado dos motivos deles. Ele sabia, pelos relatórios, que sua ordem de restaurar o templo a Bel-Marduk havia sido ignorada durante sua viagem para a Índia, e que os sacerdotes estavam bem contentes com essa situação. A enorme quantia de dinheiro reservada para a restauração ainda estava no tesouro do templo, disponível para ser usada e abusada pelos caldeus. Se o rei entrasse na Babilônia e os forçasse a começar a construção, essas riquezas diminuiriam rapidamente. No início, Alexandre tentou fazer troça da profecia, citando uma fala de uma peça do dramaturgo grego Eurípides segundo a qual o melhor profeta é um que sabe adivinhar bem; mas o rei era também um homem de seu tempo, supersticioso o bastante para ter cautela, mesmo quando o alerta dos deuses era um tanto questionável. Quando os caldeus viram que seu plano não estava funcionando, rapidamente mudaram de tática e instaram o rei a pelo menos não entrar na cidade de frente para o oeste e o sol que se punha, o símbolo universal da morte no mundo antigo. Esta foi uma trama inteligente para manter Alexandre fora da Babilônia, já que os sacerdotes sabiam que sua cidade era cercada por um pântano gigantesco, dificultando muito a entrada por qualquer outra direção. Vendo isso, o rei enviou alguns de seus homens para a cidade, enquanto ele mesmo liderava o restante pelos pântanos a fim de se aproximar da cidade por outra direção. Se os caldeus achavam que seria fácil assim manter Alexandre do lado de fora, estavam muito enganados. Poucos dias depois, ele passou pelos portões da Babilônia e assumiu residência no palácio real.

Uma vez dentro da cidade, os maus agouros dos deuses apenas se intensificaram. Quando um dos amigos de Alexandre fez um sacrifício em nome do rei, descobriram que o animal tinha um fígado deformado, sempre um péssimo sinal. Certo dia, corvos lutaram entre si sobre a cabeça de Alexandre e alguns caíram mortos a seus pés. Depois, o maior e mais belo leão de seu zoológico particular foi atacado por um burro manso e escoiceado até a morte. Alguns dias depois, Alexandre brevemente deixou a cidade para velejar pelo rio, guiando o barco ele mesmo porque o piloto havia se perdido. Ele estava passando pelas tumbas inundadas de antigos reis assírios quando de súbito o vento levou sua touca, derrubando a coroa que ele equilibrara por cima dela. A diadema ficou presa em um grosso junco que havia brotado em uma das antigas tumbas, e um dos marinheiros pulou do barco para resgatá-la. O homem conseguiu retirá-la da planta, mas descobriu que não tinha como nadar segurando-a acima da água. Por isso, colocou a coroa em sua própria cabeça, nadou de volta para o barco e entregou-a para o rei. Alexandre ficou agradecido e deu-lhe uma rica recompensa, mas também ordenou que fosse punido por ousar colocar sua coroa na cabeça. Algumas fontes dizem que o homem foi açoitado, outras, que foi decapitado. Seja qual for o castigo, o rei evidentemente tomou o incidente como um sinal de que estava em perigo de perder sua coroa de forma permanente.

Mas o episódio mais perturbador aconteceu quando Alexandre, já de volta à cidade, jogava bola com seus amigos. A primavera havia chegado com força e o tempo estava insuportavelmente quente, por isso o rei havia tirado suas roupas e colocado-as nas costas do trono, ali perto. Quando ele voltou do exercício, encontrou um homem sentado em sua cadeira real, usando sua capa e sua coroa. O intruso parecia estranhamente perplexo e respondeu ao interrogatório apenas depois de intensa tortura. Seu nome era Dionísio, e ele vinha da cidade grega de Messênia, próximo a Esparta. Ele disse que era um fugitivo da prisão e que ficara muito tempo acorrentado, mas um deus viera e o libertara, pedindo-lhe que colocasse as roupas do rei e se sentasse no trono. Como Alexandre devia saber, o episódio tinha uma incrível semelhança com um costume babilônio em que um criminoso condenado agia como substituto do rei para atrair a ira divina para si e poupar o rei de fato de qualquer infortúnio. Alexandre ficou em dúvida se isso era um golpe de sorte ou não, mas cumpriu sua parte e executou o prisioneiro bode expiatório, torcendo para que o sacrifício deste apaziguasse os deuses.

Maio tornou-se junho, e Alexandre ocupou-se com planos para sua expedição à Arábia. Centenas de navios estavam sendo finalizados e as equipes participavam de corridas de treinamento pelo Eufrates. Patrulhas relatavam que havia água potável ao longo da costa arábica, bem como ilhas a pouca distância da praia em todo o Golfo Pérsico, convenientes para ancorar. Seria uma grande expedição, descendo o golfo e atravessando os estreitos, depois contornando a ponta sul da península, tomando as terras de incenso e mirra, depois subindo pelo Mar Vermelho até o Egito. O rei mal podia esperar para começar.

Alexandre passava seus dias organizando os detalhes para a viagem, mas as noites eram repletas de banquetes e bebedeiras ao estilo macedônio. Certa noite, o rei havia dado um banquete para seu almirante Nearco e estava indo para casa dormir quando encontrou seu amigo Médio, de Tessália, que o convidou para uma festinha com alguns amigos. Alexandre ficou com eles até de madrugada, mas acordou cedo no dia seguinte para executar os sacrifícios habituais. Na noite seguinte, ele voltou à casa de Médio para uma celebração em honra a Hércules. Ali, ele fechou a noite tomando uma taça toda de vinho puro em um gole só; depois disso, Alexandre gritou como se tivesse sido atingido por um golpe e foi levado para a cama pelos amigos. Na manhã seguinte, ele sofria com uma febre, embora ainda fosse escrupuloso com os sacrifícios exigidos pelos deuses, mesmo tendo de ser carregado até o altar em uma liteira para executá-los. Ele deu ordens para a frota, marcando a partida da expedição arábica para dali a alguns dias, e ordenou que a infantaria estivesse pronta para partir um dia antes. Ele foi então levado até o rio, o qual atravessou de barco para um de seus jardins favoritos para se banhar e descansar. No dia seguinte, ele ainda estava incapacitado, mas realizou os sacrifícios e comeu pouco. Ele disse a seus oficiais que o encontrassem no outro dia para uma conferência, mas passou a noite toda com febre alta. Alexandre levantou-se de manhã para os sacrifícios, depois banhou-se e conversou com Nearco sobre a partida da esquadra. No dia seguinte, ele desempenhou seus deveres com os deuses, embora estivesse cada vez mais fraco. Ele ainda acreditava que iria se levantar novamente em breve para velejar com seus navios para a Arábia; contudo, seus companheiros estavam profundamente preocupados. Alexandre estava tão afetado pela febre que começou a repousar na casa de banhos, mais fresca, em vez de em seu quarto no palácio. Durante os dias que se seguiram, ele continuou em sua rotina de sacrifícios, reuniões militares, banho e descanso, enquanto seus generais começaram a se reunir em torno dele.

Havia se espalhado entre o exército a notícia de que o rei estava gravemente enfermo. Alguns até sugeriram, como havia ocorrido na Índia, que ele já tivesse morrido e o fato estava sendo escondido pelos altos oficiais.

Para colocar um fim nesses rumores, Alexandre ordenou que os soldados admitidos em sua presença vissem por si mesmos que ele ainda estava vivo, embora àquele ponto até a fala já fosse um esforço. Em fila, os homens passavam pela cama dele em silêncio e lágrimas, cada um recebendo um gesto ou ao menos um sorriso de seu rei e comandante. Nenhum deles podia acreditar que o grande Alexandre, que tantas vezes driblara a morte nos campos de batalha, morreria em sua cama, na Babilônia. Alguns de seus companheiros quiseram carregá-lo até um templo vizinho na esperança de que os deuses poupassem sua vida, mas outros julgaram melhor não movê-lo dali. A febre de Alexandre prosseguia, a dor aumentava, e logo até Alexandre – pouco antes de seu aniversário de 33 anos – sabia que o fim estava próximo. Ele tirou seu anel com o sinete real e entregou-o ao amigo Pérdicas para que ele pudesse agir temporariamente como regente, mas a sucessão definitiva não estava clara. Sua esposa báctria, Roxane, estava grávida e ele torcia para que fosse um menino, mas a criança não teria idade para reinar por muitos anos ainda, mesmo que os macedônios pudessem aceitar um rei meio bárbaro no trono. A situação prometia puro caos para o império, a menos que o rei deixasse suas intenções muito claras. Finalmente, seus companheiros aproximaram-se do leito e lhe imploraram para que nomeasse um sucessor: *Para quem você deixa o seu reino?*

Eles se inclinaram para a frente para ouvir suas palavras. Com grande esforço, Alexandre respondeu em um sussurro: *Para o mais forte.*

Com isso, o rei do mundo fechou seus olhos e soltou seu último suspiro.

CAPÍTULO II

ATÉ OS CONFINS DA TERRA

Parece que não existiu naqueles dias nação, cidade, nem pessoa em terra alguma que o nome de Alexandre não tenha alcançado.
Arriano

Antes mesmo que o corpo de Alexandre esfriasse, já circulavam rumores de que o rei havia sido assassinado. Cresciam histórias de que Antípatro ordenara o envenenamento através de seu filho Cassandro, que ainda estava na Babilônia recuperando-se da surra que levara de Alexandre. Como Antípatro tinha o ótimo motivo de salvar sua vida, e tinha meios de acessar o vinho do rei por seu filho mais novo, o copeiro real Iolau, para muitos a acusação soava plausível. Algumas fontes dizem que o veneno, talvez estriquinina, foi contrabandeado para dentro do palácio no casco oco de uma mula de carga. O fato de que o amante de Iolau era ninguém menos que Médio – que convidara Alexandre para a festa fatal em que ele gritara de dor após beber – tornava tudo ainda mais crível. O envolvimento ou não de Aristóteles, um amigo de Antípatro, no assassinato de seu ex-pupilo, ainda que à distância, foi continuamente debatido na Antiguidade.

Por mais atraente que sejam as teorias de conspiração em todas as eras, é bastante provável que Alexandre tenha morrido de causas naturais. Ele pode ter sofrido de malária por anos, no mínimo desde seu colapso no rio Tarso, pouco antes da batalhe de Isso. Ele escapara à morte uma dúzia de vezes desde então, sofrendo ferimentos e doenças que teriam derrubado qualquer outro homem. Sua luta interminável com a disenteria e o problema do pulmão, perfurado na cidade de Malli, na Índia, podem ter enfraquecido sua resistência à doença. Some-se a isso a pura exaustão de doze longos anos de marchas através de pântanos e montanhas, mais as bebedeiras esperadas de qualquer rei macedônio, e é um espanto que Alexandre tenha vivido tanto. Se a *causa mortis* não foi malária, infecção pulmonar ou falência do fígado, outra possibilidade seria a febre tifoide, dados os sintomas de dor abdominal e febre alta em seus últimos dias.

Conta-se uma história triste e encantadora segundo a qual quando Alexandre percebeu que estava morrendo, ele teria se arrastado sozinho de seu leito para fora do palácio com a intenção de se jogar no Eufrates e, assim, desaparecer do mundo sem deixar vestígios. Ele esperava que o fato de desaparecer misteriosamente em vez de morrer como um homem comum fosse fortalecer sua afirmação de ser filho de um deus. Mas relata-se que Roxane, sua esposa, o viu lutando para chegar à água e impediu-o de prosseguir, fazendo com que Alexandre reclamasse que ela estava lhe negando a tão desejada fama eterna. De qualquer forma, fosse por veneno ou pelas enfermidades do corpo que levam tantos mortais, o rei estava morto, e os vivos ficaram para trás a chorar por ele.

Tanto os macedônios quanto os nativos choraram ao saber da morte de Alexandre, correndo em pânico pelas ruas. Súditos persas rasparam suas cabeças, como era o costume quando da morte de um Grande Rei, enquanto há relatos de que a mãe de Dário jejuou até a morte, como se tivesse perdido seu próprio filho. Os soldados macedônios rapidamente passaram a lutar entre si sobre qual facção apoiariam – Pérdicas, o ambicioso portador do sinete real; Meleagro, o comandante da infantaria e partidário conservador; ou talvez Ptolomeu, o amigo de infância do rei. Depois de muito derramamento de sangue, os diferentes líderes concordaram em se reunir em paz para decidir como governar o império. Os soldados então marcaram a morte do rei com um antigo hábito macedônio de marchar entre as duas metades de um cão eviscerado, na planície exterior à Babilônia. Na reunião seguinte, concordou-se que o meio-irmão mentalmente deficiente de Alexandre, Arrideu, residente na Babilônia, ascenderia ao trono como rei Felipe III até que a criança que Roxane esperava tivesse idade suficiente para governar, caso fosse um menino. Ninguém levou Arrideu a sério como governante, vendo-o apenas como um símbolo temporário e dispensável da dinastia real macedônia. O que os principais interessados precisavam era de tempo para consolidar suas próprias posições na parte do império que desejavam para si mesmos. Os generais também não esperavam que o filho de Roxane fosse nada além de um peão em seu jogo político. O jovem Hércules, filho ilegítimo de Alexandre com sua concubina persa Barsine, não era digno sequer de ser considerado como um possível herdeiro.

Um dos resultados dessa reunião foi a divisão do império. Ptolomeu recebeu o Egito, enquanto Seleuco, um amigo de Pérdicas, manteria a maior parte da Ásia naquele momento. Antípatro e seu filho, Cassandro, ficariam com a Macedônia e a Grécia, e Lisímaco, o ex-guarda-costas do rei, tomaria a Trácia. O corpo de Alexandre seria embalsamado e devolvido à Macedônia para um enterro real, embora este plano tenha sido estragado quando Ptolomeu sequestrou a processão funerária e levou os restos mortais do rei para o Egito. Ali, sua tumba em Alexandria continuou a ser um dos destinos favoritos para os turistas gregos e romanos, entre eles o imperador Augusto, até o início da Era Cristã.

Logo estouraram guerras civis, quando Pérdicas assassinou (ou mandou assassinar) Meleagro no santuário de um templo onde ele havia buscado refúgio. Muitos dos seguidores de Meleagro foram jogados diante dos elefantes para serem pisoteados. Era um início nada auspicioso para anos de lutas nos quais cada lado buscava apenas fortificar a si mesmo, importando-se pouco ou nada com o destino dos milhões de pessoas sob seu comando. Daqueles que haviam conhecido e servido Alexandre, poucos morreram em paz em suas camas. Roxane rapidamente envenenou Estatira, a filha de Dário com quem Alexandre se casara em Susa, e também sua irmã, jogando os corpos de ambas em um poço – tudo com a aprovação de Pérdicas. A rainha terminou dando à luz um menino, que foi chamado de Alexandre IV. Pérdicas advogou a favor da mãe e do menino em seu próprio benefício até ser morto no Egito, lutando contra Ptolomeu. Roxane e o jovem príncipe fugiram para a Macedônia e foram bem recebidos por Olímpia. Contudo, em pouco tempo Cassandro, que tomara a Macedônia após a morte de seu pai, Antípatro, matou mãe e filho, encerrando assim a linhagem de Alexandre. Olímpia continuou maquinando durante as lutas pela sucessão, matando vários membros da nobreza macedônia e ganhando, assim, o ódio dessa classe. Quando Cassandro finalmente capturou-a, os soldados enviados por ele para executá-la admiraram sua dignidade nos últimos momentos, assistindo enquanto Olímpia arrumava seu cabelo e suas roupas mesmo enquanto sangrava até a morte pelos ferimentos infligidos por eles.

O destino da maioria dos amigos e da família de Alexandre foi igualmente violento. O meio-irmão do rei, Arrideu, foi assassinado por um guarda trácio após voltar para a Macedônia, supostamente sob ordens de Olímpia. Barsine e o último filho sobrevivente de Alexandre, Hércules, aparentemente foram envenenados em Pérgamo, na Ásia Menor, para onde haviam se retirado em uma fútil tentativa de levar uma vida tranquila e deliberadamente apolítica. Aristóteles foi forçado a fugir de Atenas na esteira dos levantes antimacedônios que se seguiram à morte de Alexandre. Ele declarou que não queria dar aos atenienses uma segunda chance para pecar contra a filosofia, fazendo uma referência a Sócrates. Acabou morrendo no exílio devido a uma doença digestiva. O orador Demóstenes, o mais vociferante inimigo de Alexandre na Grécia, também escapou de Atenas após ser acusado de receber propina no caso Hárpalo e cometeu suicídio em uma pequena ilha egeia, com assassinos enviados por Antípatro em seu encalço. Crátero, o leal tenente de Alexandre que lutara com tanto vigor durante a campanha oriental, morreu ao ser arremessado de seu cavalo durante uma batalha logo no início das guerras civis. O rei Poro, da Índia, conseguiu manter sua satrapia após a morte de Alexandre, apenas para ser traiçoeiramente morto anos depois por um general de Alexandre. Antígono, o caolho deixado para trás na Ásia Menor no início da guerra para lidar com os nativos rebeldes, transformou sua província em um reino particular até ficar tão gordo que não conseguia mais liderar soldados em batalha. Seleuco, tendo se livrado de seu amigo Pérdicas, estendeu seu domínio pessoal por boa parte do antigo reino de Alexandre, desde o Egeu até as estepes da Ásia Central. A dinastia que ele estabeleceu continuaria a reinar por muitos anos, até ser engolfada no Oriente pelos partos e no ocidente pelo romanos. Da mesma forma, Ptolomeu consolidou seu controle do Egito e viveu para escrever seu relato da grande guerra com Alexandre do Danúbio até o Indo. Sua família manteve o trono dos faraós por gerações até a morte de sua descendente Cleópatra, que se matou com uma mordida de áspide e entregou o Egito a Roma.

O legado de Alexandre e a poderosa influência da cultura grega, iniciada por ele em seu império de curta duração, espalharam-se rapidamente pela Ásia, África e Europa durante os séculos seguintes. É seguro dizer que sem o rei macedônio e suas conquistas, a filosofia, arte e literatura da antiga

Grécia, que tanto influenciaram nossas vidas por mais de dois mil anos, teriam sido apenas uma entre tantas vozes no coro de antigas civilizações. O plano de Alexandre de espalhar a cultura grega por três continentes nunca passou de um meio prático e limitado de controle militar sobre uma população bastante diversa. Como os persas antes dele e os romanos posteriormente, Alexandre não se importava em especial com a linguagem falada pelos nativos ou quais deuses eles idolatravam, desde que seguissem as regras impostas por ele. Os costumes helênicos que ele introduziu nas cidades em todo seu reino eram principalmente para o benefício dos colonizadores macedônios e gregos, que se tornaram os cidadãos dominantes naquelas regiões. Ele queria que seus seguidores se sentissem em casa, estivessem eles servindo na Báctria ou na Babilônia. Mesmo as centenas de jovens nativos que ele treinara na língua grega como parte de seu novo corpo de oficiais nunca deveriam passar de embaixadores culturais para seus povos. Mas os sucessores de Alexandre, especialmente os herdeiros de Seleuco, transformaram a expansão da civilização grega em uma ferramenta de dominação política às vezes impiedosa, muito auxiliados pelos membros das nobrezas locais, que viam a adoção dos hábitos gregos como a chave para o poder, a riqueza e o prestígio na nova Era Helênica.

Na Índia, a influência da cultura grega se espalhou mesmo quando o controle político direto dos macedônios já ia diminuindo. Os reinos do vale do Ganges caíram sob um poderoso governante chamado Chandragupta, que fundou o império mauriano e estendeu seu domínio até o rio Indo. Vinte anos depois de Alexandre lutar tão furiosamente para ganhar controle sobre a área, Seleuco encontrou-se com Chandragupta e cedeu a soberania de seus domínios indianos até o Hindu Kush em troca de quinhentos elefantes de guerra para usar contra seus inimigos no ocidente. Seleuco enviou um embaixador chamado Megastenes para a corte indiana que, como Heródoto antes dele, misturou observações em primeira mão com histórias locais para produzir o mais extenso e influente relato da Índia disponível para o antigo mundo mediterrâneo.

Mesmo com o recuo do poderio selêucida no vale do Indo, a cultura grega sobreviveu no extremo oriente por séculos. Ashoka, o Grande Rei budista e neto de Chandragupta, expandiu o império mauriano por boa parte do subcontinente e ergueu inscrições em grego proclamando seu poder. Sob a influência de artistas helênicos, imagens de Buda surgiram pela primeira vez – vestido como Apolo, em roupas gregas. Os descendentes dos soldados macedônios e gregos continuaram morando nas várias Alexandrias que o rei estabeleceu no Oriente. A população colonizadora, composta principalmente por homens, casou-se com mulheres locais e criou uma vibrante cultura híbrida. Escavações arqueológicas em Ai Khanum, no rio Oxo, revelaram uma cidade magnífica, com um teatro grego, um ginásio e uma prensa que produzia moedas com dísticos em grego. Com o tempo, o império mauriano perdeu o controle do vale superior do Indo para uma série de estados greco-báctrios governados por descendentes dos colonizadores de Alexandre falantes do grego. Governadores como Demétrio I mantiveram contato com o mundo egeu, mas ficavam muito mais confortáveis em casa, nas suas cortes mistas de grego e nativos da Báctria ou Sogdiana. Mesmo após o levante dos partos na Pérsia estragar as relações entre os greco-báctrios e os mediterrâneos, os herdeiros dos veteranos e mercadores originais ainda prosperaram. O maior governante grego no Oriente foi Menandro, nascido próximo a Cabul, que conquistou o Punjab e invadiu o vale do Ganges. Ele se tornou budista, apesar de seu sucesso na guerra, e patrocinou uma fusão da arte e da cultura gregas e indianas que sobreviveria em muito ao colapso dos reinos greco-báctrios, dois séculos após a morte de Alexandre.

Na Pérsia, Alexandre tem sido lembrado há tempos como herói e vilão. No poema épico medieval *Shahnameh*, Alexandre – ou Iskandar, como ele ficou conhecido no Oriente Médio – é um nobre príncipe iraniano de linhagem real, mas é também vilipendiado como o destruidor do poder persa. *Iskandarnameh*, um romance escrito pouco tempo depois, retrata o rei como um governante idealizado de origem grega, que é, além de guerreiro, um filósofo e cientista, casa-se com Roxane, filha do Grande Rei Dário, e toma o trono, depois viaja para a China e peregrina até Meca. Mas para os zoroastristas que ainda praticam a antiga religião dos reis persas, ele é Alexandre, o amaldiçoado, que destruiu seus livros sagrados e encharcou a terra de sangue. A queima de Persépolis não foi esquecida até hoje, enquanto eles cuidam do fogo sagrado de Ahura Mazda. Mesmo entre muçulmanos do Irã moderno, Alexandre aparece como personagem em desfiles nos vilarejos junto a patifes degenerados da história tais como Tio Sam, enquanto as mães ameaçam crianças malcriadas que Iskandar virá pegá-las se elas não se comportarem.

Por todo o Oriente Médio, o legado de Alexandre permanece. Ele aparece no Alcorão como Dhul-Qarnayn, literalmente "aquele de dois chifres", em referência a sua imagem em moedas antigas portando os dois chifres de seu pai divino, Zeus-Amon. Nas palavras gravadas por Maomé, ele foi um rei-filósofo "a quem Deus fez poderoso na Terra e deu os meios para alcançar todas as coisas". A cultura grega que Alexandre introduziu na região sobreviveu mesmo após o início da Era Muçulmana e exerceu particular influência sobre a história intelectual do Islã xiita.

A cultura judaica também é ambivalente sobre Alexandre e o valor da civilização grega. Os judeus prosperaram sob o governo persa e muitos não aceitaram de bom grado o invasor vindo do norte. No livro bíblico de Daniel, o rei macedônio aparece como o último em uma série de governantes estrangeiros:

> Deverá haver um quarto reino na terra,
> Que deverá ser diferente de todos os outros reinos;
> Ele irá devorar toda a terra,
> E esmagá-la e parti-la em pedaços.

Assim como no Alcorão, o Alexandre bíblico também tinha chifres – dez, para representar os maus governantes selêucidas que brigaram pelo controle da Palestina após sua morte. O mais notável entre estes foi Antíoco IV Epifânio, que tentou ativamente espalhar a cultura grega entre os judeus. Essa visão foi corroborada por muitos líderes judeus, que aceitaram alegremente um ginásio e instituições de ensino gregos até mesmo em Jerusalém. Rapazes judeus participavam nus em competições atléticas com gregos à sombra do Templo. Alguns, envergonhados da circuncisão que os apartava dos amigos gregos, chegavam a passar por uma dolorosa operação para restaurar seus prepúcios. Para o pequeno mas dedicado grupo de judeus devotos, tudo isso era blasfêmia. Eles lançaram uma guerra contra o rei selêucida, mas foram derrotados por suas tropas e uma guarnição foi instalada em uma cidadela ao norte do Templo. Antíoco proibiu o culto judaico e maculou o Santo dos Santos no Tabernáculo, levando até os judeus mais obsequiosos a se levantarem contra ele. Eles foram liderados por uma família asmoneana que, com seus guerreiros, conhecidos como macabeus, expulsou os odiados selêucidas e seus costumes gregos de Jerusalém e reinstaurou o culto no Templo, um evento celebrado até hoje na festa do Hanukkah.

Mas nem todos os judeus eram contrários às influências trazidas por Alexandre. No Egito, os judeus afluíram à nova cidade de Alexandria, na costa do Mediterrâneo, e ajudaram a transformá-la na maior metrópole de seu tempo. Apenas um século após a morte do rei, na Babilônia, os judeus de Alexandria estavam traduzindo suas escrituras sagradas do hebraico para o grego, agora que estavam mais confortáveis com a língua de Sócrates do que com a sua própria língua nativa. O resultado foi a Septuaginta, uma versão da Bíblia hebraica que virou a edição padrão para todos os judeus (e cristãos) falantes de grego que vieram depois. Mas a Septuaginta foi apenas um dos vários produtos notáveis da magnífica cultura helênica que cresceu em Alexandria com o apoio dos reis ptolomaicos. A cidade tornou-se o centro para erudição grega no mundo antigo, ultrapassando até Atenas. Foram recrutados cidadãos em todo o mundo grego que, com os residentes judeus e os nativos egípcios (claramente de segunda classe), formaram um centro cosmopolita sem paralelo na história. O museu e a biblioteca da cidade foram famosos, servindo de lar para os maiores cientistas e eruditos da Era Helênica. Aristarco de Samos, que primeiro formulou a teoria de que o sol era o centro do sistema solar e de que a Terra girava sobre seu próprio eixo, residia na cidade, assim como o geógrafo e polímata Eratóstenes de Cirena, que calculou a circunferência da Terra com grande precisão.

Mas de todos os lugares que mais se beneficiaram do legado de Alexandre, aquele que mais abraçou a cultura grega foi um que Alexandre nunca conquistou: Roma. As legiões conquistaram a Macedônia e a Grécia para seu império dois séculos depois de Alexandre, mas o território capturado, por sua vez, exerceu uma influência poderosa sobre seus captores. Qualquer romano que ousasse se declarar educado tinha de ser fluente em grego, imergindo-se em filosofia e literatura helênicas. Não que os romanos não desconfiassem de hábitos estrangeiros ou suspeitassem de quaisquer gregos oferecendo presentes culturais dentro de seus portões, mas a atração da civilização grega era pervasiva e poderosa demais para resistir. A cultura helênica se espalhou pelo mundo romano, da Síria até a Bretanha. Júlio César estudou Homero e Heródoto tão cuidadosamente quanto qualquer erudito grego e chorou quando viu uma estátua de Alexandre exposta em um templo na Espanha, nas praias do Atlântico. O general romano explicou suas lágrimas dizendo que havia conseguido fazer tão pouco com a mesma idade com que Alexandre morrera. Augusto também admirava Alexandre, embora mais pela sua habilidade militar ímpar do que pela sua competência em governar um império com eficiência. Muitos imperadores bem-sucedidos se miraram em Alexandre e tentaram equiparar suas conquistas no Oriente, mas nenhum foi capaz de estender o domínio romano para além da Mesopotâmia.

A difusão da cultura helênica de Alexandre por todo o mundo romano e além tornou-se um dos fatores principais para o sucesso da cristandade. O Novo Testamento e a maior parte da literatura cristã inicial foram escritos na língua grega, não no aramaico nativo de Jesus de Nazaré. O conhecimento quase universal do grego permitiu que os Evangelhos fossem lidos com a mesma facilidade em Jerusalém, no Egito e em Roma. Quando o apóstolo Paulo escreveu suas cartas do Novo Testamento aos povos da Ásia Menor, da Grécia ou de Roma, elas eram compostas na língua de Alexandre. De fato, pode-se dizer que, sem as conquistas do rei macedônio, a religião cristã teria permanecido como um fenômeno local.

A língua grega foi também o meio inicial para a dispersão da mais famosa versão da história de Alexandre, *O romance de Alexandre*. Apenas um século depois da morte do rei, foi publicada no Egito essa coleção de relatos divertidos e altamente imaginativos da vida dele. Essas histórias ficaram incrivelmente populares e foram traduzidas ao longo dos séculos seguintes para as línguas latina, aramaica, hebraica, árabe, armênia, sânscrita, persa e várias outras, inclusive para o islandês e o inglês da Idade Média usado por Chaucer. Os relatos iam muito além de qualquer coisa escrita por Arriano e os outros historiadores antigos. O Alexandre de *O romance* ascende aos céus em uma cesta carregada por águias, explora as profundezas do oceano em um sino de mergulho, e ainda busca pela fabulosa Fonte da Vida. Por meio dessa coleção, o mundo clássico e medieval veio a conhecer Alexandre como o maior dos reis antigos. A lenda de Alexandre se espalhou até a África Ocidental, onde o famoso príncipe Sundiata ouvia ansiosamente as histórias do governante macedônio.

Quase não existe país no mundo sem suas próprias narrativas sobre o Grande Rei Alexandre. Mas, assim como na Pérsia, nem todos ao longo da história o viram sob uma luz positiva. O poeta italiano Dante colocou-o no sétimo círculo do Inferno, cozinhando eternamente no sangue dos outros, o qual ele foi sempre tão pródigo em derramar. Muitos outros desde então têm concordado que Alexandre não passou de um tirano assassino com um dom para o comando militar. As visões sobre Alexandre têm oscilado de um ponto a outro como um pêndulo ao longo dos séculos, dependendo do fluxo da história e da predisposição daqueles que a escrevem. Para os ingleses vitorianos, ele era um espelho deles mesmos, um iluminado disseminador de civilização por meio de uma cultura superior, apoiada por um exército poderoso. Essa visão rósea de Alexandre entrou em colapso com as devastadoras guerras do século XX, quando a horrenda realidade do poder absoluto varreu para longe quaisquer noções românticas de tirania benevolente. Atualmente, muitos eruditos modernos preferem ver Alexandre como pouco mais que um "delinquente juvenil bêbado", como um historiador proeminente o descreveu há pouco tempo.

Esse ponto de vista é simplista demais. Ele foi um homem de uma era violenta, nem melhor nem pior em seus atos do que um César ou um Aníbal. Ele matou dezenas de milhares de civis em suas guerras e espalhou o terror em seu rastro, mas assim fizeram também todos os outros generais do mundo antigo. Se estivesse vivo hoje, sem dúvida seria condenado como criminoso de guerra – mas ele não viveu em nossa era. Como os heróis do maravilhoso poema satírico de Thomas Love Peacock, *The War Song of Dinas Vawr* [A canção-guerra de Dinas Vawr], Alexandre conquistou a maior parte do mundo antigo simplesmente porque podia:

> As ovelhas das montanhas são mais doces,
> Mas as ovelhas do vale são mais cheias;
> Por isso, nós achamos mais satisfatório
> Levar conosco as gordinhas.
> Fizemos uma expedição;
> Encontramos um bando, e o reprimimos;
> Forçamos uma posição forte,
> E matamos os homens que a mantinham.

Alexandre jamais discutiria essa lógica, tampouco aqueles que caíram sob sua espada. Se o Grande Rei Dário tivesse podido cruzar o Helesponto e matar todos os macedônios em seu caminho para anexar o território deles a seu império, ele o teria feito sem remorso algum.

Aprovemos ou não as táticas em geral brutais de Alexandre, qualquer estudante de História sensato tem de concordar que ele foi um dos maiores gênios militares de todos os tempos. Ninguém, a não ser um gênio, poderia ter tomado todo o Império Persa em batalhas com as probabilidades que Alexandre enfrentou, abrindo caminho por toda a Ásia até chegar à Índia. Quanto a suas motivações, erramos bastante ao tentar fazer de Alexandre mais do que um homem com uma suprema habilidade militar que desejava apaixonadamente dominar o mundo. As visões do rei macedônio como um Prometeu, levando a luz da civilização grega às pobres massas da Ásia, são ao mesmo tempo insanas e insultantes às avançadas culturas do oriente antigo. Para realmente compreender Alexandre, devemos perceber que – talvez mais do que qualquer outro homem da História – ele odiava perder. Alexandre era, e ainda é, a absoluta personificação da ambição humana pura, com todas as suas consequências, boas e más. Podemos condenar a morte e a destruição que ele deixou atrás de si ao passar pelo mundo como um colosso, mas no final, não temos como não admirar um homem que ousou tão grandes feitos.

GLOSSÁRIO

Ada: sátrapa de Cária até ser demovida por seu irmão, Pixodaro. Alexandre devolveu-lhe a posição de governante e ela o adotou como filho.

Agis: rei de Esparta e inimigo declarado de Alexandre. Tentou reafirmar o poder espartano na Grécia em uma coalisão contra o governo macedônio, mas foi morto em batalha contra Antípatro em Megalópolis em 331.

Ai Khanum: possivelmente uma colônia fundada por Alexandre, essa cidade grega da Báctria, às margens do rio Oxo (também conhecido como Amu Darya ou apenas Amu), no norte do Afeganistão, foi escavada pelos franceses, que descobriram evidências de um povoado próspero que durou até a metade do século II a.C.

Alexandre de Épiro: irmão de Olímpia e rei de Épiro. Seus laços com a Macedônia se fortaleceram quando ele se casou com a filha de Felipe, Cléopatra. Morreu lutando na Itália em 331.

Alexandre IV: filho de Alexandre com Roxane. Ele foi usado como joguete nas guerras de sucessão e morto com sua mãe em 310.

Alexandria (Egito): fundada por Alexandre em 331 na costa mediterrânea, próxima ao extremo oeste do delta do Nilo. Ptolomeu construiu ali um túmulo para Alexandre, após sequestrar seu cadáver durante a jornada fúnebre de retorno à Macedônia. A cidade cresceu até se tornar um importante centro da civilização helênica, com mais de um milhão de habitantes, incluindo uma grande comunidade judaica. Foi famosa pelo seu farol, localizado na ilha de Faros, além de seu museu e de sua biblioteca.

Amon: o principal deus egípcio, identificado pelos gregos com Zeus. Seu oráculo, no oásis de Siuá, na fronteira moderna entre Egito e Líbia, foi visitado por Alexandre em 331.

Antígono: nobre macedônio conhecido como Monoftalmo (um olho), contemporâneo de Felipe. Alexandre o nomeou sátrapa da Frígia, na Ásia Menor. Foi um importante personagem na luta pelo poder após a morte de Alexandre.

Antípatro: nobre macedônio confiável, segundo em comando de Felipe. Alexandre designou-o regente da Macedônia e da Grécia enquanto guerreava na Ásia. Ele derrotou Agis, de Esparta, quando este se rebelou. Mais tarde, acabou caindo em desgraça e foi substituído por Crátero. Importante figura na disputa pelo poder após a morte de Alexandre.

Aquemênida: casa real da Pérsia da região próxima a Persépolis. Todos os reis persas afirmavam descender do suposto fundador dessa linhagem, Aquêmenes. O termo é usado tanto para a linhagem real quanto para o império.

Aquiles: o maior herói grego da Guerra de Troia. Alexandre declarou descender dele por parte de mãe e o emulou em sua busca pela fama imortal.

Arábia: a moderna península arábica, que na Antiguidade era uma grande fonte de incenso e especiarias. Alexandre preparava-se para conquistá-la quando morreu na Babilônia, em 323.

Aristandro: um influente vidente de Telmesso, na Lícia, hábil em interpretar profecias a favor de Alexandre.

Aristóbolo: engenheiro e arquiteto que acompanhou Alexandre em sua expedição. Em sua velhice, escreveu uma elegia a Alexandre que foi a maior fonte de informação de Arriano.

Aristóteles: aluno de Platão, tutor de Alexandre e um dos pensadores mais influentes e sábios da Antiguidade. Nascido em Estagira, no norte da Grécia, em 384, seu pai foi médico da corte do avô de Alexandre, o rei Amintas III. Ele passou parte de sua infância na corte macedônia, em Pela. Aristóteles ensinou Alexandre e seus jovens companheiros em Mieza, na Macedônia, e manteve contato com seu pupilo real ao longo de suas guerras, recebendo espécimes científicos de várias partes da Ásia.

Arriano: o mais influente biógrafo antigo de Alexandre. Arriano nasceu em Bitínia e serviu ao governo romano em importantes cargos políticos e militares na Ásia. Pupilo do filósofo estóico Epíteto, seus livros *Anábase de Alexandre* e *Indica* [Sobre a Índia] permanecem como fontes fundamentais de estudo para modernos biógrafos de Alexandre.

Arrideu: meio-irmão de Alexandre e filho de Felipe II com uma de suas sete esposas, Filina, da Tessália. Supostamente deficiente mental, ele foi inesperadamente declarado rei na Babilônia, em 323, ao mesmo tempo que o filho ainda bebê de Alexandre com Roxane. Arrideu foi um joguete nas mãos dos sucessores, e mais tarde foi assassinado por Olímpia.

Artabazo: nobre persa que se rebelou contra o império e fugiu para a corte macedônia em 352. Ele retornou depois para a Pérsia e foi leal a Dário até o assassinato do rei. Juntou-se então a Alexandre e foi nomeado sátrapa da Báctria. Sua filha, Barsine, casou-se com Memnon e teve um longo caso com Alexandre, gerando um filho dele.

Artaxerxes III: também conhecido como Ochos, ele governou a Pérsia de 359 a 338. Sufocou um revolta de sátrapas na Ásia Menor e reconquistou o Egito antes de ser assassinado. Alexandre casou-se com a filha dele em 324, no casamento coletivo em Susa.

Artaxerxes IV: filho de Artaxerxes III, governou a Pérsia de 338 a 336. Foi assassinado e seu sucessor no trono foi Dário.

Átalo: nobre macedônio, genro de Parmênio. Ele questionou a legitimidade de Alexandre como herdeiro ao trono e foi morto pouco depois do assassinato de Felipe.

Atenas: antiga antagonista da Macedônia, foi uma das principais cidades da Grécia, famosa por seu poderio naval.

Babilônia: antiga e celebrada cidade da Mesopotâmia, no Eufrates, sul da moderna Bagdá. Foi a capital do império babilônico e um local importante no Império Persa. Alexandre visitou-a em 331 e morreu ali em 323.

Báctria: região da Ásia central entre o rio Oxo, ao norte, e as montanhas Hindu Kush, ao sul; incluía boa parte do que hoje é o Afeganistão. Importante satrapia persa. Foi onde Alexandre enfrentou maior resistência.

Bagoas: esse eunuco, famoso por sua beleza, foi amante de Dário e, em seguida, de Alexandre. Não confundir com o grão-vizir homônimo que assassinou dois reis persas.

Barsine: filha de Artabazo e viúva de Memnon, ela teve um caso com Alexandre do qual nasceu um filho, Hércules.

Batis: eunuco, governador de Gaza; resistiu à tomada de poder por Alexandre. Isso enfureceu Alexandre a tal ponto que Batis foi arrastado por uma biga ao redor das muralhas da cidade de Gaza até morrer.

Bessos: sátrapa da Báctria sob o governo de Dário, ele assassinou o grande rei e assumiu o trono persa para liderar a resistência a Alexandre no oriente. Foi capturado, mutilado e executado por Alexandre.

Brâmanes: casta sacerdotal da Índia, alguns dos quais resistiram a Alexandre e pagaram por isso com suas vidas.

Bucéfalo: garanhão tessálio com uma marca em forma de touro, domado por Alexandre quando garoto e cavalgado por ele em suas conquistas por todo o Império Persa. Ele morreu na Índia e foi homenageado por Alexandre, que batizou uma cidade em seu nome.

Calano: um guru indiano que acompanhou Alexandre na volta a Persépolis. Ele morreu ali, em um suicídio público espetacular.

Calístenes: nascido em Olinto, uma cidade destruída por Felipe, ele era sobrinho de Aristóteles e historiador oficial da expedição de Alexandre. Caiu em desgraça depois de se opor à política de *proskynesis* de Alexandre e foi executado por um suposto envolvimento na Conspiração dos Escudeiros.

Cares: camareiro de Alexandre, da ilha grega de Lesbos. Escreveu uma longa e vívida crônica da vida na corte sob o rei.

Cária: região costeira a sudoeste da Ásia Menor, na moderna Turquia, conquistada por Alexandre em 334. A cidade principal era o porto de Halicarnasso.

Cartago: colônia fenícia e poderio naval na moderna Tunísia, fundada sobre Tiro no início do primeiro milênio a.C. Apoiou Tiro na resistência a Alexandre e estava, segundo relatos, na lista de cidades a conquistar quando ele morreu.

Celtas: uma coleção de tribos relacionadas entre si que dominava a Europa central na época de Alexandre. Enviados celtas se encontraram com Alexandre no Danúbio em 335 e estabeleceram um tratado de amizade com ele.

Ceno: célebre soldado macedônio, genro de Parmênio. Ele ficou contra seu cunhado Filotas em 330, mas falou em nome dos soldados no motim do rio Beas em 326. Ele morreu pouco tempo depois.

Cilícia: região costeira no sudeste da Ásia Menor, perto da moderna fronteira entre a Turquia e a Síria. Alexandre tomou Tarso, a cidade principal da área, em 333.

Cirena: colônia grega na costa norte da Áfria, a oeste do Egito, na moderna Líbia. Submeteu-se a Alexandre em 331.

Ciro, o Grande: rei que fundou o Império Persa e elevou-se durante a metade do século VI de governante de um pequeno território sujeito ao rei medo para o mestre de um império que se estendeu da Ásia central até o Mediterrâneo.

Cleitarco: historiador do final do século IV a.C., especialista em Alexandre, cujo extenso trabalho foi uma importante fonte para estudiosos posteriores.

Cleópatra: nome feminino comum entre a nobreza macedônia. Uma delas foi a irmã de Alexandre, casada com Alexandre de Épiro; outra, a sobrinha de Átalo e sétima esposa de Felipe.

Clito, o Negro: nobre macedônio e irmão do enfermeiro de Alexandre. Ele salvou a vida de Alexandre no rio Grânico, mas veio a criticá-lo mais tarde, em uma bebedeira em Samarcanda, e foi morto pelo rei, que estava bêbado.

Conspiração dos Escudeiros: um suposto complô assassino, montado pelos filhos dos nobres que serviam a Alexandre como atendentes. Calístenes foi falsamente acusado de conspirar com os escudeiros e executado por isso.

Corinto: cidade grega estratégica, a oeste de Atenas, que foi o cenário para a Liga de Corinto de Felipe, estabelecida após a batalha de Queroneia em 338. Em teoria, essa coalisão oferecia independência e uma voz unificada às cidades-estados que a compunham, mas, na prática, ela era dominada pela Macedônia.

Crátero: importante comandante de Alexandre em Isso, Gaugamela e nas guerras no Oriente. Ele participou da demoção de Filotas e Parmênio. Alexandre o enviou de volta à Grécia pouco antes de sua morte para escolher os soldados e oficiais dispensados e substituir Antípatro na Grécia.

Cúrcio Rufo: historiador romano do século II d.C. conhecido pela sua crônica de Alexandre cheia de floreios retóricos e críticas frequentes ao rei.

Danúbio: rio europeu que sobe os Alpes e deságua no Mar Negro. Alexandre o atravessou em 335 e venceu as tribos em sua fronteira mais ao norte antes de sua invasão da Ásia.

Dário I: nobre persa que tomou controle do império em 522 e invadiu a Grécia em 490, apenas para ser derrotado pelos atenienses em Maratona.

Dário III: tornou-se rei persa em 336, após o assassinato de Artaxerxes IV. Lutou com Alexandre em Isso e Gaugamela. Foi assassinado por Besso em 330.

Delfos: famoso oráculo de Apolo nas montanhas da Grécia central. Alexandre visitou o local sagrado pouco tempo depois de se tornar rei e extraiu uma profecia favorável da sacerdotisa do deus.

Demarato: nativo de Corinto e veterano de guerras na Sicília, ele foi amigo do pai de Alexandre e, segundo alguns, comprou o famoso cavalo Bucéfalo para Alexandre. Mais tarde, acompanhou-o até a Ásia e morreu pouco antes de a guerra pela Índia começar.

Demóstenes: famoso orador ateniense e opositor feroz tanto de Felipe como de Alexandre.

Díon: lugar sagrado no sul da Macedônia, aos pés do Monte Olimpo. Foi ali que Alexandre adquiriu seu cavalo, Bucéfalo.

Ecbátana: a moderna Hamadã, no oeste do Irã, era a capital meda e um dos mais importantes centros palaciais sob o Império Persa.

Elam: antigo reino a sudoeste do moderno Irã conquistado pelos persas. Susa era sua maior e mais próspera cidade.

Épiro: aproximadamente no local da moderna Albânia, essa região montanhosa a oeste da Macedônia era a terra natal da mãe de Alexandre, Olímpia.

Esparta: cidade grega famosa por suas proezas militares. Seu poder estava diminuindo na época de Alexandre, mas, sob o rei Agis, a cidade levantou-se em desafio ao controle macedônio no sul da Grécia, apenas para ser fragorosamente derrotada pelo regente de Alexandre, Antípatro.

Espitamenes: nobre sogdiano que liderou a resistência a Alexandre depois da morte de Besso. Ele colocou em ação uma eficiente tática de guerrilha contra os macedônios por mais de um ano antes de ser capturado e executado.

Felipe de Acarnânia: medico grego que salvou a vida de Alexandre em 333, antes da Batalha de Isso.

Felipe II: pai de Alexandre, marido de Olímpia e o principal responsável por transformar a Macedônia de um vacilante poder secundário em um império poderoso. Foi assassinado em 336.

Fenícia: equivalendo aproximadamente ao moderno Líbano, essa terra costeira abrigava as cidades de Tiro e Sídon e era o lar dos desbravadores fenícios.

Filotas: filho mais velho de Parmênio, foi condenado à morte por ordem de Alexandre em 330, seguido de perto pelo assassinato de seu pai.

Gaugamela: próxima à moderna Mosul, no norte do Iraque, foi ali, em outubro de 331, que Alexandre obteve sua vitória decisiva sobre Dário.

Gedrósia: região deserta e inóspita no sudeste do Irã a qual Alexandre cruzou com seu exército no retorno da Índia para a Babilônia.

Grânico: hoje em dia chamado de rio Kocabas, no noroeste da Turquia, onde Alexandre venceu sua primeira grande batalha contra os persas em 334.

Halicarnasso: atual Bodrum, na costa sudoeste da Turquia, foi uma importante cidade grega da Cária onde construiu-se a famosa tumba conhecida como Mausoléu. Alexandre tomou a cidade após um difícil cerco em 334.

Hárpalo: amigo de infância de Alexandre, do norte da Macedônia. Serviu ao rei como tesoureiro. Ele desertou Alexandre antes da batalha de Isso, mas foi perdoado e reinstaurado, apenas para desertá-lo novamente em 324 antes de Alexandre voltar à Babilônia.

Heféstion: amigo de infância e companheiro íntimo de Alexandre, elevado a importantes cargos militares depois da expedição à Ásia. Quando ele faleceu repentinamente em Ecbátana, em 324, Alexandre ficou inconsolável e enterrou seu amigo com honras extravagantes.

Hércules: em grego, Héracles. Este é o nome tanto do herói divino da mitologia grega – a quem Alexandre considerava um ancestral – como do filho do rei com sua concubina Barsine.

Heródoto: historiador grego do século V a.C., de Halicarnasso, que escreveu uma extravagante história de boa parte do mundo conhecido até então.

Hidaspes: atualmente chamado de rio Jhelum, no Paquistão. Foi onde Alexandre derrotou o rei Poro da Índia em 326.

Hífasis: o moderno rio Beas, no norte da Índia, foi onde um motim de seus homens obrigou Alexandre a recuar da planejada invasão do vale do rio Ganges.

Hindu Kush: uma cordilheira de montanhas que vai desde o norte do Paquistão até o nordeste do Afeganistão, com picos de até 7.600 metros. Alexandre cruzou os altos desfiladeiros dessa cordilheira várias vezes durante suas guerras.

Hircânia: região na costa mais ao sul do Mar Cáspio, no moderno Irã. Alexandre conquistou a área em 330.

Homero: famoso poeta grego do século VIII a.C., autor da *Ilíada* e da *Odisseia*. Alexandre usou o herói Aquiles, da *Ilíada,* como modelo para si, e há relatos de que ele dormia com uma cópia do poema sob seu travesseiro.

Ilíria: aproximadamente no local da antiga Iugoslávia, era uma região antiga da península balcânica a norte do Épiro e oeste da Macedônia. Felipe conquistou o controle desse território para a Macedônia, e Alexandre confirmou esse poder em uma das primeiras guerras, em 335.

Índia: o nome antigo para o território que vai desde o vale do rio Indo até o Oriente, especialmente a região de Punjab. Para os gregos, como Alexandre, o termo compreendia todo o subcontinente, inclusive os atuais Paquistão e Índia.

Isócrates: orador ateniense e um dos primeiros defensores de uma aliança entre os gregos, a fim de invadir a Pérsia.

Isso: junto à fronteira litorânea entre as atuais Turquia e Síria, em 333 foi o lugar de uma vitória decisiva de Alexandre sobre Dário.

Jaxartes: fluindo para o Mar de Aral, o atual Syr Darya era a fronteira nordeste do Império Persa e foi cenário de uma batalha violenta para Alexandre. Ele fundou a cidade de Alexandria Escate ("a mais distante") às suas margens.

Justino: um romano que pode ter vivido no século III d.C. e que escreveu um resumo da agora perdida história do governo do pai de Alexandre, cujo autor original foi Pompeu Trogo.

Leônidas: severo tutor de Alexandre em sua infância reputado como muito frugal, e que certa vez censurou Alexandre por usar incenso demais em um sacrifício. Com isso em mente, Alexandre enviou-lhe grande quantidade de incenso e mirra confiscados durante a guerra na Ásia.

Lídia: região a oeste da Ásia Menor, próxima à costa egeia, na moderna Turquia, famosa por sua cavalaria. Sua capital, Sárdis, era uma cidade essencial para o Império Persa no oeste.

Lisímaco: um dos tutores de infância de Alexandre. Ele tinha uma afeição especial por Homero, que acabou instilando em Alexandre desde cedo. Ele foi resgatado pelo ex-pupilo quando corria o risco de morte por exposição à intempérie nas montanhas acima de Tiro. Um dos comandantes de Alexandre a governar a Trácia após a morte do rei também tinha esse nome.

Macedônia: a região da moderna Grécia, a norte do Monte Olimpo, limitada na Antiguidade a leste pela Trácia, ao sul pela Tessália, e a oeste pelo Épiro e a Ilíria.

Magos: apesar de sua função não ser muito bem compreendida, esses religiosos profissionais realizavam rituais sagrados e preservavam a história oral entre os medos e os persas. Na tradição grega, assim como no relato da natividade no Novo Testamento, eles eram frequentemente associados à astrologia.

Mali: uma tribo poderosa do vale do rio Indo. Alexandre quase morreu em uma das cidades deles durante um ataque às muralhas.

Maratona: cidade costeira a leste de Atenas onde, em 490, os gregos derrotaram o exército invasor do grande rei Dário.

Mazeu: nobre persa que serviu Dário durante a batalha de Gaugamela, mas trocou rapidamente de lado e ajudou Alexandre a tomar a Babilônia. Alexandre nomeou-o sátrapa da Babilônia, o primeiro persa a receber tão alto posto.

Medos: para a percepção grega, os medos eram confundidos com frequência com seus primos, os persas, mas eram na verdade um povo diferente, da área norte do moderno Irã. Ecbátana era sua capital. Ciro, o Grande, conquistara o reino deles e libertara as tribos persas do controle dos medos.

Memnon: general grego da ilha de Rodes que serviu bem a Dário até sua morte prematura em 333. Ele foi casado com Barsine, filha de Artabazo, o sátrapa persa. Lutou em Grânico e conseguiu conter o avanço de Alexandre em Halicarnasso, antes de recuar para prosseguir com a guerra no Egeu.

Nearco: amigo de infância de Alexandre, de Creta. Ele serviu primeiro como sátrapa na Ásia Menor, depois como comandante naval nos rios da Índia. Nearco liderou a esquadra de Alexandre no retorno da Índia ao Tigre, registrando depois suas explorações em um texto hoje perdido, mas que foi uma importante fonte para o historiador Arriano.

Nó Górdio: Górdio era a capital da antiga Frígia, na região central da Ásia Menor. Um nó famosamente difícil em torno da canga de uma carroça antiga foi desfeito ali em 333 por Alexandre; alguns dizem que ele o desatou, outros, que o cortou ao meio com sua espada.

Olímpia: cidade no oeste da Grécia onde os jogos olímpicos eram realizados a cada quatro anos.

Olímpia: esposa de Felipe e mãe de Alexandre. Nascida em Épiro, ela era brilhante, engenhosa, ambiciosa e às vezes cruel na luta para assegurar o lugar de Alexandre no trono da Macedônia. Depois da morte de Felipe, ela permaneceu na Macedônia, embora estivesse sempre se comunicando com Alexandre enquanto ele conquistava a Pérsia.

Olimpo: por tradição, a casa dos deuses; essa montanha de quase três mil metros de altura marcava a fronteira sul da Macedônia.

Olinto: cidade grega na península calcídica a leste da Macedônia destruída por Felipe em 348, depois de seus habitantes tramarem com os atenienses contra ele. Era o lar do historiador oficial de Alexandre, Calístenes.

Onesícrito: pupilo grego do filósofo Diógenes, serviu como timoneiro na esquadra de Alexandre. Seu último trabalho descrevia a Índia e retratava Alexandre como um filósofo, tanto quanto um guerreiro.

Oxo: o moderno Amu Darya, que nasce na fronteira norte do Afeganistão e flui para o Mar de Aral. Marcava a fronteira norte da antiga Báctria.

Parmênio: nobre macedônio e principal general de Felipe, também serviu sob Alexandre. Em geral, é retratado nos relatos antigos como excessivamente cauteloso em contraste com o ousado jovem Alexandre. Foi morto por ordem de Alexandre em 330, pouco depois da execução de seu filho, Filotas.

Passárgada: cemitério para a realeza persa, próximo a Persépolis, onde ainda se encontra a tumba de Ciro, o Grande.

Pausânio: jovem guarda-costas de Felipe que o matou em 336, após sofrer terríveis abusos nas mãos dos companheiros de Felipe.

Pela: notável cidade da Macedônia, segundo revelado por escavações. Substituiu Vergina (antiga Egas) como capital administrativa no final do século V a.C.

Pérdicas: um nome comum entre a nobreza macedônia. Pérdicas, filho de Orontes, foi um líder militar e guarda-costas de Alexandre, que sucedeu Heféstion como comandante da cavalaria em 324. Ele foi escolhido como guardião do filho de Alexandre com Roxane, mas morreu na guerra entre os sucessores.

Persas: um povo de fala indo-iraniana, aparentado aos medos e, de modo mais distante, às tribos do norte da Índia. Eles eram originalmente guerreiros tribais da região próxima a Persépolis, mas através de Ciro e seus sucessores, dominaram o maior império que o mundo havia conhecido até então.

Persépolis: residência principal dos reis persas no coração da antiga Pérsia, próximo à moderna Shiraz, no Irã. Alexandre queimou o palácio de lá em 330, mas os relatos do motivo para isso são discordantes. Escavações revelaram uma cidade impressionante, com relevos deslumbrantes dos reis.

Peucestas: um macedônio que salvou a vida de Alexandre durante uma taque à cidade indiana de Mali. Ele foi promovido a guarda-costas e, mais adiante, a sátrapa. Foi um dos poucos macedônios importantes a realmente abraçar a política orientalista de Alexandre.

Plutarco: nascido na metade do século I d.C., foi biógrafo de gregos e romanos famosos e uma das fontes favoritas de Shakespeare. Nativo de Queroneia, na Grécia central, escreveu um relato moralista sobre Alexandre que é a única fonte relevante sobre o início da vida dele.

Poro: rei de Pauravas, na região do Punjab, na Índia, Poro foi, segundo relatos, um rei bravo e honrado que lutou bem contra Alexandre em batalha no rio Hidaspes em 326, mas foi perdoado e reinstalado no trono depois disso. Posteriormente, foi assassinado pelo comandante macedônio de Taxila.

Pothos: palavra grega que significa um desejo profundo, um anseio. Foi usada pelo historiador Arriano para descrever o motivo de muitas das ações mais audaciosas e questionáveis de Alexandre.

Proskynesis: palavra grega usada para adoração religiosa, mas aplicada a diversos atos de reverência realizados diante do rei persa. Os esforços de Alexandre em incorporar a proskynesis nas cerimônias de sua corte encontraram resistência veemente dos macedônios.

Ptolomeu: amigo de infância e comandante militar de confiança de Alexandre em sua luta contra os persas. Posteriormente, ele se apossou do cadáver de Alexandre e se tornou rei do Egito, fundando uma dinastia que terminou com a celebrada Cleópatra. Suas memórias perdidas da expedição de Alexandre foram uma fonte essencial para historiadores que vieram mais tarde, especialmente Arriano.

Punjab: literalmente "a terra dos cinco rios", estendia-se nas regiões norte do que hoje são Paquistão e Índia. Alexandre guerreou ali em 326.

Queroneia: cidade na Grécia central onde, em 338, Felipe derrotou as forças gregas, inclusive o Bando Sagrado de Tebas. Foi também a primeira grande batalha de Alexandre.

Roxane: filha do nobre báctrio Oxiartes. Ela se casou com Alexandre em 327, pouco antes da invasão à Índia. Seu filho, Alexandre IV, era o único herdeiro legítimo do pai. Ela e seu filho foram assassinados em 311.

Samarcanda: antiga Marcanda, a capital de Sogdiana, ficava na Estrada da Seda, no Uzbequistão. Foi um dos centros das guerras de Alexandre a partir de 329.

Sárdis: antiga capital de Lídia no região oeste da Ásia Menor. Rendeu-se a Alexandre em 334.

Sarissa: uma lança de madeira com ponta de ferro de até 5,5 metros de comprimento, usada de forma devastadora pela bem-treinada infantaria macedônia.

Sátrapa: termo persa tomado de empréstimo por Alexandre para designar o governador de uma província.

Scylax: marinheiro da Cária, na Ásia Menor, que serviu sob o primeiro grande rei Dário e explorou a rota marítima da Índia para o Egito.

Seleuco: conhecido posteriormente como Nicator ("conquistador"), ele serviu nas últimas guerras de Alexandre e obteve o domínio da Babilônia após a morte de Alexandre. Ele fundou uma dinastia que, por algum tempo, governou boa parte do império de Alexandre na Ásia.

Semíramis: rainha lendária da Babilônia que, segundo relatos, teria liderado um exército através do deserto gedrosiano, perdendo quase todos os seus soldados no percurso.

Sisíngambres: mãe de Dário, capturada em Isso, diz-se que ela foi tratada com grande respeito por Alexandre e teria cometido suicídio em sinal de luto pela morte dele.

Siuá: um grande oásis na fronteira moderna entre a Líbia e o Egito. Foi o lar do oráculo de Amon, visitado por Alexandre em 331.

Sogdiana: antiga região ao norte da Báctria que compreendia muito do que hoje compõe Tajiquistão e Uzbequistão. Alexandre guerreou ali a partir de 329.

Susa: antiga capital de Elam, onde hoje fica o sudeste do Irã. Foi a capital administrativa dos persas. Alexandre tomou a cidade sem derramamento de sangue em 331 e realizou um casamento coletivo ali em 324.

Taxila: antiga cidade no norte do vale do Indo, próxima à moderna Islamabad, no Paquistão. Seu rei foi um dos primeiros aliados de Alexandre na Índia.

Tebas: cidade famosa da Grécia central, derrotada e destruída por Alexandre em 335 como um aviso a todos que resistissem a ele.

Termópilas: estreito desfiladeiro na Grécia central onde os espartanos e seus aliados conseguiram conter todo o exército invasor persa em 380, até que os defensores foram mortos em sua totalidade.

Tessália: região ao sul da Macedônia famosa por sua cavalaria.

Tiro: antiga cidade fenícia, anteriormente uma ilha costeira, no litoral do moderno Líbano. Sofreu um longo cerco e foi finalmente tomada por Alexandre em 332.

Trácia: terra ao nordeste da Macedônia, habitada por tribos guerreiras.

Triballi: tribo do Danúbio derrotada por Alexandre em 335 durante suas primeiras batalhas ao norte dos Bálcãs. Posteriormente, forneceu soldados para suas guerras asiáticas.

Trirreme: um tipo de navio de guerra rápido e formidável dos gregos, propelido por três fileiras de remadores e com um Aríete de bronze na proa.

Troia: cidade no Helesponto, no noroeste da Ásia Menor, cenário da Guerra de Troia das lendas gregas. Escavações em suas ruínas perto da moderna Canacale, na Turquia, revelaram um local complexo, existente ali centenas de anos antes da visita de Alexandre, em 334.

Vergina: antiga Egas, essa cidade à beira das colinas tem vista para as planícies costeiras da Macedônia. Escavações revelaram espetaculares tumbas da realeza macedônia, inclusive o local em que Felipe foi enterrado. Foi também em um teatro de Vergina que Felipe foi assassinado.

Zoroastro: o nome grego do profeta persa Zaratustra, que estabeleceu uma tradição religiosa baseada na oposição de forças entre a escuridão e a luz, com Ahura Mazda como deus supremo.

NOTAS

NOTA DO AUTOR E AGRADECIMENTOS

19 *Epígrafe:* Arriano, *Anabasis* Livro 1, prefácio.

1. MACEDÔNIA

21 *Epígrafe:* Plutarco, *Vida de Alexandre,* 3.
21 *O mensageiro solitário:* Plutarco, *Vida de Alexandre,* 3. Devo às primeiras páginas de *Alexander of Macedon* de Green a imagem do mensageiro cavalgando de Olímpia até o acampamento de Felipe.
22 *ele ordenou que fosse cunhada uma moeda de prata:* Ver Arnold-Biucchi, *Alexander's Coins and Alexander's Image,* 47.
23 *a terra da Macedônia:* Para duas excelentes, e às vezes contraditórias, introduções à Macedônia e à história de sua família real, ver Hammond, *The Macedonian State,* e Borza, *In the Shadow of Olympus.*
23 *a terra selvagem da Trácia:* Heródoto 5.3-8.
25 *trocou seu idioma grego de costume pelo macedônio:* Plutarco, *Vida de Alexandre,* 51. Ver também Plutarco, *Eumenes de Cardia,* 14. A questão a respeito do idioma macedônio e da identidade étnica é uma das mais polêmicas da área de estudos clássicos. O debate muitas vezes é movido mais pelo moderno nacionalismo balcânico do que por evidências concretas. Inclino-me a aceitar a tese de que o macedônio era um

distante dialeto grego, não um idioma distinto. De todo modo, o resultado prático na época de Alexandre era que os macedônios consideravam-se não gregos, e as terras vizinhas também os viam assim.

25 *De acordo com o historiador grego Heródoto:* Heródoto 8.137-139.
26 *quando os persas invadiram a vizinha Trácia:* Heródoto 5.18-22.
27 *Ele foi até escolhido como embaixador persa para ir a Atenas:* Heródoto 8.140-144.
27 *a batalha final em Plateia em 479:* Heródoto 9.44.
27 *Depois que Alexandre foi assassinado:* Cúrcio 6.11.
28 *Pérdicas foi assassinado por Arquelau, seu filho ilegítimo:* Platão, *Górgias*, 471.
28 *um golpe malsucedido orquestrado por sua esposa, Eurídice:* Justino, 7.4.
29 *foi mandado como refém para a cidade grega de Tebas:* Justino, 7.5.
31 *quatro mil soldados macedônios jaziam mortos no campo de batalha:* Diodoro da Sicília, 16.2.
31 *Felipe rapidamente prendeu e executou um dos irmãos:* Diodoro da Sicília, 16.3.
31 *A disciplina vinha antes de tudo:* Diodoro da Sicília, 16.3; Claudio Eliano, *Varia Historia*, 14.48.
33 *decidiu atacar os ilírios liderados por Bardilis:* Diodoro da Sicília, 16.4.
35 *"Diz-se que, ainda enquanto jovem":* Plutarco, *Vida de Alexandre*, 2 (o texto equivocadamente retrara Arribas como irmão de Olímpia, mas aceitei a inscrição emendada "irmão do pai dela"). O ano exato em que ocorreu este encontro e as idades de Felipe e Olímpia são incertos.
35 *dois deuses gêmeos conhecidos como os Cabiri:* Heródoto, 2.51.
36 *Outras histórias dizem que na véspera:* Plutarco, *Vida de Alexandre*, 2.
36 *dormindo ao lado de uma cobra enorme:* Plutarco, *Vida de Alexandre*, 2-3.
37 *o grande templo da deusa Ártemis:* Plutarco, *Vida de Alexandre*, 3; Cícero, *Sobre a adivinhação*, 1.47.
37 *A infância de Alexandre em Pela:* Plutarco, *Vida de Alexandre*, 4-5.
38 *Como Alexandre descreveria depois:* Plutarco, *Vida de Alexandre*, 22.
38 *Ele era tão parcimonioso:* Plutarco, *Vida de Alexandre*, 25.
38 *Lisímaco:* Plutarco, *Vida de Alexandre*, 5.
38 *Uma das primeiras histórias sobre Alexandre:* Plutarco, *Vida de Alexandre*, 5; Cúrcio, 6.5; Diodoro da Sicília, 16.52.
39 *Meninos, meu pai está me derrotando em tudo:* Plutarco, *Vida de Alexandre*, 5.

39 *São Paulo:* Atos 16.
40 *Felipe armou um cerco a Methone:* Diodoro da Sicília, 16.31, 34. Uma miniatura de marfim encontrada em Vergina e identificada como uma estátua de Felipe apresenta uma cicatriz acima da sombrancelha direita. Um crânio fraturado encontrado no mesmo local, e que supostamente seria de Felipe, apresenta lesões na altura do olho direito.
40 *a cidade de Olinto:* Diodoro da Sicília, 16.8.
41 *Vocês já prestaram atenção:* Demóstenes, *Olínticas*, 1.12-13.
41 *A delegação que Atenas mandou a Pela:* Ésquines, *Contra Timarco*, 166-169.
42 *um cavalo chamado Bucéfalo:* Plutarco, *Vida de Alexandre*, 6; Diodoro da Sicília, 17.76; Gélio, *Noites áticas*, 5.2; Arriano, 5.19; Plínio, *História natural*, 8.44.
43 *"Você é tolo a ponto de criticar os mais velhos?":* Plutarco, *Vida de Alexandre*, 6.
43 *Meu filho, você deve buscar um reino:* Plutarco, *Vida de Alexandre*, 6.
44 *Aristóteles:* Plutarco, *Vida de Alexandre*, 7-8; Diógenes Laércio, 5.1.
46 *Plutarco descreve Alexandre:* Plutarco, *Vida de Alexandre*, 4.
47 *da bela prostituta trácia Calixeina:* Ateneu, 10.435.
47 *tanto o sexo quanto o sono:* Plutarco, *Vida de Alexandre*, 22.
47 *apenas se pudesse competir contra reis:* Plutarco, *Vida de Alexandre*, 4.
47 *Felipe deixou seu filho em Pela como regente:* Plutarco, *Vida de Alexandre*, 9.
48 *Queroneia:* Diodoro da Sicília, 16.84-86.
50 *ele convocou uma assembleia geral:* Diodoro da Sicília, 16.89; Tod, *Greek Historical Inscriptions* #177.
51 *Philippeum:* Pausânias, 5.20.9-10.
52 *Felipe mal havia retornado a Pela:* Plutarco, *Vida de Alexandre*, 9-10.
53 *"Olhem, todos!":* Plutarco, *Vida de Alexandre*, 9.
53 *"O touro está pronto para o abate":* Diodoro da Sicília, 16.91.
54 *Demarato de Corinto:* Plutarco, *Vida de Alexandre*, 9.
54 *Pixodaro:* Plutarco, *Vida de Alexandre*, 10; Diodoro da Sicília, 16.74.
56 *Seus sonhos vão mais alto que o céu:* Diodoro da Sicília, 16.92.

2. GRÉCIA

58 *Epígrafe:* Plutarco, *Vida de Alexandre*, 11.
58 *Pausânias:* Diodoro da Sicília, 16.93-94; Justino, *Epítome*, 9.6-7; Plutarco, *Vida de Alexandre*, 10.

60 *Os relatos das ações de Olímpia:* Justino, 9.7. Justino (11.2) menciona um filho de Felipe e Cleópatra chamado Carano, porém muitos estudiosos acreditam que esta foi uma invenção acrescentada posteriormente.
61 *Plutarco registrou:* Plutarco, *Vida de Alexandre*, 10.
61 *"Aquele que oferece a noiva":* Plutarco, *Vida de Alexandre*, 10; Eurípides, *Medeia*, 17.4; Arriano, *Anábase de Alexandre*, 1.1; Plutarco, *Vida de Alexandre*, 14. 289.
61 *uma grande tumba em Vergina:* Descoberta e escavada por Manolis Andronikos em 1977.
62 *Alexandre, de Lincéstide:* Arriano, *Anábase de Alexandre*, 1.25; Justino, 11.2.
62 *uma assembleia das tropas:* Justino, 11.1.
63 *Átalo:* Diodoro da Sicília, 16.93, 17.2, 5; Justino, 9.5; Cúrcio, 7.1, 8.1.
64 *entre as cidades gregas:* Diodoro da Sicília, 17.3-4; Plutarco, *Demóstenes*, 23.
66 *Alexandre convocou a Liga de Corinto:* Diodoro da Sicília, 17.4; Arriano, *Anábase*, 1.1; Plutarco, *Vida de Alexandre*, 14.
67 *Se eu não fosse Alexandre:* Plutarco, *Vida de Alexandre*, 14.
67 *templo sagrado de Delfos:* Plutarco, *Vida de Alexandre*, 14.
67 *Não houve tempo para Alexandre descansar:* A melhor referência sobre a campanha de Alexandre no norte é a *Anábase de Alexandre*, de Arriano, 1.1-6.
68 *Ponerópolis:* Fragmenta der griechischen Historiker: 115 F 110.
71 *os relatos de Ptolomeu:* Arriano, *Anábase de Alexandre*, 1.2.
71 *Danúbio:* Hesíodo, *Teogonia*, 339. Ver também Heródoto, 4.47-51.
71 *os getas:* Heródoto, 4.93-94.
71 *Dário, o Grande Rei da Pérsia:* Heródoto, 4.89-143.
72 *um pothos, em grego:* Arriano, *Anábase de Alexandre*, 1.3.
72 *Os soldados pegaram a cobertura de suas tendas:* Xenofonte, *Anábase*, 1.5.
73 *tribálios:* Arriano, *Anábase de Alexandre*, 1.4; Diodoro da Sicília, 17.3-4.
73 *os celtas:* Arriano, *Anábase de Alexandre*, 1.4.
74 *Saindo do Danúbio, Alexandre partiu para o sudoeste:* Sobre a campanha de Alexandre na Ilíria, ver Arriano, *Anábase de Alexandre*, 1.5-6.
77 *os estados gregos mais uma vez haviam se levantado contra ele:* Arriano, *Anábase de Alexandre*, 1.7-10; Diodoro, 17.8-15; Plutarco, *Vida de Alexandre*, 11-13; Justino, 11.3-4.
78 *como sabiamente observou Arriano:* Arriano, *Anábase de Alexandre*, 1.7.

81 *Conforme Diodoro relata:* Diodoro da Sicília, 17.9.
83 *De acordo com Plutarco:* Plutarco, *Vida de Alexandre*, 12.
84 *a notícia da destruição de Tebas:* Arriano, *Anábase de Alexandre*, 1.10; Diodoro da Sicília, 17.15.
85 *Fócion:* Plutarco, *Fócion*, 17.
85 *Alexandre e seus homens marcharam para a Macedônia:* Arriano, *Anábase de Alexandre*, 1.11; Diodoro da Sicília, 17.16.

3. ÁSIA

87 *Epígrafe:* Isaías, 45.1.
87 *Houve um rei chamado Astiages:* Heródoto, 1.107-123.
89 *"Nem neve, nem chuva":* Heródoto, 8.98. Vem daí o lema não oficial do serviço postal dos Estados Unidos.
89 *"cavalgar, atirar com o arco, dizer a verdade":* Heródoto, 1.136.
90 *Alexandre começou sua guerra contra o Império Persa:* Arriano, *Anábase de Alexandre*, 1.11; Justino, 11.5; Plutarco, *Vida de Alexandre*, 15; Diodoro da Sicília, 17.17.
91 *Protesilau:* Heródoto, 9.116.
91 *Quando o Grande Rei Xerxes cruzou o Helesponto:* 7.34-36.
91 *cruzar sozinho o Eleo:* Arriano, *Anábase de Alexandre*, 1.11; Diodoro da Sicília, 17.17.
92 *O primeiro ato de Alexandre na Ásia:* Arriano, *Anábase de Alexandre*, 1.11-12; Diodoro da Sicília, 17.17; Plutarco, *Vida de Alexandre*, 15.
93 *"Eu não dou a mínima para essa harpa":* Plutarco, *Vida de Alexandre*, 15.
93 *A maior tristeza de Alexandre, lamentou ele:* Arriano, *Anábase de Alexandre*, 1.12.
93 *De Troia, Alexandre foi 32 quilômetros para o norte:* Arriano, *Anábase de Alexandre*, 1.12; Justino, 11.6.
95 *rio Grânico:* Arriano, *Anábase de Alexandre*, 1.13-16; Diodoro da Sicília, 17.19-21; Plutarco, *Vida de Alexandre*, 16.
97 *Arriano descreve um diálogo similar:* Arriano, *Anábase de Alexandre*, 1.18, 2.25, 3.10, 18.
99 *Alexandre, filho de Felipe e de todos os gregos:* Arriano, *Anábase de Alexandre*, 1.16.
100 *Ele designou seu comandante de cavalaria, Calas:* Arriano, *Anábase de Alexandre*, 17.

100 *A vida em campanha:* Plutarco, *Vida de Alexandre*, 23.
100 *Do rio Grânico, Alexandre marchou para o sul:* Arriano, *Anábase de Alexandre*, 17; Diodoro da Sicília, 17.21; Plutarco, *Vida de Alexandre*, 17.
102 *"Se Creso mandar uma grande armada contra os persas":* Heródoto, 1.53-86.
104 *na cidade costeira de Éfeso:* Arriano, *Anábase de Alexandre*, 1.17.
104 *"Grande é Ártemis dos efésios":* Atos 19.28.
105 *O famoso pintor Apeles:* Plínio, *História natural*, 35.92.
106 *Mileto:* Arriano, *Anábase de Alexandre*, 1.18; Diodoro da Sicília, 17.22-23.
106 *A dedicatória inscrita em grego:* Todd #184. Hoje se encontra no British Museum em Londres.
108 *as razões dadas pelo historiador Arriano:* Arriano, *Anábase de Alexandre*, 1.20.
109 *Halicarnasso:* Arriano, *Anábase de Alexandre*, 1.20-23; Diodoro da Sicília, 17.23-27.
111 *Na cidade litorânea de Iasos:* Plínio, *História natural*, 9.8; Todd #190.
114 *em direção aos selvagens planaltos da Lícia:* Arriano, *Anábase de Alexandre*, 1.24.
115 *De acordo com um relato:* Polieno, 5.35.
115 *próximas ao rio Xanto:* Plutarco, *Vida de Alexandre*, 17; Arriano, *Anábase de Alexandre*, 1.24.
115 *um relato preocupante de Parmênio:* Arriano, *Anábase de Alexandre*, 1.25; Diodoro da Sicília, 17.32; Justino, 11.7; Cúrcio, 3.7, 7.1.
116 *um aluguel muito alto pelos nove meses:* Arriano, *Anábase de Alexandre*, 7.12.
117 *monte Climax:* Arriano, *Anábase de Alexandre*, 1.26; Diodoro da Sicília, 14.3.9.
117 *uma tribo local conhecida como os marmares:* Diodoro da Sicília, 17.28.
118 *Panfília:* Arriano, *Anábase de Alexandre*, 1.26-28.
119 *Górdio:* Arriano, *Anábase de Alexandre*, 1.29-2.3; Cúrcio, 3.1.9.
121 *Memnon:* Arriano, *Anábase de Alexandre*, 2.1-2; Diodoro da Sicília, 17.29-31; Cúrcio, 3.1.19-21.

4. ISSO

123 *Epígrafe:* Arriano, *Anábase de Alexandre*, 2.7.
123 *A história do nó górdio:* Arriano, *Anábase de Alexandre*, 2.3; Cúrcio, 3.1.14-18; Plutarco, *Vida de Alexandre*, 18; Justino, 11.7.

124 *Uma versão alternativa dizia:* Heródoto, 7.73, 8.138.
124 *O segundo ano da campanha de Alexandre:* Arriano, *Anábase de Alexandre*, 2.4; Cúrcio, 3.1.22-4.15; Plutarco, *Vida de Alexandre*, 18.
125 *O exército de Xenofonte:* Xenofonte, *Anábase*, 1.2.21.
126 *pular nu no rio Cydnus:* Cúrcio 3.5; Arriano, *Anábase de Alexandre*, 2.4; Plutarco, *Vida de Alexandre*, 19; Justino, 11.8.
126 *o rio era famoso por suas propriedades curativas:* Estrabão, 14.5.12; Plínio, *História natural*, 31.11.
128 *uma nova moeda de prata:* Arnold-Biucchi #7 (p. 51).
128 *Sardanapalos:* Arriano, *Anábase de Alexandre*, 2.5.
129 *Anfíloco:* Estrabão, 14.5.16.
129 *Hárpalo:* Arriano, *Anábase de Alexandre*, 3.6.
129 *pela sua leitura de Xenofonte:* Xenofonte, *Anábase*, 1.4.
130 *Dário:* Cúrcio, 3.2; Diodoro da Sicília, 17.31; Arriano, *Anábase de Alexandre*, 2.8.
130 *Isso:* Arriano, *Anábase de Alexandre*, 2.7-11; Cúrcio, 3.8-11; Políbio, 12.17; Diodoro da Sicília, 17.32-35; Plutarco, *Vida de Alexandre*, 20-21; Justino, 11.9.
135 *acampamento de Dário:* Arriano, *Anábase de Alexandre*, 2.11-12; Cúrcio, 3.11-13; Plutarco, *Vida de Alexandre*, 20; Diodoro da Sicília, 17.35-38.
136 *"Então é isso que significa ser um rei":* Plutarco, *Vida de Alexandre*, 20.
137 *colocou todo o seu exército em formação:* Arriano, *Anábase de Alexandre*, 2.12; Cúrcio, 3.12.
138 *cidade síria de Damasco:* Cúrcio, 3.13; Arriano, *Anábase de Alexandre*, 2.11, 15; Plutarco, *Vida de Alexandre*, 21; Justino, 11.10; Polieno, 4.5; Plínio, *História natural*, 7.29; Estrabão, 13.1.27.
140 *Farnabazo:* Arriano, *Anábase de Alexandre*, 2.13.
141 *Alexandre levantou acampamento em Isso:* Arriano, *Anábase de Alexandre*, 2.13-15; Plutarco, *Vida de Alexandre*, 24; Cúrcio, 4.1; Diodoro da Sicília, 39.1-2.
143 *Sídon:* Arriano, *Anábase de Alexandre*, 2.15; Cúrcio, 4.1.15; Diodoro da Sicília, 16.45.
143 *Tiro:* Arriano, *Anábase de Alexandre*, 2.15-24; Cúrcio, 4.1-4; Diodoro da Sicília, 17.40-46; Plutarco, *Vida de Alexandre*, 24-25; Justin 11.10.
144 *"Vocês acham mesmo que estão seguros":* Cúrcio, 4.2.5.
145 *Heródoto disse:* Heródoto, 4.42.

145 *O alfabeto grego:* Heródoto, 5.58.
146 *ao sumo sacerdote em Jerusalém:* Flávio Josefo, *Antiguidades judaicas*, 11.8.
150 *um monstro marinho gigante:* Diodoro da Sicília 17.41.
153 *Flávio Josefo:* Flávio Josefo, *Antiguidades judaicas*, 11.8.
153 *emissários do Grande Rei:* Arriano, *Anábase de Alexandre*, 2.25; Cúrcio 4.5; Diodoro da Sicília 17.48.
154 *Gaza:* Arriano, *Anábase de Alexandre*, 2.25-27; Cúrcio 4.6; Heródoto, 3.5.
156 *Cambises:* Heródoto 3.9-12.

5. EGITO

157 *Epígrafe:* Heródoto 2.35.
157 *dos textos de Heródoto:* Heródoto 2, 3.17-26, 4.181.
158 *Ápis:* Heródoto 3.27-29.
158 *a frota de Alexandre:* Arriano, *Anábase de Alexandre*, 3.1; Cúrcio, 4.7.
159 *Heliópolis:* Heródoto 2.3: Estrabão, 17.27.
160 *Mênfis:* Heródoto, 2.153, 3.27-28.
161 *para onde o rei prosseguiu depois de Mênfis:* Arriano, *Anábase de Alexandre*, 3.1; Cúrcio, 4.7-8.
161 *Calístenes, ao interior da Etiópia:* fragmentos de Aristóteles, 246 (reunidos por Valentin Rose).
162 *ele precisava de um novo porto:* Arriano, *Anábase de Alexandre*, 3.1-2; Plutarco, *Vida de Alexandre*, 26; Cúrcio, 4.8; Diodoro da Sicília, 17.52; Justino, 11.11; Estrabão, 17.1.6-8.
163 *Há uma ilha:* Plutarco, *Vida de Alexandre*, 26, citando Homero, *Odisseia*, 4.354-355.
163 *um pothos, ou um desejo, tomou Alexandre:* Arriano, *Anábase de Alexandre*, 3.1.
164 *Hegeloco:* Arriano, *Anábase de Alexandre*, 3.2; Cúrcio, 4.5.
164 *um decreto para o povo de Quios:* Todd #192.
165 *Siuá:* Arriano, *Anábase de Alexandre*, 3.3-4; Plutarco, *Vida de Alexandre*, 26-27; Cúrcio, 4.7; Diodoro da Sicília, 17.49-51; Estrabão, 17.1.42-43.
165 *Píndaro cantava em seu louvor:* Píndaro, *Epinícios*, 4.16; comentário a respeito de *Epinícios*, 9.53, fragmento 36.
169 *a Estação do Sol:* Heródoto, 4.181.
170 *O paidon:* Plutarco, *Vida de Alexandre*, 27.
171 *como diz o historiador Arriano:* Arriano, *Anábase de Alexandre*, 3.4.

171 *Ptolomeu:* Arriano, *Anábase de Alexandre*, 3.4. Ver também Wood 78-82 e os detalhes excelentes de *Barrington Atlas of the Greek and Roman World*, mapas 73-75.
173 *De volta a Mênfis:* Arriano, *Anábase de Alexandre*, 3.5; Cúrcio, 4.8; Estrabão, 17.1.43.
174 *Um grato burocrata egípcio chamado Petosiris:* Kuhrt 2007, 1.460-461.

6. MESOPOTÂMIA

176 *Epígrafe:* Diário Astronômico Babilônico de 331 a.C. (Kuhrt 1.447).
176 *samaritanos:* Cúrcio, 4.8; Eusébio, *Crônicas*, 2.223, 229; Cross, "Papyri of the Fourth Century B.C. from Daliyeh."
177 *Tiro:* Arriano, *Anábase de Alexandre*, 3.6; Plutarco, *Vida de Alexandre*, 29; Cúrcio, 4.8.
180 *a mulher de Dário:* Plutarco, *Vida de Alexandre*, 30; Diodoro da Sicília, 17.54; Cúrcio, 4.10; Justino, 11.12.
180 *seguidores de acampamento:* Plutarco, *Vida de Alexandre*, 31.
181 *os macedônios finalmente chegaram à cidade de Tapsacos:* Arriano, *Anábase de Alexandre*, 3.7.
182 *o Grande Rei estava movimentando seus homens:* Arriano, *Anábase de Alexandre*, 3.7; Diodoro da Sicília, 17.53.
183 *os macedônios chegaram ao rio Tigre:* Arriano, *Anábase de Alexandre*, 3.7; Cúrcio, 4.9; Diodoro da Sicília, 17.55.
184 *ocorreu um evento extraordinário:* Arriano, *Anábase de Alexandre*, 3.7; Cúrcio, 4.10; Plutarco, *Vida de Alexandre*, 31.
184 *Fragmentos de uma tábua babilônica:* Kuhrt 1.447.
185 *Ariston:* Arriano, *Anábase de Alexandre*, 3.7-8; Cúrcio, 4.9.
186 *camelo:* Plutarco, *Vida de Alexandre*, 31.
186 *Alexandre mandou que seus soldados:* Arriano, *Anábase de Alexandre*, 2.9-11.
189 *"Por que, você não sabe que já ganhamos?":* Plutarco, *Vida de Alexandre*, 32.
189 *O exército de Dário:* Arriano, *Anábase de Alexandre*, 3.11.
190 *ele partiu com sua força de cavalaria:* Arriano, *Anábase de Alexandre*, 3.13-15; Cúrcio, 4.12-16; Diodoro da Sicília, 17.57-61; Plutarco, *Vida de Alexandre*, 33; Justino, 11.14.
192 *Como os fragmentos de tábuas da Babilônia registraram:* Kuhrt 1.447.
193 *os cidadãos da Grécia ficaram horrorizados:* Diodoro da Sicília, 17.61; Cúrcio, 6.1; Justino, 12.1.

194 *Ecbátana:* Arriano, *Anábase de Alexandre*, 3.16; Diodoro da Sicília, 17.64; Cúrcio, 5.1; Políbio, 10.27.

196 *uma poça de betume:* Plutarco, *Vida de Alexandre*, 25; Cúrcio, 5.1; Heródoto, 1.179; Estrabão, 16.1.15.

196 *na história bíblica de Noé:* Gênesis, 6.14.

197 *Alexandre continuou a marcha para o sul:* Cúrcio, 5.1; Arriano, *Anábase de Alexandre*, 3.16.

198 *Babilônia:* Heródoto, 1.179-200; Cúrcio, 5.1; Arriano, *Anábase de Alexandre*, 3

200 *Hamurabi:* Pritchard, 163-180.

200 *Ele deu ordens estritas a seus homens:* Kuhrt 1.447.

201 *os requisitos do jantar:* Polieno, 4.3.32.

203 *caldeus:* Estrabão, 16.1.6; Plutarco, *Vida de Alexandre*, 57; Hesíodo, *Teogonia*. O mito de criação da Babilônia *Enuma Elish* é encontrado em muitas traduções, inclusive na de Pritchard, 60-72.

204 *o patriarca bíblico Abraão:* Gênesis, 11-12.

205 *Gilgamesh:* As tábuas cuneiformes que contêm *O épico de Gilgamesh* foram recuperadas por arqueólogos no século passado. Uma das melhores edições modernas é a de Kovacs, 3.16; Plutarco, *Vida de Alexandre*, 36; Allen, 65-72.

205 *Susa:* Cúrcio, 5.2; Diodoro da Sicília, 17.65-66; Arriano, *Anábase de Alexandre*, 16; Estrabão, 16.1.5; Diodoro da Sicília, 17.64

7. PERSEPÓLIS

209 *Epígrafe:* Christopher Marlowe, *Tamburlaine the Great Part I*.

209 *os uxianos:* Arriano, *Anábase de Alexandre*, 3.16; Cúrcio, 5.3; Diodoro da Sicília, 17.67; Estrabão, 15.3.4.

211 *os Portões Pérsicos:* Arriano, *Anábase de Alexandre*, 3.18; Cúrcio, 5.3-4; Diodoro da Sicília, 17.68: Plutarco, *Vida de Alexandre*, 37.

215 *uma corrida para chegar à capital:* Arriano, *Anábase de Alexandre*, 3.18; Diodoro da Sicília, 17.69; Cúrcio, 5.5; Justino, 11.14.

216 *Persépolis:* Diodoro da Sicília, 17.70-72; Cúrcio, 5.6-7; Plutarco, *Vida de Alexandre*, 37-38; Arriano, *Anábase de Alexandre*, 3.18; Justino, 11.14; Allen, 72-81.

217 *Eu sou Dário:* Kuhrt 2.488.

221 *Passárgada:* Estrabão, 15.3.7-8; Arriano, *Anábase de Alexandre*, 6.29; Plutarco, *Vida de Alexandre*, 69.
222 *Homem mortal:* Arriano, *Anábase de Alexandre*, 6.29; Plutarco, *Vida de Alexandre*, 69.
224 *Thaïs:* Diodoro da Sicília, 17.72; Cúrcio, 5.7; Plutarco, *Vida de Alexandre*, 38; Arriano, *Anábase de Alexandre*, 3.18; Estrabão, 15.3.6.
225 *capturar o rei:* Arriano, *Anábase de Alexandre*, 3.19-21; Cúrcio, 5.8.

8. BÁCTRIA

231 *Epígrafe:* Arriano, *Anábase de Alexandre*, 3.28.
232 *Mas, para o exército macedônio:* Cúrcio, 6.2-3; Diodoro da Sicília, 17.74. A paráfrase do discurso de Alexandre a suas tropas é baseado na passagem de Cúrcio.
233 *Hircânia:* Arriano, *Anábase de Alexandre*, 3.23-25; Diodoro da Sicília, 17.75-77; Estrabão, 11.7.2; Cúrcio, 6.4-5; Plutarco, *Vida de Alexandre*, 44-46; Heródoto, 1.203.
236 *Lisímaco:* Plutarco, *Vida de Alexandre*, 46. *Satibarzanes:* Arriano, *Anábase de Alexandre*, 3.25.
238 *adotando os costumes de um rei estrangeiro:* Diodoro da Sicília, 17.77; Plutarco, *Vida de Alexandre*, 45; Cúrcio, 6.6.
238 *Filotas:* Plutarco, *Vida de Alexandre*, 48-49; Arriano, 3.26-27; Cúrcio, 6.7-7.2; Diodoro, 17.79-80; Justino, 12.5; Estrabão, 15.2.
240 *Drangiana:* Arriano, *Anábase de Alexandre*, 3.28; Diodoro, 17.81-83; Cúrcio, 7.3.
247 *passagem de Khawak:* Arriano, *Anábase de Alexandre*, 3.28; Diodoro da Sicília, 17.83; Cúrcio, 7.3. Devo a descrição da passagem a Lane Fox 294-297 e a Wood 138-147.
248 *desceu da passagem de Khawak:* Arriano, *Anábase de Alexandre*, 3.28-29; Cúrcio, 7.4-5; Diodoro da Sicília, 17.83.
249 *Arriano:* Arriano, *Anábase de Alexandre*, 3.29.
250 *brânquidas:* Cúrcio, 7.5.
251 *Sogdiana:* Arriano, *Anábase de Alexandre*, 3.30-4.7; Cúrcio, 7.5-11.
258 *algumas boas notícias:* Arriano, *Anábase de Alexandre*, 4.7, 15; Cúrcio, 7.10.
259 *Alexandre renovou sua campanha:* Arriano, *Anábase de Alexandre*, 4.15-17; Cúrcio, 7.10, 8.1.

261 *Clito:* Plutarco, *Vida de Alexandre,* 50-52; Arriano, *Anábase de Alexandre,* 4.8-9; Cúrcio, 8.1-2; Justino, 12.6; Luciano, *Rhetorum Praeceptor,* 5-6.
263 *Eurípides:* Eurípides, *Andrômaca,* 693-700.
265 *Quando o fim chegou para Spitamenes:* Cúrcio, 8.2-4; Arriano, *Anábase de Alexandre,* 4.17-18.
265 *immodicus amor:* Cúrcio, 8.3.2.
267 *Rocha Sogdiana:* Arriano, *Anábase de Alexandre,* 4.18-21; Cúrcio, 7.11, 8.4.

9. ÍNDIA

270 *Epígrafe:* Heródoto, 3.98.
270 *trinta mil garotos nativos:* Arriano, *Anábase de Alexandre,* 7.6; Cúrcio, 8.5; Diodoro da Sicília, 17.108; Plutarco, *Vida de Alexandre,* 71.
271 *proskynesis:* Plutarco, *Vida de Alexandre,* 53-55; Arriano, *Anábase de Alexandre,* 4.10-14; Cúrcio, 8.5-8; Justino, 12.7; Ateneu, *Deipnosophistae,* 13.556b.
271 *Heródoto diz:* Heródoto, 1.134.
271 *Um esperto emissário tebano:* Claudio Eliano, *Varia Historia* 1.21.
272 *espartanos em visita:* Heródoto, 7.136.
274 *Alexandre e seu exército deixaram a Báctria:* Arriano, *Anábase de Alexandre,* 4.22-5.4; Cúrcio, 8.9-12; Plutarco, *Vida de Alexandre,* 57-58; Diodoro da Sicília, 17.85-86.
277 *Scylax:* Heródoto, 4.44.
278 *Heródoto:* Heródoto, 3.38, 98-106, 4.40.
279 *Alexandre e seu exército cruzaram o Indo:* Arriano, *Anábase de Alexandre,* 5.3-8; Cúrcio, 8.12-13; Diodoro da Sicília, 17.86. Ver também Wheeler, 1968, 102-122.
281 *até a planície do Hidaspes:* Arriano, *Anábase de Alexandre,* 5.8-19; Plutarco, *Vida de Alexandre,* 60-61; Cúrcio, 8.13-14; Diodoro da Sicília, 17.87-89; Justino, 12.8.
284 *"Como um rei":* Plutarco, *Vida de Alexandre,* 60; Arriano, *Anábase de Alexandre,* 5.19.
285 *invadir a Índia oriental:* Arriano, *Anábase de Alexandre,* 5.20-29; Diodoro da Sicília, 17.89-95; Plutarco, *Vida de Alexandre,* 62; Cúrcio, 9.1-3.
287 *Oito anos atrás, declarou o rei:* O discurso é parafraseado de Arriano, *Anábase de Alexandre,* 26, e Cúrcio, 9.2.

288 *doze imensos altares*: Arriano, *Anábase de Alexandre*, 5.29; Diodoro da Sicília, 17.95; Cúrcio, 9.3; Plutarco, *Vida de Alexandre*, 62; Justino, 12.8.

289 *A jornada de retorno ao Hidaspes*: Arriano, *Anábase de Alexandre*, 5.29-6.3; Diodoro da Sicília, 17.95-96; Cúrcio, 9.3.

289 *a viagem*: Arriano, *Anábase de Alexandre*, 6.4-20; Diodoro da Sicília, 17.96-104; Cúrcio, 9.3-9; Plutarco, *Vida de Alexandre*, 63-66.

291 *apesar de nunca ter aprendido a nadar*: Plutarco, *Vida de Alexandre*, 58.

291 *da mesma forma que seu herói, Aquiles*: Homero, *Ilíada*, 21.

294 *"Alexandre, atos de bravura é que fazem os homens de verdade"*: Arriano, *Anábase de Alexandre*, 6.13.

294 *religiões nativas*: Arriano, *Anábase de Alexandre*, 6.7, 16, 7.1-2; Plutarco, *Vida de Alexandre*, 64-65; Diodoro da Sicília, 17.102-103.

295 *Um relato conta*: Arriano, *Anábase de Alexandre*, 7.1.

10. BABILÔNIA

298 *Epígrafe*: Arriano, *Anábase de Alexandre*, 7.16.

298 *a marcha pelo deserto da Gedrósia*: Arriano, *Anábase de Alexandre*, 6.21-26; Diodoro da Sicília, 17.104-105; Cúrcio, 9.10; Plutarco, *Vida de Alexandre*, 66-67.

299 *de modo claro pelo historiador Arriano*: Arriano, *Anábase de Alexandre*, 7.24.

302 *Eles ficaram tão encorajados, diz Arriano*: Arriano, *Anábase de Alexandre*, 7.26.

302 *A última parte da viagem de Paura a Persépolis*: Arriano, *Anábasis de Alexandre*, 6.27-28, *Indica*, 34; Plutarco, *Vida de Alexandre*, 67; Diodoro da Sicília, 17.106-108.

303 *A narrativa de Nearco*: Arriano, *Indica*, 19-43; Diodoro da Sicília, 17.106; Estrabão, 15.5-14.

309 *seu velho amigo Aristóbolo*: Luciano, *Quomodo historia conscribenda sit* 12.

311 *conquistas futuras*: Arriano, *Anábase de Alexandre*, 7.1, 16; Plutarco, *Vida de Alexandre*, 68; Cúrcio, 10.1.

311 *a viagem fenícia sobre a qual lera em Heródoto*: Heródoto, 4.42.

312 *o sátrapa Abulites*: Plutarco, *Vida de Alexandre*, 68; Arriano, *Anábase de Alexandre*, 7.4.

313 *Calano, o sábio indiano*: Arriano, *Anábase de Alexandre*, 7.3; Plutarco, *Vida de Alexandre*, 69; Diodoro da Sicília, 17.107.

314 *um casamento coletivo naquele inverno em Susa:* Arriano, *Anábase de Alexandre*, 7.4; Plutarco, *Vida de Alexandre*, 70; Diodoro da Sicília, 17.108.

315 *A crise atingiu o auge:* Arriano, *Anábase de Alexandre*, 7.7-12; Plutarco, *Vida de Alexandre*, 71; Diodoro da Sicília, 17.109.

316 *um dos discursos mais apaixonados de sua vida:* Parafraseado de Arriano, *Anábase de Alexandre*, 7.9-10.

317 *Olímpia, e o idoso regente Antípatro:* Arriano, *Anábase de Alexandre*, 7.12-13, 28; Plutarco, *Vida de Alexandre*, 74-75.

318 *Ecbátana:* Arriano, *Anábase de Alexandre*, 7.14, 23; Plutarco, *Vida de Alexandre*, 72; Diodoro da Sicília, 17.110-115; Justino, 12.12.

320 *cosseanos:* Arriano, *Anábase de Alexandre*, 7.15, *Indica* 40; Plutarco, *Vida de Alexandre*, 72; Diodoro da Sicília 17.111.

321 *Quando Alexandre finalmente se aproximou das muralhas da Babilônia:* Arriano, *Anábase de Alexandre*, 7.16-30; Diodoro da Sicília, 17.112-118; Plutarco, Vida de *Alexandre*, 73-77; Justino, 12.13-16.

322 *dramaturgo grego Eurípides:* Arriano, *Anábase de Alexandre*, 7.16.

11. ATÉ OS CONFINS DA TERRA

326 *Epígrafe:* Arriano, *Anábase de Alexandre*, 7.30.

326 *já circulavam rumores de que o rei havia sido assassinado:* Arriano, *Anábase de Alexandre*, 7.27; Diodoro da Sicília 17.118, Plutarco, *Vida de Alexandre*, 77.

327 *Conta-se uma história triste e encantadora:* Arriano, *Anábase de Alexandre*, 7.27.

327 *morte de Alexandre:* Os eventos imediatamente posteriores à morte de Alexandre são mais bem preservados, com seu habitual floreio retórico, em Cúrcio, 10.5-10.

332 *No livro bíblico de Daniel:* Daniel, 7.23

335 *O poeta italiano Dante: Inferno,* Canto 12.107

335 *"delinquente juvenil bêbado":* Mary Beard "A Don's life" (timesonline.typepad.com/dons_life/). Acessado em 3 de julho de 2009.

BIBLIOGRAFIA

FONTES ANTIGAS

As fontes antigas sobre a vida de Alexandre são abundantes, mas problemáticas. Ao contrário de Júlio César, cujos relatos em primeira mão da guerra na Gália e das lutas pela sobrevivência de Roma foram preservados, Alexandre, pessoalmente, não escreveu nada que tenha chegado até os nossos dias além de alguns poucos decretos registrados em inscrições e de fragmentos de um punhado de cartas, possivelmente genuínas, citadas por autores posteriores. Dessa forma, a busca por relatos precisos de Alexandre se torna muito semelhante à busca pelo Jesus histórico ou por Sócrates. Assim como ocorre com essas duas figuras históricas da Antiguidade, nosso conhecimento de Alexandre depende principalmente de relatos deixados por aqueles que o conheciam, amigos ou inimigos. Contudo, mesmo as biografias de Alexandre escritas ainda durante sua vida ou logo após sua morte desapareceram das bibliotecas gregas e romanas no final da Antiguidade. Isso nos deixa apenas com relatos de segunda mão escritos por historiadores dos tempos romanos que tiveram acesso àquelas fontes primordiais.

Nada disso significa que não há esperança na busca pelo Alexandre histórico – muito pelo contrário. Apenas é preciso estar bastante ciente dos problemas associados às fontes. Mesmo relatos escritos por aqueles que conheceram e viajaram com Alexandre têm seus objetivos particulares. Alguns contemporâneos desprezavam o rei macedônio e não perdiam uma oportunidade de denegri-lo como um bêbado assassino que procurava a glória eterna a qualquer custo. Outros o retrataram como uma alma nobre e gentil, o paradigma de um governante justo. Como todo historiador moderno, cada biógrafo antigo foi profundamente influenciado pelas circunstâncias sob as quais escreveu e por seus próprios preconceitos.

As fontes antigas sobre Alexandre começam com Calístenes, sobrinho de Aristóteles e nativo da cidade grega de Olinto, uma cidade destruída pelo pai de Alexandre, Felipe. Alexandre escolheu Calístenes para acompanhá-lo em sua expedição e enviar relatórios elogiosos de sua exploração heroica para os gregos. Calístenes sem dúvida guardou muito rancor contra a casa real da Macedônia por arrasar sua cidade natal, mas atendeu Alexandre, escrevendo propaganda obsequiosa até que o rei ordenou sua execução. Seus relatos estavam amplamente disponíveis, ao menos em parte, para a maioria dos antigos biógrafos de Alexandre.

Um dos mais importantes entre os primeiros biógrafos do rei macedônio foi seu amigo de infância Ptolomeu, filho de Lago, que viria a ser faraó do Egito. Ptolomeu esteve ao lado de Alexandre desde as primeiras campanhas no Danúbio até os últimos dias na Babilônia. Como companheiro de longa data com conhecimento íntimo da vida de Alexandre, ele não poderia ser uma fonte melhor – exceto pelo fato de ter interesse em retratar seu amigo sob um ângulo positivo. Escrevendo em Alexandria durante sua velhice, Ptolomeu precisava de um Alexandre heroico e admirável para fortalecer sua própria legitimidade como sucessor e governante do Egito. Ainda assim, não era um bajulador, e foi uma fonte crucial para os detalhes das conquistas militares de Alexandre para os escritores que vieram depois dele, especialmente Arriano.

Outra testemunha ocular da jornada de Alexandre foi o engenheiro grego Aristóbolo. Ele acompanhou Alexandre em sua expedição e foi responsável por diversos projetos, como a restauração da tumba de Ciro. Seu relato de Alexandre é uniformemente positivo, a ponto de soar suspeito. Parte dessa memória seletiva pode ser perdoada pelo fato de ele ter escrito sua narrativa já em seus oitenta anos. Várias histórias do cavalheirismo de Alexandre, como o modo com que tratou as mulheres da casa real da Pérsia, vieram diretamente da pena de Aristóbolo. Ele não era um soldado, mas tinha uma ótima capacidade de observação para a geografia e as ciências naturais, o que fica evidente nos empréstimos que Arriano e Estrabão fizeram de seu texto.

Nearco, de Creta, foi outro amigo de infância de Alexandre que o acompanhou em sua campanha. Ele foi uma fonte essencial para escritores posteriores sobre as batalhas de Alexandre na Índia, e a melhor fonte para sua própria viagem como almirante da frota que retornou do Indo até a Pérsia.

Outras narrativas em primeira mão das campanhas de Alexandre sobreviveram nos tempos antigos, mas esses relatos variam entre anedotas duvidosas até rumores escandalosos. O grego Onesícrito foi um pupilo do filósofo cínico Diógenes e timoneiro da esquadra que retornou da Índia. Ele escreveu uma história altamente elogiosa de Alexandre como um rei filósofo, e suas descrições da Índia e dos brâmanes foram muito utilizadas por historiadores posteriores. Carés, da ilha grega de Lesbos, serviu como camareiro de Alexandre em seus últimos anos. Suas memórias cheias de fofocas sobre a vida nos bastidores do trono encheu dez volumes e foi utilizada por diversos biógrafos posteriores, especialmente suas descrições da controvérsia sobre a *proskynesis* e o casamento coletivo em Susa. Um panfleto escrito por Éfipo, também de Olinto, preservou várias histórias fantasiosas de luxúria citadas por Ateneu. Nicóbulo ficou conhecido apenas por seus escritos nesta mesma linha. Médio, de Tessália, é lembrado como o anfitrião do jantar babilônio no qual teve início a decadência fatal de Alexandre. Mais tarde, ele escreveu um relato elogioso ao macedônio, talvez para desviar as acusações de que teria envenenado o rei. Policlito, outro tessálio, pode também ter acompanhado a expedição de Alexandre, pois oferece informações geográficas detalhadas, citadas por Estrabão. Outras testemunhas oculares que escreveram sobre as campanhas de Alexandre são conhecidas apenas por seus nomes ou em breve fragmentos.

Outros registros contemporâneos, como diários da expedição, as anotações pessoais de Alexandre e as cartas do líder macedônio citados frequentemente por Plutarco têm, na melhor das hipóteses, valor questionável. Algumas das cartas podem ser genuínas, mas outras são criações posteriores, assim como os supostos diários e, provavelmente, as anotações também.

Um dos primeiros registros de Alexandre vem não de uma testemunha ocular, mas de alguém jovem demais para acompanhar a expedição à Ásia. Cleitarco era filho do historiador grego Dinon, autor de uma história da

Pérsia famosa por seu sensacionalismo. Seu filho deu continuidade à tradição familiar com um suspense cheio de ação sobre as conquistas de Alexandre. Escrito apenas alguns anos após a morte do rei, esta obra de vários volumes foi muito lida nos mundos grego e romano. Cleitarco pôde estudar relatos oficiais da expedição durante sua pesquisa em Atenas e Alexandria, mas também desfrutou da tradição da oralidade, entrevistando veteranos que haviam retornado para obter múltiplas perspectivas das batalhas e outros eventos essenciais.

Todas essas fontes iniciais sobre a vida de Alexandre se perderam no tempo. O que possuímos são as obras dos historiadores que vieram depois, usaram essas fontes e nos passaram, ao menos em parte, essas informações. Um grupo de historiadores conhecido hoje em dia como tradição vernacular utiliza Cleitarco como sua fonte primária, mas complementa a obra dele com a de outros autores. Diodoro da Sicília escreveu uma obra de quarenta volumes sobre a história do mundo desde o início dos tempos até sua época, no século I a.C., em que apresenta Alexandre como um rei exemplar. Baseando-se nessa mesma tradição, Trogo, da Gália, contemporâneo de Diodoro cuja obra sobreviveu apenas em um resumo feito pelo escritor latino Justino no século III d.C., é mais pródigo em recriminações de Alexandre como um tirano sangrento. O historiador romano Cúrcio, que provavelmente escreveu durante o reinado do imperador romano Cláudio, critica Alexandre de modo similar, em uma história altamente retórica e cheia de discursos inventados.

O biógrafo Plutarco buscou suas fontes na tradição vernacular, mas também leu amplamente outras fontes. Ele nasceu no meio do século I d. C., na cidade grega de Queroneia, o mesmo local em que Felipe, o pai de Alexandre, venceu sua batalha decisiva contra os gregos. Como ele mesmo admite, seu objetivo não era escrever uma biografia histórica, e sim uma história de vida moralmente instrutiva para os leitores. Sua visão de Alexandre é, em geral, positiva, embora às vezes possa ser bastante crítica. Plutarco preserva nosso único relato detalhado dos primeiros anos de Alexandre.

O lugar de honra entre os biógrafos de Alexandre, no entanto, pertence a Arriano, da Bitínia. Ele nasceu no final do século I d. C. e foi educado pelo famoso professor estoico Epíteto, preservando os elevados ensinamentos morais de seu mestre em um manual conhecido como *Enchirídion*. Mas

Arriano não foi um erudito recluso. Ele possuiu altos cargos políticos e serviu no exército romano como comandante de campo em batalhas por toda a Ásia Menor. Sua história de Alexandre não é, de forma alguma, perfeita, mas oferece um quadro detalhado e equilibrado de um homem extraordinário, marcado por falhas muito humanas. As fontes primárias de Arriano foram Ptolomeu e Aristóbolo.

Muitos outros escritores latinos e gregos do mundo antigo mencionam Alexandre. Estrabão se refere a ele com frequência em sua *Geografia*, enquanto Ateneu cita muita passagens de autores perdidos ao longo de seu grande jantar de filósofos. Fontes não gregas são raras, mas existem esparsas referências estrangeiras a Alexandre, tais como registros astronômicos babilônios.

A evidência antiga residual de Alexandre é mais tangível. Possuímos valiosas e diversas inscrições da Grécia e de outros locais registrando decretos emitidos por ele ou relatos de suas atividades. Propaganda e moedas cunhadas por Alexandre como pagamento sobreviveram desde o Mediterrâneo até a Índia. A arqueologia também revelou detalhes fascinantes sobre Alexandre e seu mundo. Escavações na Turquia, Iraque, Irã, Afeganistão e, obviamente, nas deslumbrantes descobertas das tumbas reais macedônias em Vergina, no norte da Grécia, trouxeram o mundo de Alexandre à vida como nunca antes havia ocorrido.

FONTES MODERNAS

Os leitores que desejam explorar a literatura moderna sobre Alexandre têm um vasto conjunto de livros e artigos disponível – mas devem estar cientes de que os Alexandres à mão são tão distintos entre si quanto os autores que escreveram sobre ele.

Circunstâncias políticas têm influenciado eruditos modernos tanto quanto o fizeram com os autores antigos. A obra de W. W. Tarn, escrita durante os anos finais do Império Britânico, continua importante, embora sua análise excessivamente positiva de Alexandre não seja uma das favoritas entre os eruditos atuais. Escritores mais recentes oferecem um retrato mais heterogêneo de seu caráter, embora eu tenha lido poucos eruditos modernos que questionassem seriamente seu gênio militar.

Para uma introdução geral, recomendo muito *Alexander the Great*, de Paul Cartledge, uma coleção culta e de fácil leitura de estudos sobre os diferentes estágios da vida de Alexandre. Para uma biografia perspicaz e que prende a atenção do leitor, não há outra melhor que *Alexander the Great*, de Robin Lane Fox. Além da de Fox, o retrato mais sombrio de Alexandre feito por Peter Green em *Alexander of Macedon* deveria estar na lista de leitura de todos. Se você deseja seguir o árduo caminho de Alexandre da Grécia até a Índia e a Babilônia, deve ler *In the Footsteps of Alexander the Great*, de Michael Wood, de preferência assistindo ao vídeo homônimo da PBS.

Alguns dos estudos mais especializados sobre Alexandre que eu recomendaria seriam o de Waldemar Heckel, *Who's Who in the Age of Alexander the Great*, um livro útil para diferenciar os vários persas e macedônios que, inconvenientemente, têm o mesmo nome; as obras de Frank Holt sobre Alexandre na Báctria e na Índia, maravilhosos guias para as campanhas no oriente, em especial *Into the Land of Bones: Alexander the Great in Afghanistan*. Importantes estudos recentes sobre a antiga Pérsia incluem a coleção de fontes primárias de Amélie Kuhrt em *The Persian Empire*, o monumental estudo de Pierre Briant, *From Cyrus to Alexander*, e *The Persian Empire*, de Lindsay Allen. Para o que veio após a vida de Alexandre e sua lenda, os livros de Richard Stoneman são essenciais.

Allen, Lindsay. *The Persian Empire*. Chicago: University of Chicago Press, 2005.
Andronicos, Manolis. *Vergina: The Royal Tombs*. Atenas: Ekdotike Athenon, 1993.
Arnold-Biuchhi, Carmen. *Alexander's Coins and Alexander's Image*. Cambridge, Massachusetts: Harvard University Art Museums, 2006.
Ashley, James R. *The Macedonian Empire*. Jefferson, Carolina do Norte: McFarland & Company, 1998.
Borza, Eugene N. *In the Shadow of Olympus: The Emergence of Macedon*. Princeton: Princeton University Press, 1990.
Bosworth, A. B. *Alexander and the East: The Tragedy of Triumph*. Oxford: Clarendon Press, 1996.
——. *Conquest and Empire: The Reign of Alexander the Great*. Cambridge: Cambridge University Press, 1988.
——. *A Historical Commentary on Arrian's History of Alexander*, 2 vols. Oxford: Clarendon Press, 1980, 1995.
Bosworth, A. B., e Baynham, E. J., eds. *Alexander the Great in Fact and Fiction*. Oxford: Oxford University Press, 2000.
Briant, Pierre. *From Cyrus to Alexander: A History of the Persian Empire*. Winona Lake, Indiana: Eisenbrauns, 2002.
Brosius, Maria. *The Persians*. Nova York: Routledge, 2006.
Carney, Elizabeth. *Olympias: Mother of Alexander the Great*. Nova York: Routledge, 2006.

Cartledge, Paul. *Alexander the Great*. Nova York: Vintage Books, 2004.
——. *The Spartans*. Nova York: Vintage Books, 2004.
——. *Thermopylae*. Nova York: Vintage Books, 2007.
Cohen, Ada. *The Alexander Mosaic: Stories of Victory and Defeat*. Cambridge: Cambridge University Press, 2000.
Cross, Frank Moore. "Papyri of the Fourth Century B.C. from Daliyeh" in Freedman, David Noel, e Greenfield, Jonas C., eds., *New Directions in Biblical Archaeology*, 41–62. Nova York: Doubleday, 1969
Cunliffe, Barry. *Europe Between the Oceans: 9000 BC–AD 1000*. New Haven: Yale University Press, 2008.
Curtis, Vesta Sarkhosh. *Persian Myths*. Austin: University of Texas Press, 1993.
Dahmen, Karsten. *The Legend of Alexander the Great on Greek and Roman Coins*. Nova York: Routledge, 2007.
Engels, Donald W. *Alexander the Great and the Logistics of the Macedonian Army*. Berkeley: University of California Press, 1980.
Fildes, Alan, e Fletcher, Joann. *Alexander the Great: Son of the Gods*. Los Angeles: The J. Paul Getty Museum, 2002.
Fox, Robin Lane. *Alexander the Great*. Nova York: Penguin, 2004.
——. *The Search for Alexander the Great*. Boston: Little, Brown and Company, 1980.
Green, Peter. *Alexander of Macedon, 356–323 B.C.: A Historical Biography*. Berkeley: University of California Press, 1991.
——. *Alexander to Actium*. Berkeley: University of California Press, 1990.
Hamilton, J. R. *Plutarch: Alexander*. Oxford: Oxford University Press, 1969.
Hammond, N.G.L. *Alexander the Great: King, Commander and Statesman*. Bristol: The Bristol Classical Press, 1989.
——. *The Macedonian State: The Origins, Institutions and History*. Oxford: Clarendon Press, 1989.
——. *Sources for Alexander the Great*. Cambridge: Cambridge University Press, 1993.
——. *Three Historians of Alexander the Great*. Cambridge: Cambridge University Press, 1983.
Hanson, Victor Davis. *A War Like No Other*. Nova York: Random House, 2005.
Heckel, Waldemar. *The Conquests of Alexander the Great*. Cambridge: Cambridge University Press, 2008.
——. *Who's Who in the Age of Alexander the Great*. Malden, Massachusetts: Blackwell Publishing, 2006.
Heckel, Waldemar, Tritle, Lawrence, e Wheatley, Pat, eds. *Alexander's Empire: Formulation to Decay*. Claremont, California: Regina Books, 2007.
Heisserer, A.J. *Alexander the Great and the Greeks: The Epigraphic Evidence*. Norman, Oklahoma: University of Oklahoma Press, 1980.
Holland, Tom. *Persian Fire*. Nova York: Anchor Books, 2007.
Holt, Frank L. *Alexander the Great and Bactria*. Nova York: Brill, 1993.
——. *Alexander the Great and the Mystery of the Elephant Medallions*. Berkeley: University of California Press, 2003.

———. *Into the Land of Bones: Alexander the Great in Afghanistan.* Berkeley: University of California Press, 2005.

———. *Thundering Zeus: The Making of Hellenistic Bactria.* Berkeley: University of California Press, 1999.

Hyde, Walter Woodburn. *Ancient Greek Mariners.* Nova York: Oxford University Press, 1947.

Ivantchik, Askold, e Licheli, Vakhtang, eds. *Achaemenid Culture and Local Traditions in Anatolia, Southern Caucasus and Iran.* Leiden: Brill, 2007.

Kagan, Donald. *The Peloponnesian War.* Nova York: Penguin, 2004.

Kent, Roland G. *Old Persian.* New Haven: American Oriental Society, 1953.

Kovacs, Maureen. *The Epic of Gilgamesh.* Palo Alto, California: Stanford University Press, 1989.

Kuhrt, Amélie. *The Persian Empire: A Corpus of Sources from the Achaemenid Period,* 2 vols. Nova York: Routledge, 2007.

Mossé, Claude. *Alexander: Destiny and Myth.* Baltimore: Johns Hopkins University Press, 2004.

Olmstead, A. T. *History of the Persian Empire.* Chicago: University of Chicago Press, 1948.

Parker, Grant. *The Making of Roman India.* Cambridge: Cambridge University Press, 2008.

Pearson, Lionel. *The Lost Histories of Alexander the Great.* Philadelphia: American Philological Association, 1960.

Pollard, Justin, and Reid, Howard. *The Rise and Fall of Alexandria.* Nova York: Penguin, 2006.

Pritchard, James B., ed. *Ancient Near Eastern Texts Relating to the Old Testament.* Princeton: Princeton University Press, 1955.

Renault, Mary. *The Nature of Alexander.* Nova York: Pantheon Books, 1975.

Roisman, Joseph, ed. *Alexander the Great: Ancient and Modern Perspectives.* Lexington, Massachusetts: D. C. Heath and Company, 1995.

———. *Brill's Companion to Alexander the Great.* Leiden: Brill, 2003. Romm, James S. *The Edges of the World in Ancient Thought.* Princeton: Princeton University Press, 1992.

Romm, James S., ed. *Alexander the Great: Selections from Arrian, Diodorus, Plutarch, and Quintus Curtius.* Indianapolis: Hackett Publishing, 2005.

Ross, David. *The Works of Aristotle: Volume XII Selected Fragments.* Oxford: Clarendon Press, 1952.

Sedlar, Jean. *India and the Greek World.* Totowa, New Jersey: Rowman and Littlefield, 1980.

Spencer, Diana. *The Roman Alexander.* Exeter: University of Exeter Press, 2002.

Stark, Freya. *Alexander's Path.* Woodstock, Nova York: The Overlook Press, 1988.

Stevenson, Rosemary B. *Persica: Greek Writing about Persia in the Fourth Century BC.* Edinburgo: Scottish Academic Press, 1997.

Stoneman, Richard. *Alexander the Great.* Nova York: Routledge, 1997.

———. *The Greek Alexander Romance.* Nova York: Penguin, 1991.

———. *Alexander the Great: A Life in Legend*. New Haven: Yale University Press, 2008.
Strassler, Robert B., ed. *The Landmark Herodotus*. Nova York: Pantheon Books, 2007.
———. *The Landmark Thucydides*. Nova York: Touchstone, 1998.
Talbert, Richard J. A., ed. *Barrington Atlas of the Greek and Roman World*. Princeton: Princeton University Press, 2000.
Tarn, W. W. *Alexander the Great: Volume II Sources and Studies*. Cambridge: Cambridge University Press, 1948.
———. *The Greeks in Bactria and India*. Chicago: Ares Publishers, 1984.
Thomas, Carol G. *Alexander the Great in His World*. Malden, Massachusetts: Blackwell Publishing, 2007.
Tod, Marcus N. *Greek Historical Inscriptions From the Sixth Century B.C. to the Death of Alexander the Great in 323 B.C.* Chicago: Ares Publishers, 1985.
Tuplin, Christopher, ed. *Persian Responses: Political and Cultural Interaction with(in) the Achaemenid Empire*. Swansea: The Classical Press of Wales, 2007.
Wheeler, Mortimer. *Flames Over Persepolis*. Londres: Weidenfeld and Nicolson, 1968.
Wood, Michael. *In the Footsteps of Alexander the Great*. Berkeley: University of California Press, 1997.
Woodard, Roger D., ed. *The Ancient Languages of Asia Minor*. Cambridge: Cambridge University Press, 2008.
———. *The Cambridge Encyclopedia of the World's Ancient Languages*. Cambridge: Cambridge University Press, 2004.
———. *The Ancient Languages of Mesopotamia, Egypt, and Aksum*. Cambridge: Cambridge University Press, 2008.
Worthington, Ian, ed. *Alexander the Great: Man and God*. Harlow, Reino Unido: Pearson Education Limited, 2004.
———. *Alexander the Great: A Reader*. Nova York: Routledge, 2003.
———. *Philip II of Macedonia*. New Haven: Yale University Press, 2008.

CRÉDITOS DAS ILUSTRAÇÕES

1. Formação de lanças sarissa: Rob Shone/Getty Images
2. Monte Olimpo: Philip Freeman
3. Acrópole de Atenas: Alison Dwyer
4. Túmulo de Felipe: Philip Freeman
5. Ruínas de Troia: Philip Freeman
6. Inscrição em Priene: British Museum
7. Halicarnasso: Philip Freeman
8. Tiro: Frank e Helen Schreider/Getty Images
9. Mosaico de Alexandre: Museo Archeologico Nazionale, Nápoles/Getty Images
10. Pirâmides de Gizé. Philip Freeman
11. Palácio de Dário: DEA/W.BUSS/Getty Images
12. Túmulo de Ciro, o Grande: Dmitri Kessel/Getty Images
13. Montanhas de Hindu Kush: Grant Dixon/Getty Images
14. Moeda comemorativa da vitória sobre o rei indiano Poro: British Museum
15. Moeda cunhada por Lisímaco: British Museum

ÍNDICE REMISSIVO

Abdalônimo 143
Abdera 68-69
Abii 254
Abraão (patriarca biblíco) 204-205
Abreas 290-291
Abu Simbel, estátuas de 158
Abulites (sátrapa de Susa) 206-208, 312-14
Acampamento de Alexandre no Egito 168-69
Acesines, rio 284-86, 290-91, 296
Acrópolis 49-51
Ada, rainha de Cária 54, 109-114, 128-29, 136-37
Adivinhação 203-204
Admeto 152-53
África 311-12, 321
Afrodite (deusa) 201-202
Agamenon 21
Agaton 203-204
Agis, rei de Esparta 139-41, 173-74, 178, 193-95
Agrianos 23-24, 74-76, 82
Ahuramazda (deus persa) 89, 218, 331-32
Albaneses 182-83
Alcorão 331-32
Alemanha 73-74
Alexandre de Lincéstide 61-62, 115-17, 127-28
Alexandre I, rei da Macedônia 25-27
Alexandre II, rei da Macedônia 28-29
Alexandre III (o Grande), rei da Macedônia:
   afeição por elogios de 101-102
   Alexandria, Egito, fundada por 162-64
   armadura de 92-93
   ascendência de 24-29
   ascendência divina de, mitos de 35-37, 51-52, 166-68, 170-72, 173-74
   ataque a Malli 290-94, 310-11
   ataque aos citas 256-57
   ataque aos Portões Pérsicos por 211-15
   Atenas, visita a 49-51
   atividades diárias da campanha 100-102
   autocontrole por, valorização do 46-47
   Bagoas e 233-34

Batis, execução de 155
beber de, hábito de 101-102, 261-62, 327
brânquidas, massacre dos 250-51
Bucéfalo e 41-43
Bucéfalo e, roubo de 236-37
bustos de mármore de 46-47
campanha de inverno de 114-16
campanha de Maedi 47-48
campanha indiana de 258-59, 270-97
campanha persa de; *Ver também* Campanha persa de Alexandre
casamento coletivo organizado por 313-14
celtas, visita dos 73-75
cerco a Pellium por 75-77
chegada à Ásia de 91-93
cidades fundadas por 137-38, 162-65, 239-40, 245-47, 253-54, 296, 299-300
Clito, assassinato de 260-65, 269
como governante internacional 198-99
como regente da Macedônia 47-48
conspiração contra 127-128
conspiração para assassinato de 115-17
critério artístico de 106
cunhagem de moedas em homenagem a 128-29
Dário e, morte de 231-32
Dário, carta ofensiva enviada a 142
Dário, no encalço de 226-29
Dário, ofertas de paz de 141-42, 153-55
Dário, sentado no trono de 220-21
Dário, tratamento dado à família de 135-37
decisão de retornar à Macedônia 286-88
Delfos, visita a 67-68
descrição física de 46-47
despachos de 192-93
destruição do palácio real em Persépolis 223-26
detalhes administrativos e 273-75
Diógenes e 66-68
diplomacia de 254
discursos às tropas 232-34, 286-88, 316-17

dívidas dos soldados pagas por 314
eclipse lunar e 184-85
educação de 37-39
em Gaza 154-55
em Hircânia 233-37
em Susa 206-208
enfermidade de 126-28
estratégias de 33-34
estrutura de governo persa, manutenção da 99-101, 103
extravagâncias de reis nativos adotadas por 237-38
falta de experiência em batalhas navais de 107, 149-51
Felipe e, assassinato de 56-57, 59-61
Felipe por, repúdio de 52-53
ferimentos de 253, 256-58, 292-94
Filotas contra, plano de 240-45
frota naval de 105-109, 147-49, 158-59, 163-64
frota naval, debandada por 108-109
garotos persas, treinamento militar de 313-14
Gaugamela por, estratégia usada em 189-92
general de Felipe, assassinato do 28-29
harém de 237-39
Heféstion e, morte de 319-21
húbris de 166-67
idioma de 24-25
infância de 37-39
interesse por religiões de 202-203, 294-95
interesses intelectuais de 45-46
invasão do Danúbio 67-75
lealdade comprada por 280-81
legado de 329-36
lira de, prática de 40-41
luta para garantir o trono 237-38
lutas pela sucessão após a morte de 327-30
marcha para a Babilônia 195-97
medicina de, conhecimentos de 99-100, 127-28
mercenários gregos recrutados por 149-50
mercenários gregos, tratamento dado aos 99-101, 120-21
montanhas persas, expedição às 222-24
morte de 324-27
mudança na cadeia de comando por 227-28
mudança nas políticas de 197-99
mulheres de, relacionamentos com 46-47
na Babilônia 198-205
na Queroneia 48-50, 78
nascimento de 22-23, 36-37
no deserto gedrosiano 298-300
nó górdio e 123-24
noivas persas de 314
opiniões modernas sobre 334-36
oráculo de Siuá e 158, 164-72

Parmênio, diminuição da influência de 104, 113-14, 228
passagem do Eufrates por 181-182
personalidade de 101-102
Pixodaro, incidente com 54-55
planos de futuras conquistas de 310-13
primeiro entre um grupo de iguais, visto como 237-38
primogênito de 139-40
propaganda de 93-95
proskynesis, embrólio em torno da 271-74
rebelião grega e 63-68, 77-85
rebelião sogdiana e 255-58
religião de 100-101, 165-66
retrato encomendado por 105-106
revogação de impostos de, promessa de 62-63
revolta de Satibarzanes e 238-40
revolta em Tebas e 79-85
Rocha Sogdiana 267-69
Roxane, casamento com 268-70
samaritanos, massacre dos 177-78
soldados não gregos, integração no exército de 74-75
tentativa de assassinato por Hermolau 273-74
terra arrasada, política de 125
tribálios, em batalha contra os 68-71
tribos árabes e 148-50
Troia, visita a 91-94
tutores de 25-26, 37-39, 43-46
veteranos desligados do exército por 249, 315-17
Alexandre IV 328-29
Alexandre, rei de Épiro 55-56, 59-61
Alexandria (Cilícia) 137-38
Alexandria (Egito) 162-65, 328, 332-34
Alexandria (Índia) 296
Alexandria (Kandahar) 245-47, 297
Alexandria dos Arianos 239-40
Alexandria Escate 253, 256
Alexandria no Cáucaso 246-47, 274-75
Alexandrópolis 47-48
Alinda 109-110
Altitude (mal-estar) 246-47
Amazonas 234-36
Amintas (general de Felipe) 52, 203-204
Amintas (refugiado da Macedônia) 129-31
Amintas (soldado) 78
Amintas III, rei da Macedônia 27-29, 44-45
Amintas, rei da Macedônia 26-27
Ammonii 169-70
Amun (deus) 164-65
Anahita (deus persa) 89
Anaxarco 264-65
Anaxímenes 93-94
Anaxipo 237-39

Ancira 124
Andrômaco 177-78
Anfíloco 129-30
Anfípolis 38-40
Anfótero 178
Ano Novo persa, cerimônia do 218
Anquiale 128-29
Antibelo 228
Antígona 241-42
Antígono 120-21, 328-29
Antíoco IV Epifânio 332-33
Antioquia 129-30
Antípatro 45-46, 61-63, 85, 115-16, 173-74, 178, 193-94, 203-204, 317-18, 326, 328, 329-29
Aornos 275-77
Apeles 105-106
Apolo (deus) 41-42
Apolodoro 203-204
Apolofanes 305-306
Áquiles 35-36, 92-93, 155, 204-205, 319, 321
Arábia 180, 310-11, 324
Arabis, rio 304-305
Arabitas 298-99, 303-304
Aracósia 182-83, 239-40
Arax, rio 215
Arbela 185-86, 194-96
Arcádia 79, 84
Argeu 30-31
Argos 21, 25-26, 79, 103
Arimã 89
Ariobarzanes (sátrapa) 211-15, 217
Aristandro de Telmessos 35-36, 114-17, 154-55, 166-67, 184-85, 188-89, 212, 256, 263-64
Aristarco de Samos 333-34
Aristóbolo 124, 290-91, 309-310
Aristogíton 206-207
Ariston 184-86, 190-91
Aristônico 259-61
Aristônico de Metimma 163-64
Aristóteles 25-26, 43-46, 50-51, 73-74, 90-91, 99-100, 106, 115-16, 124, 136-37, 273, 320, 328-29
Armênios 131-32
Arquelau, rei da Macedônia 27-28
Arriano 78, 80, 81, 96-97, 108, 116-17, 162-63, 171-72, 225-26, 249, 266-67, 298-99, 302-304
Arribas, rei de Épiro 34-36
Arrideu 34-35, 54, 328-29
Arsames (sátrapa da Cilícia) 94-95, 125-26
Arsites (sátrapa do Helesponto) 94-95, 99-100
Artabazo 38-39, 234-35, 244-45, 248
Artacoana 237, 238-40, 241-42
Artaxerxes II, Grande Rei da Pérsia 206-207
Artaxerxes III, Grande Rei da Pérsia 22-23, 51, 158-59, 227-28

Artaxerxes IV, Grande Rei da Pérsia 51, 53, 139-40, 314
Ártemis (deusa) 36-37, 104
Asandro 103, 104
Asclépio 292-93, 319
Asclepiodoro 203-204
Ashoka 330-31
Ashur 196-97
Ásia Menor 65-66, 114-15
  cidades gregas da 51
Aspendo 117-19
Assíria 196-97
Astiages, rei de Media 87-88
Astronomia 202-204
Átalo 52-53, 58-64
Ataques noturnos 186-88
Atar (deus persa) 89
Atena (deusa) 91-92, 100-101,137-38
Atenas 22-25, 28, 30, 32, 47-51, 56, 62-63, 120-21, 139-40, 193-94, 225-26, 234-35
  Atenodoro multado por 180
  destruição de 88, 220-221
  e a expansão de Felipe 39-42
  e a revolta contra Alexandre 64-66, 78-79, 84-85
  em aliança com Tebas 48-49
  estátuas devolvidas a 206-207
  marinha de 85
  nas Guerras Persas 25-27, 88
  ofertas de paz de Memnon a 120-22
  templo de Amon em 165-166
Atenodoro 179-80
Atenofanes 196-97
Atizies 134-35
Audata 33-34, 75-76
Augusto, imperador de Roma 333-34
Autariatae 74-76
Avaris 159-60
Azemilco, rei de Tiro 144
Baal 128
Babilônia 88-89, 131-32, 180, 181-82, 192-93, 195-205, 208, 216, 217
  caldeus na 202-204
  como cidade planejada 199-200
  compromissos de Alexandre na 203-205
  maus agouros na chegada de Alexandre na 322-24
  mito de criação da 203-204
  Porta de Ishtar na 198-201
  templo de Ishtar na 201-203
  templos de Mel-Marduk em 199-200
  tratamento persa dado à 200-201
bacantes, As (Eurípides) 27-28
Báctria 182-83, 208, 225-26, 229, 231-69, 288-89, 308-309
Bagistanes 228

ÍNDICE REMISSIVO

Bagoas (amante de Alexandre) 233-34, 303, 349
Bagoas (grão-vizir) 51, 53, 227-28
Balacro 137-38
Baleias 306-308
Bando Sagrado de Tebas 30-31, 31-32, 48-50
Barcani 131-32
Bardilis, rei da Ilíria 30-34, 74-75
Barsaentes 229
Barsine (esposa de Memnon) 109, 139-40, 234-35, 328, 369
Batalha de Queroneia 48-50, 51, 78, 83, 127-28
Batis 154-55, 155
Bazira 275-76
Bedoínos 155
Beirute 143
Bel-Marduk (deus) 199-202, 322
Bessos (sátrapa da Báctria) 182-83, 188-89, 190-91, 194-96, 232-33, 237-40, 245-48, 250, 258-59
Betume 195-97
Bibacta 303-304
Biblos 142-43
Bistanes 226-28
Brâmanes 296
Brânquidas 110-11, 173-74, 250-51
Bucéfalo (cavalo) 41-43, 86, 98-99, 105, 189-90, 283-84
Budismo 294
Cabiri 34-35
Cabul 246-47
Cadusianos 182-83
Calano 295, 313-14
Calas 99-101, 115-16, 125
Caldeus 201-204, 205, 298
Calendários 22-23
Calines 317
Calístenes 90-91, 116-17, 160-61, 192-93, 263-64, 273-74
    prisão e execução de 273-74
Calixina 46-47
Cambises, Grande Rei da Pérsia 88, 155-56, 158, 159-61
Campanha persa de Alexandre 66-67, 86
    Ásia Menor, terras altas da 124-25
    ataques noturnos na 186-88
    Báctria na 231-69
    Batalha de Gaugamela 185-93
    Batalha de Isso 129-38
    Batalha do Grânico 94-100
    bônus para o exército 204-205
    campanha do Egito 154-55, 155-56, 157-75
    campanha na Lícia 114-22
    cerco a Halicarnasso 109-14
    cerco a Tiro 143-48, 149-54
    como guerra de conquista 104
    cunha imperial em Tarsos 128
    Dário, oferta de paz de 141-42
    eclipse lunar durante a 183-85
    Éfeso, tomada de 104-106
    falta de recursos na 89-91
    Helesponto, travessia do 91-92
    Hindu Kush na 245-48
    início da 90-92
    licença de inverno 113-14
    Mileto, queda de 106-108
    na Índia 270-97
    na Mesopotâmia 176-208
    Persépolis na 209-30
    recrutas do exército macedônio na 203-204
    rendição de Sárdis 101-103
    retorno à Babilônia na 298-325
    seguidores de acampamento na 180-81
    Sogdiana na 248-61
    tamanho do exército macedônio na 90-91, 182-83
    tribos árabes na 148-50
Capadócia 125
Caravanas 154-55
Cária 54-55, 109-114, 128-29, 136-37
Carídemo 85, 122
Carmânia 303-304, 308-309
Carros ceifadores 190-91
Cartago 144, 147, 151-52, 167-69, 311-12, 361
Casamento 33-34
Cassandro 45-46, 318, 326, 328, 328-29
Catapultas 77, 256-57
Cateanos 285-86
Cebalino 241-42
Cegueira da neve 246-47
Celenas 119-21
Celtas 73-75, 322
Ceno 113-14, 259-61, 264-65, 281-82, 287-88, 289-90
Cetríporis, rei da Trácia 39-40
Chandragupta, imperador mauriano 329-31
Chios 120-21, 140-41, 163-65
    exílio dos governantes de 164-65
Chipre 147-49, 179
Cilícia 125-26, 128, 129-38, 154-55
Ciluta 297
Ciro, Grande Rei da Pérsia 87-88, 102-103, 155-56, 205-206, 209, 216, 221-22, 256-57, 298-99
    túmulo de 221-22, 309-11
Cirópolis 255-56
Cítia, citas 71-72, 88, 182-83, 208, 252-53, 256-57, 258-59, 312-13, 322
Cleandro 149-50, 243-44
Cleomenes 174-75
Cleópatra (filha de Felipe) 52-53, 58-59, 60-61
Cleópatra (sobrinha de Átalo) 52-53
Cleópatra, rainha do Egito 329-30
Clito 37-38, 280-81
    assassinado por Alexandre 260-65, 269

na Batalha do Grânico 97-99
Clito, rei da Ilíria 74-75, 75-77
Código de Hamurabi 199-200
Comércio 162-63
Conchas murex 145-46
Confederação Calcídica 39-40
Conselho Anfictiônico 41-42, 64-65
Coragem 73-74
Corante roxo 145-46
Corásmia 258-59
Corinto 65-68, 295
Cos 113-14, 128-29, 163-64
Cosseanos 321
Crátero 27-28, 210, 214, 233-34, 238-43, 260-61, 282-84, 289-90, 297, 298, 303-304, 314, 317-78, 320, 328-29
    na Batalha do Grânico 97-98
Crênides 39-40
Crescente Fértil 180
Creso, rei da Lídia 88, 102-104
Cristianismo 333-35
Critodemo 292-93
Crocodilos 157
Cronos (deus) 203-204
Crucificação 152-53
Cúrcio 266-67
Cydnus, rio 125, 126, 327
Cyna 75-76
Damasco 137-38, 139-40
Dandamis 295
Daniel (personagem bíblico) 205-206
Daniel, livro de 331-33
Dante 334-35
Danúbio, rio 70-72, 250
Dário I, Grande Rei da Pérsia 71-73, 88, 89-90, 110-11, 217, 277-78, 311-12
Dário III, Grande Rei da Pérsia 53, 88, 102-103, 115-16, 121-22, 127-28, 165-67, 181-82, 208, 210, 222-23, 288-89, 331-32, 335-36
    Batalha de Gaugamela 185-93
    Batalha de Isso e 129-38, 140-41, 149-50
    carta ofensiva de Alexandre a 142
    derrota prevista por 173-74
    em Ecbátana 225-28
    execução de Caridemo por 122
    fuga após Gaugamela 194-96, 197-98, 204-205
    morte da esposa de 180
    morte de 230, 231-32
    mudanças militares feitas por 181-83
    ofensiva naval no Mar Egeu 144, 153-54, 163-65
    ofertas de paz feitas por 141-42, 153-55
    palácio de Susa 205-207
    presença da família na campanha 131-33
    prisão de 228-230, 233-34
    tesouros de 137-40
    Ver também Campanha persa de Alexandre

Dascílio 100-101
Delfos 41-42, 53, 67-68, 102-103, 110-11, 260-61
Dêmades 84-85
Demarato de Corinto 54, 98-99, 220-21
Deméter (deusa) 84
Demócrito 68-69
Demóstenes 40-42, 44-45, 47-51, 62-67, 78-79, 84-85, 303, 328-29
Derbices 131-32
Derdas 254
Dídima 173-74, 250
Dídima, oráculo de Apolo em 109-111
Dimno 241-42
Diodoro 80-81, 96-97, 117-18, 236
Diógenes, o Cínico 66-68, 295
Díon 22, 42-43, 86
Dionísio (deus) 94-95, 179, 276-77, 323
Discórdia (deusa) 260-61
Disenteria 256-57
Doloaspis 193-94
Domai 304-305
Dórios 109
Dracmas 206-207
Drangiana 239-40, 244-45
Dripetis 314
Ecbátana 194-96, 216, 225-28, 240-41, 242-44, 318-20
Eclipse lunar 183-85
Édipo 161-62
Édipo rei (Sófocles) 50-51
Éfeso 65-67, 104-106,
    templo de Atenas em 36-37, 104, 105
Egito 51, 88, 89, 140-41, 155-56, 157-75, 197-98, 201-202, 328, 329-30
    ataque do povo do mar 158
    estátuas de Alexandre no 160-61
    mando de Alexandre sobre 174-75
    pirâmides do 160-62
    religião do 158
    tratamento dado aos sacerdotes de 159-60
Elam 205-206
Elateia 48-49
Elefantes (uso na guerra) 182-83, 188-89, 192-93, 274-75, 280-81, 283-84, 312-13, 330-31
Elefantina 164-65
Eleo, rio 90-91
Elêusis 84
Elis 79
Elpines 22-23
Engenheiros 32-33, 90-91
Enkidu 204-205
Epaminondas 29-30
Épiro 34-36, 53
Eratóstenes de Cirena 333-34
Erígio 55, 63-64, 116-17, 244-45
Escrita cuneiforme 202-203, 205-206

Esfinge 160-61
Espanha 312-13, 322
Esparta 24-25, 27-28, 29-30, 39-40, 50-51, 66,67,
    99-100, 139-40, 153,54, 173-74,220-21, 285-86
  aliança persa com 139-41
  nas Guerras Persas 25-26, 88
  propostas de Memnon a 120-22
  revolta de 178, 193-95,
Especiarias, comércio de 162-63
Espitrídates (sátrapa da Lídia) 94-95, 98-99
Estagira 43-44, 44-45
Estatira 314, 368
Estéfano 196-97
Estepes 250
Ester (personagem bíblico) 205-206
Etiópia 160-61, 321
Eufrates, rio 72-73, 158, 180, 181, 181-82, 196-97,
    198-99, 199-200, 204-205, 274-75
Eurídice 28-29
Eurípides 27-28, 60-61, 100-101, 262-64, 322
Europa 53
Farnabazo 121-22, 139-41, 163-64, 164-65
Farnuches 256, 156-58
Faros 162-63
Farsamenes, rei da Corásmia 258-59
Faselis 114-16
Febre tifoide 327
Fegeu 286-87
Felipe de Acarnânia 127-28
Felipe II, rei da Macedônia 22-23, 24-25, 28-30,
    37-38, 38-39, 42-43, 43-44, 67-68, 71-72, 75-76, 84,
    97-98, 105, 141, 262-63, 268-69, 287-88
  ascensão ao trono de 30-32
  assassinato de 55-57, 58-60, 115-16, 166-67
  ataque aos ilírios por 32-34
  casamentos de 33-35
  Cleópatra oferecida em casamento a 55-56
  como refém de Tebas 29-31
  confisco da frota ateniense de grãos 47-49
  corpo de engenheiros de 32-33, 90-91
  enterro de 60-62
  estratégias inovadoras de 33-34
  expansão da Macedônia sob 38-42
  Liga de Corinto e 50-51
  na Queroneia 48-50, 78
  Olímpia e 34-37
  proposta para invasão da Pérsia 50-51, 52, 53-54
  reformas na cavalaria de 32-33
  reformas no exército de 29-34
  rejeição de Olímpia e Alexandre 52-53
Felipópolis 68-69
Fenícia, fenícios 143-44, 144-45, 153, 154-55, 178
  circum-navegação da África pelos 311-12
Fênix 148-49
Filipos 39-40

Filoneico 42-43
Filotas 70-71, 75-76, 108, 113-14, 128-30, 207-208, 215,
    238-39
  conspiração contra Alexandre 240-45
  na Batalha do Grânico 97-98
  tortura e execução de 242-43
Flávio Josefo 153-54
Fócion 84-85
Fócios 41-42
Frígia 120-21, 123-24
Gália 73-74
Gangáridas 286-87
Ganges, rio 278-79, 286-87, 287-88, 312-13, 316
Gatos, veneração por 157
Gaugamela, Batalha de 185-193, 194-95, 196-97,
    203-204, 211, 232, 237
Gaza (Sogdiana) 255
Gaza 154-55
Gedrósia, deserto da 297, 298-302, 305-307, 307-308,
    308-309, 312-13
Gerizim, Monte 176
Getas 71-74
Gilgamesh 204-206
Gizé, grandes pirâmides de 158, 160-62, 202-203
Gláucias (médico) 319
Gláucias, rei dos taulantos 74-75, 75-77
Glauco 194-95
Golfo Pérsico 204-205, 297, 303-304, 307-308, 311-12
Górdio 113-14, 118-20, 120-21
Goshen 159-60
Grânico, Batalha do 94-100, 108, 120-21, 125, 131-32,
    132-33, 133, 34, 178, 232, 261-62
Grânico, rio 94-95
Grécia 368
  alfabeto da 145-46
  colônia italianas da 312-13
  Dánubio, comércio no 71-72
  idioma da 24-25,333-35
  reação à vitória de Alexandre em Gaugamela
    192-94
  revolta contra Alexandre 63-68, 77-85, 120-22
  Ver também cidades e locais específicos
Guerra de Troia 90-92, 125, 129-30, 142, 158, 295
Guerra Sagrada 41-42
Guerras Persas 25-28
Gymnosophistai 295
Halicarnasso 109-14, 128-29, 139-40, 163-64
  mausoléu de106, 109-110
Hamurabi 199-200
Harmódio 206-207
Hárpalo 55, 63-64, 129-30, 178-79, 227-28, 254,
    289-90, 303, 369
Hatchepsut, faraó 158
Hebraico (idioma) 144-45
Hecateo 63-64

Hecatomnídios 109
Hector (filho de Parmênio) 174-75
Hector (herói em Troia) 91-92, 155, 204-205
Heféstion 45-46, 92-93, 136-37, 143, 181, 192-93, 259-60, 273, 274-75, 276-77, 278-79, 281-82, 289-90, 299-300, 314
    morte de 319-20
Hegeloco 163-65
Helena de Troia 91-92, 223-24, 260-61
Helesponto 91-92, 93-99, 121-22
Helio 159-60
Heliópolis 159-60, 161-62
Helmand, rio 244-46
Hemus, Monte 68-69
Hércules (filho de Alexandre)139-40, 368, 369
Hércules 21, 24-26, 28-29, 91-92, 100-101, 128, 137-38, 144, 164-65, 178, 248, 276-77, 324
Hércules, Pilares de 311-12
Hérmias 44-45
Hermo, rio 101-102
Hermócrates 58-59
Hermolau 273-74
Heródoto 25-26, 26-27, 71-72, 88, 89-90, 100-101, 109, 144-45, 154-55, 155-56, 157-58, 161-62, 195-96, 198-99, 201-202, 233-34, 270, 277-78, 311-12, 330-31, 333-34
Hesíodo 70-71, 203-204
Hetaira 224-25
Hicsos 158
Hidaspes, rio 280-82, 281-85, 288-89, 289-91
Hífasis, rio 286-87, 288-89, 316
Himalaias (montanhas) 278-79
Hindu Kush 226-27, 244-45, 245-48, 249, 274-75, 278-79
Hinduísmo 294
Hipócrates de Cos 127-28
Hircânia 131-32, 182-83, 233-37, 244-45, 308-309, 312-13
Hititas 101-103, 158
Homero 37-38, 45-46, 100-101, 162-63, 204-205, 234-35, 307-308, 333-34
Hoplitas 29-31, 31-32
Hormuz, Estreito de 303-304, 307-308
Húbris 166-67
Humores 127-28
Iasos 110-11
Ictiófagos (comedores de peixe) 299-301, 305-307
Ilíada (Homero) 45-46, 155
Ilíria 22, 22-23, 30-31, 31-32, 32-34, 53
Império Assírio 128-29, 199-201
Império Persa 25-26, 37, 38-39, 65-66, 66-67, 84
    Alexandre invade o; Ver Campanha persa de Alexandre
    apoio às rebeliões gregas 63-65, 77
    cavalaria do 181-83
    como primeiro império internacional 89-90
    criação do 87-88
    frota naval do 106-107, 108, 113-14, 141, 147-48,
    mercenários gregos no exército do 90-91, 98-100, 108, 131-32, 133-35, 181-82, 183-84, 194-95, 225-26, 234-35
    políticas de governo do 88-90
    proposta de Felipe para invasão do 50-51
    recrutamento de soldados no 131-32
    religião do 89
    rituais de coroação no 221-22
    tamanho do exército do 131-33, 182-874, 185-87
    tratamento dado à Babilônia durante o 200-201
    tributo pago aos uxianos 209-10
    visão do Egito sobre o 158-59
Incenso 154-55
Índia 154-55, 208, 254, 258-59, 266-67, 270-97, 308-309, 312-13
    ataque a Poro na 281-85
    ataque aos malli na 290-94
    exaustão do exército na 286-88
    histórias mais antigas da 277-79
    legado de Alexandre na 329-31
    monções da 280-82, 298
    plano de ataque ao Ocidente 284-86
Indo, rio 246-47, 274-75, 276-79, 288-89, 296-97, 303-304
Iolau 318, 326
Isaías (profeta) 87
Ísis (deusa) 163-64
Iskandarnameh 331-32
Isócrates 50-51
Isso, Batalha de 129-38, 140-41, 149-50, 151-52, 158-59, 181-82, 191-92, 232, 327
Ister *Ver* Danúbio, rio
Itália 312-13, 321-22
Jacinto (herói ateniense) 85
Jainistas 294
Jardins Suspensos da Babilônia 202-203
Jaxartes, rio 234-35, 250, 252, 254, 260-61, 312-13
Jerusalém 145-46, 153-54, 176, 332-33
Jogos Olímpicos 46-47
Jonas (personagem bíblico) 153-54
Jônios 104
Jope 153-54
Judeus 89, 145-46, 159-60, 176-77, 331-33
Júlio César, imperador de Roma 333-334
Kandahar 245-46, 246, 247, 297
Lade 107
Lampsaco 93-94
Lanceiros das Maçãs Douradas 194-95
Langaro, rei dos agrianos 74-76
Lanice (ama de Alexandre) 37-38, 97-98, 147-48, 261-62
Laomedon 45-46
Lápis-lazúli 246-47

Leonato 136-37, 291-92, 299-300, 304-306
Leônidas 37-38
Leos (herói ateniense) 85
Lesbos 44-45, 120-21, 163-64, a64-65
Leuctra, Batalha de 29-30, 30-31
Líbano 140-41, 180
   cedros do145-46
Lícia 213, 258-59
Lídia 88, 101-103, 154-55, 239-40
Liga de Corinto 51-51, 56, 65-67, 83, 192-93
Lisímaco 38-39, 148-50, 236, 368
Lísipo 99-100
Lycon 179
Macabeus 332-33
Macedônia 22, 22-24, 328
   batalhas pela sucessão da 27-29, 240-41
   divindade da casa real da 51-52
   excessos sexuais na 46-47
   geografia da 22-25
   helenização da 27-28
   história da fundação da 24-27
   idioma da 24-25, 124
   manobras políticas da 52
   opinião dos gregos a respeito da 22-23, 24-25
   rápida expansão no governo de Felipe 38-42
   recursos da 24-25, 27-28
Madates, rei do uxianos 209, 210, 211
Maedi 47-48
Magarsa 128-30
Magnésia 105
Magos 36-37, 87, 88, 89, 309-10
Mahavira 294
Malária 335-36
Malli 290-94, 310-11
Malos 128-30, 147-48
Mandane 87
Maomé (profeta) 331-32
Mar Cáspio 233-35, 258-59
Mar de Aral 234-35, 252
Mar Mediterrâneo 297
Mar Negro 234-35, 254, 312-13
Mar Vermelho 162-63, 311-12
Maratona, Batalha de 88, 121-22, 142
Maratos 141, 147-48
Mardi (tribo cáspia) 236-37
Mardi (tribo de Persépolis) 223-224
Marmares 117-18
Mársias 45-46
Matemática 202-204
Mausolo 109-10
Mazaces 158-59
Mazaeo (sátrapa da Babilônia) 181-82, 191-92, 196-99, 203-204, 208, 228
Meandro, rio 106
Medéia (Eurípides) 60-61

Média 87-88, 131-32, 154-55, 182-83, 204-205, 216, 221-22, 222-23, 244-45, 318-19
Medicina grega 127-28
Médios 324, 326
Megalópolis 193-94
Megastenes 330-31
Meleagro 113-14, 279-81, 327, 328
Melqart, festival de 144
Memnon (general persa) 38-39, 62-63, 94-96, 104, 108, 122, 139-40
   atuação no Mar Egeu 120-122
   designado comandante 109
   doença e morte de 121-22
   na Batalha do Grânico 97-98, 125
   no cerco a Halicarnasso 109-14
   política de terra arrasada sugerida por 95-96, 125
   propriedades preservadas por Alexandre 94-95
Memnon (líder trácio) 193-94
Menandro 330-31
Menápis 38-39
Menes 158
Mênfis (Egito) 159-60, 171-72, 172-74, 174-75,
   touro Ápis em 158, 159-61
Menon 178
Mesopotâmia 72-73, 173-74, 176-208
Messênia 323
Methone 39-40
Micenas 21
Midas, Jardins de 25-26
Midas, rei 120-21, 123-24
Mieza 45-46
Mileto 106-108, 173-74, 251
Míndaro (general espartano) 92-93
Mindo 111-12, 128-29
Miriandro 129-30
Mirra 154-55, 299-300
Mitilene 120-21, 121-22
Mitra (deus persa) 89
Mitrenes 102-103
Mitrídates 98-99
Monções 280-82, 298
Montanhas de Elburz 228, 233-34
Montanhas Pamir 249
Monte Olimpo 22, 22-23, 26-27
Musicano 296
Nabarzanes 233-34
Nabucodonosor 200-201
Naucratis 161-63
Nearco 45-46, 55, 63-64, 114-15, 258-59, 310-11, 314, 324-25
   como general 289-90, 290-291
   viagem de 297, 298, 300-301, 302, 303-309
Nectanebo, faraó 158-59
Neguev, deserto de 154-55

Neoptólemo 92-93
Nicanor 72-73, 132-33, 238-39
　　na Batalha do Grânico 97-98
Nícias 103, 104
Nicômaco 241-42
Nilo, rio 155-56,157, 158, 158059, 160-61, 164-65
　　ramo oriental do 161-63
Nineve 181-82, 185-86
Nisa 276-77
Nó Górdio 123-24
Nosala 307-308
oásis de Bahariya 172-73
Oásis de Gara 168-69
Oásis de Siuá 158, 164-72, 173-74, 286-87, 319-20
　　Estação do Sol em 169-70
Oceano Índico 303-304, 311-12
Odisseia (Homero) 307-308
Olímpia (esposa de Felipe) 22, 34-37, 39-40, 46-47,
　　51-52, 89-90, 115-16, 192-93, 268-69, 317-18, 320,
　　369
　　assassinato de Cleópatra por 60-61
　　e o assassinato de Felipe 59-61
　　rejeitada por Felipe 52-53, 55
Olímpia 21, 51
Olinto 39-41
Omphis, rei da Taxila 279-82, 283-84
Ondas e marés 297
Onesícrito 236, 295
Orcômeno 80
Oreitas 299-300, 304-306
Orontes, rio 129-30
Orontobates 109-11
Orxines 309-11
Ouro 154-55
Oxatres 313-14
Oxo, rio 234-35, 248, 249-50, 259-60, 260-61, 312-13,
　　330-31
Oxyartes 268-69
Paflagônia 124-25
Págasas 39-40
Palestina 140-41, 153-54
Palmarosa 299-300
Pamenes 29-30
Pan-helenismo 51
Pandora 223-24
Panfília, planícies da 115-16, 117-19
Papiro 143, 158-60
Papoula do ópio 127-28
Paraitonion 167-69
Páris 92-94, 260-61
Parisatis 314
Parmênio 22, 52, 62-63, 72-73, 90, 91-92, 94-95,
　　100-101, 105, 114-15, 125, 126, 141, 153-54, 196-98,
　　249, 261-62, 309-10
　　afastamento de 227-28
　　assassinato de 243-44
　　ataque noturno sugerido por 186-88
　　chegada a Persépolis 211, 213
　　diminuição da influência sobre Alexandre 104,
　　113-14, 238-39
　　e conspirações contra Alexandre 115-17, 127-28,
　　240-45
　　e o incêncio do palácio real de Persépolis
　　224-25
　　e os tesouros de Dário 137-39
　　em Mileto 106, 107
　　morte do filho de 174-75
　　na Batalha de Gaugamela 186-93
　　na Batalha de Isso 132-33
　　na Batalha do Grânico 96-98
　　no Górdio 120-21
　　reconvocação de 85
　　situação da família de 240-41
Pártios 182-83, 237, 244-45, 308-309, 329-30, 330-31,
Passagem de Khawak 247-48, 273,74
Passagem de Khyber 274-75
Passárgada 220-22, 309-11
Patala 296, 297, 298, 303-304
Pátroclo 38-39, 319, 321
Patrono 194-95
Paura 302
Pausânias (assassino de Felipe) 57, 58-60, 60-61,
　　273-74
Pausânias (comandante em Sárdis) 103-104
Pausânias (soldado) 58-59
Peacock, Thomas Love 335-36
Pela 22, 55
Pellium 75-77
Península Calcídica 22-23, 39-40
Peônios 22-24, 30-31, 31-32, 184-86
Pérdicas (companheiro de Alexandre) 81-82,
　　259-60, 291-92, 314, 324-25, 327, 328, 328-29
Pérdicas II, rei da Macedônia 27-28
Pérdicas III, rei da Macedônia 28-29, 30-31, 61-62
Pérdicas, rei da Macedônia 25-26
Perge 117-18
Péricles 50-51
Persépolis 88, 192-93, 195-96, 204-205, 208, 209-30,
　　231, 237-38, 288-89, 297, 298, 302, 308-309
Perseu 164-65
Petisis 174-75
Petosiris 174-75
Petróleo 195-96
Peucestas 291-92, 310-11
Phila 33-35
Philippeum 51-52
Phrasaortes 226-27
Pidna 39-40
Pinaros, rio 132-34
Píndaro 83, 165-66

Pirâmides 157-58
Pisídia 119-20
Pistache 246-47
Pitágoras 295
Píteo 106
Pixodaro, rei da Cária 54-55, 63-64, 109-10, 179
Platão 44-45, 81, 85, 285-86
Plateia 80
Plateia, Batalha de 26-28, 88
Plutarco 34-35, 36-37, 46-47, 47-48, 58, 60-61, 83, 223-24, 236
Polidamo 242-44
Polístrato 230
Pompeia, mosaico da Batalha de Isso em 134-36
Poro, rei dos paurava 280-81, 281-85, 285-86, 290-91, 328-29
Portas (passagem) 129-30, 132-33, 138-39, 140-41
Portas Cilícias 125
Portões do Mar Cáspio 226-29
Portões Pérsicos 211-15, 217
Poseidon (deus) 145-47
Potideia 22, 36-37
Povo do mar 158
Príamo 92-93
Príapo 94-95
Priene 106
Prometeu (deus) 247-48
Proskynesis 271-74
Prostituição 202-203
Proteias 147-48
Protesilau 90-91
Ptah 159-61
Ptolomeu (amigo de Alexandre) 45-46, 55, 63-64, 74-75, 168-69, 170-71, 171-72, 214, 215, 223-25, 251-52, 259-60, 275-76, 296, 313-14, 321, 327-30
Ptolomeu, rei da Macedônia 28-29, 30-31
Punjab 278-79, 284-85, 285-87, 330-31
Quoaspes, rio 206-207
Rá, templo de 159-60
Raga (Teerã) 226-27, 228
Rambácia 299-300
Ramsés, o Grande, faraó 158, 159-60
Reencarnação 294-95
Refúgio de Alexandre 303-304
Reomitres134-35
república, A (Platão) 81, 285-86
Resaces 98-99
    complexo de palácios em 218-19, 219,221
    destruição do palácio de 223-26
    refugiados gregos mutilados em 215-16
    retorno de Alexandre a 309-11
    saqueada pelos macedônios 218-20, 222-23, 225-26, 331-32
    tesouro de 220-21

Ritual Sati 285-86
Rocha Sogdiana 267-69, 275-76
Rocha, a (fortaleza) 117-18
Rodes 147-48
Roma 311-13, 321-22, 329-30, 333-34
romance de Alexandre, O 334-35
Roxane 268-69, 270, 314, 324-25, 327, 328-29, 331-32
Sabaces 134-35, 158-59
Saca 182-83
Sacesianos 182-83
Sacrifício humano 75-76, 145-46
Sagala 285-86
Sagalassos 119-20
Sahara, deserto do 164-65
Sal 119-20, 169-70
Salamina, Batalha de 130-31
Salmoxis (deus) 71-72
Salomão, templo do rei 145-46
Samarcanda 252, 256, 256-58, 260-61
Samaria 177, 178
Samaritanos 176-78
Sambo, rei 296
Samnitas 312-13
Samotrácia 34-36
São Paulo 39-40, 333-35
Saqqara, pirâmide de degraus de 159-60
Sardanapalos, rei da Assíria 128-29
Sárdis 101-103, 113-14
Sarissa (lança) 31-33, 95-96, 182-83
Satibarzanes 237, 238-40
Sátrapa 89-90, 99-101
Satropates 185-86
Scylax de Cária 311-12
Seguidores de acampamento 180-81, 300-301
Seleuco 314, 328, 328-30, 371
Selge 119-20
Semíramis, rainha da Babilônia 198-99, 298-99
Septuaginta 332-33
Serbonis, lago 155-56
Seres (povo da seda) 278-79
Shahnameh 331-32
Shamash (deus) 199-200
Sicília 312-13
Siddhartha Gautama 294
Side 118-19
Sídon 143, 144, 147-48, 149-50
Sifnos 139-40
Silphium 167-68
Sinédrio 50-51
Sinope 165-66, 167-69, 311-12
Siracusa 151-52
Sirfax 105
Síria 125, 126, 129-31, 140-41
Sisines (agente persa) 115, 116-17

Sisíngambres (mãe de Dário) 136-37, 207-208, 210-11, 327
Sócrates 27-28, 44-45, 50-51, 295, 328-29
Sofeites, rei 285-86
Sófocles 50-51, 100-101
Sogdiana 182-83, 232, 248-61, 261-62, 308-309
    fortalezas nas montanhas da 267-69
    revolta de 255-61
Soli 128-29, 129-30, 137-38, 147-48
Spitamenes 248, 251, 253, 254-55, 256, 256-58, 258-61, 261-62, 263-64, 264-65
    morte de 265-67
Struma, vale do 47-48
Suez, Golfo de 162-63
Suméria 204-205
Susa 51, 101-102, 192-193, 204-208, 216, 217, 220-21, 308-309, 310-11, 212-14, 314
    palácio 205-208
    tesouro de 206-207, 220-21
Susia 237
Swat, vale do 275-76
Syrmus, rei tribálio 69-70, 73-74
Takrit 196-97
Talestris 234-36
Taprobana 278-79
Tapsacos 181
Tapúrios 131-32
Tarso 125-26, 130-31, 327
    cunha persa em 128
Taulantos 74-75, 75-77
Taurisco 129-30
Tauro, Montes 125
Taxila 274-75, 278-80, 281-82, 294
Teatro grego 179-80
Tebas (Egito) 160-61
Tebas 22, 41-42, 165-66
    aliança com Atenas 48-49
    Batalha de Queroneia e 48-50
    Cadmeia de 78-79, 82
    destruição de 82-83, 84, 93-94
    exército de 29-31
    revolta contra Alexandre 64-66, 78-85
Telmessos 114-15
Temeno 25-26
Tempe, vale de 22, 64-65
Tenedos 121-22, 163-64
Teodectes 115-16
Terapia por opostos 127-28
Termessos 118-20

Termópilas 41-42, 64-65
    Batalha de 22, 37-38, 88, 121-22, 193-94, 220-21
Termópilas 41-42, 64-65
Téspia 80
Tessália 22, 22-23, 34-35, 39-40, 64-65, 90-91, 120-21, 227-28
Téssalo 54, 55, 179-80
Tessalônica (filha de Felipe) 34-35
Tessalônica 34-35
Thaïs 224-25
Tigre, rio 180, 181, 181-82, 183-84, 195-96, 196-67, 204-205, 298
Timocleia 83
Timolau 78
Timondas 121-22
Tirania 81
Tiridates 215, 217
Tiriespis 274-75
Tiro 178
    cerco a 143-48, 149-54, 162-63, 168-69, 177, 197-98
Tomero, rio 305-306
Trácia 23-24, 26-27, 30-31, 31-32, 39-40, 47-48, 68-69, 90-91, 148-49, 328
    rebelião na 193-94
Trália 105
Tribálios 68-74, 78, 232
Tribos arianas (Índia) 294
Troia 91-94
Turismo 105
Tutancâmon, faraó 158
Uruk 204-205
Utnapishtim 204-206,
Uxianos 209-11, 321
Vale do Beqaa 148-49
Vedas 294
Vergina 22, 26-27, 55
Xandrames, rei dos gangáridas 286-87
Xanto, rio 114-115
Xenofonte 71-73, 100-101, 125, 129-30, 130-31
Xerxes, Grande Rei da Pérsia 88, 91-92, 92-93, 200-201, 206-207, 220-21, 224-25, 250
Zagros, Montes 205-206, 26-27, 321
Zariaspa 259-61
Zeleia 95-95, 100-101
Zeus (deus) 86, 91-92, 100-101, 123, 128, 137-38, 203-204, 247, 295
Zeus-Amon, oráculo de 158, 164-72, 286-87, 319-20
Zoroastristas 331-32
Zoroastro 89